呑虛 大宗師 懸吐譯解

起信論

圖書出版 敎林

본 경전은 이렇게 구성 되었습니다.

글자(공백포함)	308,257자
글자(공백제외)	240,858자
글자에포함된한자수	120,606자
낱말	67,906개
줄	7,919줄
문단	879개
쪽	492쪽
원고지(200자기준)	1,571장
그림	4개

序

論이 釋論과 宗論의 두가지가 있다면 이 論은 一代時敎를 綜合한 宗論이다. 이 論이 下로는 小乘敎와 大乘始敎의 思想을 網羅하고 위로는 頓敎와 一乘圓敎의 宗旨를 一貫한 것이라면 어찌 宗論中의 代表的인 佛敎槪論이 아니랴. 다만 이 論이 宗論이므로 識敎行相이 層生疊出하여 望洋之歎을 發하지 않기가 甚히 어려울 것이다. 그러나 이 論이

一心、二門、三大、四信、五行、六字로 엮어진 것이라면 六字의 根本은 五行에 있고 五行의 要旨는 四信에 있고 四信의 主体는 三大에 있고 三大는 二門에서 비롯하고 二門은 一心에서 일어난 것이니 멀리는 六合의 外에 있고 가까이는 一身의 中에 있어서 一切時 一切處에 이 마음의 作用 아님이 없는 것이다. 至極하다 一心이여 어찌 이 一部論文의 主体가 될 뿐이라 말일 이 마음이 없다면 肉身은 尸体요 宇宙는 空殼일 것이다. 이제 이 論을 編集함에 즈음하여 元曉疏를 正으로 하고 眞界注를 助로 하여 讀者의 便宜上 眞界注는 譯文만을 붙여 두었다.

論을 보다가 疑心이 나면 疏를 보고 疏를 보아도 풀리지 않을 때 다시 注를 보면 二門·三大의 要旨와 四信·五行의 行相이 渙然氷釋하고 怡然理順하여 저 小·始의 敎理와 圓頓의 宗旨가 心目의

사이에 昭昭하리니 어찌 八萬大藏經의
縮少板이 아니라 하랴.

應化三千八年 辛酉 壯月 日

五臺山人 呑虛 삼가 씀

懸吐譯解 大乘起信論

目　次

開一心

明二門

涵虛和尙 大乘起信論釋題幷序

呑虛 附錄

四十九年之廣談을 一期談盡하시고 八藏五乘之雄詮을 一軸詮顯者는 其惟大乘起信論歟인저 若非玄功이 宿著하고 大業曽熏者면 豈其略盡이 至於如是哉아 馬鳴菩薩者는 西天四七之一數요 而時稱四日之大士也라 承宿世弘願하사 現忍土之五天하시며 受牟尼之遠記하사 紹夜奢之勝蹤하시며 因處夢之迷徒하사 運無緣之大慈하시며 述一軸之論文하사 攝難思之敎海하시니 開合이 自在하고 遮表無碍라 開則現無量無邊之義요 合則唯一心二門之法이며 遮則無相不遣이요 表則無法不現이라 容多義於二門之內호대 而條理分明하고 開一心爲無邊之義호대 而一味融通이며 無相不遣호대 而相相이 完然하고 無法不現호대 而法法이 無蹤하니 開而不繁이요 合而不簡이며 遮而不隱이요 表而不現이로다

所以로 與奪이 自在하고 存泯이 無碍하야 使如來之奧義로 皎若臨鏡하고 三藏之教海로 明如指掌하야 未悟者가 聞之則豁若雲披하고 已悟者가 見之則彌高智路라 邪見이 從茲永息하고 慧命이 由是不絶케하시니 起信之利가 其利博哉인저

所謂大乘起信論者는 乘喩何法이며 大以何義며 信者는 信何事며 起者는 起何心고 乘은 是家傳之寶며 運載之具요 而有開濟之用也니라 乘之所以爲乘也가 體無不圓이며 相無不具며 用無不周也니 非其人이면 不堪傳이요 非其力이면 不能服이요 非其智면 不能導也니라 其爲乘也가 世世相傳하야 轉轉至今이니 此所以爲家傳之寶也요 無物不載하야 而能致遠이니 此所以爲運載之具也요 以其所由로 博施濟衆而不匱니 此所以有開濟之用也니라 高焉無上하며 廣而無對하니 此는 體之所以無不圓也요 輪轂輨轄과 乃至繩索旗旛이

無緣不具하니 此는 相之所以無不具也요 以其所載로 當用卽用하야 用之無竭하니 此는 用之所以無不周也니라 唯其嫡子然後에 能傳이니 此所以非其人이면 而不堪傳也요 唯其大牛然後에 能服이니 此所以非其力이면 而不能服也요 知道路之通塞하고 明前後之向背然後에 能導니 此所以非其智면 而不能導也니라 在喩則如是어니와 若以法配之則此一段大事는 佛祖相傳之法印이라 具足法財秘藏하야 而有開物濟世之用也니라 此事之所以爲大也가 亦體無不圓이며 相無不具며 用無不周也니 非菩薩이면 而不堪相傳이요 非大機면 而不能荷擔이요 非智慧明達이면 而不得便用也니라 此一段大事는 佛祖相傳하야 而燈燈不絶이니 此所以爲相傳之法印也요 無法不備니 此所以爲具足法財之秘藏也요 自利利他에 利用無窮이니 此所以有開濟之用也니라 其爲體也가 大包無外하고 細入無間이니

大包無外故로 聖凡이 於焉同處하고 依正이 於是同居하며 乃至乾坤이 在其內하고 日月이 處其中也요 細入無間故로 塵塵이 相攝하야 無在不在니 此는 體之所以無不圓也니라 三德秘藏이 無法不具하고 三身四智가 由來具足하며 八解六通이 無德不備하고 此는 相之所以無不具也니라 流出一切清淨한 眞如와 菩提와 涅槃과 及波羅蜜하야 教授菩薩하나니 此는 用之所以無不周也니라 此之大事가 菩薩然後에 堪傳이며 根力具足然後에 而能荷擔이며 悲智俱運然後에 而能得用이니 此所以非其人이면 不能傳이며 乃至非其智면 不能用也니라 信則信如上所說之正義하야 而更不染於邪外之見也요 起則起如佛親證之大心하야 而期直造乎究竟之位也니라 論者는 一則就法而論焉이요 一則就人而論焉이니 法則辨眞妄之同異하야 明一多而相攝이요 人則辨大小之機宜하야 明邪正之得失이니라 此所以

開智日於昏衢하고 指徑路於修途하야 令不涉乎他途하고 能直至乎寶所者也니 所謂大乘起信論者가 其意如此니라 頌曰

一葉落知天下秋요　一枝花見十方春이라
欲於法海에 恣優遊인댄　當把斯文一破顔이어다

四十九年의 廣談을 一期에 談盡하시고 八藏·五乘의 雄詮을 一軸에 詮顯한 것은 그 오직 大乘起信論인저. 만일 玄功이 宿著하고 大業을 曽熏한 者가 아니면 어찌 그 攝略해 다함이 이와 같음에 이르렀으랴. 馬鳴菩薩이라는 이는 西天에 四七의 一數요 當時에 四日이라 稱하는 大士라 宿世의 弘願을 받드시어 忍土의 五天에 나타내 示現하시며 牟尼의 遠記를 받아서 夜奢의 勝蹤을 이으시며 處夢의 迷徒를 因하여 無緣의 大慈를 運하시며 一軸의 論文을 述하시어 難思의 敎海를 攝하시니 開·合이 自在하고 遮·表가 無碍한지라 開한즉 無量·無邊의 義를 나타내시고 合한즉 오직 一心·二門의 法이며 遮한즉 相마다 보내지 않음이 없고 表한즉 法마다 나타내지 않음이 없는지라 多義를 二門의 안에 容納하되 條理가 分明하고 一心을 열어 無邊의 義를 하되 一味가 融通하며 相마다 보내지 않음이 없되 相相이 完然하고 法마다 나타나지 않음이 없으되 法法이 자취가 없으니 열어도 繁하지 않고 合하여도 簡하지 않으며 遮하여도 숨지 않고 겉으로 나타내 보여도 나타나지 않도다. 所以로 與·奪이 自在하고 存·泯이 無碍하여 如來의 奧義로 하여금 밝기가 거울에 臨함과 같고 三藏의

敎海로 밝기가 손바닥으로 가림과 같아서 未悟한 자가 이를 들은즉 豁然해 구름이 헤쳐짐과 같고 己悟한 자가 이를 본즉 더욱 智路를 높게 한지라 邪見이 이로 좇아 永遠히 쉬고 慧明이 이로 말미암아 끊어지지 않게 하시니 起信의 利가 그 利益이 넓은저.

所謂 大乘起信論이란 것은 乘은 何法을 比喩했으며 大는 어찌 義로 써 한 것이며 信이란 것은 어찌 事를 믿으며 起란 것은 어찌 心을 일으키는고? 乘은 이 家傳의 寶며 運載의 具요 開濟의 用이 있는 것이니라. 乘의 써 乘이 된 바가 體가 圓하지 않음이 없으며 相이 具하지 않음이 없으며 用이 周하지 않음이 없으니 그 사람이 아니면 能히 傳하지 못하고 그 힘이 아니면 能히 멍에하지 못하고 그 智가 아니면 能히 引導하지 못하느니라. 그 乘이 됨이 世世에 相傳하여 轉轉히 于今에 이름이니 이것이 써 家傳의 寶가 되는 바요 物마다 싣지 않음이 없어서 能히 먼곳에 致하느니 이것이 써 運載의 具가 되는 바요 그 所有로써 널리 施與해 大衆을 救濟하되 다하지 않으니 이것이 써 開濟의 用이 있는 바니라. 높아서 위가 없으며 넓어 對가 없으니 이는 體의 써 圓치 않음이 없는 바요 輪·轂·輨·轄과 乃至 繩索·旗幡이 緣마다 具하지 않음이 없으니 이는 相의 써 具하지 않음이 없는 바요 그 所載로써 用에 當함에 곧 써서 써도 다함이 없으니 이는 用의 써 周하지 않음이 없는 바니라. 오직 嫡子인 然後에 能히 傳하니 이것이 써 그 사람이 아니면 能히 傳하지 못하는 바요 오직 大牛인 然後에 能히 멍에하니 이것이 써 그 힘이 아니면 能히 멍에하지 못하는 바요 道路의 通·塞을 알고 前後의 向·背를 밝힌 然後에 能히 引導하느니 이것이 써 그 智가 아니면 能히 引導하지 못하

는 바니라. 非喩에 있어서는 이와 같거니와 만일 法으로써 配對한즉 이 一段 大事는 佛祖가 相傳하는 法印이라 法財의 秘藏이 具足하여 開物·濟世의 用이 있느니라. 이 事의 써 大가 되는 바가 또한 體가 圓치 않음이 없으며 相이 具하지 않음이 없으며 用이 周하지 않음이 없으니 菩薩이 아니면 能히 相傳하지 못하고 大機가 아니면 能히 荷擔하지 못하고 智慧의 明達이 아니면 문득 씀을 얻지 못하느니라. 이 一段大事는 佛祖가 相傳하여 燈燈이 不絶하느니 이것이 써 相傳의 法印이 되는 바요 法마다 備하지 않음이 없으니 이것이 써 法財의 秘藏이 具足함이 되는 바요 自利와 利他에 利用이 다함이 없으니 이것이 써 開濟의 用이 있는 바니라. 그 體가 됨이 大로는 無外를 包하고 細로는 無間에 入하나니 大로는 無外를 包하는 故로 聖·凡이 於焉 同處하고 依·正이 이에 同居하며 乃至 乾坤이 그 속에 있고 日月이 그 中에 處하는 것이요 細로는 無間에 入하는 故로 塵塵이 相攝하여 있고 있지 않음이 없으니 이는 體가 써 圓하지 않음이 없는 바니라. 三德의 秘藏이 法마다 具하지 않음이 없고 三身과 四智가 由來(本來)로 具足하며 八解와 六通이 德마다 備하지 않음이 없으니 이는 相의 써 具하지 않음이 없는 바니라. 一切 淸淨한 眞如와 菩提와 涅槃과 波羅蜜을 流出하여 菩薩을 敎授하나 이는 用의 써 周하지 않음이 없는 바니라. 이 大事가 菩薩인 然後에 能히 傳하며 根力이 具足한 然後에 能히 荷擔하며 悲·智를 俱運한 然後에 能히 쓰게 되니 이것이 써 그 사람이 아니면 能히 傳하지 못하며 乃至 그 智가 아니면 能히 쓰지 못하는 바니라. 信인즉 如上所說의 正義를 믿어 다시 邪·外의 見에 물들지 않는 것이요 起인즉 佛과 같이 親證한 大心을 일으켜 바로 究竟의 位에 나아감을 期約하는 것이니라. 論이란 것은 一은 法에 就해 論함이요 一은 人에 就해 論함이니 法인즉 眞妄의 同異를 辨하여 一多가 相攝함을 밝힌 것이요 人인즉 大小의 機宜를 辨하여 邪正의 得失을 밝힘이니라. 이것이 써 智日을 昏衢에 開하고 徑路를 修途에 指하여 하여금 他途에 涉하지 않고 能히 바로 寶所에 이르게 한 바니 所謂 大乘起信論이란 것이 그 뜻이 이와 같으니라.

頌해 이르되

一葉이 떨어짐에 天下가 가을이 됨을 알고 한 가지에 꽃이 핌에 十方이 봄이 된 줄 아는지라 저 法海에 마음껏 優遊하고자 할진대 마땅히 이 文을 가지고 한번 破顔(웃는모습) 할지어다.

大摠相法門說

大摠相法門體者는 所謂衆生心이라 衆生心中에 有眞妄二意어든 眞中에 有不變隨緣二義하고 妄中에 有體空成事二義하니 眞中不變과 妄中體空은 眞如門이요 眞中隨緣과 妄中成事는 生滅門이니라 眞如門中에 有離言眞如와 依言眞如二義하니 離言眞如者는 離言說相故요 依言眞如者는 依言說相故니라 離言眞如中에 有眞實心과 妄識空二義하고 亦有安立眞如와 非安立眞如二義하니 安立眞如者는 遣妄曰眞이요 顯理曰如며 非安立眞如者는 眞非眞矣라 無法非眞이요 如非如矣라 無法非如니라 依言眞如中에 有空如來藏과 不空如來藏二義하니 空如來藏者는 空無一切煩惱故요 不空如來藏者는 具足恒沙性功德故니라 生滅門中에 依眞如起生滅하야 眞妄이 和合하야 非一非二를 名阿梨耶識이라 此識이 有三名하니 一은 阿賴

耶識이요 二는 異熟識이요 三은 阿陁那識이니라 第一阿賴耶識中에 有三義하니 一은 能藏이니 藏諸法於自體之內니 此는 持種義요 二는 所藏이니 藏自體於諸法之內에 此는 受熏義요 三은 我愛執藏義니 第七識我愛의 所執藏故니라 第二異熟識中에 有三義하니 一은 變異異熟이니 因種變異하야 果方熟故요 二는 異時異熟이니 今生造業하야 來生得果故요 三은 異類異熟이니 因通善惡이나 果惟無記故니라 第三阿陁那識中에 有二義하니 一은 執持義니 執持一切染淨諸法種子故요 二는 白淨識이니 成佛後에 說法度生之識故니라 若配三位인댄 第一阿賴耶識은 我愛執藏位니 通七地以前一切異生이 皆有요 第二異熟識은 善惡業果位니 通十地己前一切異生이 皆有요 第三阿陁那識은 相續執持位니 通一切染淨因果諸位故니라 阿梨耶識中에 有覺不覺二義하니 覺中에 有本覺始覺二義하고 不覺

中에 有根本不覺과 枝末不覺二義하며 本覺中에 有性淨本覺과 隨緣本覺二義하고 始覺中에 有根本智와 後得智二義하니라 此阿梨耶識中에 若論迷十重인댄 一은 本覺이요 二는不覺이요 三은 業相이요 四는 轉相이요 五는 現相이요 六은 智相相續이요 七은 執取計名이요 八은 三毒이요 九는 造業이요 十은 受報니라 若配九相次第인댄 一은 業相이요 二는 轉相이요 三은 現相이요 四는 智相이요 五는 相續이요 六은 執取요 七은 計名이요 八은 造業이요 九는 受報니라 若配三細六麁인댄 業相轉相現相은 三細요 智相相續執取計名造業受報는 六麁라 三細는 八識이요 智相相續은 七識이요 執取計名은 六識이니 此는 海東元曉意어니와 若依賢首意인되 三細는 八識이요 智相相續執取計名은 六識이요七識은 別無自體하야 上合第八하고 下合第六일새 故不別立也니라 若配三性인댄 八識은 依他요 六七二識은 徧計요 如來藏自性淸淨心은

圓成實性이니라 依他는 有二하니 一은 染分依他니 依他染分而起故요 二는 淨分依他니 依他淨分而起故니라 依他는 相有性無하니 如麻上繩이요 偏計는 情有理無하니 如繩上蛇요 圓成實性은 相無性有하고 情無理有하니 如本麻故니라 此九相中에 若配二障인댄 空性相三宗이 二執은 雖同이나 障體는 有異하니 相宗은 依二執起二障이니 以執取計名我執으로 爲煩惱障하고 以智相相續法執으로 爲所知障하며 八識으로 爲眞心이니 眞如는 堅如玉石하야 凝然不變이요 亦有三細二麁로 爲所知障之意라하니라 空宗도 亦依二執起二障이니 以執取計名我執으로 爲煩惱障하고 以三細二麁로 爲所知障하며 無性眞空으로 爲眞心이요 亦有三細二麁와 根本不覺으로 爲所知障之意하니라 性宗은 於九相中에 通無明通煩惱니 以一分不覺義로 爲所知障하고 以一分生後義로 爲煩惱障하며 最清淨一眞法界로 爲眞心하니라 障

有四種하니 一은 通障이니 一惑이 障多德故요 二는 別障이니 一惑이 障一德故요 三은 順障이니 麁障麁하고 細障細故요 四는 違障이니 麁障細하고 細障麁故니라 若配三障인댄 業相轉相現相智相相續執取計名은 惑障이요 造業은 業障이요 受報는 苦障이니라 若配四相인댄 業相은 生의 一相이요 相續現相智相相續은 住의 四相이요 執取計名은 異의 二相이요 造業은 滅의 一相이니라 若配五濁인댄 業相은 劫濁이요 轉相現相은 見濁이요 智相相續執取計名은 煩惱濁이요 造業은 衆生濁이요 受報는 命濁이니라 若配五蘊인댄 業相은 識蘊이요 轉相現相은 行蘊이요 智相相續執取計名은 想蘊이요 造業은 受蘊이요 受報는 色蘊이니라 若配五意인댄 一은 業識이요 二는 轉識이요 三은 現識이요 四는 智識이요 五는 相續識이니 如次配三細二麁也니라 若配六染心인댄 業相은 根本業不相應染이요 轉相은 能見心不相應染이요 現相은 所現色

不相應染이요 智相은 分別智相應染이요 相續은 不斷相應染이요 執取計名은 執相應染이니라 若配十惡인댄 迷十重第八三毒中에 有意三하고 第九造業中에 有身三口四하니라 若配十二因緣인댄 不覺은 無明이요 業相은 行이요 轉相은 識이요 現相은 名色六入이요 智相은 觸이요 相續은 受요 執取는 愛요 計名은 取요 造業은 有요 受報는 生老死니라 此中에 有小乘의 三世兩重因果하고 亦有大乘의 三世一重因果와 兩世一重因果하니 小乘의 三世兩重因果者는 以過去無明行二因으로 受現在識等五支果하고 以現在愛取有三因으로 受未來生老死二果니라 大乘의 三世一重因果者는 以過去無明等七因으로 發業하고 以現在愛取有三因으로 潤業하야 受未來生老死二果하나니 此는 發潤이 異時니 卽順後報요 兩世一重因果者는 此不論過去하고 以現在無明等十因으로 受未來生老死二果하나니 此는 發

潤이 同時니 卽順生報也니라 十二因緣配三障頌에 曰 煩惱는 初八九요 業二及與十이라 餘七은 說爲苦니 三攝十二支라하며 三界輪轉頌에 曰從三故로 生二하고 (依無明生行하고 依愛取生有라) 從二復生七하며 (依行生識等五支果하고 依有生生老死라) 從七還生三일새 (依生死二果하야 生無明하고 依識等五果하야 生愛取라) 是故有輪轉이라하니 此는 四生六凡이 以眞隨緣妄成事로 迷本成末하야 眞隱滅妄作生之順流門也니라 生起頌에 曰賴耶白淨이 本無愚어늘 三細分時에 有六麁라 八萬四千이 從此造하니 大千沙界作凡夫로다

若論悟十重인댄 一念反省하야 從因至果히 義類相續하야 有悟十重하니 一은 頓悟요 二는 怖苦發心이요 三은 修六度요 四는 開發이요 五는 我空이요 六은 法空이요 七은 色自在요 八은 心自在요 九는 離念이요 十은 成佛이니라 頓悟者는 頓悟性淨涅槃하야 翻前根本不覺이요 怖苦發心과 修六度는 十信이요 開發과 我空은 三賢이요 法

空은 自初地로 至七地요 色自在는 八地요 心自在는 九地요 離念은 十地等覺이요 妙覺은 成佛이니라 十信은 斷滅一相이요 三賢은 斷異二相이요 自初地로 至九地는 斷住四相이요 十地는 斷生一相이니라 十信에 斷滅一相者는 上根凡夫가 怖苦發心하야 修行六度하야 對治六蔽하되 布施로 治慳貪하고 持戒로 治染慾하고 忍辱으로 治嗔恚하고 精進으로 治懈怠하고 禪定으로 治散亂하고 智慧로 治愚痴하야 令不作惡業故로 十信에 斷滅一相이니라 三賢에 斷異二相者는 緣熟菩薩이 已經十信故로 今入十住初心하야 以根本智로 頓悟性淨涅槃하고 從中後心으로 故留我執俱生中種子하야 興悲度生이라가 十行에 雙融悲智하고 十回向에 永斷異二相하야 證我空理니라 三賢에 已修一阿僧祇하고 欲等十地時엔 修四加行하나니 一은 煖位요 二는 頂位요 三은 忍位요 四는 世界第一位니라 第一煖位者는 卽以佛覺으로 用爲己心

하야 得佛法氣分호대 如出未出이 比如鑽火하야 欲燃其木일새 故名煖位니 此位엔 修明得定하고 發下尋伺觀하야 創觀所取名義自性差別四法이 假有實無하야 獲慧日前相일새 故云明得定이요 得道火前相일새 故云煖位니라 二에 頂位者는 又以己心으로 成佛所履에 若依非依 如登高山하야 身入虛空호대 下有微礙일새 名爲頂位니 此位엔 修明增定하고 發上尋伺觀하야 重觀名等四法이 假有實無하야 明相이 漸盛일새 故云明增定이요 尋伺位極일새 故云頂位니라 三에 忍位者는 心佛이 二同하야 善得中道호되 如忍事人이 非懷非出일새 名爲忍位니 此位엔 修印順定하고 發下如實觀호대 印有三品하니 下品은 印前所取空하야 離徧計境이요 中品은 順後無能取空이요 上品은 順後能取空하야 離依他心이니 卽於能所取中에 印前順後일새 故云印順定이요 忍境識空일새 故云忍位니라 四에 世界第一位者는 數量

이 消滅하야 迷覺中道에 二無所目일새 名世界第一位니 此位엔 修無間道하고 發上如實觀하야 雙印二空이나 猶帶空相하야 未能證實이라가 進入初地코사 方證圓成之理니라 前上品印은 唯印能取空이어니와 今世界第一位는 雙印二空이니 從此無間하야 必入見道일새 故云無間定이요 異生法中에 此爲最勝일새 故云世第一位어니와 若進十聖하야 極乎妙覺이면 乃出世第一位也니라 自初地로 至九地히 斷住四相者는 初地엔 不執着法相일새 故斷相續하고 自二地로 至七地는 不分別法相일새 故斷智相하야 修二阿僧祇하고 八地엔 色自在故로 斷現相하고 九地엔 心自在故로 斷轉相하고 十地엔 離念故로 斷生一業相하야 修三阿僧祇하고 等覺엔 修無間道解脫道하나니 是는 金剛乾慧요 妙覺엔 成佛이니라 此中에 若配三阿僧祇인댄 三賢은 初阿僧祇요 自初地로 至七地는 二阿僧祇요 自八地로 至十地는 三阿僧祇니

라 若配四果인댄 初地에 生如來家는 是須多洹果요 八地에 得授記는 是斯陀含果요 十地에 得授記는 是阿那含果요 妙覺에 成佛은 是阿羅漢果니라 若配五位인댄 地前三賢은 是資糧位요 四加行은 是加行位요 初地는 是見道位요 自二地로 至十地는 修道位요 等妙二覺은 是無學位니 此는 三乘四聖이 以性具門으로 頓悟心本淨妄本空하고 以功行門으로 漸修三心六度五十五位하야 三大劫中에 妄亡滅眞顯生之反流門也니라 修斷頌에 曰夢心桎梏이 元非有어니 眼前空花가 豈有無아 反掌之間에 成十善하니 依然承水獲玄珠로다

大摠相法門體란 것은 所謂 衆生心이라 衆生心中에 眞妄의 二意가 있거든 眞中에 不變과 隨緣의 二意가 있고 妄中에 體空과 成事의 二意가 있으니 眞中의 不變과 妄中의 體空은 眞如門이요 眞中의 隨緣과 妄中의 成事는 生滅門이니라. 眞如門中에 離言眞如와 依言眞如의 二意가 있으니 離言眞如란 것은 言說相을 여읜 연고요 依言眞如란 것은 言說相을 依한 연고니라. 離言眞如中에 眞實心과 妄識空의 二義가 있고 또한 安立眞如와 非安立眞如의 二意가 있으니 安立眞如란 것은 妄을 遣함을 眞이라 하고 理를 나타냄을 如라 하며 非安立眞如란 것

은 眞만 眞이 아니라 法마다 眞이 아님이 없고 如만 如가 아니라 法마다 如가 아님이 없는 것이니라. 依言眞如中에 空如來藏과 不空如來藏의 二義가 있으니 空如來藏이란 것은 一切煩惱가 空無한 연고요 不空如來藏이란 것은 恒沙의 性功德이 具足한 연고니라. 生滅門中에 眞如를 依해 生滅을 일으켜 眞妄이 和合해서 一도 아니며 二도 아님을 阿梨耶識이라 名하는지라 이 識이 三名이 있으니 一은 阿賴耶識이요 二는 異熟識이요 三은 阿陁那識이니라. 第一 阿賴耶識中에 三意가 있으니 一은 能藏이니 諸法을 自體의 內에 藏함이니 이는 持種의 義요 二는 所藏이니 自體를 諸法의 內에 藏함이니 이는 受熏의 義요 三은 我愛執藏義니 第七識我愛의 執藏한 바인 연고니라. 第二 異熟識中에 三義가 있으니 一은 變異의 異熟이니 因種이 變異하여 果가 바야흐로 熟하는 연고요 二는 異時의 異熟이니 今生에 造業하여 來生에 果를 얻는 연고요 三은 異類의 異熟이니 因은 善惡에 通하나 果는 오직 無記인 연고니라. 第三 阿陁那識中에 二義가 있으니 一은 執持義니 一切 染淨의 諸法種子를 執持하는 연고요 二는 白淨識이니 成佛한 後에 說法度生하는 識인 연고니라. 만일 三位에 配할진대 第一 阿賴耶識은 我愛執藏의 位니 七地以前을 通해 一切 異生이 모두 있는 것이요 第二 異熟識은 善惡業果의 位니 十地已前을 通해 一切 異生이 모두 있는 것이요 第三 阿陁那識은 相續執持의 位니 一切 染淨因果諸位에 通한 연고니라. 阿梨耶識中에 覺과 不覺의 二義가 있으니 覺中에 本覺과 始覺의 二義가 있고 不覺中에 根本不覺과 枝末不覺의 二義가 있으며 本覺中에 性淨本覺과 隨緣本覺의 二義가 있고 始覺中에 根本智와 後得智의 二義가 있느니라. 이 阿梨耶識中에 만일

迷의 十重을 論할진대 一은 本覺이요 二는 不覺이요 三은 業相이요 四는 轉相이요 五는 現相이요 六은 智相과 相續이요 七은 執取와 計名이요 八은 三毒이요 九는 造業이요 十은 受報니라. 만일 九相次第에 配할진대 一은 業相이요 二는 轉相이요 三은 現相이요 四는 智相이요 五는 相續이요 六은 執取요 七은 計名이요 八은 造業이요 九는 受報니라. 만일 三細六麁에 配할진대 業相과 轉相과 現相은 三細요 智相과 相續과 執取와 計名과 造業과 受報는 六麁라 三細는 八識이요 智相·相續은 七識이요 執取·計名은 六識이니 이는 海東元曉의 依據니와 만일 賢首의 意를 依據할진대 三細는 八識이요 智相·相續·執取·計名은 六識이요 七識은 別로 自體가 없어서 위로 第八에 合하고 下로 第六에 合할 새 故로 別立하니 않음이니라. 만일 三性에 配할진대 八識은 依他요 六·七 二識은 徧計요 如來藏自性清淨心은 圓成實性이니라. 依他는 二가 있으니 一은 染分依他니 저 染分을 依支해 일어나는 연고요 二는 淨分依他니 저 淨分을 依據해 일어나는 연고니라. 依他는 相으로는 있되 性으로는 없으니 麻上의 繩과 같고 徧計는 情으로는 있되 理致로는 없으니 새끼줄 위의 뱀과 같고 圓成實性은 相으로는 없되 性으로는 있고 情으로는 없되 理致로는 있으니 本麻와 같은 연고니라. 이 九相中에 만일 二障에 配할진대 空·性·相 三宗이 二執은 비록 같으나 障體는 다름이 있으니 相宗은 二執을 依據해 二障을 일으키니 執取·計名의 我執으로써 煩惱障을 삼고 智相·相續의 法執으러써 所知障을 삼으며 八識으로 眞心을 삼음이니 眞如는 굳기가 玉石과 같아서 凝然히 變하지 않는 것이요 또한 三細·二麁로 所知障을 삼은 意도 있느니라. 空宗도 또한 二執을 依

據해 二障을 일으키니 執取·計名의 我執으로써 煩惱障을 삼고 三細·二麁로써 所知障을 삼으며 無性인 眞空으로 眞心을 삼는 것이요 또한 三細·二麁와 根本不覺으로써 所知障을 삼은 意도 있느니라. 性宗은 九相中에서 無明에도 通하고 煩惱에도 通함이니 一分不覺의 義로써 所知障을 삼고 一分生後의 義로써 煩惱障을 삼으며 最淸淨一眞法界로 眞心으로 삼느니라. 障은 四種이 있으니 一은 通障이니 一惑이 多德을 障하는 연고요 二는 別障이니 一惑이 一德을 막는 연고요 三은 順障이니 麁는 麁를 막고 細는 細를 막는 연고요 四는 違障이니 麁가 細를 막고 細가 麁를 막는 연고니라. 만일 三障에 配할진대 業相·轉相·現相·智相·相續·執取·計名은 惑障이요 造業은 業障이요 受報는 苦障이니라. 만일 四相에 配할진대 業相은 生의 一相이요 轉相·現相·智相·相續은 住의 四相이요 執取·計名은 異의 二相이요 造業은 滅의 一相이니라. 만일 五濁에 配할진대 業相은 劫濁이요 轉相·現相은 見濁이요 智相·相續·執取·計名은 煩惱濁이요 造業은 衆生濁이요 受報는 命濁이니라. 만일 五蘊에 配할진대 業相은 識蘊이요 轉相·現相은 行蘊이요 智相·相續·執取·計名은 想蘊이요 造業은 受蘊이요 受報는 色蘊이니라. 만일 五意에 配할진대 一은 業識이요 二는 轉識이요 三은 現識이요 四는 智識이요 五는 相續識이니 次第와 같이 三細·二麁에 配 할지니라. 만일 六染心에 配할진대 業相은 根本業으로 不相應하는 染이요 轉相은 能見心으로 不相應하는 染이요 現相은 所現色으로 不相應하는 染이요 智相은 分別智로 相應하는 染이요 相續은 不斷으로 相應하는 染이요 執取·計名은 執으로 相應하는 染이니라. 만일 十惡에 配할진대 迷十重의 第八 三毒

中에 意三이 있고 第九 造業中에 身三과 口四가 있느니라. 만일 十二因緣에 配할진대 不覺은 無明이요 業相은 行이요 轉相은 識이요 現相은 名色과 六入이요 智相은 觸이요 相續은 受요 執取는 愛요 計名은 取요 造業은 有요 受報는 生老死니라. 이 中에 小乘의 三世兩重因果가 있고 또한 大乘의 三世一重因果와 兩世一重因果도 있으니 小乘의 三世一重因果란 것은 過去의 無明·行 二因으로써 現在의 識等五支果를 받고 現在의 愛·取·有 三因으로써 未來의 生·老死 二果를 받음이니라. 大乘의 三世一重因果란 것은 過去의 無明等 七因으로써 業을 發하고 現在의 愛·取·有 三因으로써 業을 潤하여 未來의 生·老死 二果를 받으니 이는 發·潤이 다를 때니 곧 順後의 報요 兩世一重因果란 것은 이 過去를 論하지 않고 現在의 無明等 十因으로써 未來의 生·老死 二果를 받으니 이는 發·潤이 同時니 곧 順生의 報니라. 十二因緣으로 三障에 配한 頌에 이르되 煩惱는 初(無明)와 八(愛)과 九(取)요 業은 二(行)와 더불어 十(有)이라 餘七(識·名色·六入·觸·受·生·死)은 說해 苦라 하느니 三이 十二支를 攝했다 하며 三界輪轉이 頌에 이르되 三을 좇은 故로 二를 生하고(無明을 依支해 行을 生하고 愛·取를 依支해 有를 生함) 二로 좇아 다시 七을 生하며(行을 依支해 識等의 五支果를 生하고 有를 依支해 生·老死를 生함) 七로 좇아 또한 三을 生할 새(生·死의 二果를 依支해 無明을 生하고 識等의 五果를 依支해 受·取를 生함)이런 故로 輪轉이 있다 하니 이는 四生과 六凡이 眞으로 因緣을 따르고 妄이 事를 이룸으로써 本을 迷하고 末을 이루어 眞이 隱滅하고 妄이 乍生하는 順流의 門이니라. 生起의 頌에 이르되 賴耶와 白淨이 本來 어리석음이 없거늘 三細가 分할 때에 六麁가 있는지라 八萬四千이 이로 좇아 일어나니 大千沙界에 凡夫를 짓도다.

만일 悟의 十重을 論할진대 一念에 反省하여 因으로 좇아 果에 이르기까지 義類가 相續하여 悟의 十重이 있으니 一은 頓悟요 二는 苦를 怖畏해 發心함이요 三은 六度를 닦음이요 四는 開發이요 五는 我空이요 六은 法空이요 七은 色(客觀)이 自在함이요 八은 心(主觀)이 自在함이요 九는 離念이요 十은 成佛이니라. 頓悟란 것은 性淨涅槃을 頓悟하여 前의 根本不覺을 뒤침이요 怖苦發心과 修六度는 十信이요 開發과 我空은 三賢이요 法空은 初地로부터 十地에 이름이요 色自在는 八地요 心自在는 九地요 離念은 十地와 等覺이요 妙覺은 成佛이니라 十信은 滅의 一相을 끊고 三賢은 異의 二相을 끊고 初地로부터 九地에 이름은 住의 四相을 끊고 十地는 生의 一相을 끊느니라. 十信에 滅의 一相을 끊는다는 것은 上根凡夫가 怖苦發心해서 六度를 修行하여 六蔽를 對治하되 布施로 慳貪을 對治하고 持戒로 染慾을 對治하고 忍辱으로 嗔恚를 對治하고 精進으로 懈怠를 對治하고 禪定으로 散亂을 對治하고 智慧로 愚痴를 對治하여 하여금 惡業을 짓지 않게 하는 故로 十信에 滅의 一相을 끊느니라. 三賢에 異의 二相을 끊는다는 것은 緣熟菩薩이 이미 十信을 지난 故로 이제 十住初心에 들어서 根本智로써 性淨涅槃을 頓悟하고 中後心으로 좇아서 짐짓 我執俱生中의 種子를 留하여 悲를 일으켜 衆生을 濟度하다가 十行에 悲智를 雙融하고 十回向에 異의 二相을 永遠히 끊어 我空의 理致를 證하느니라. 三賢에 이미 一阿僧祇를 닦고 十地에 오르고자 할때엔 四加行을 닦나니 一은 煖位요 二는 頂位요 三은 忍位요 四는 世界第一位니라. 第一 煖位란 것은 곧 不覺으로써 因해 自己의 마음으로 삼아서

佛法의 氣分을 얻되 날듯하면서 나지 않음이 比컨대 火燧(부싯돌)을 비벼서 그 나무를 태우고자 함과 같을 새 故로 煖位라 名한 것이니 이 位엔 明得定을 닦고 下尋伺觀을 發해서 비로소 所取인 名·義·自性·差別의 四法이 假有(因緣 和合에 依하여 現實로 나타나 있는 世界)요 實無인 줄 觀하여 慧日의 前相을 얻을 새 故로 明得定이라 云한 것이요 道火의 前相을 얻을 새 故로 煖位라 云한 것이니라. 二에 頂位란 것은 또 自己의 마음으로써 佛의 履修한 바를 이룸에 依支한 듯하면서 依支가 아님이 마치 高山에 올라서 몸이 虛空에 들어가되 下에 微碍가 있음과 같을 새 이름해 頂位라 하는 것이니 이 位엔 明增定을 닦고 上尋伺觀을 發해서 거듭 名等의 四法이 假有요 實無인 줄 觀하여 明相이 漸盛할 새 故로 明增定이라 云한 것이요 尋伺의 位가 極할 새 故로 頂位라 云한 것이니라. 三에 忍位란 것은 心·佛이 둘 다 같아서 잘 中道를 얻되 事를 忍耐하는 사람이 품음도 아니요 出함도 아님과 같을 새 이름해 忍位라 하는 것이니 이 位엔 印順定을 닦고 下如實觀을 發하되 印에 三品이 있으니 下品은 前의 所取空을 印쳐서 徧計의 境을 여의고 中品은 後의 無能取空을 順하고 上品은 後의 能取空을 順하여 依他의 心을 여의느니 곧 能所取中에 前을 印하고 後를 順할 새 故로 印順定이라 云한 것이요 忍境의 識이 空할 새 故로 忍位라 云한 것이니라. 四에 世第一位란 것은 數量이 消滅하여 迷·覺의 中道에 둘다 目的하는 바가 없을 새 世界第一位라 名하는 것이니 이 位엔 無間道를 닦고 上如實觀을 發해서 二空을 雙印하나 오히려 空相을 帶하여 能히 實을 證하지 못하다가 初地에 進入하고야 바야흐로 圓成의 理致를 證하느니라. 前의 上品忍은 오직 能取

空만을 印함이거니와 今에 世第一位는 二空을 雙印하느니 이 無間으로 좇아서 반드시 見道에 入할 새 故로 無間定이라 云한 것이요 異生法中에서 이것이 最勝이 될새 故로 世第一位라 云했거니와 만일 十聖에 나아가 妙覺에 極하면 이에 出世第一位니라. 初地로부터 九地에 이르기까지 住의 四相을 끊는다는 것은 初地엔 法相을 執着하지 않는 故로 相續을 끊고 二地로부터 七地에 이름은 法相을 分別하지 않는 故로 智相을 끊어 二阿僧祇를 닦고 八地엔 色이 自在한 故로 現相을 끊고 九地엔 心이 自在한 故로 轉相을 끊고 十地엔 離念인 故로 生의 一業相을 끊어 三阿僧祇를 닦고 等覺엔 無間道와 解脫道를 닦으니 이는 金剛乾慧요 妙覺엔 成佛이니라. 이 中에 만일 三阿僧祇에 配 할진대 三賢은 初阿僧祇요 初地로부터 七地에 이름은 二阿僧祇요 八地로부터 十地에 이름은 三阿僧祇니라. 만일 四果에 配할진대 初地에 如來家에 生함은 이 須多洹果요 八地에 授記를 얻음은 이 斯陀含果요 十地에 授記를 얻음은 이 阿那含果요 妙覺에 成佛함은 이 阿羅漢果니라. 만일 五位에 配 할진대 地前의 三賢은 이 資糧의 位요 四加行은 이 加行의 位요 初地는 이 見道의 位요 二地로부터 十地에 이름은 修道의 位요 等·妙 二覺은 이 無學의 位니(刊定記 十地疏엔 等覺까지 修道位를 삼고 妙覺을 無學位라 하였다.)이는 三乘과 四聖이 性具門으로써 心本淨·妄本空을 頓悟하고 功行門으로써 三心과 六度와 五十五位를 漸修하여 三大劫中에 妄이 亡滅하고 眞이 顯生하는 反流의 門이니라. 修斷의 頌에 이르되 夢心의 桎梏이 元來 있는 것이 아니거니 眼前의 空花가 어찌 있다없다 하랴. 反掌하는 사이에 十善을 이루니 依然(無心貌)히 물을 받아 玄珠를 얻었도다.

△呑虛 註

(莊子에 皇帝가 赤水之上<煩惱에 比함>에서 玄珠<心의 本體에 比함>를 잃고 說話雄辯을 잘하는 臣下를 시켜 찾게 하되 찾지 못하고 또 离婁<十里外에 秋毫의 末을 보는 聰明한 臣下를 시켜 찾게 하되 찾지 못하였다. 마지막 罔象이라는 臣下가 찾게 되었다. 皇帝가 稱贊해 이르되 異哉라 罔象이여 네가 얻었구나 하였다. 罔象은 無念無想의 境地에 比喩함.)

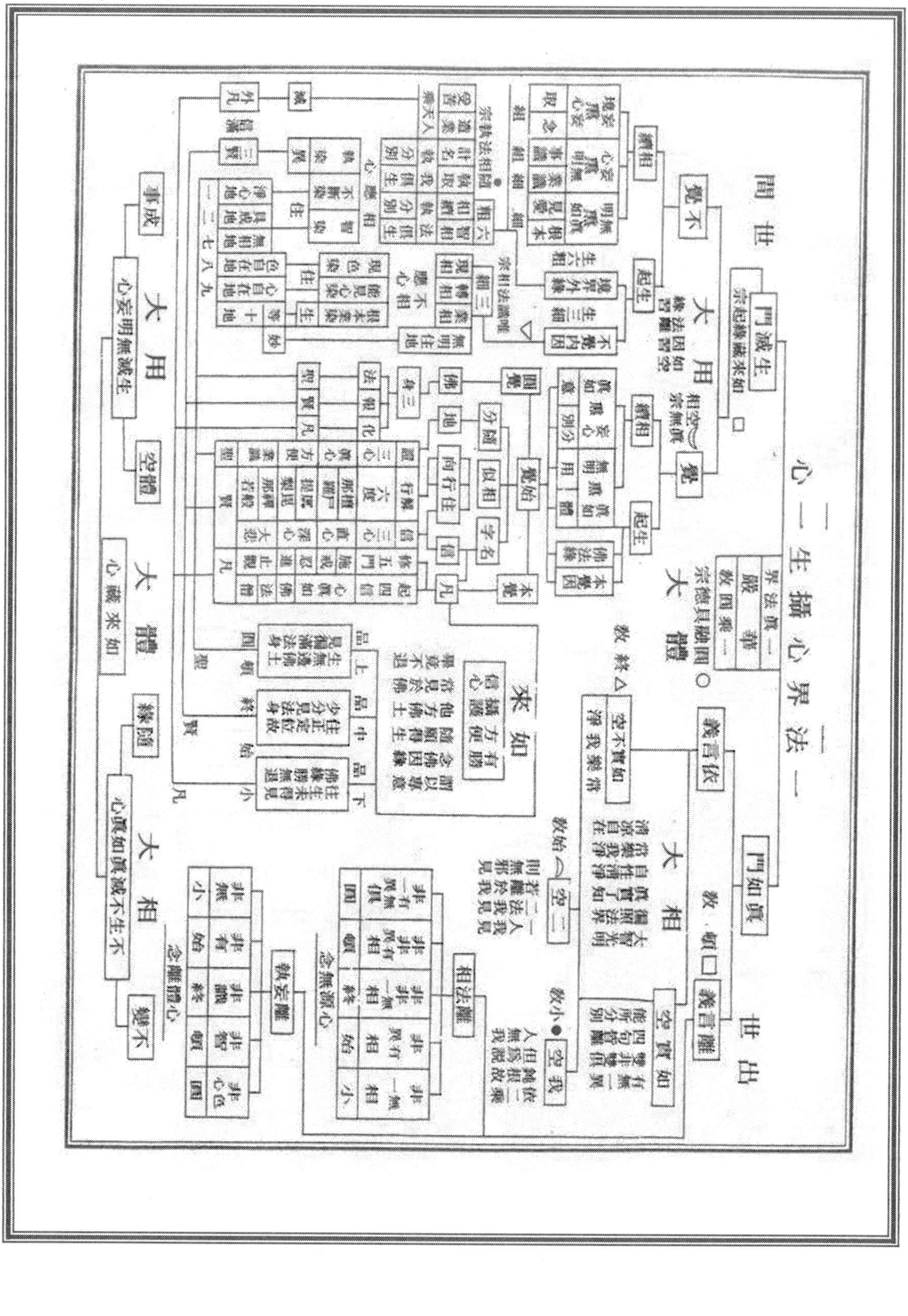

起信論釋敎義中詮眞妄生滅法相之圖

△覽斯圖者가 須熟讀論文하야 深硏義理하면 意旨自得矣리라 且就生滅一門而觀하야 若背覺合塵則翻淨而爲染이며 若斷惑證眞則轉凡而成聖이니라 又兼眞如二門而觀하야 若依眞起妄則法性이 隨緣이라 卽眞如門이 成生滅門이며 若會緣入實則無明體空이라 卽生滅門이 成眞如門이니라 復加圓融統觀하면 染淨妄眞이 總不離法界藏心矣리라 如此流變三疊하야 順逆觀之하면 或迷或悟와 或佛或生이 顧在當人의 用心何如耳니 豈有一定法哉아 發趣道相者는 宜愼思之어다

이 圖를 보는 자가 모름지기 論文을 熟讀하여 깊이 義理를 硏究하면 意旨를 自得하리라. 또 生滅一門에 나아가 觀하여 만일 覺을 등지고 塵에 合한즉 淨을 뒤집어 染이 되며 만일 迷惑을 끊고 眞을 證한즉 凡을 轉해 聖을 이룰지니라. 또 眞如二門을 兼해 觀하여 만일 眞을 依支해 妄을 일으킨즉 法性이 因緣을 따르는지라 곧 眞如門이 生滅門을 이루며 만일 因緣을 會해 實에 入한즉 無明의

體가 空한지라 곧 生滅門이 眞如門을 이룰지니라. 다시 圓融을 더하여 統合해 觀하면 染·淨과 妄·眞이 總히 法界藏心을 여의지 않으리라. 이처럼 流變을 三疊하여 順逆으로 觀하면 或 迷하고 或 悟함과 或 佛이 되고 或 衆生됨이 돌아보건대 當人의 用心이 어떠한 곳에 있으니 어찌 一定한 法이 있으랴. 道相에 發趣하는 者는 마땅히 삼가 생각할지어다.

慈雲灌頂行者續法은 題하노라

馬鳴大士가 撰起信論하사 貫通宗教하야 爲學佛初階하시니 不明斯義則經中奧窔를 無由通達이니라 賢首國師가 特爲造疏하사 判屬大乘終教하시니 蓋下接小始하고 上通頓圓也니라 慈雲灌頂法師가 綜括論義하야 輯成一圖하니 眞妄諸法이 瞭如指掌이로다 長沙曹顯宗居士가 復加參訂하야 俾教綱脈絡으로 毫髮無遺하니 可謂精益求精이요 簡而又簡矣로다 爰附刊於論疏之後하야 以廣流傳焉이로라

馬鳴大士가 起信論을 지어서 宗教를 貫通하여 學佛의 初階를 삼으시니 斯義를 밝히지 못한즉 經中의 奧窔를 通達할 수 없느니라. 賢首國師가 特히 爲해 疏를 지어서 大乘終教에 屬한다 判斷하시니 대개 下로는 小乘과 始教를 接하고 上으로는 頓教와 圓教에 通함이니라. 慈雲灌頂法師가 論義를 綜括하여 一圖를 輯成하니 眞妄의 諸法이 밝기가 손바닥을 가리킴과 같도다. 長沙曹顯宗居士가 다시 參訂을 加하여 教網의 脈絡으로 하여금 毫髮도 遺落됨이 없게 하니 可히 이르되 精에 더욱 精을 求함이요 簡하고 또 簡함이로다. 이에 論疏의 뒤에 부쳐 刊行하여 써 流傳을 넓히도다.

光緒二年冬十一月에 石埭 楊文會는 湘東精舍에서 쓰노라

懸吐譯解 大乘起信論疏記會本 卷一

天竺 馬鳴菩薩 造論

梁天竺三藏 眞諦 譯

海東沙門 元曉 疏 并別記

五臺山後學 金呑虛 譯解

△將釋此論에 略有三門하니 初標宗體요 次釋題名이요 其第三者는 依文顯義니라

第一標宗體者는 然夫大乘之爲體也가 蕭焉空寂하며 湛爾冲玄하니 玄之又玄之나 豈出萬像之表며 寂之又寂之나 猶在百家之談이로다 非像表也여 五眼으로 不能見其軀요 在言裏也여 四辯으로 不能談其狀이로다 欲言大矣나 入無人而莫遺요 欲言微矣나 苞無外而有餘로다 引之於有에 一如가 用之而空이요 獲之於無에 萬物이 乘之而生이니 不知何以言之요 强號之謂大乘이니라

別記 其體也가 曠兮其若太虛而無其私焉이요 蕩兮其若巨海而有至公焉이로다 有至公故로 動靜이 隨成이요 無其私故로 染淨이 斯融이로다 染淨이 融故로 眞俗이 平等이요 動靜이 成故로 昇降이 參差로다 昇降이 差故로 感應路通이요 眞俗이 等故로 思議路絶이로다 思議가 絶故로 體之者가 乘影響而無方이요 感應이 通故로 祈之者가 超名相而有歸로다 所乘影響은 非形非說이라 旣超名相인댄 何超何歸리오 是謂無理之至理며 不然之大然也니라

△自非杜口大士와 目擊丈夫면 誰能論大乘於離言이며 起深信於絶慮者哉아 所以로 馬鳴菩薩이 無緣大悲로 傷彼無明妄風이 動心海而易漂하고 愍此本覺眞性이 睡長夢而難悟하사 於是에 同體智力으로 堪造此論하야 贊述如來의 深經奧義하사 欲使爲學者로 暫開一軸하야 徧探三藏之旨하고 爲道者로 永

息萬境하야 遂還一心之原케하시니

別記 其爲論也가 無所不立이며 無所不破라 如中觀論十二門論等은 徧破諸執하며 亦破於破호대 而不還許能破所破하니 是謂往而不徧論也요 其瑜伽論攝大乘等은 通立深淺하야 判於法門호대 而不融遣自所立法하니 是謂與而不奪論也어니와 今此論者는 旣智旣仁하며 亦玄亦博하야 無不立而自遣이요 無不破而還許라 而還許者는 顯彼往者가 往極而徧立이요 而自遣者는 明此與者가 窮與而奪이니 是謂諸論之祖宗이며 群諍之評主也니라

△所述이 雖廣이나 可略而言이면 開二門於一心하야 總括摩羅百八之廣誥하고 示性淨於相染하야 普綜踰闍十五之幽致라 至如鵠林一味之宗과 鷲山無二之趣와 金鼓同性三身之極果와 華嚴瓔珞四階之深因과 大品大集曠蕩之至道와 日藏月藏微密

之玄門히 凡此等輩中衆典之肝心을 一以貫之者는 其唯此論乎인저 故로 下文에 言爲欲總攝如來廣大深法無邊義故로 應說此論이라하시니라 此論之意가 旣其如是인댄 開則無量無邊之義로 爲宗이요 合則二門一心之法으로 爲要라 二門之內에 容萬義而不亂이요 無邊之義는 同一心而混融이로다 是以로 開合이 自在하고 立破가 無礙하야 開而不繁이요 合而不狹이며 立而無得이요 破而無失이니 是爲馬鳴之妙術이며 起信之宗體也로다 然以此論의 意趣深邃하야 從來釋者가 尠具其宗이니 良由各守所習而牽文이요不能虛懷而尋旨라所以로 不近論主之意하야 或望源而迷流하고 或把葉而亡幹하며 或割領而補袖하고 或折枝而帶根이로다 今直依此論文하야 屬當所述經本이니 庶同趣者는 消息之耳니라 標宗體는 竟하다

將次 이 論을 解釋함에 干略히 三門이 있으니 初는 宗體를 標함이요 次는 題名을 解釋함이요 그 第三은 文을 依해 義를 나타냄이니라.

第一에 宗體를 標한다는 것은 그러나 大乘의 體가 됨이 蕭焉히 空寂하여 湛爾히 冲玄하니 玄하고 또 玄하나 어찌 萬像의 밖에 벗어나며 寂하고 또 寂하나 오히려 百家의 말에 있도다. 像밖이 아님이여 五眼으로 能히 그 몸을 볼 수 없고 말속에 있음이여 四辯으로 能히 그 狀을 말하지 못하도다. 크다고 말하고자 하나 無內에 入하여 남음이 없고 작다고 말하고자 하나 無外를 苞하여 남음이 있도다. 有에 引함에 一如가 이를 써서 空하고 無에 얻음에 萬物이 이를 타서 나느니 알지 못하게 하여라. 어떻게 써 말하고 强作히 號하여 大乘이라 이르랴.

別記 그 體가 曠然해 太虛와 같아서 私가 없고 蕩然해 居海와 같아서 至公無私함이 있도다. 至公無私함이 있는 故로 動·靜이 따라 이루고 私가 없는 故로 染·淨이 이에 融하도다. 染·淨이 融한 故로 眞·俗이 平等하고 動·靜이 이룬 故로 昇·降이 參差하도 다. 昇·降이 參差한 故로 感應의 길이 通하고 眞·俗이 平等한 故로 四議의 길이 끊어졌도다. 四議가 끊어진 故로 이를 體達하는 者가 影響을 타서 方所가 없고 感應이 通한 故로 이를 祈願하는 者가 名相에 뛰어나 돌아감이 있도다. 乘 한바 影響은 形도 아니며 說도 아니라 이미 名相에 뛰어났을진대 무엇이 뛰어나고 무엇이 돌아가리오. 이것을 無理의 至理며 不然의 大然이라 이르느니라.

△스스로 杜口大士와 目擊丈夫가 아니면 누가 能히 大乘을 離言에 論하며 染信을 絶慮에 일으킬 者랴. 所以로 馬鳴菩薩이 無緣大悲로저 無明妄風이 心海를 搖動하여 漂沈하기 쉬움을 슬퍼하고 이 本覺

眞性이 長夢에 昏睡하여 깨우치기 어려움을 불쌍히 여기어 이에 同體의 智力으로 能히 이 論을 지어서 如來의 深經奧義를 贊述하여 學을 하는 者로 하여금 暫時 一軸을 열어서 두루 三藏의 旨趣를 探求하고 道를 하는 者로 永遠히 萬境을 쉬어서 드디어 一心의 根原에 돌아가게 하고자 하시니

別記 그 論됨이 세우지 않은 바가 없으며 破하지 않은 바가 없는지라 저 中觀論과 十二門論 等은 두루 모든 執을 破하며 또한 破한 것까지 破하되 또한 能破와 所破를 許諾하지 않으니 이는 가기만 하고 徧하지 못한 論이라 말하는 것이요 그 瑜伽論과 攝大乘 等은 通히 深淺을 세워서 法門을 判斷하되 스스로 세운바 法을 融遣하지 않았으니 이는 주기만 하고 빼앗지 않은 論이라 말하거니와 이제 이 論은 이미 智하고 이미 仁하며 또한 玄하고 또한 博하여 세우면서 스스로 보내지 않음이 없고 破하면서 또한 許諾하지 않음이 없는지라 또한 許諾했다는 것은 저 가는 者가 가는 것이 極함에 徧立함을 나타냄이요 스스로 보냈다는 것은 이 주는 者가 다 주고 남에 빼앗음을 밝힘이니 이것을 諸論의 祖宗이며 群諍의 評主라 이르느니라.

△述한 바가 비록 넓으나 可히 撮略해 말하면 二門을 一心에서 열어서 摩羅百八의 廣誥를 總括하고 性淨을 相染에 보여서 踰闍十五의 幽致를 널리 綜會한지라 저 鵠林一味의 宗과 鷲山無二의 趣와 金皷·同性 三身의 極果와 華嚴·瓔珞 四階의 深因과 大品·大集의 曠蕩한 至道와 日藏·月藏의 微密한 玄門에 이르기까지 무릇 此等輩中에 衆典의 肝心을 一로써 꿰뚫은 것은 오직 이 論인저. 故로

下文에 이르되 如來의 廣大한 深法의 無邊한 義를 總攝하고자 한 故로 應當 이 論을 說한다 하시니라. 이 論의 뜻이 이미 이와 같을진대 開하면 無量無邊의 義로 宗이 되고 合하면 二門一心의 法으로 要가 되는지라 二門의 안에 萬義를 容納하되 어지럽지 않고 無邊의 義는 一心과 같이 混融하도다. 이로써 開·合이 自在하고 立·破가 無碍하여 열되 繁盛하지 않고 합하되 좁지 않으며 세우되 得이 없고 破하되 失이 없으니 이것이 馬鳴의 妙術이며 起信의 宗體가 되도다. 그러나 써 이 論의 意趣가 深邃하여 從來로 解釋하는 者가 그 宗을 갖춘 者가 적으니 眞實로 各各 익힌 바를 지켜 文에 끄달리고 能히 생각을 비워 宗旨를 찾지 못함에 말미암은지라 所以로 論主의 뜻에 가깝지 않아서 或은 源을 望하여 流를 迷하고 或은 葉을 把하여 幹을 亡하며 或은 領을 割하여 소매를 깁고 或은 가지를 꺾어 根에 帶하도다. 今엔 다만 이 論文을 依하여 贊述한바 經本에 屬當할 따름이니 거의 旨趣가 같은 者는 消息(取捨)할지니라. 宗體를 標함은 마쳤다.

△次釋題名이라 言大乘者는 大是當法之名이니 廣苞로 爲義요 乘是寄喩之稱이니 運載로 爲功이니라 總說雖然이나 於中分別者인댄 則有二門하니 先依經說하고 後依論明하리라 依經說者는 如虛空藏經에 言大乘者는 爲無量無邊崖故로 普徧一切니 喩如虛空이

廣大容受一切衆生故며 不與聲聞辟支佛共故로 名爲大乘이니라 復次乘者는 以正住四攝法으로 爲輪이요 以善淨十善業으로 爲輻이요 以淨功德資糧으로 爲轂이요 以堅固淳至專意로 爲輨轄釘鍱이요 以善成就諸禪解脫로 爲轅이요 以四無量으로 爲善調요 以善知識으로 爲御者요 以知時非時로 爲發動이요 以無常苦空無我之音으로 爲驅策이요 以七覺寶繩으로 爲靽靭이요 以淨五眼으로 爲索帶요 以弘普端直大悲로 爲旒幢이요 以四正勤으로 爲軔이요(軫也니 枝木輪也니라) 以四念處로 爲平直이요 以四神足으로 爲速進이요 以勝五力으로 爲鑒陳이요 以八聖道로 爲直進이요 於一切衆生에 無障礙慧明으로 爲軒이요 以無住六波羅密로 廻向薩般若요 以無礙四諦로 度到彼岸이니 是爲大乘이라 하시니 解云上來엔 以二十句로 擧喩況法하야 以顯乘義니라 又下文에 云此乘은 諸佛의 所受며 聲聞辟支

佛의 所觀이며 一切菩薩의 所乘이며 釋梵護世의 所應敬禮며 一切衆生의 所應供養이며 一切智者가 所應讚歎이며 一切世間의 所應歸趣며 一切諸魔의 不能破壞며 一切外道가 不能測量이며 一切世間이 不能與競이라하시니 解云上來엔 以十句로 對人하야 顯大乘也니라 依論明者는 有七有三하니 三種大義는 下文에 當說하리라 言七種者는 有二種七에 一者는 如對法論에 云由與七種大性相應일새 故名大乘이니라 何等이 爲七고 一은 境大性이 以菩薩道로 緣百千等無量諸經의 廣大敎法하야 爲境界故요 二는 行大性이니 正行一切自利利他의 廣大行故요 三은 智大性이니 了智廣大補特伽羅의 法無我故요 四는 精進大性이니 於三大劫阿僧祇耶에 方便勤修無量難行行故요 五는 方便善巧大性이니 不住生死와 及涅槃故요 六은 證得大性이니 得如來諸力無畏不共佛法等無量無

數大功德故요 七은 業大性이니 窮生死際토록 示現一切成菩提等하야 建立廣大諸佛事故라하시니라 (此中에 前五는 是因이요 後三은 是果也라) 二者는 顯揚論에 云大乘性者는 謂菩薩乘이 與七大性으로 共相應故로 說名大乘이니라 云何爲七고 一은 法大性이니 謂十二分教中에 菩薩藏의 所攝인 方便廣大之教요 二는 發心大性이니 謂已發無上正等覺心이요 三은 勝解大性이니 謂於前所說法大性境에 起勝信解요 四는 意樂大性이니 謂已超過勝解行地하야 入淨勝意樂地요 五는 資糧大性이니 成就福智二種의 大資糧故로 能證無上正等菩提요 六은 時大性이니 謂三大劫阿僧祇也時에 能證無上正等菩提요 七은 成滿大性이니 謂卽無上正等菩提自體가 所成滿菩提自體요 比餘成滿自體에 尙無與等이어든 何況超勝가하시니라 瑜伽地持도 皆同此說하니 瑜伽論에 云此中에 若法大性으로 乃至若

時大性히 如是六種은 皆是圓證大性之因이요 圓證大性은 是前六種大性之果라하시니 解云如是二種七種大性이 其數雖同이나 建立意別하니 建立之意는 尋之可知니라 釋大乘은 竟하다 言起信者는 依此論文하야 起衆生信일새 故言起信이니라 信以決定謂爾之辭니 所謂信理實有하며 信修可得하며 信修得時에 有無窮德이니라 此中에 信實有者는 是信體大니 信一切法이 不可得故로 卽信實有平等法界요 信可得者는 是信相大니 具性功德하야 熏衆生故로 卽信相熏에 必得歸原이요 信有無窮功德用者는 是信用大니 無所不爲故로 若人이 能起此三信者는 能入佛法하야 生諸功德하며 出諸魔境하야 至無上道니라 如經偈에 云信爲道元功德母라 增長一切諸善根하며 除滅一切諸疑惑하야 示現開發無上道로다 信能超出衆魔境하야 示現無上解脫道라 一切功德不壞種이 出生無

上菩提樹라하시니 信有如是無量功德이어늘 依論得發心일새 故言起信이니라 所言論者는 建立決了可軌文言하야 判說甚深法相道理니 依決判義하야 名之爲論이니라 總而言之컨대 大乘은 是論之宗體요 起信은 是論之勝能이니 體用合擧하야 以標題目일새 故言大乘起信論也니라

△다음은 題名을 解釋함이라 大乘이라 말한 것은 大는 이 法에 當한 名이니 廣苞로 義가 되고 乘은 이 喩에 寄한 稱이니 運載로 功이 되느니라. 總說함에 비록 그러나 그 中에 分別할진대 곧 二門이 있으니 先은 經을 依支해 說하고 後는 論을 依支해 밝히리라. 經을 依支해 說한다는 것은 저 虛空藏經에 이르되 大乘이란 것은 無量·無邊·無崖한 故로 一切에 普偏함을 말함이니 喩컨대 虛空이 廣大하여 一切衆生을 容受함과 같은 연고며 聲聞과 辟支佛로 더불어 같이하지 않는 故로 이름해 大乘이라 하느니라. 復次 乘이란 것은 正住四攝法으로써 輪이 되고 善淨十善業으로써 輻이 되고 淨功德資糧으로써 轂이 되고 堅固·湻至·專意로써 輨轄釘鑷이 되고 善成就諸禪解脫로써 轅이 되고 四無量으로써 善調가 되고 善知識으로써 御者가 되고 時·非時를 앎으로써 發動이 되고 無常·苦·空·無我의 音으로써 驅策이 되고 七覺寶繩으로써 鞅靭이 되고 淨五眼으로써 索帶가 되고 弘普·端直·大悲로써 旒幢이 되고 四正勤으로써 軔이

되고(軫이니 枝木輪이다) 四念處로써 平直이 되고 四神足으로써 速進이 되고 勝五力으로써 鑒陳이 되고 八聖道로써 直進이 되고 一切衆生에 無障碍慧明으로 軒이 되고 無住六波羅密로써 薩般若에 廻向하고 無碍四諦로써 彼岸에 건너 이르니 이것이 大乘이 된다 하시니 解釋해 이르되 上來엔 二十句로써 喩를 들어 法에 比況하여 써 乘義를 나타냄이니라. 또 下文에 이르되 이 乘은 諸佛의 受한 바며 聲聞과 辟支佛의 觀하는 바며 一切菩薩의 乘하는 바며 釋·梵·護世의 應當 敬禮할 바며 一切衆生의 應當 供養할 바며 一切智者의 應當 贊歎할 바며 一切世間의 應當 歸趣할 바며 一切諸魔가 能히 破壞하지 못하며 一切外道가 能히 測量하지 못하며 一切世間이 能히 더불어 다투지 못한다 하시니 解釋해 이르되 上來엔 十句로써 人을 對하여 大乘을 나타냄이니라. 論을 依支해 밝힌다는 것은 七이 있고 三이 있으니 三種大義는 下文에 마땅히 說하리라. 七種이라 말한 것은 三種의 七이 있으니 一은 저 對法論에 이르되 七種大性과 더불어 相應함을 由할새 故로 大乘이라 이름함이니라. 무엇이 七이 되는고? 一은 境大性이니 菩薩道로써 百千等 無量한 諸經의 廣大한 敎法을 因緣하여 境界를 삼는 연고요 二는 行大性이니 正히 一切 自利利他의 廣大한 行을 行하는 연고요 三은 智大性이니 廣大한 補特伽羅(飜譯하면 數取趣니 衆生의 妄識을 말함)의 法이 我가 없음을 了知하는 연고요 四는 精進大性이니 三大劫 阿僧祗耶에 方便으로 부지런히 無量한 難行의 行을 닦는 연고요 五는 方便善巧大性이니 生死와 涅槃에 住하지 않는 연고요 六은 證得大性이니 如來의 모든 힘과 無畏와 不共佛法等 無量無數한 大功德을 얻는 연고요 七은 業大性이니 生死際가 다하도록 一切 成菩提 等을 示現하여 廣大한 諸佛事를 建立하는 연고라 하시니라. (이 中에 前五는 이 因이요 後二는 이 果다.) 二는 顯揚論에 이르되 大乘性이란 것은 菩薩乘이 七大性과 더불어 相應하는 故로 大乘이라 說해 이름함을 말한 것이니라. 어떤 것이 七이 되는고? 一은 法大性이니 十二分教中에 菩薩藏의 所攝인 方便廣大의 教를 말함이요 二는 發心大性이니 이미 無上한 正等覺心을 發함을 말함이요 三은 勝解大性이니 前의 說한바 法大性境에 勝信解를 일으킴을 말함이요 四는 意樂大性이니 이미 勝解行地를 超過하여 淨勝意樂地에 入함을 말함이요 五는 資糧大性이니 福智二種의 大資糧을 成就한 故로 能히 無上한 正等菩提를 證함이요 六은 時代性이니 三大劫 阿僧祇耶時에 能히 無上한 正等菩提를 證함을 말함이요 七은 成滿大性이니 곧 無上한 正等菩提自體의 成滿한바 菩提自體가 餘他의 成滿한 自體에 比함에 오히려 더불어 같음도 없거든 어찌 하물며 超勝하랴 함을 말한 것이라 하시니라. 瑜伽와 地持도 다 이 說과 같으니 瑜伽論에 이르되 이 中에 이렇듯 法大性으로 이에 이렇듯 時代性에 이르기까지 이와 같은 六種은 다 이 圓證大性의 因이요 圓證大性은 이 前 六種大性의 果라 하시니 解釋해 이르되 이와 같은 二種의 七種大性이 그 數가 비록 같으나 建立의 意는 다르니 建立의 뜻은 찾으면 可히 알지라. 大乘을 解釋함은 마쳤다. 起信이라 말한 것은 이 論文을 依支하여 衆生의 信을 일으킬 새 故로 起信이라 말함이니라. 信은 決定으로써 이르는 말이니 所謂 理致의 實有를 믿으며 修의 可得을 믿으며 修得時에 無窮한 德이 있음을 믿음이니라. 이 中에 實有를 믿는다는 것은 이 體大를 믿음이니 一

切法이 不可得임을 믿는 故로 곧 實로 平等法界가 있음을 믿음이요 可得을 믿는다는 것은 이 相大를 믿음이니 性功德을 갖추어 衆生을 熏하는 故로 곧 서로 熏함에 반드시 歸原함을 얻음을 믿음이요 無窮한 功德의 用이 있음을 믿는다는 것은 이 用大를 믿음이니 하지 않는 바가 없는 연고라 만일 사람이 能히 이 三信을 일으키는 者는 能히 佛法에 入하여 모든 功德을 내며 모든 魔境에 벗어나서 無上道에 이르느니라. 저 經偈에 이르되 信이 道의 元과 功德의 母가 되는지라 一切 모든 善根을 增長하며 一切 모든 疑惑을 除滅하여 無上의 道를 示現開發하도다. 信이 能히 衆魔의 境에 超出하여 無上한 解脫道를 示現하는지라 一切功德 不壞의 種이 無上한 菩提樹를 出生한다 하시니 信이 이와 같은 無量한 功德이 있거늘 論을 依支해 發心함을 얻을새 故로 起信이라 말함이니라. 말한바 論이란 것은 決了한 可軌의 文言을 建立하여 甚深한 法相道理를 判說함이니 決判의 義를 依支하여 이름해 論이라 함이니라. 總括해 말하건대 大乘은 이 論의 宗體요 起信은 이 論의 勝能이니 體用을 合擧하여 써 題目을 標할새 故로 大乘起信論이라 말함이니라.[1)]

---

1) 先은 論註의 題目을 밝히고 次는 作者와 譯人의 名德을 解釋함이다. 大乘이라 말한 것은 大는 小乘의 法을 말함이요 乘은 能乘의 사람을 말함이니 法은 一心三大를 갖추고 사람은 因人果人에 通한 것이다. 대개 써 諸佛菩薩이 처음엔 이 大法을 乘하여 自心을 믿고 理解하여 大行을 닦고 나중엔 이 大法을 乘하여 涅槃岸에 올라서 菩提鄕에 到達한다. 故로 알라. 小乘은 곧 이 能運이요 能乘은 곧 이 所運이니 이와 같다면 大가 能히 一切를 싣고 날라서 究竟에 이르러서 餘乘이 없고 오직 一佛乘일새 故로 大乘이라 말한 것이다. 故로 下文에 이르되 一切諸佛이 本來 乘한 바인 연고며 一切菩薩이 모두 이 法을 乘하여 如來地에 到達하는 연고라 하였다. 말한바 起란 것은 大乘은 이 能起의 法이요 信은 所起의 心이 됨을 말한 것이다. 대개 衆生이 能히 自心의 體相을 믿음은 眞實로 理敎大法의 熏한 바를 由함이니 이는 大乘이 起信의 功이 있을 새

故로 大乘起라 말한 것이다. 故로 下文에 이르되 法이 있어 能히 摩訶衍 信根을 일으킨다 하시니 말한바 信이란 것은 大乘은 이 所信의 理致요 信은 能信의 心이 됨을 말함이다. 이로써 能히 大乘의 理致를 믿는 者를 곧 大乘信이라 名하는 것이다. 대저 大乘信이란 것은 自心이 本來 淸淨하고 本來 스스로 具足하고 本來 生滅하지 않고 本來 스스로 平等한 줄 믿으며 또한 自心이 性德을 具足하여 能히 萬法을 내는 줄 믿음을 말함이니 果然 이처럼 믿는다면 可히 大乘信이라 말하는 것이다. 이는 大乘을 依해 信을 起함이니 所起가 곧 大乘信일새 故로 大乘起信이라 말한 것이다. 解行을 말하지 않은 것은 信이 解行의 本이 됨으로써 함이니 이제 그 本을 좇아 써 題目을 標할새 故로 말하지 않은 것이다. 말한바 論이란 것은 法을 集해 議論함이니 賓主를 假立하여 自問自答으로 往復徵釋해서 正理를 論量하여 學徒를 敎誡함을 말한 것이다. 그러나 論은 宗·釋의 다름이 있으니 이는 곧 宗論이니 馬鳴菩薩이 法華·涅槃·楞伽·思益等 百餘部 實敎大乘의 所造를 宗한 故로 實로 義가 豊하고 文이 約함이 되어서 法마다 收하지 않음이 없음을 말한 것이다. 故로 下文에 이르되 이와 같은 이 論이 如來의 廣大深法의 無邊한 義를 總攝하고자 한 故로 應當 이 論을 說한다 하시니 곧 論은 能詮의 文이 되고 大乘起信은 所詮의 義가 되니 이는 義가 論을 由해 나타내고 論은 義를 따라 名한 것이라 文과 義가 雙으로 드러나서 能所를 合해 指目할 새 故로 大乘起信論이라 말한 것이다. 纂註라 말한 것은 疏記의 要義를 纂集하여 써 이 論을 解釋함을 말함이다. 그러나 疏記의 流布가 옴이 오래되어 늘 今에 다시 纂한 것은 대개 써 賢首의 疏釋이 論과 疏가 各分할 새 圭峰이 써 覽者의 不便함이 된다 하여 곧 疏文을 碎析해서 論下에 列하여 論疏로 하여금 錯雜해서 章段이 不分케 하니 비록 곧 펴서 봄에는 便宜하나 또 다시 支離에 因하여 能히 本論의 渾全한 旨趣를 보지 못하는지라 尋枝의 厭이 없지 않을새 故로 이제 論文을 聯合하여 章段을 分하고 科目을 收束하여 써 斷章을 하며 다시 要義를 纂集하여 文을 따라 銷釋하고 間或 論旨에 符合하지 않음이 있는 것은 그윽이 나의 뜻을 付하니 이는 論註가 各分함이 아니라 써 論下에 註가 있어서 거의 尋文의 倦이 없고 得旨의 기뻐함이 있도다. 그러나 敢히 自許하지 못함이니 達者는 或人으로써 言을 廢하지 말고 바라건대 나를 爲하여 한번 그 옳고 그름을 校閱할지어다. 馬鳴이라 말한 것은 이 菩薩이 初生할 때에 諸馬의 悲鳴不已함을 感動할 새 故로 馬鳴이라 云함을 말한 것이다.<또는 잘 能히 撫琴하여 써 法音을 宣揚하니 諸馬가 듣고 모두 悲鳴하였다. 中印度 月氏國王이 將次 試驗하여 써 正法을 行하고자 해서 말 七匹을 取하여 그 水草를 끊고 이미 六日을 지나서 第七日에 이르러 宣告해 大衆을 모으고 王이 몸소 升座說法함을 禮請하면서 하여금 衆中에 草穀 等으로써 그 굶주린 말에게 먹이게 하니 말이 모두 먹지 않고 오직 悲鳴垂淚하면서 法要를 諦聽하거늘 이에 遠近이 敬伏해 從化한 故로 馬鳴이라 名한 것이다.>菩薩이라 말

△第三은 消文이라 文有三分하니 初三行偈는 歸敬述意요 論曰以下는 正立論體요 最後一頌은 總結廻向이니라

△第三은 文의 어려운 뜻을 푸는 것이라 文에 三分이 있으니 初 三行偈는 述意에 歸依하여 尊敬함이요 論曰以下는 論體를 正立함이요 最後 一頌은 回向을 總結함이니라.

△初三偈中에 卽有二意하니 前之二頌은 正歸三寶요 其後一偈는 述造論意니라

△初 三偈中에 곧 二意가 있으니 前의 二頌은 正히 三寶께 歸依하여 尊敬함이요 그 後 一偈는 造論의 意를 述함이니라.

○歸命盡十方의 最勝業偏知시며 色無礙自在하신 救世大悲者와 及彼身體相의 法性眞如海와 無量功德藏의 如實修行等하사옵나니

온 十方의 最勝業으로 徧知하시며 色이 無碍하고 自在하신 救世의 大悲者와 저 身體相의 法性眞如海와 無量한 功德藏의 如實히 修行하는 等에게 歸命하사옵노니

한 것은 具云하면 菩提薩埵거든 此云하면 覺有情이니 智慧의 覺이 있으나 緣慮의 情이 남음을 말한 것이다. 곧 識情이 未盡하고 覺行이 未圓할 새 故로 菩薩이라 稱한 것이다. 造란 것은 製作이니 곧 佛이 滅度한 後 六百年內에 지은 바다. 眞諦라 말한 것은 譯主의 名이니 그 學이 三藏을 通하여 德에 就하여 名을 彰함을 쓴 故로 眞諦三藏이라 말한 것이다. 譯이란 것은 易이니 梵天의 語를 易하여 써 華夏의 말을 이룰 새 故로 譯이라 云함을 말한 것이다.

△初歸敬中에 有二하니 歸命二字는 是能歸相이요 盡十方下는 顯所歸德이니라 能歸相者는 敬順義가 是歸義며 趣向義가 是歸義요 命은 謂命根이 總御諸根이니 一身之要가 唯命爲主며 萬生所重이 莫是爲先이라 擧此無二之命하야 以奉無上之尊이니 表信心極일새 故言歸命이니라 又復歸命者는 還源義니 所以者는 衆生六根이 從一心起하야 而背自原하고 馳散六塵이어늘 今擧命總攝六情하야 還歸其本一心之原일새 故曰歸命이니 所歸一心이 卽是三寶故也니라 盡十方下는 顯所歸德이라 此中에 應說三寶之義니 義如別說이어니와 今且消文하리라 文中에 有三하니 謂佛法僧이라 寶之內에 亦有三意하니 先歎心德이요 次歎色德이요 第三句者는 擧人結歎이니라 歎心德中엔 歎用及體니 初言盡十方最勝業者는 是歎業用이니 謂現八相等하야 化衆生業이 盡十方界하며 徧三世

際하야 隨諸可化하야 作諸佛事일새 故로 言盡十方最勝業이니라 如對法論에 云業大性者는 窮生死際토록 示現一切成菩提等하야 建立廣大諸佛事故라하시니 彼擧三世요 此顯十方也니라 言徧智者는 是歎智體니 所以業用이 周於十方者는 由其智體가 無所不徧故也니라 智體周徧일새 故言徧智니 如攝論에 云猶如虛空이 徧一切色際하되 無生住滅變異인듯하여 如來智도 亦爾하야 徧一切所知호대 無倒無變異故라하시니라 歎心德은 竟하다 次歎色德이라 於中에 亦二니 色無礙者는 歎色體妙요 言自在者는 歎色用勝이니라 初言色體者는 如來色身이 萬行所成이며 及不思議熏習所成이니 雖有妙色이나 而無障礙하야 一相一好가 無際無限일새 故로 言導色無礙니라 如華嚴經에 云求空邊際猶可得이어니와 佛一毛孔無崖限이라 佛德이 如是不思議일새 是名如來淨知見故라하시니 雖無

質礙나 而有方所示現之義일새 故得名色而無礙也니라 言自在者는 歎其色用이니 謂五根互用과 十身相作等일새 故言色自在니라 五根互用者는 如涅槃經八自在中說이요 十身相作者는 如華嚴經十地品說이니라 歎色德은 竟하다 救世大悲者者는是第三句에 擧人結歎이니 佛猶大長者요 以衆生爲子라入三界火宅하야 救諸焚燒苦일새 故言救世니 救世之德이 正是大悲니라 離自他悲와 無緣之悲가 諸悲中勝일새 故言大悲니 佛地所有萬德之中에 如來는唯用大悲爲力일새 故偏擧之하야 以顯佛人이니라 如增一阿含에 云凡聖之力이 有其六種이 何等이 爲六고 小兒는 以啼爲力이니 欲有所說에 要當先啼요女人은 以瞋恚爲力이니 依瞋恚己한 然後所說이요沙門婆羅門은 以忍爲力이니 常念下於人한 然後自陳이요 國王은 以憍慢爲力이니 以此豪勢로 而自陳

說이요 阿羅漢은 以專精爲力하야 而自陳說이요 諸佛世尊은 以大悲爲力하야 弘益衆生故니 是知諸佛은 偏以大悲爲力일새 故將表人에 名大悲者니라 上來三句로 歎佛寶는 竟하다 此下二句는 次顯法寶니라 及彼身體相者는 謂前所說如來之身은 卽是報佛이니 正用法界하야 以爲自體일새 故言彼身之體相也니라 此是擧佛하야 而取其法이요 下句는 正出法寶體相이니라 言法性者는 所謂涅槃이 法之本性일새 故名法性이니라 如智度論에 云法名涅槃無戱論法이요 性名本分種이니 如黃石金性과 白石銀性이라 如是一切法中에 有涅槃性일새 故言法性이라하시니라 言眞如者는 無遣曰眞이요 無立曰如니 如下文에 云此眞如體는 無有可遣이니 以一切法이 悉皆眞故며 亦無可立이니 以一切法이 皆同如故라 當知一切法이 不可說不可念일새 故名爲眞如라하시니라 所言海者는 寄喩顯

法이니 略而說之인댄 海有四義하니 一者는 甚深이요 二者는 廣大요 三者는 百寶無窮이요 四者는 萬像影現이니라 眞如大海도 當知亦爾니 永絶百非故며 苞容萬物故며 無德不備故며 無像不現故라 故로 言法性眞如海也니라 如華嚴經에 言譬如深大海가 珍寶不可盡이라 於中에 悉顯現衆生形類像인듯하야 甚深因緣海도 功德寶無盡이라 清淨法身中에 無像而不現故라하시니라 歎法寶는 竟하다 此下二句는 歎其僧寶라 言無量功德藏者는 擧德取人이니 謂地上菩薩이 隨修一行하야 萬行集成이라 其一一行이 皆等法界하야 無有限量이니 積功所得일새 以之故로 言無量功德이요 如是功德이 總屬菩薩이니 人能攝德일새 故名爲藏이니라 次言如實修行等者는 正歎行德이라 依寶性論컨대 約正體智하야 名如實行이요 其後得智를 名爲徧行이니 今此中에 言如實修行은 擧正體智요 次

言等者는 取後得智니라 若依法集經說인댄 總括萬行始終하야 通爲二句所攝이니 謂如實修行과 及不放逸이니라 如彼經에 言如實修行者는 謂發菩提願이요 不放逸者는 謂滿足菩提願이니라 復次如實修行者는 謂修行布施요 不放逸者는 謂不求報니 如是持淨戒하야 成就不退하며 或修忍辱行하야 得無生忍호대 求一切善根호대 而不疲倦하며 捨一切所作事하고 修禪定호대 不住禪定하며 滿足智慧호대 不戲論諸法이니 如其次第하야 如實修行하며 及不放逸이라하야 乃至廣說하시니라 今言如實修行者는 卽攝發菩提願으로 乃至滿足智慧요 次言等者는 取不放逸이 卽是滿足菩提願이며 乃至不戲論諸法也니라 歸敬三寶는 竟在前하다

△初 歸敬中에 二가 있으니 歸命 二字는 이 能歸의 相이요 盡十方下는 所歸의 德을 나타냄이니라. 能歸相이란 것은 敬順의 義가 이 歸義며 趣向의 義가 이 歸義요 命은 命根이 諸根을 總御함을

말함이니 一身의 要가 오직 命이 主가 되며 萬生의 重히 여기는 바가 이보다 앞이 됨이 없는 것이라 이 無二의 命을 들어서 써 無上의 尊을 받듬이니 信心의 極을 表할새 故로 歸命이라 말한 것이니라. 또다시 歸命이란 것은 還源의 義니 所以는 衆生의 六根이 一心으로 좇아 일으켜 自原을 등지고 六塵에 달려 흩어지거늘 이제 命을 들어 六情을 總攝하여 그 本源인 一心의 原에 還歸할새 故로 歸命이라 말한 것이니 所歸의 一心이 곧 이 三寶인 연고니라. 盡十方下는 所歸의 德을 나타냄이라 이 中에 應當 三寶의 義를 說할 것이니 義가 別說과 같거니와 이제 또 文을 消釋하리라. 門中에 三이 있으니 佛·法·僧을 말함이라 三寶의 안에 또한 三意가 있으니 先은 心德을 歎함이요 次는 色德을 歎함이요 第三句란 것은 人을 들어 結歎함이니라. 歎心德中엔 用과 體를 歎함이니 初에 盡十方最勝業이라 말한 것은 이 業用을 歎함이니 八相等을 나타내어 衆生을 化하는 業이 十方界를 다하며 三世際에 두루 하여 可히 化할 것을 따라서 모든 佛事를 지을 새 故로 盡十方最勝業이라 이름을 말함이니라. 저 對法論에 이르되 業大性이란 것은 生死際가 다하도록 一切成菩提等을 示現하여 廣大한 諸佛事를 建立하는 연고라 하시니 저는 三世를 擧함이요 이는 十方을 나타냄이니라. 徧智라 말한 것은 이 智體를 歎함이니 써 業用이 十方에 두루한 바는 그 智體가 두루 하지 않은 바가 없음을 由한 연고니라. 智體가 周徧할새 故로 徧智라 말함이니 저 攝論에 이르되 마치 虛空이 一切色際에 두루하되 生·住·滅의 變異가 없음과 같아서 如來智도 또한 그러하여 一切 所知에 두루 하되 倒함이 없고 變異함이 없는 연고라 하시니라. 心德을 歎함은 마쳤다. 次는 色德을 歎함이라 그 中에 또한 二니 色無碍란 것은 色體의 妙를 歎함이요 自在라 말한 것은 色用의 勝을 歎함이니라. 初에 色體라 말한 것은 如來의 色身이 萬行으로 이룬 바며 不思議熏習으로 이룬 바이니 비록 妙色이 있으나 障碍가 없어서 一相一好가 끝이 없고 限量이 없을새 故로 色無碍라 말함이니라. 저 華嚴經에 이르되 虛空邊際를 求함은 오히려 可히 얻으려니와 佛의 一毛孔은 崖限이 없는지라 佛德이 이처럼 不思議할새 이것을 如來의 淨知見이라 이름하는 연고라 하시니 비록 質碍가 없으나 方所示現의 義가 있을새 故로 色이라 名하되 無碍함이 되느니라. 自在라 말한 것은 그 色用을 歎함이니 五根이 互用함과 十身이 相作하는 等일새 故로 이르되 色自在라 함을 말한 것이니라. 五根互用이란 것은 涅槃經 八自在中의 說과 같고 十身上作이란 것은 華嚴經 十地品의 說과 같으니라. 色德을 歎함은 마쳤다. 救世大悲者란 것은 이 第三句에 人을 들어 結歎함이니 佛은 大長者와 같고 衆生으로써 子를 삼은지라 三界火宅에 入하여 모든 焚燒의 苦를 救援할새 故로 救世라 말함이니 救世의 德이 正히 이 大悲니라. 離自他의 悲와 無緣의 悲가 諸悲中에 殊勝할새 故로 大悲라 말함이니 佛地의 있는바 萬德의 中에 如來는 오직 大悲를 써 힘으로 삼을새 故로 偏擧하여 써 佛人을 나타냄이니라. 저 增一阿含에 이르되 凡·聖의 힘이 六種이 있으니 무엇이 六이 되는고? 小兒는 울음으로써 힘으로 삼으니 說할 바가 있고자 함에 종요로이 마땅히 먼저 우는 것이요 女人은 嗔恚로써 힘으로 삼으니

嗔恚를 依支하고 난 然後에 說하는 바요 沙門과 婆羅門은 忍으로써 힘으로 삼으니 늘 사람에게 下心함을 생각한 然後에 스스로 陳說함이요 阿羅漢은 專精으로써 힘으로 삼으니 스스로 陳說함이요 國王은 憍慢으로써 힘으로 삼으니 이 豪勢로써 스스로 陳說함이요 諸佛世尊은 大悲로써 힘으로 삼아서 衆生을 크게 利益하게 하는 연고니 이를 알라. 諸佛은 치우쳐 大悲로써 힘으로 삼을 새 故로 將次 人을 表함에 大悲者라 名함이니라. 上來에 三句로 佛寶를 歎함은 마쳤다. 此下 二句는 次에 法寶를 나타냄이니라. 及彼身體相이란 것은 前의 說한바 如來의 身은 곧 이 報佛임을 말함이니 正히 法界를 써서 自體를 삼을 새 故로 저 身의 體相이라 말한 것이니라. 이는 이 佛을 들어서 法을 取함이요 下句는 正히 法寶의 體相을 出함이니라. 法性이라 말한 것은 所謂 涅槃이 法의 本性일 새 故로 法性이라 名함이니라. 저 智度論에 이르되 法은 涅槃의 無戲論法을 名함이요 性은 本分種을 名함이니 黃石의 金性과 白石의 銀性과 같은지라 이처럼 一切 法中에 涅槃性이 있을새 故로 法性이라 말했다 하시니라. 眞如라 말한 것은 보낼 것이 없는 것을 眞이라 말하고 세울 것이 없는 것을 如라 말함이니 저 下文에 이르되 이 眞如體는 可히 보낼 것이 없으니 一切法이 모두 眞임을 쓴 연고며 또한 可히 세울 것이 없으니 一切法이 다 같이 如함을 쓴 연고라 마땅히 알라. 一切法이 不可說이며 不可念일새 故로 이름해 眞如라 한다 하시니라. 말한바 海란 것은 喩에 寄해 法을 나타냄이니 干略히 說할진대 海가 四義가 있으니 一은 甚深이요 二는 廣大요 三은 百寶가 無窮함이요 四는 萬像이

影現함이니라. 眞如大海도 마땅히 알라. 또한 그러함이니 百非가 永絶한 연고며 萬物을 苞容한 연고며 德마다 갖추지 않음이 없는 연고며 像마다 나타나지 않음이 없는 연고라 故로 法性眞如海라 말함이니라. 저 華嚴經에 이르되 譬喩컨대 深大海가 珍寶가 不可盡이라 그 中에 모두 衆生의 形類像을 分明히 나타냄과 같아서 甚深한 因緣海도 功德寶가 無盡이라 淸淨한 法身中에 像마다 나타나지 않음이 없는 연고라 하시니라. 法寶를 歎함은 마쳤다. 此下 二句는 그 僧寶를 歎함이라 無量功德藏이라 말한 것은 德을 들어 人을 取함이니 地上菩薩이 一行을 닦음을 따라서 萬行이 集成함을 말함이라 그 一一의 行이 모두 法界와 같아서 限量이 없으니 功을 쌓아 얻은 바일새 이를 쓴 故로 無量功德이라 말함이요 이와 같은 功德이 모두 菩薩에 屬하니 人이 能히 德을 攝할새 故로 이름해 藏이라 함이니라. 次에 如實修行 等이라 말한 것은 正히 行德을 歎함이라 寶性論을 依하건대 正體智를 잡아서 如實行이라 名하고 그 後得智를 이름해 徧行이라 함이니 이제 이 中에 如實修行이라 말함은 正體智를 擧함이요 次에 等이라 말한 것은 後得智를 取함이니라. 만일 法集經의 說을 依할진대 萬行의 始終을 總括하여 通히 二句의 所攝이 되니 如實修行과 不放逸을 말함이니라. 저 彼經에 如實修行이라 말한 것은 發菩提願을 말함이요 不放逸이란 것은 滿足菩提願을 말함이니라. 復次 如實修行이란 것은 修行布施를 말함이요 不放逸이란 것은 不求報를 말함이니 이처럼 淨戒를 가져서 不退를 成就하며 或 忍辱行을 닦아서 無生忍을 얻으며 一切 善根을 求하되 疲倦치 않으며 一切 所作의 일을 버리고 禪定을 닦되 禪定에 住하지 않으며 智慧를 滿足하되 諸法을 戲論치 않으니 그 次第와 같아서 如實修行하며 不放逸이라 하여 乃至 廣說하시니라. 今에 如實修行이라 말한 것은 곧 發菩提願으로 乃至 滿足智慧를 攝함이요 次에 等이라 말한 것은 不放逸이 곧 이 滿足菩提願이며 乃至 不戲論諸法임을 取함이니라. 三寶께 歸敬함은 앞에서 마쳤다.2)

---

2) 此는 三寶께 歸敬하여 造論의 意를 述함이다. 그러나 將次 論을 지음에 먼저 三寶께 歸敬한 것은 學이 所宗이 있음을 보임이며 兼하여 써 加護를 請求함이다. 歸命이라 말한 것은 能歸의 三業을 밝힘이니 대개 能歸의 命이 諸根을 總御할새 이미 身命으로써 돌아갔다면 三業을 갖춘 것이다. 盡十方이라 말한 것은 所歸의 分齊를 밝힘이니 다만 一方三寶께 歸依할 뿐이 아님을 말한지라 故로 十方이라 云한 것이다. 또 다만 一佛刹土의 十方 뿐이 아니라 乃至 帝網刹中에 모두 十方이 있거든 歸命치 않음이 없을새 故로 盡十方이라 云한 것이니 써 歸心의 普徧을 나타냄이다. 最勝業下는 所歸의 三業이 곧 佛寶임을 밝힘이다. 如來의 三輪業用이 一切에 超過함을 쓴 故로 最勝이라 云함이니 最勝함을 쓴 연고다. 故로 意業이 徧知하며 身業이 無碍하며 語業으로 救世함이 곧 如來의 法身大用이다. 徧知라 말한 것은 이렇듯 眞과 이렇듯 俗과 世와 出世法을 盡知치 않음이 없을새 故로 徧知라 云함을 말한 것이다. 色無碍自在라 말한 것은 一多大小와 眞應報化가 機의 所見을 따라서 各各 不同하되 서로 障碍하지 않음을 말한 것이다. 그러나 如來엔 本來 無相無爲일새 故로 色無碍自在라 云한 것이다. 救世大悲라 말한 것은 如來 語業으로 說法하여 衆生을 救濟함이 오직 悲心으로써 本이 됨을 말함이니 이 無緣의 悲로써 한 故로 救世大悲라 云한 것이다. 者의 一字는 德을 結해 人에 屬함이니 佛이 이 徧知며 色無碍며 救世大悲者임을 말한 것이다. 及彼身下는 所歸의 體相을 밝힘이니 곧 이 法寶다. 法은 教理行果가 있으니 今에 歸敬할 바는 곧 理法이다. 대개 다만 佛의 法身大用에 歸敬할 뿐이 아니라 또한 如來의 法身體相에 歸敬할새 故로 及彼身體相이라 云한 것이니 이는 法身大用이 곧 이 佛寶며 法身體相이 곧 法寶임을 말한 것이다. 이 句는 總이요 下二句는 別이다. 法性眞如海라 말한 것은 心이 萬法의 本이 될새 故로 法性이라 云함이요 不妄不變일새 故로 眞如라 云함이요 體性이 深廣하여 涯際가 없을새 故로 海와 같다 譬喩함을 말함이니 이는 곧 所歸의 體法이다. 無量功德藏이라 말한 것은 如來藏體가 能히 無量한 性功德을 含藏함을 말한 연고다. 故로 無量功德藏이라 云함이니 이는 곧 所歸의 法相이다. 如實修行等이라 말한 것은 所歸의 僧寶를 밝힘이니 僧은 凡聖에 通하거니와 今에 所歸者는 곧 地上의 大菩薩僧

○爲欲令衆生으로 除疑捨邪執하고 起大乘正信하야 佛種不斷故니이다

衆生으로 하여금 疑心을 없애어 邪執을 버리고 大乘의 正信을 일으켜 佛種이 끊어지지 않게 하고자 하기 爲한 까닭이니이다.

△次述造論大意라 造論大意는 不出二種하니 上半은 明爲下化衆生이요 下半은 顯爲上弘佛道니라 所以衆生이 長沒生死之海하야 不趣涅槃之岸者는 只由疑惑邪執故也라 故今下化衆生之要는 令除疑惑하야 而捨邪執이니라 汎論疑惑하면 乃有多途어니와 求大乘者는 所疑가 有二하니 一者는 疑法이니 障於發心이요 二者는 疑門이니 障於修行이니라 言疑法者는 謂作此疑호대 大乘法體가 爲一가 爲多아 如是其一인댄 則無異法이니 無異法故로 無諸衆生이어늘 菩薩이 爲誰하야 發弘誓願이며 若是多法인댄 則非一體니 非一體故로 物我各別이어늘 如何得起同體大悲리오 由

을 말함이다. 대개 地上菩薩은 證理起行하여 行이 모두 實에 稱合할 새 故로 如實修行이라 云함이니 十地에 모두 歸敬함을 쓴 故로 等이라 云한 것이다.

是疑惑하야 不能發心이니라 言疑門者는 如來所立敎門이 衆多하니 爲依何門하야 初發修行고 若共可依인댄 不可頓入이요 若依一二인댄 何遣何就아 由是疑故로 不能起修行이니 故今爲遣此二種疑하사 入一心法하야 開二種門이니라 立一心法者는 遣彼初疑니 明大乘法은 唯有一心이니 一心之外에 更無別法이라 但有無明이 迷自一心하야起諸波浪하야 流轉六道하나니 雖起六道之浪이나 不出一心之海니라 良由一心이 動作六道일새 故得發弘濟之願이요 六道가 不出一心일새 故能起同體大悲니 如是遣疑하야 得發大心也니라 開二種門者는 遣第二疑니 明諸敎門이 雖有衆多나 初入修行은 不出二門이라 依眞如門하야 修止行하고 依生滅門하야 而起觀行이니 止觀雙運에 萬行斯備라 入此二門에 諸門皆達이니 如是遣疑하야 能起修行也니라 捨邪執者는 有二邪執하니 所謂人

執과 及與法執이니 捨此二義는 下文當說하리라 下化衆生은 竟在於前也니라 此下二句는 上弘佛道라 除彼二邊之疑하야 得起決定之信이니 信解大乘은 唯是一心일새 故言起大乘正信也니라 捨前二執分別하야 而得無分別智하고 生如來家하야 能紹佛位일새 故言佛種不斷故也니라 如論에 說云佛法大海는 信爲能入이요 智慧能度라하시니 故擧信智하야 明弘佛道니라 偈首에 言爲하고 下結云故者는 爲明二意일새 故造此論也니라 歸敬述意는 竟하다

△次는 造論의 大意를 述함이라 造論의 大意는 二種에 벗어나지 않으니 上半은 下化衆生하기 爲함을 밝힘이요 下半은 上弘佛道하기 爲함을 나타냄이니라. 衆生의 길이 生死의 바다에 빠져 涅槃의 언덕에 趣向하지 못하는 바는 다만 疑惑과 邪執을 由한 연고라 故로 이제 下化衆生의 要는 하여금 疑惑을 없애어 邪執을 버리게 함이니라. 疑惑을 汎論하면 이에 많은 길이 있거니와 大乘을 求하는 者는 所疑가 二가 있으니 一은 法을 疑心함이니 發心을 막음이요 二는 門을 疑心함이니 修行을 막음이니라. 疑法이라 말한 것은 이 疑心을 짓되 大乘의 法體가 一이 되느냐 多가 되느냐 만일 그 一

일진대 곧 異法이 없으니 異法이 없는 故로 모든 衆生이 없을 것이거늘 菩薩이 누구를 爲하여 弘誓願을 發하며 만일 이 多法일진대 곧 一體가 아니니 一體가 아닌 故로 物我가 各別하거늘 어떻게 同體의 大悲를 일으키게 되리오 이 疑惑을 由하여 能히 發心하지 못함을 말한 것이니라. 疑門이라 말한 것은 如來의 세운바 教門이 衆多하니 下門을 依하여 初發修行함이 되는고? 만일 한가지 可히 依할진대 可히 頓入하지 못하는 것이요 만일 一二를 依할진대 무엇을 보내고 무엇에 就하랴. 이 疑惑을 由한 故로 能히 修行을 일으키지 못하니 故로 이제 이 二種의 疑心을 보내기 爲하여서 一心法을 세워 二種門을 여는 것이니라. 一心法을 세운 것은 저 初疑를 보냄이니 大乘法은 오직 一心만이 있으니 一心의 外에 다시 別法이 없는지라 다만 無明이 自己의 一心을 迷하여 모든 波浪을 일으켜서 六道에 流轉함이 있으니 비록 六道의 波浪을 일으키나 一心의 바다에 벗어나지 않음을 밝힘이니라. 眞實로 一心이 六道를 動作함을 由할새 故로 弘濟의 願을 發하게 되고 六道가 一心에 벗어나지 않을새 故로 能히 同體의 大悲를 일으키니 이처럼 疑惑을 보내서 大心을 發하게 되느니라. 二種門을 연 것은 第二疑를 보냄이니 모든 教門이 비록 衆多함이 있으나 初入修行은 二門에 벗어나지 않는지라 眞如門을 依하여 止行을 닦고 生滅門을 依하여 觀行을 일으킴을 밝힘이니 止觀이 雙運함에 萬行이 이에 갖춘지라 이 二門에 入함에 諸門이 모두 達하니 이처럼 疑를 보내서 能히 修行을 일으키느니라. 邪執을 버린다는 것은 두 邪執이 있으니 所謂 人執과 더불어 法執이니 이 二義를 버림은 下文에 마땅히 說하리라. 下化衆生은 앞에서 마쳤느니라. 此下 二句는 위로 佛道를 弘廣함이라 저 二邊의 疑를 없애어 決定한 믿음을 일으키게 됨이니 大乘을 信解함은 오직 이 一心일새 故로 大乘 正信을 일으킨다 말함이니라. 前의 二執分別을 버려서 無分別智를 얻고 如來家에 태어나서 能히 佛位를 이을새 故로 佛種이 不斷하는 연고라 말한 것이니라. 저 論에 說해 이르되 佛法大海는 信이 能入이 되고 智慧로 능히 건넌다 하시니 故로 信과 智를 들어서 佛道를 弘廣함을 밝힘이니라. 偈首에 爲라 말하고 下엔 故라 結云한 것은 二意를 밝힘이 될새 故로 이 論을 지음이니라.3)

△此下는 第二正立論體라 在文有三하니 一者는 總標許說이요 二者는 擧數開章이요 三者는 依章別解니 文處可見이니라

△此下는 第二에 論體를 正立함이라 文에 있어 三이 있으니 一은 總標로 說을 許함이요 二는 數를 들어 章을 開함이요 三은 章을 依해 別解함이니 文處에 可히 볼지니라.

○論曰有法能起摩訶衍信根일새 是故應說이니라

論해 이르되 法이 能히 摩訶衍의 信根을 일으킴이 있을새 이런 故로 應當 說할지니라.

---

3) 爲欲下는 造論의 意를 述함이니 菩薩의 造論은 自求를 爲함이 아니라 다만 衆生으로 除疑捨執하고 正信을 發起하여 佛種이 不斷케 하고자 함을 말한 것이다. 故로 下에 顯示正義와 對治邪執이 意가 여기에 있는 것이니 疑執이 만일 없어지고 信解가 스스로 바르면 如來種中에 入하여 正因으로 相應할 새 故로 佛種의 不斷함을 얻는 것이다.

△初中에 言有法者는 謂一心法이니 若人이 能解此法하면 必起廣大信根일새 故言能起大乘信根이니라 信根之相은 如題名說이니 信根이 旣立에 卽入佛道요 入佛道已에 得無窮寶라 如是大利를 依論而得일새 是故應說이니라 總標許說은 竟在於前하다

初中에 法이 있다고 말한 것은 一心法을 말함이니 만일 사람이 能히 이 法을 알면 반드시 廣大한 信根을 일으킬새 故로 能起大乘信根이라 말함이니라. 信根의 相은 題名에 說함과 같으니 信根이 이미 섬에 곧 佛道에 入하고 佛道에 들고남에 無窮한 寶를 얻는지라 이와 같은 큰 利益을 論을 依해 얻을새 이런 故로 應當 說할지니라. 總標로 說을 許함은 앞에서 마쳤다.[4)]

○說有五分하니 云何爲五오 一者는 因緣分이요 二者는 立義分이요 三者는 解釋分이요 四者는 修行信心分이요 五者는 勸修利益分이니라

---

4) 起說의 利益을 밝혀서 論本을 總標함이다. 대저 聖人의 設敎가 반드시 利益한 바가 있으니 만일 利益이 없이 說法하는 것은 應當 하지 않을 바이거니와 今에 이 所說은 能히 衆生으로 하여금 除疑捨執하고 大乘信을 일으키게 할새 이런 故로 應當 說하는 것이다. 말한바 法이 있다는 것은 곧 一心三大等 能起의 法이요 摩訶衍 信根은 곧 所起인 大乘의 信이다. 대개 衆生이 大乘의 正信을 得起하는 것은 眞實로 理敎二法의 熏起한 바를 由함이니 이는 大乘이 起信의 功이 있을새 故로 有法能起 摩訶衍 信根이라 云한 것이다.

說에 五分이 있으니 어떤 것이 五가 되는고? 一은 因緣分이요 二는 立義分이요 三은 解釋分이요 四는 信心을 修行하는 分이요 五는 利益을 勸修하는 分이니라.

△第二는 擧數開章이니 有五分者는 是擧章數요 云何以下는 列其章名이니라 因緣分者는 非無所以하야 而造論端이니 智者所爲를 先應須知故니라 立義分者는 因緣旣陳에 宜立正義니 若不略立이면 不知宗要故니라 解釋分者는 立宗旣略에 次應廣辯이니 若不開釋이면 義理難解故니라 修行信心分者는 依釋起信에 必應進修니 有解無行이면 不合論意故니라 勸修利益分者는 雖示修行信心法門이나 薄善根者는 不肯造修일새 故擧利益하야 勸必應修니 故로 言勸修利益分也니라

△第二는 數를 들어 章을 여는 것이니 五分이 있는 것은 이 章數를 擧함이요 云何以下는 그 章名을 列함이니라. 因緣分이란 것은 까닭이 없이 論端을 지음이 아니니 智者의 하신 바를 먼저 應當 모름지기 알아야 하는 연고니라. 立義分이란 것은 因緣을 이미 陳說함에 마땅히 正義를 세울지니 만일 干略히 세우지 않으면 宗要(宗

旨의 緊要한 뜻)를 알지 못하는 연고니라. 解釋分이란 것은 立宗이 이미 干略함에 다음에 應當 廣辯할지니 만일 開釋하지 않으면 義理를 알기 어려운 연고니라. 修行信心分이란 것은 釋을 依해 信을 起함에 반드시 應當 進修하여야 할지니 解만 있고 行이 없으면 論意에 合하지 못하는 연고니라. 勸修利益分이란 것은 비록 信心을 修行하는 法門을 보였으나 善根이 엷은 者는 즐겨 造修하지 않을새 故로 利益을 들어서 勸해 應當 닦게 하는 것이니 故로 勸修利益分이라 말함이니라.5)

△此下는 **第三依章別解**니 **卽爲五分**이니라

△此下는 第三章을 依해 別解함이니 곧 五分이 되느니라.

△初中에 **有二**하니 **先牒章名**이요 **次顯因緣**이니라

△初中에 二가 있으니 先은 章名을 牒함이요 次는 因緣을 나타냄이니라.

○初說因緣分하리라

初는 因緣分을 說하리라.(此는 造論의 因緣을 밝힘이다. 初一句는 章을 牒함이다.)

---

5) 說有下는 論本을 總標함이다. 대저 說法이란 것은 말씀이 스스로 일어나지 않는지라 製作이 반드시 由致가 있을새 故로 因緣分으로써 受한 것이다. 由致(부처나 菩薩을 請할 때 그 理由를 먼저 말하는 일.)가 旣興함에 다음에 마땅히 綱要를 略標하여 써 本宗을 삼을새 故로 立義分으로써 受한 것이다. 宗要를 이미 略標함에 다음에 마땅히 廣釋하여 物로 하여금 解를 내게 할새 故로 解釋分으로써 受한 것이다. 解가 이미 生하고 남에 다음에 마땅히 解를 依해 行을 起할새 故로 修行信心分으로 受한 것이다. 비록 行相을 보였으나 鈍根은 懈慢한지라 다음에 마땅히 利益을 들어 勸修하여야 할새 故로 勸修利益分으로써 受한 것이다. 말한바 分이란 것은 章으로써 餘段을 區別할 새 故로 稱해 分이라 한 것이다. 그러나 이 五中에 初一은 이 序分이요 次三은 이 正宗分이요 後一은 流通分이 되는 것이다.

△顯因緣中에 有二問答하니 一者는 直顯이요 二者는 遣疑니라

△因緣을 나타낸 中에 두 問答이 있으니 一은 直顯이요 二는 疑를 보냄이니라.

○問曰有何因緣하야 而造此論이니잇고 答曰是因緣이 有八種하니 云何爲八고 一者는 因緣總相이니 所謂令衆生으로 離一切苦하야 得究竟樂이라 非救世間名利恭敬故요 二者는 爲欲解釋如來根本之義하야 令諸衆生으로 正解不謬故요 三者는 爲令善根成熟衆生으로 於摩訶衍法에堪任不退信故요四者는 爲令善根微少衆生으로 修習信心故요 五者는 爲示方便하야 消惡業障하야 善護其心하고 遠離癡慢하야 出邪網故요 六者는 爲示修習止觀하야 對治凡夫二乘心過故요 七者는 爲示專念方便하야 生於佛前하야 必定不退信心故요 八者는 爲示利益하야 勸修行故니 有如是等因緣일새 所以造論이니라

○물어 이르되 무슨 因緣이 있어서 이 論을 짓나이까? 答해 이르시되 이 因緣이 八種이 있으니 어떤 것이 八이 되는고? 一은 因緣의 總相이니 所謂 衆生으로 하여금 一切苦를 여의어서 究竟樂을 얻게 하기 爲한지라 世間의 名利와 恭敬을 求함이 아닌 연고요 二는 如來根本의 義를 解釋하여 모든 衆生으로 하여금 正解가 그릇되지 않게 하고자 하기 爲한 연고요 三은 善根이 成熟한 衆生으로 하여금 摩訶衍法에 堪任해 信心을 退轉치 않게 하기 爲한 연고요 四는 善根이 微少한 衆生으로 하여금 信心을 修習케 하기 爲한 연고요 五는 方便을 보여서 惡業障을 消滅하여 그 마음을 잘 護衛하고 痴慢을 遠離하여 邪網에 벗어나게 하기 爲한 연고요 六은 止觀을 修習함을 보여서 凡夫와 二乘의 心過를 對治케 하기 爲한 연고요 七은 專念方便을 보여서 佛前에 往生하여 반드시 決定코 信心을 退轉치 않게 하기 爲한 연고요 八은 利益을 보여서 修行을 勸하기 爲한 연고니 이와 같은 等 因緣이 있을새 所以로 論을 지음이니라.

△初問은 可見이라 答中에 有三하니 總標요 別釋이요 後還總結이니라 第二別解는 八因緣中에 初一은 是總相因이요 後七은 是別相因이니라 初言總相은 有其二義하니 一者는 凡諸菩薩이 有所爲作에 每爲衆生하야 離苦得樂이요 非獨在此造論因緣일새 故曰總相이니라 二者는 此因이 雖望立義分文作緣이나 然彼立

義分이 總爲解釋分等作本일새 此因도 亦通爲彼作緣이니 依是義故로 亦解總相이니 言離一切苦者는 分段變易의 一切苦也요 究竟樂者는 無上菩提의 大涅槃樂也니라 非求世間者는 不望後世의 人天富樂也요 名利恭敬者는 不求現在의 虛僞之事也니라 此下七種은 是其別因이니 唯爲此論이 而作因故로 望下七處하야 作別연고니라 第二因者는 解釋分內의 有三段中에 爲二段이 而作因緣이니 謂顯示正義와 對治邪執이니라 顯示正義之中에 說云호대 依一心法하야 有二種門하니 是二種門이 皆各總攝一切諸法이라하시니 當知卽是如來所說一切法門之根本義가 以是一心二門之內에 無一法義도 而所不攝故라 故로 言爲欲解釋如來根本之義也라하시니라 彼第二段에 對治邪執者는 卽令衆生으로 捨離人法의 二種謬執일새 故로 言爲令衆生으로 正解不謬故也라하시니라

第三因者는 爲解釋分內의 第三段文이 而作因緣이니 彼文에 分別發趣道相하야 令利根者로 決定發心進趣大道하야 堪任住於不退位故라 故로 言爲令善根으로 乃至不退信故라하시니라 第四因者는 爲下修行信心分에 初四種信心과 及四修行之文이 而作因緣이니 故로 言爲令修習信心故也라하시니라 第五因者는 爲下第四修行末에 云復次若人이 雖修信心이나 以從先世來로 多有重惡業障以下에 說除障法한 五行許文이 而作因緣이니 故로 言爲示方便하야 消惡業障하며 乃至出邪網故라하시니라 第六因者는 爲彼云何修行止觀以下로 乃至止觀이 不具하면 則無能入菩提之道라한 三紙許文이 而作因緣이니 故로 言修習止觀하며 乃至心過故라하시니라 第七因者는 爲彼修行信心分末에 云復次衆生이 初學是法以下에 勸生淨土한 八行許文이 而作因緣이니 故로 言爲示

專念方便하야 生於佛前等也라하시니라 第八因者는 爲彼第五勸修利益分文이 而作因緣이니 故로 言爲示利益하야 勸修行故라하시니라 次言有如是等因緣일새 所以造論者는 第三總結也니라 直顯因緣은 竟在於前하다

△初問은 可히 볼지라 答中에 三이 있으니 總標요 別釋이요 後는 또한 總結이니라. 第二의 別解는 八因緣中에 初一은 이 總相因이요 後七은 이 別相因이니라. 初에 總相이라 말함은 二義가 있으니 一은 무릇 모든 菩薩이 爲作하는 바가 있음에 매양 衆生을 爲하여 離苦得樂케 하는 것이요 홀로 이 造論因緣에만 있지 않을새 故로 總相이라 말함이니라. 二는 이 因이 비록 立義分文을 望하여 因緣을 지으나 그러나 저 立義分이 總히 解釋分等의 本을 지음이 될새 이 因도 또한 通히 彼의 因緣을 지음이 되니 이 義를 依한 故로 또한 總相이라 解釋함이니라. 離一切苦라 말한 것은 分段과 變易의 一切苦요 究竟樂이란 것은 無上菩提의 大涅槃樂이니라. 非求世間이란 것은 後世의 人天富樂을 바라지 않음이요 名利恭敬이란 것은 現在의 虛僞한 일을 求하지 않음이니라. 此下의 七種은 이 別因이니 오직 이 論이 因을 지음이 된 故로 下의 七處에 望하여 別緣을 지은 연고니라. 第二因이란 것은 解釋分內의 三段이 있는 中에 二段이 因緣을 지음이 되니 顯示正義와 對治邪執을 말함이니라. 顯示正義의 中에 說해 이르되 一心法을 依하여 二種門이 있으

니 이 二種門이 모두 各各 一切法을 總攝한다 하시니 마땅히 알라. 곧 이 如來의 說한바 一切法門의 根本義가 이 一心二門의 內에 一法의 義도 攝하지 않은 바가 없음으로써 한 연고라 故로 이르되 如來 根本의 義를 解釋하고자 한 것이라 하시니라. 저 第二段에 對治邪執이란 것은 곧 衆生으로 하여금 人·法의 二種謬執을 捨離케 할새 故로 이르되 衆生으로 하여금 正解가 그릇되지 않게 하기 爲한 연고라 하시니라. 第三因이란 것은 解釋分內의 第三段文이 因緣을 지음이 되니 彼文에 發趣道相을 分別하여 利根者로 하여금 決定코 發心해 大道에 進趣하여 不退位에 住함을 堪任케 하는 연고라 故로 이르되 善根으로 하여금 乃至 信에 不退케 하는 연고라 하시니라. 第四因이란 것은 下의 修行信心分에 初 四種信心과 四修行의 文이 因緣을 지음이 되니 故로 이르되 하여금 信心을 修習케 하기 爲한 연고라 하시니라. 第五因이란 것은 下의 第四修行 末에 이르되 復次 만일 사람이 비록 信心을 닦으나 以從先世來로 多有重惡業障 以下에 除障法을 說한 五行許 文이 因緣을 지음이 되니 故로 이르되 方便을 보여서 惡業障을 녹이며 乃至 邪網에 벗어나게 하기 爲한 연고라 하시니라. 第六因이란 것은 저 云何修行止觀 以下로 乃至 止觀이 不具하면 則無能入菩提之道라 한 三紙許 文이 因緣을 지음이 되니 故로 이르되 止觀을 修習하여 乃至 心過故라 하시니라. 第七因이란 것은 저 修行信心分 末에 이르되 復次 衆生이 初學是法 以下에 勸生淨土한 八行許 文이 因緣을 지음이 되니 故로 이르되 專念方便을 보여서 佛前에 태어나기 爲한 等이라 하시니라. 第八因이란 것은 저 第五 勸修利益分 文이

因緣을 지음이 되니 故로 이르되 利益을 보여서 修行을 勸하기 爲한 연고라 하시니라. 次에 如是等 因緣이 있을새 所以로 造論이라 말한 것은 第三 總結이니라. 直顯因緣은 앞에서 마쳤다.6)

○問曰脩多羅中에 具有此法이어늘 何須重說이니잇고

6) 問曰下는 問答總徵이다. 一者下는 別標總相이요 所謂下는 釋成總義다. 因緣이라 말한 것은 곧 所由와 所以의 義니 菩薩이 스스로 名利恭敬을 求하기 爲함이 아니라 다만 衆生으로 分段과 變易의 二生死苦를 여의고 菩提와 涅槃의 二無上樂을 얻게 하고자 할새 所以로 造論함을 말함이니 이것이 一論의 發起한 因緣이 될새 故로 因緣總相이라 云한 것이다. 二者下는 解釋分을 說한 까닭을 밝힘이니 衆生이 正解不發하고 邪執이 日堅함은 眞實로 如來의 根本義를 達하지 못함을 由한 연고니 今에 如來의 根本義를 解釋해서 모든 衆生으로 하여금 正解가 그릇되지 않게 하고자 할새 故로 解釋分을 說함을 말한 것이다. 이는 곧 向下 顯示正義의 文에 一心三大의 義를 廣釋함이 곧 如來의 根本義를 解釋한 것이다. 如來의 得果가 모두 이 法을 乘함을 쓴 故로 如來根本이라 云함이니 만일 이 本을 達하면 正解가 開發하고 邪執이 自消할 새 故로 令諸衆生으로 正解不謬라 云한 것이다. 三者下는 分別發趣道相을 說한 所以를 밝힘이니 菩薩이 善根成熟한 衆生으로 하여금 大乘中에 不退의 位에 住함을 堪任하여 佛果를 究竟케 할새 故로 發心修行하여 佛道에 進趣하는 相을 分別함을 말한 것이다. 四者下는 修行信心分을 說한 所以를 밝힘이니 菩薩이 善根이 微少한 衆生으로 하여금 四信心을 發하고 五種行을 닦아서 善根을 成熟케 할새 故로 修行信心分을 說함을 말한 것이다. 五者下는 禮懺方便을 說한 所以를 밝힘이니 菩薩이 業重障多해 善根難發한 衆生으로 하여금 禮懺法을 닦아서 그 心을 善護하여 惡業障을 녹이고 痴慢을 遠離하여 邪魔網에 벗어나게 할새 故로 禮懺方便을 說함을 말한 것이다. 六者下는 止觀方便을 說한 所以를 밝힘이니 菩薩이 凡夫와 二乘으로 하여금 止觀을 修習하여 心過를 對治하고 佛道를 具足케 할새 故로 止觀方便을 說함을 말한 것이다. 七者下는 專念方便을 說한 所以를 밝힘이니 菩薩이 怯弱한 欲退衆生으로 하여금 專意로 念佛하여 佛前에 得生해서 반드시 決定코 信心을 不退케 할새 故로 專念方便을 說함을 말한 것이다. 已上의 三文은 修行信心分中에 備載하였다. 八者下는 勸修利益分을 說한 所以를 밝힘이니 菩薩이 懈慢衆生을 爲하여 利益을 들어 勸修해서 그로 하여금 思惟修習하여 無上道에 이르게 할새 故로 勸修利益分을 說함을 말한 것이다. 有如是下는 造論의 因緣을 總結함이다. 대개 菩薩이 衆生을 爲한 故로 發心造論한 것이니 故로 一切衆生으로써 造論을 發起한 因緣으로 삼는 것이다. 그러나 이 八緣은 初一은 이 總이요 餘七은 別緣이다. 一論을 該括함이니 下文을 熟覽하면 마땅히 스스로 委悉할 것이다.

答曰脩多羅中에 雖有此法이나 以衆生의 根行이 不等하고 受解緣別이니 所謂如來在世엔 衆生이 利根하고 能說之人도 色心業勝하야 圓音一演에 異類가 等解라 則不須論이어니와 若如來滅後에 或有衆生이 能以自力으로 廣聞而取解者하며 或有衆生이 亦以自力으로 少聞而多解者하며 或有衆生이 無自心力하고 因於廣論하야 而得解者하며 亦有衆生이 復以廣論文多로 爲煩하고 心樂總持少文而攝多義하야 能取解者하니 如是此論이 爲欲總攝如來의 廣大深法無邊義故로 應說此論이니라

○물어 이르되 脩多羅中에 이 法이 갖추어 있거늘 어찌 모름지기 거듭 說하나이까? 答해 이르시되 脩多羅中에 비록 이 法이 있으나 衆生의 根行이 같지 않고 受解의 因緣이 다름을 因함이니 所謂 如來가 世上에 계실 적엔 衆生이 根器가 날카롭고 能說하는 사람도 色·心·業이 殊勝하여 圓音으로 한번 演說함에 다른 무리가 平等히 아는지라 能히 自力으로써 곧 論을 須求 할 것이 없거니와 만일 如來가 滅하신 後엔 或 어떤 衆生이 能히 自力으로써 널리 듣고 解를 取하는 者가 있으며 或 어떤 衆生이 또한 自力으로써 적게 듣고 많이

아는 者가 있으며 或 어떤 衆生이 自心의 힘이 없고 廣論을 因하여 解를 얻는 者가 있으며 또한 어떤 衆生이 廣論文多로써 煩雜함을 삼고 마음에 總持인 少文으로 多義를 攝한 것을 좋아하여 能히 解를 取하는 者도 있으니 이처럼 이 論이 如來의 廣大한 深法의 無邊한 義를 總攝하고자 한 故로 應當 이 論을 說함이니라.

△第二遣疑는 有問有答이라 問中에 言호대 經中에 具有此法者는 謂依前八因所說之法이니 如立義分의 所立法義와 乃至勸修分中의 所示利益인 如是等諸法을 經中에 具說하야 皆爲衆生하야 離苦得樂이어늘 而今更造此論하야 重說彼法者는 豈非爲求名利等耶아 以之故로 言何須重說고하니 是는 擧疑情하야 而作問也니라 答中에 有三하니 略答이요 廣釋이요 第三은 略結答이라 答中에 言호대 脩多羅中에 雖有此法者는 與彼問辭也요 根行不等하고 受解緣別者는 奪其疑情也니라 經論所說이 雖無別法이나 而受解者의 根行이 不同하야 或有依經不須論者하며 或有依論不須經者라 故爲彼人하야 必須造論이니 答意如是하

니라 次則廣顯이라 於中에 有二하니 先明佛在世時엔 說聽이 俱勝이요 後顯如來滅後엔 根緣이 參差니라 初中에 言如來在世에 衆生이 利根者는 明聽人勝이요 能說之人도 色心業勝者는 顯說者勝이니라 圓音一演者는 成說者勝이요 異類等解者는 說聽人勝이며 則不須論者는 結俱勝義니라 此言圓音은 卽是一音이니 一音圓音이 其義云何오 昔來諸師의 說者不同하니 有師는 說云호대 諸佛은 唯是第一義身이라 永絶萬像하야 無形無聲호대 直隨機現無量色聲함이 猶如空谷이 無聲호대 隨呼發響이라하시니 然則就佛言之인댄 無音이 是一이어니와 約機論之인댄 衆音이 非一이어늘 何意說言一音圓音者오 良由一時一會에 異類等解라 隨其根性하야 各得一音일새 不聞餘聲하야 不亂不錯이니 顯是音奇特일새 故名一音이요 音徧十方에 隨機熟處하야 無所不聞일새 故名圓音이라 非謂如空徧

滿하야 無別韻曲이니 如經에 言隨其類音하야 普告衆生이 斯之謂也니라 或有說者는 就佛言之인댄 實有色聲이라 其音이 圓滿하야 無所不徧호대 都無宮商之異어니 何有平上之殊리오 無異曲故로 名爲一音이요 無不徧故로 說爲圓音이니라 但由是圓音이 作增上緣일새 隨根差別하야 現衆多聲함이 猶如滿月이 唯一圓形이로대 隨器差別하야 而現多影인듯하야 當知此中道理도 亦爾니 如經에 言佛以一音演說法이어시든 衆生이 隨類各得解故라하시니라 或有說者는 如來가 實有衆多音聲하야 一切衆生의 所有言音이 莫非如來의 法輪聲攝이로대 但此佛音은 無障無礙하야 一卽一切며 一切卽一이니 一切卽一일새 故名一音이요 一卽一切일새 故名圓音이니라 如華嚴經에 言一切衆生語言法을 一言演說盡無餘니 悉欲解了淨密音하야 菩薩이 因是初發心故라하시니라 又此佛音은 不可思議하

야 不但一音言이 卽一切音이라 亦於諸法에 無不等徧이니 今且略擧六雙하야 顯其等徧之相하리라 一者는 等於一切衆生과 及一切法이요 二者는 等於十方諸刹과 及三世諸劫이요 三者는 等於一切應身如來와 及一切化身諸佛이요 四者는 等於一切法界와 及虛空界요 五者는 等於無礙相入界와 及無量出生界요 六者는 等於一切行界와 及寂靜涅槃界니 此義는 如華嚴經三種無礙中說하니라 隨一一聲이 等此六雙하야 而其音韻이 恒不雜亂이니 若音이 於此六雙에 有所不徧이면 則音非圓이요 若由等徧하야 失其音曲이면 則圓非音이니라 然今不壞曲而等徧하며 不動徧而差韻일새 由是道理하야 方成圓音이니라 此非心識思量의 所測이니 以是法身自在義故니라 一音之義는 略說如是어니와 且止餘論하고 還釋本文하리라 此下는 第二明佛滅後根行參差라 於中에 別出四種根性

이니 初二는 依經而得解者요 後二는 依論하야 方取解者라 初中에 言能以自力으로 廣聞而取解者者는 依廣經聞하야 得解佛意요 而不須論일새 故言自力也니라 第二中에 言亦以自力으로 少聞而多解者者는 未必廣聞諸經文言하고 而能深解諸經意致니 亦不須論일새 故言自力이니라 第三中에 言無自心力者는 直依佛經하야는 則不能解일새 故言無力이요 因於智度瑜伽等論하야사 方解佛經의 所說意趣일새 故言因於廣論得解者니라 第四中에 言復以廣論文多로 爲煩者는 雖是利根이나 而不忍繁이니 此人은 唯依文約義豊之論하야 深解佛經의 所說之旨일새 故言心樂總持少文而攝多義하야 能取解者니라 此四中에 前三은 非今所爲요 今所爲者는 在第四人也니라 如是以下는 第三結答이니 言如是者는 通擧前四種人이요 此論以下는 別對第四之人하야 結明必應須造

論意니라 今此論者는 文唯一卷이로대 其普攝一切經意일새 故言總攝如來의 廣大深法無邊義故니라 彼第四品의 樂總持類는 要依此論하야사 乃得悟道일새 以之故로 言應說此論也니라

△第二에 遣疑는 問이 있고 答이 있는지라 問中에 말하되 經中에 具有此法이란 것은 前을 依해 八因의 說한 바 法을 말함이니 저 立義分의 세운바 法義와 乃至 勸修分中의 보인바 利益인 이와 같은 等 諸法을 經中에 함께 說해서 모두 衆生을 爲하여 離苦得樂하게 했거늘 而今에 다시 이 論을 지어서 거듭 彼法을 說하는 것은 어찌 名利等을 求함이 아니랴. 이를 쓴 故로 말하되 어찌 모름지기 거듭 說하는고 하니 이는 疑情을 들어서 問을 지음이니라. 答中에 三이 있으니 略答이요 廣釋이요 第三은 干略히 結答함이라. 答中에 말하되 脩多羅中에 雖有此法이나 한 것은 저의 問辭를 許與함이요 根行不等하고 受解緣別이란 것은 그의 疑情을 벗어남이니라. 經·論의 所說이 비록 다른 法이 없으나 受解한 者의 根行이 같지 않아서 或은 經만 依하고 論을 須求하지 않는 者가 있으며 或은 論만 依하고 經을 須求하지 않는 者도 있는지라 故로 彼人을 爲하여 반드시 모름지기 論을 지음이니 答意가 이와 같으니라. 次는 廣顯함이라 그 中에 二가 있으니 先은 佛이 在世時엔 說·聽이 俱勝함을 밝힘이요 後는 如來 滅後엔 根緣이 參差함을 나타냄이니라. 初中에 如來가 在世에 衆生이 利根이라 말한 것은

聽人의 勝함을 밝힘이요 能說하는 사람도 色·心·業이 勝하다는 것은 說者의 勝함을 나타냄이니라. 圓音一演이란 것은 說者의 勝함을 이룸이요 異類等解란 것은 聽人의 勝함을 이룸이며 則不須論이란 것은 俱勝의 義를 結함이니라. 이에 圓音이라 말함은 곧 이 一音이니 一音과 圓音이 그 義가 무엇인고? 昔來로 諸師의 說한 것이 같지 않으니 어떤 師는 說해 이르되 諸佛은 오직 이 第一義의 몸이라 萬像이 永絶하여 形도 없고 聲도 없되 다만 機를 따라 無量한 色聲을 나타냄이 마치 空谷이 소리가 없되 呼함을 따라 메아리를 發함과 같다 하시니 그렇다면 佛에 就해 말할진대 無音이 이 一이거니와 機를 잡아 論할진대 衆音이 一이 아니거늘 무슨 뜻으로 一音이니 圓音이니 說했는고? 眞實로 一時一會에 異類가 平等히 解함을 由한지라 그 根性을 따라서 各各 一音을 얻을새 餘聲을 듣지 아니하여 不亂不錯함이니 이 音의 奇特함을 나타낼새 故로 一音이라 名한 것이요 音이 十方에 두루함에 機熟한 곳에 따라서 듣지 못하는 바가 없을새 故로 圓音이라 名한지라 虛空이 徧滿하여 別다른 韻曲이 없음과 같음을 말함이 아니니 저 經에 말씀하되 그 類音을 따라 널리 衆生에게 告한다 함이 이를 이름이니라. 或 어떤 者의 說한 것은 佛에 就해 말할진대 實로 色·聲이 있는지라 그 音이 圓滿하여 두루하지 않은 바가 없되 도무지 宮과 商의 다름도 없거니 어찌 平과 上의 다름이 있으리오. 異曲이 없는 故로 이름해 一音이라 하고 두루하지 않음이 없는 故로 說해 圓音이라 하느니라. 다만 이 圓音이 增上緣이 됨을 由할새 根의 差別을 따라서 衆多한 소리를 나타냄이 마치 滿月이 오직 한 圓形이로되 機의 差別을 따라 多影을 나타냄과 같아서 마땅히 알라. 이 中의 道理도 또한 그러한 것이니 저 經에 이르되 佛이 一音으로써 法을 演說하시거든 衆生이 類를 따라 各各 解를 얻는 연고라 하시니라. 或 어떤 者의 說한 것은 如來가 實로 衆多한 音聲이 있어서 一切衆生의 있는바 言音이 如來의 法輪聲에 攝하지 않음이 없되 다만 이 佛音은 無障無礙하여 一이 곧 一切며 一切가 곧 一이니 一切가 곧 一일새 故로 一音이라 名한 것이요 一이 곧 一切일새 故로 圓音이라 名한 것이니라. 저 華嚴經에 이르되 一切衆生의 於言法을 一言으로 演說하여 다해 남음이 없이 하느니 모두 淨密한 音을 解了하고자 하여 菩薩이 이를 因해 初發心하는 연고라 하시니라. 또 이 佛音은 不可思議하여 다만 一音言이 곧 一切音일 뿐 아니라 또한 諸法에 等徧하지 않음이 없으니 今에 또 六雙을 略擧하여 그 等徧의 相을 나타내리라. 一은 一切衆生과 一切法에 等徧함이요 二는 十方諸刹과 三世諸劫에 等徧함이요 三은 一切 應身如來와 一切 化身諸佛에 等徧함이요 四는 一切 法界와 虛空界에 等徧함이요 五는 無障相入界와 無量出生界에 等徧함이요 六은 一切 行界와 寂靜涅槃界에 等徧함이니 이 義는 華嚴經 三種無碍中의 說과 같으니라. 一一의 聲이 이 六雙에 等徧함을 따라서 그 音韻이 恒常 雜亂치 않으니 만일 音韻이 이 六雙에 等徧치 않은 바가 있다면 音이 圓함이 아니요 만일 等徧함을 由하여 그 音曲을 잃는다면 圓함이 音이 아닐 것이니라. 그러나 이제 音曲을 부서지지 않고 等徧하며 等徧에 動하지 않고 音韻이 參差할새 이 道理를 由하여 바야흐로 圓音을 이루느니라. 이는 心識思量의 測度할 바가 아니니 이 法身의 自在한 義로써 한 연고니라. 一音의 義는 略說함에 이와 같거니와 아직 餘論을 그치고 또한 本文을 解釋하리라. 此下는 第二에 佛滅後 根行의 參差를 밝힘이라 그 中에 別로 四種의 根性을 出함이니 初二는 經을 依해 解를 얻는 者요 後二는 論을 依하여 바야흐로 解를 取하는 者라 初中에 能以自力으로 廣聞而取解者라 말한 것은 廣博한 經의 들음을 依하여 佛意를 得解하고 論을 須求하지 않을새 故로 自力이라 말함이니라. 第二中에 亦以自力으로 少聞而多解者라 말한 것은 반드시 諸經의 文言을 廣聞하지 않고 能히 諸經의 意致를 深解함이니 또한 論을 須求하지 않을새 故로 自力이라 말함이니라. 第三中에 無自心力이라 말한 것은 다만 佛經만 依해서는 곧 能히 알지 못할새 故로 無力이라 말함이요 智度와 瑜伽等 論을 因하여야 바야흐로 佛經의 說한바 意趣를 알새 故로 因於廣論得解者라 말함이니라. 第四中에 復以廣論文多로 爲煩이라 말한 것은 비록 이 利根이나 繁을 忍耐하지 못함이니 이 사람은 오직 文約義豊한 論을 依하여 깊이 佛經의 說한바 旨趣를 알새 故로 心樂總持少文而攝多義하여 能取解者라 말함이니라. 이 四中에 前三은 이제 爲할 바가 아니요 今에 爲할 바는 第四人에 있느니라. 如是以下는 第三 結答이니 如是라 말한 것은 前의 四種人을 通擧함이요 此論以下는 第四의 人만 別對하여 반드시 應當 모름지기 造論한다는 뜻을 結明함이니라. 이제 이 論은 文이 오직 一卷이로되 그 一切 經義를 普攝할새 故로 總攝如來의 廣大深法無邊義故라 말함이니라. 저 第四品의 總持를 좋아하는 類는 종요로이 이 論을 依하여야 이에 悟道함을 얻을새 이를 쓴 故로

應說此論이라 말함이니라.[7]

---

7) 此는 造論의 意를 밝힘이다. 問曰下는 上을 躡해 써 물음이니 上文의 所示한 種種法門은 契經<經文의 內容이 眞理이고 사람의 마음에 알맞다는 뜻으로 佛經을 이르는 말>의 中에 이미 具明했거늘 어찌 重論함을 假借하랴 함을 말한 것이다. 答曰下는 因緣不等을 잡아 써 答함이니 契經의 中에 비록 具明했으나 저 衆生의 根이 利鈍不同이 있고 心行이 優劣不等이 있으며 受解의 因緣도 또한 經論의 殊가 있거니 어찌 可히 一方便에 局하랴 함을 말한 것이다. 所謂下는 上義를 釋成함이다. 그러나 將次 因緣各別과 受解不同을 밝힘에 먼저 因緣의 無異와 領解의 齊等을 밝히고 또 將次 假經假論의 殊를 밝힘에 먼저 不假經論의 別을 밝힘이니 대개 如來在世에 衆生이 利根은 因無異요 能說의 人이 三業殊勝함은 緣無異다. 色無障碍는 身業殊勝이요 心能徧知는 意業殊勝이요 音能具演은 語業殊勝이니 三業이 殊勝함을 쓴 故로 法音이 歷耳함에 異類가 等解하여 오히려 結集한 經도 假借하지 않거든 하물며 論을 須求하랴. 이는 곧 經論을 假하지 않고 領解가 齊等함을 말한 것이다. 若如來滅後下는 正히 因緣各別과 受解不同을 밝힘이니 能以自力과 無自心力은 因各別이요 於經於論은 緣各別이다. 그러나 領解中에 優劣의 殊가 있음은 곧 受解不同함을 말한 것이다. 或有衆生이 能以自力 等이라 말한 것은 만일 當文의 無自心力을 의거해 觀한다면 此에 自力이라 말함은 곧 自有心力이요 또 唐譯에 無自智力이라 云함을 依據한다면 心力은 곧 이 智力이다. 대개 或어떤 衆生은 能히 自己心智의 힘으로써 諸經을 廣覽하여 佛意를 得解하는 者가 있으며 或 어떤 衆生은 또한 自己心智의 힘으로써 廣尋을 假하지 않고 一聞千悟하는 者도 있으니 이는 곧 利根으로 心智가 優한 者가 經에 領解함을 말한 것이다. 그러나 領解中엔 前劣後勝이다. 또 或 어떤 衆生은 自己心智의 힘이 없고 廣論을 因하여 得解하는 者가 있으며 스스로 衆生이 厭廣樂略하여 곧 略論에 佛旨를 悟하는 者가 있으니 이는 곧 鈍根으로 心智가 劣한 者가 論에 領解함이다. 그러나 領解中엔 또한 前劣後勝이다. 이는 因緣이 各別하고 受解가 不同할 새 故로 脩多羅外에 阿毘達磨가 障碍되지 않는 것이다. 如是下는 略論을 짓는 뜻을 結함이니 대개 論主가 少文으로써 如來의 廣大深法無邊의 義를 總攝하여 써 最後의 機에 被하고자 할새 故로 이 略論을 지은 것이다. 故로 海東疎에 이르되 二門을 一心에 열어 摩羅 百八의 廣誥를 總括하고<摩羅는 곧 說楞伽經處니 百八句로써 大慧菩薩의 百八問을 答함이다. 모두 上句는 俗이요 下句는 眞이니 이의 二門과 같다.>性淨을 相染에 보여서 逾闍 十五의 幽致를 普綜하시며(逾闍國은 說勝鬘經處다. 彼에 十五章의 大義가 있어서 모두 染而不染을 說하시니 여기 生滅의 眞如義와 같다.>저 鶴林一味의 宗과<涅槃經>鷲山無二의 趣와<法華經>金鼓<金光明經>同性<大乘同性經>三身의 極果와 같다)華嚴·瓔珞 四階의 深因과 大品·大集의 曠蕩한 至道와 日藏·月藏의 秘密한 玄門에 이르기까지 무릇 此等輩中의 衆典의 肝心

○己說因緣分하니 次說立義分하리라 摩訶衍者는 總說有二種하니 云何爲二오 一者는 法이요 二者는 義니라 所言法者는 謂衆生心이니 是心이 則攝一切世間法과 出世間法이라 依於此心하야 顯示摩訶衍義하나니 何以故오 是心眞如相이 卽示摩訶衍體故며 是心生滅因緣相이 能示摩訶衍自體相用故니라 所言義者는 則有三種하니 云何爲三고 一者는 體大니 謂一切法이 眞如平等하야 不增減故요 二者는 相大니 謂如來藏이 具足無量性功德故요 三者는 用大니 能生一切世間出世間善因果故라 一切諸佛이 本所乘故며 一切菩薩이 皆乘此法하야 到如來地故니라

○이미 因緣分을 說했으니 다음엔 立義分을 說하리라. 摩訶衍이란 것은 總說하건대 二種이 있으니 어떤 것이 二가 되는고? 一은 法이요 二는 義니라. 말한바 法이란 것은 衆生心을 말함이니 이 마음이 곧 一切 世間法과 出世間法을 攝한지라 마음을 依支하여 摩訶衍의 義를 나타내 보이시니 어찌 쓴 연고뇨? 이 心眞如의 相이 곧 摩訶衍의 體

을 一로 써 貫한 것은 오직 이 論인저 하시니 이미 宗旨가 深奧하고 義理가 無邊이라면 有智의 流는 請컨대 익혀 게을리 말지어다.

를 보이는 연고며 이 心生滅因緣의 相이 能히 摩訶衍自體의 相用을 보이는 연고니라. 말한바 義란 것은 곧 三種이 있으니 어떤 것이 三이 되는고? 一은 體大니 一切法이 眞如平等하여 增減치 않음을 말한 연고요 二는 相大니 如來藏이 無量한 性功德을 具足함을 말한 연고요 三은 用大니 能히 一切世間과 出世間의 善因果를 내는 연고라 一切諸佛이 本來 乘한 바인 연고며 一切菩薩이 모두 이 法을 乘하여 如來地에 이르는 연고니라.

△第二는 說立義分이라 文中에 有二하니 一者는 結前起後요 摩訶以下는 第二正說하야 立二章門이니 謂法與義니라 法者는 是大乘之法體요 義者는 是大乘之名義니 初立法者는 起下釋中初釋法體之文이요 次立義者는 起下復次眞如自體相者以下釋義文也니라 初立法中에 亦有二立하니 一者는 就體總立하야 起下釋中初總釋文이요 二者는 依門別立하야 起下言眞如者以下別釋文也니라 初中에 所言法者는 謂衆生心者는 自體를 名法이니 今大乘中엔 一切諸法이 皆無別體요 唯用一心하야 爲其自體일새 故言法者는 謂衆生心也니라 言是心이 卽攝一切者는 顯

大乘法이 異小乘法이니 良由是心이 通攝諸法하야 諸法自體가 唯是一心이라 不同小乘의 一切諸法이 各有自體일새 故說一心이 爲大乘法也니라 何以故下는 依門別立이라 此一文內에 含其二義하니 望上에 釋總義요 望下에 立別門이니라 然이나 心法은 是一이로대 大乘義廣이어늘 以何義故로 直依是心하야 顯大乘義오할새 故言何以故니라 下釋義云호대 心法은 唯一이나 而有二門하니 眞如門中에 有大乘體하고 生滅門中에 有體相用이라 大乘之義가 莫過是三일새 故依一心하야 顯大乘義也니라 言是心眞如者는 總擧眞如門이니 起下卽是一法界以下文也요 次言相者는 是眞如相이니 起下復次眞如者는 依言說分別하야 有二種以下文也니라 言是心生滅者는 總擧生滅門이니 起下依如來藏故로 有生滅心以下文也요 言因緣者는 是生滅因緣이니 起下復次生滅因緣以下文也니

라 次言相者는 是生滅相이니 起下復次生滅者以下文也요 言能示摩訶衍自體者는 卽是生滅門內之本覺心이니 生滅之體며 生滅之因일새 是故로 在於生滅門內니라 然이나 眞如門中에 直言大乘體하고 生滅門中에 乃云自體者는 有深所以하니 至下釋中하야 其義自顯也니라 言相用者는 含有二義하니 一者는 能示如來藏中無量性功德相이니 卽是相大義요 又示如來藏不思議業用이니 卽是用大義也니라 二者는 眞如所作染相을 名相이요 眞如所起淨用을 名用이니 如下文에 言眞如淨法은 實無於染이로대 但以無明而熏習故로 則有染相이요 無明染法은 本無淨業이로대 但以眞如而熏習故로 則有淨用也라하시니라

立法章門은 竟在於前하다 此下는 第二立義章門이라 於中에 亦二니 初明大義요 次顯乘義니라 此亦起下釋中之文이니 至彼文處하야 更相屬當하리라 大義中

에 體大者는 在眞如門이요 相用二大는 在生滅門이니 生滅門內에도 亦有自體로대 但以體從相일새 故不別說也니라 言如來藏이 具足無量性功德者는 二種藏內에 不空如來藏이요 二種藏中에 能攝如來藏이니 性功德義와 及用大義는 至下釋中하야 當廣分別하리라 乘義中에 有二句하니 一切諸佛이 本小乘故者는 立果望因하야 以釋乘義也요 一切菩薩이 皆乘此法하야 到如來地故者는 據因望果하야 以釋乘義也니라

△第二는 立義分을 說함이라 文中에 二가 있으니 一은 結前과 起後요 摩訶以下는 第二 正說하여 二章門을 세움이니 法과 더불어 義를 말함이니라. 法이란 것은 이 大乘의 法體요 義란 것은 이 大乘의 名義니 初에 立法이란 것은 下釋中 初釋法體의 文을 起함이요 다음에 立義란 것은 下에 復次眞如自體相者 以下의 釋義文을 起함이니라. 初 立法中에 또한 二立이 있으니 一은 體에 就해 總立하여 下釋中에 初 總釋文을 起함이요 二는 文을 依해 別立하여 下에 言眞如者 以下의 別釋文을 起함이니라. 初中에 所言法者는 謂衆生心이라 한 것은 自體를 法이라 名함이니 이제 大乘中엔 一切諸法이 모두 別體가 없고 오직 一心을 써서 그 自體가 될새 故로 法이란 것은 衆生心을 일렀다 말함이니라. 是心이 卽攝 一切라

말한 것은 大乘法이 小乘法과 다름을 나타냄이니 眞實로 是心이 諸法을 通攝함을 由하여 諸法自體가 오직 이 一心이라 小乘의 一切法이 各各 自體가 있음과 不同할새 故로 一心이 大乘法이 된다 說함이니라. 何以故下는 門을 依해 別立함이라 이 一文內에 그 二義를 含하니 上에 望함에 總義를 釋함이요 下에 望함에 別門을 세움이니라. 그러나 心法은 이 一이로되 大乘의 義가 넓거늘 무슨 義를 쓴 故로 다만 是心을 依하여 大乘의 依를 나타낸다고 할새 故로 何以故라 말함이니라. 下釋意에 이르되 心法은 비록 一이나 二門이 있으니 眞如門中에 大乘의 體가 있고 生滅門中에 體相用이 있는지라 大乘의 義가 이 三에서 지남이 없을새 故로 一心을 依하여 大乘의 義를 나타냄이니라. 是心眞如라 말한 것은 眞如門을 總擧함이니 下에 卽是一法界 以下의 文을 起함이요 다음에 相이라 말한 것은 이 眞如相이니 下에 復次眞如者는 依言說分別하여 有二種이라는 以下의 文을 起함이니라. 是心生滅이라 말한 것은 生滅門을 總擧함이니 下에 依如來藏高로 有生滅心이라는 以下의 文을 起함이요 因緣이라 말한 것은 이 生滅因緣이니 下에 復次生滅因緣이라는 以下의 文을 起함이니라. 다음에 相이라 말한 것은 이 生滅相이니 下에 復次生滅者라 한 以下의 文을 起함이요 能示摩訶衍自體라 말한 것은 곧 이 生滅門內의 本覺心이니 生滅의 體며 生滅의 因일새 이런 故로 生滅門內에 있느니라. 그러나 眞如門中에 다만 大乘의 體만 말하고 生滅門中에 이에 自體라 云한 것은 깊은 所以가 있으니 下釋中에 이르러 그 義가 스스로 나타나느니라. 相用이라 말한 것은 二義가 含有하니 一은 能히 如來藏中의 無量한

性功德相을 보임이니 곧 이 相大의 義요 또 如來藏의 不思議한 業用을 보임이니 곧 이 用大의 義니라. 二는 眞如의 所作인 染相을 相이라 名하고 眞如의 所起인 淨用을 用이라 名함이니 저 下文에 이르되 眞如의 淨法은 實로 染이 없으되 다만 無明으로써 熏習하는 故로 곧 染相이 있고 無明의 染法은 本來 淨業이 없으되 다만 眞如로써 熏習하는 故로 곧 淨用이 있다 하시니라. 立法章門은 앞에서 마쳤다. 此下는 第二에 立義章門이라 그 中에 또한 二니 初는 大義를 밝힘이요 次는 乘義를 나타냄이니라. 이도 또한 下釋中의 文을 起함이니 저 文處에 이르러 다시 서로 屬當하리라. 大義中에 體大란 것은 眞如門에 있고 相用二大는 生滅門에 있으니 生滅門內에도 또한 自體가 있으되 다만 體로써 相을 좇을새 故로 別說하지 않음이니라. 如來藏이 具足無量性功德이라 말한 것은 二種藏內에 不空如來藏이요 二種藏中에 能攝如來藏이니 性功德의 義와 用大의 義는 下釋中에 이르러 마땅히 널리 分別하리라. 乘義中에 二句가 있으니 一切諸佛이 本小乘故란 것은 果를 세워 因해 望하여 써 乘義를 解釋함이요 一切菩薩이 皆乘此法하여 到如來地故란 것은 因을 依據해 果에 望하여 써 乘義를 解釋함이니라.8)

8) 此는 大乘의 法義를 세워 衆生 起信의 本으로 삼은 것이다. 初 二句는 結前生後요 摩訶衍이 總說有二라 말한 것은 論本을 標興함이다 云何下는 論本을 徵列함이요. 所言下는 法體를 釋出함이다. 이 心體가 能히 自性을 任持하고 物解를 軌生하여 三大의 義를 나타낼새 故로 이름이 法이 됨을 말함이니 곧 衆生心이다. 만일 染緣을 따르면 六凡의 諸世間法을 내고 淨緣을 따르면 四聖의 出世間法을 일으킨다. 故로 이르되 是心이 곧 一切世間 出世間法을 攝한다 하시니 곧 生滅門이 一切를 該攝함이거니와 만일 眞如門에 就한다면 世와 出世法을 融攝하여 唯一한 眞如요 다시 異相이 없는 것이다. 依於下는 一心을 依支해 三大를 나타낸 義를 標함이요 何以故下는 一心이 三大를 能히 나타내는 所以를 徵釋함이니 무슨 所以인 故로 오직 一心을 依支해 能히 三大를 具示하느

△第三解釋分中에 在文亦二니 一者는 結前起後요 二者는正釋이라 正釋中에 有三하니 一者는 擧數總標요 二者는 依數開章이요 三者는 依章別解니라

△第三 解釋分中에 文에 있어 또한 二니 일은 結前이며 起後요 二는 正釋이라 正釋中에 三이 있으니 一은 數를 들어 總標함이요 二는 數를 依해 開章함이요 三은 章을 依해 別解함이니라.

냐 함을 말한 것이다. 是心下는 上義를 釋成함이니 대개 써 一心이 眞如와 生滅의 二義를 具有한 것이니 만일 心眞如義로써 한다면 곧 오직 體만 보이는 것이요 心生滅義는 三大를 能히 보일 새 故로 一心을 依支해 能히 三大를 具示하는 것이다. 어찌 써 生滅이 能히 三大를 具示하느냐? 眞實로 써 體는 오직 自立이요 相用은 반드시 染을 對해 이루니 眞如는 이 絶相不起의 義라 非染非淨이며 非生非滅일새 平等한 一味로 差別이 없다. 故로 오직 體만 보이거니와 生滅은 이 隨緣起動의 義라 能染能淨하며 能聖能凡할새 業識事識을 依支하면 報應의 用이 歷然하고 恒沙妄染을 뒤집으면 功德의 相이 宛然하다. 故로 能히 三大를 具示하는 것이다. 問이라 眞如는 이 不起의 義니 다만 體만을 보이는 것이라면 生滅은 이 起動의 義니 應當 오직 相用만을 보일 것이로다. 答이라 眞如는 이 不起의 義니 不起는 반드시 起를 由해 세우지 않으니 起함이 없음을 由한 故로 오직 體만을 보이거니와 生滅은 이 起動의 義니 起는 반드시 不起를 依賴 하는지라 起가 不起를 包含할새 故로 起中에 三大를 具示하는 것이다. 所言義者下는 三大의 義를 밝힘이다. 一者下는 體大를 標釋함이니 眞如自體는 聖凡이 均等하고 依正이 同然하여 聖悟가 不增이요 凡迷가 不減일새 故로 이르되 一切法이 眞如平等하여 不增減이라 함을 말함이니 體性이 周徧함을 쓴 故로 體大라 名한 것이다. 二者下는 相大를 標釋함이니 如來藏이 體가 能히 無量功德을 具足할새 故로 相大라 名함을 말한 것이니 곧 三如來藏中에 不空如來藏이다. 三者下는 用大를 標釋함이니 如來의 報化二用이 一切衆生의 世와 出世의 善을 能生할새 故로 用大라 名함을 말한 것이니 이는 廣徧하며 廣容하고 能히 善利를 普生할새 故로 三을 다 大라 稱한 것이다. 또 體相用 三이 各各 法界에 充徧하여 서로 障碍하지 않을새 故로 다 大라 稱한 것이다. 上엔 法義를 들어 써 大意를 밝힘이거니와 一切諸佛下는 因果를 들어 써 乘義를 밝힘이다. 上文의 所示한 一心三大는 諸佛이 이를 乘하여 涅槃을 證하며 菩薩이 이를 乘하여 如來地에 到達함을 말한 것이니 이를 알라. 一心三大가 一切를 能運하여 無上道에 이를새 乘이라 云한 것이다.

○已說立義分하니 次說解釋分하리라 解釋分에 有三種하니 云何爲三고 一者는 顯是正義요 二者는 對治邪執이요 三者는 分別發趣道相이니라

이미 立義分을 說했으니 다음엔 解釋分을 說하리라. 解釋分에 三種이 있으니 어떤 것이 三이 되는고? 一은 正義를 顯示함이요 二는 邪執을 對治함이요 三은 道에 發趣하는 相을 分別함이니라.

△開章中에 言顯示正義者는 正釋立義分中所立也요 對治邪執과 發趣道相者는 是明離邪就正門也니라

開章中에 顯示正義라 말한 것은 正히 立義分中의 세운 바를 解釋함이요 對治邪執과 發趣道相이란 것은 이 離邪·就正의 文을 밝힘이니라.9)

△別解之中에 卽有三章하니 初釋顯示正義分中에 大分有二하니 初正釋義요 後示入門이라 正釋之中에 依上有二하니 初釋法章門이요 後釋義章門이니라 初中에 亦二니 一者는 總釋이니 釋上總立이요 二者는 別解니 解上別立이니라

△別解의 中에 곧 三章이 있으니 初는 顯示正義分을 解釋한 中에

9) 總標解釋章門에 먼저 正義를 밝혀서 써 信解를 發起하는 本으로 삼은 것이니 初 二句는 結前이며 起後요 解釋下는 章文을 總標함이다.

大分해 二가 있으니 初는正히 義를 釋함이요 後는 入門을 보임이라 正釋한 中에 上을 依해 二가 있으니 初는 法章門을 解釋함이요 後는 義章門을 解釋함이니라. 初中에 또한 二니 一은 總釋이니 上의 總立을 解釋함이요 二는 別解니 上의 別立을 解釋함이니라.

○顯示正義者는 依一心法하야 有二種門하니 云何爲二오 一者는心眞如門이요 二者는 心生滅門이니라 是二種門이 皆各總攝一切法하나니 此義云何오 以是二門이 不相離故니라

正義를 나타내 보인다는 것은 一心法을 依하여 二種의 門이 있으니 어떤 것이 二가 되는고? 一은 心眞如門이요 二는 心生滅門이니라. 이 二種門이 다 各各 一切法을 總攝하니 이 義가 무엇인고? 이 二門이 서로 여의지 않음을 쓴 연고니라.

△初中에 言依一心法하야 有二種門者는 如經本에 言寂滅者는 名爲一心이요 一心者는 名如來藏이라하시니 此言心眞如門者는 卽釋彼經의 寂滅者가 名爲一心也요 心生滅門者는 是釋經中의 一心者가 名如來藏也니라 所以然者는 以一切法이 無生無滅하야 本來寂靜하야 唯是一心이니 如是가 名爲心眞如門이라 故로

言寂滅者가 名爲一心이니라 又此一心이 體是本覺이로대 而隨無明하야 動作生滅이라 故於此門에 如來之性이 隱而不顯일새 名如來藏이니라 如經에 言如來藏者는 是善不善因이니 能偏興造一切趣生함이 譬如伎兒가 變現諸趣라하시니 如是等義가 在生滅門일새 故言一心者가 名如來藏이니 是顯一心之生滅門이니라 如下文에 言心生滅者는 依如來藏故로 有生滅心이니 乃至此識이 有二種義하니 一者는 覺義요 二者는 不覺義라하시니 當知非但取生滅心하야 爲生滅門이라 通取生滅自體와 及生滅相이 皆在生滅門內義也니라 二門이 如是어늘 何爲一心고 謂染淨諸法이 其性無二요 眞妄二門이 不得有異일새 故名爲一이니 此無二處가 諸法中實이라 不同虛空하야 性自神解일새 故名爲心이니라 然이나 旣無有二인댄 何得有一이며 一無所有어니 就誰曰心이리오 如是道理는 離言絶慮니 不知

何以目之오 强號爲一心也니라 言是二種門이 皆各總攝一切法者는 釋上立中에 是心이 卽攝一切世間出世間法이니 上엔 直明心攝一切法이어니와 今此釋中엔 顯其二門이 皆各總攝이니 言以是二門이 不相離故者는 是釋二門이 各總攝義니라 欲明眞如門者는 染淨通相이니 通相之外에 無別染淨일새 故得總攝染淨諸法이요 生滅門者는 別顯染淨이니 染淨之法을 無所不該일새 故亦總攝一切諸法이니라 通別은 雖殊나 齊無所遣일새 故로 言二門이 不相離也니라 總釋義는 竟하다

別記 眞如門은 是諸法通相이라 通相外에 無別諸法하야 諸法이 皆爲通相所攝함이 如微塵이 是瓦器의 通相이라 通相外에 無別瓦器하야 瓦器가 皆爲微塵所攝이니 眞如門도 亦如是하니라 生滅門者는 卽此眞如가 是善不善因이라 與緣和合하야 變作諸法하나니 雖實變作

諸法이나 而恒不壞眞性일새 故於此門에 亦攝眞如함이 如微塵性이 聚成瓦器호대 而常不失微塵性相일새故로 瓦器門이 卽攝微塵이니 生滅門도 亦如是하니라設使二門이 雖無別體나 二門이 相乖하야 不相通者는則應眞如門中엔 攝理而不攝事하고 生滅門中엔 攝事而不攝理어니와 而今二門은 互相融通하야 際限無分일새 是故로 皆各通攝一切理事諸法이니 故로 言二門이 不相離故라하시니라 問이라 若此二門이 各攝理事인댄 何故로 眞如門中엔 但示摩訶衍體하고 生滅門中엔通示自體相用고 答이라 攝義示義가 異하니 何者오 眞如門은 是泯相以顯理니 泯相不除일새 故得攝相이요泯相不存일새 故非示相이어니와 生滅門者는 攬理以成事니 攬理不壞일새 故得攝理요 攬理不泯일새 故亦示體니라 依此義故로 且說不同이어니와 通而論之인댄二義亦齊하니라 是故로 眞如門中에도 亦應示於事相

이로대 略故로 不說耳니라 問이라 二門不同은 其義己見이어니와 未知二門의 所攝理事도 亦有隨門差別義否아 答이라 隨門分別도 亦有不同하니 何者오 眞如門中의 所攝事法은 是分別性이니 以說諸法이 不生不滅하야 本來寂靜이로대 但依妄念하야 而有差別故로 心生滅門의 所說事法은 是依他性이니 以說諸法이 因緣和合하야 有生滅故니라 然此二性이 雖復非一이나 而亦不異니 何以故오 因緣所生인 生滅諸法이 不離妄念코 而有差別일새 故로 分別性이 不異依他하야 亦在生滅門也요 又因緣之生은 自他及共이 皆不可得일새 故로 依他性이 不異分別하야 亦在眞如門也니라 如是二性이 雖復不異나 而亦非一이니 何以故오 分別性法은 本來非有로대 亦非不無며 依他性法은 雖復非有나 而亦不無라 是故로 二性이 亦不雜亂이니라 如攝論에 說三性이 相望에 不異非不異니 應如是說이라하시

니 若能解此三性의 不一不異義者는 百家之諍을 無所不和也니라 二門의 所攝理不同者는 眞如門中의 所說理者는 雖曰眞如나 亦不可得이며 而亦非無니 有佛無佛에 性相이 常住하야 無有變異하야 不可破壞라 於此門中에 假立眞如實際等名이니 如大品等諸般若經所說하니라 生滅門內의 所攝理者는 雖復理體가 離生滅相이나 而亦不守常住之性하고 隨無明緣하야 流轉生死하며 雖實爲所染이나 而自性淸淨이라 於此門中에 假立佛性本覺等名이니 如涅槃華嚴經等所說하니라 今論所述한 楞伽經等은 通以二門으로 爲其宗體라 然此二義가 亦無有異하니 以雖離生滅이나 而常住性은 亦不可得이며 雖曰隨緣이나 而恒不動하고離生滅性故로 以是義故로 眞如門中엔 但說不壞假名코 而說實相하며 不動實際코 建立諸法이어니와 生滅門中엔 乃說自性淸淨心이 因無明風動하야

不染而染하고 染而不染이니라 問이라 眞如門中엔 說唯空義하고 生滅門內엔 說不空義하니 爲不如是耶아 答이라 一往相配하면 不無是義니라 故로 上立義分의 眞如相中엔 但說能示摩訶衍體하고 生滅門中엔 亦說顯示大乘相用이어니와 就實而言이면 則不如是니라 故로 下論文에 二門이 皆說不空義니라 問이라 若生滅門內에 二義俱有者인댄 其不空義는 可有隨緣하야 作生滅義어니와 空義는 是無어늘 何有隨緣하야 而作有義아 答이라 二義是一이라 不可說異일새 而約空義하야 亦得作有니라 何者오 若空定是空인댄 應不能作有어니와 而是空亦空일새 故得作有니라 然此空空도 亦有二義하니 一者는 有法性空이니 是空도 亦空하야 有之與空을 皆不可得이라 如是空空은 有眞如門이니 如大品經에 云一切法空이요 此空도 亦空일새 是名空空이라하시니라 二者는 猶如有無有性일새 故得爲空이니 是名曰空이

요 如是空無空性일새 故得作有니 是名空空이라 如是空空은 在生滅門이니라 如涅槃經에 云是有是無를是名空空이요 是是是非非非를 是名空空이라하시니 如是空空은 十住菩薩도 尙得少分이 如毫釐許어든 何況餘人가 二門差別을 應如是知니라 上來에 釋上總立法은 竟하다

△初中에 一心法을 依하여 二種門이 있다고 말한 것은 저 經本에 말하되 寂滅한 것은 이름이 一心이 되고 一心이란 것은 이름이 如來藏이라 하시니 여기에 心眞如門이라 말한 것은 곧 저 經의 寂滅한 것이 이름이 一心이 된다 함을 解釋함이요 心生滅門이란 것은 이 經中의 一心이란 것이 이름이 如來藏이라 함을 解釋함이니라. 그러한 바는 써 一切法이 無生無滅해서 本來 寂靜하여 오직 이 一心이니 이와 같은 것이 이름이 心眞如門이 되는지라 故로 寂靜한 것이 이름이 一心이 된다 말함이니라. 또 이 一心이 體가 이 本覺이로되 無明을 따라서 生滅을 動作하는지라 故로 이 門에 如來의 性이 숨어서 나타나지 않을새 如來藏이라 이름함이니라. 저 經에 말하되 如來藏이란 것은 이 善과 不善의 因이니 두루 一切趣生을 興造함이 譬喩컨대 伎兒가 諸趣를 變現함과 같다 하시니 이와 같은 等 義가 生滅門에 있을새 故로 一心이란 것이 이름이 如來藏이라 말함이니 이는 一心의 生滅門을 나타냄이니라. 저 下文에 말하되

心生滅이란 것은 如來藏을 依한 故로 生滅心이 있으며 乃至 이 識이 二種의 義가 있으니 一은 覺義요 二는 不覺義라 하시니 마땅히 알라. 다만 生滅心을 取하여 生滅門을 삼음이 아니라 通히 生滅의 自體와 生滅의 相이 모두 生滅門內에 있는 義를 取함이니라. 二門이 이와 같거늘 어찌 一心이 되는고? 染淨諸法이 그 性이 二가 없고 眞妄二門이 다름이 있음을 얻지 못할새 故로 一이 된다고 이름함이니 이 無二의 處가 諸法中의 實이라 虛空과 不同하여 性이 스스로 神解할새 故로 心이 된다고 이름함을 말함이니라. 그러나 이미 二가 없을진대 어찌하여 一이 있으며 一도 있는 바가 없거니 무엇에 就하여 心이라 말하리오. 이와 같은 道理는 말을 여의고 생각이 끊어짐이니 알지 못하는 것이라 어떻게 써 指目할고 强作이 號하여 一心이라 함이니라. 이 二種門이 皆各總攝 一切法이라 말한 것은 上立中에 是心이 卽攝 一切 世間 出世間法이라 함을 解釋함이니 上엔 다만 心攝 一切法을 밝힘이거니와 이제 이 釋中엔 그 二門이 皆各總攝이라 함을 나타냄이니 以是 二門이 不相離故라 말한 것은 이 二門이 各各 總攝한 義를 解釋함이니라. 眞如門이란 것은 染淨의 通相이니 通相의 外에 별다른 染淨이 없을새 故로 染淨諸法을 總攝하게 되는 것이요 生滅門이란 것은 染淨을 別顯함이니 染淨의 法을 該含치 않은 바가 없을새 故로 또한 一切諸法을 總攝함을 밝히고자 함이니라. 通別은 비록 다르나 모두 보낼 바가 없을새 故로 二門이 不相離라 말한 것이니라. 總釋의 義는 마쳤다.

別記 眞如門은 이 諸法의 通相이라 通相外에 別다른 諸法이 없어서 諸法이 모두 通相의 攝하는 바가 됨이 마치 微塵이 이 瓦器의

通相이라 通相外에 別다른 瓦器가 없어서 瓦器가 다 微塵의 攝한 바가 됨과 같으니 眞如門도 또한 이와 같으니라. 生滅門이란 것은 곧 이 眞如가 이 善과 不善의 因이라 因緣과 더불어 和合하여 諸法을 變作하느니 비록 實로 諸法을 變作하나 늘 眞性을 무너뜨리지 않을새 故로 이 門에 또한 眞如를 攝함이 마치 微塵의 性褁瓦器를 모아서 이루되 늘 性相을 잃지 않을 새 故로 瓦器門이 곧 微塵에 攝함과 같으니 生滅門도 또한 이와 같으니라. 設使 二門이 비록 別體가 없으나 二門이 相乖하여 서로 通하지 못하는 것은 곧 應當 眞如門中엔 理는 攝하되 事를 攝하지 못하고 生滅門中엔 事는 攝하되 理를 攝하지 못함이거니와 이제二門은 서로서로 融通하여 際限이 無分일새 이런 故로 다 各各一切 理事諸法을 通攝하니 故로 말하되 二門이 서로 여의지 않는연고라 하시니라. 問이라 만일 이 二門이 各各 理事를 攝할진대 무슨 까닭으로 眞如門中엔 다만 摩訶衍의 體만 보이고 生滅門中엔 通히 自體·相·用을 보였는고? 答이라 攝義와 示義가 다르니 무슨 까닭인고. 眞如門은 이 相을 泯하여 써 理를 나타냄이니 泯相을 없애지 않을새 故로 相을 攝하게 되고 泯相을 두지 않을새 故로 相을 보임이 아니거니와 生滅門이란 것은 理를 攬하여 써 事를 이루니 攬理를 무너뜨리지 않을새 故로 理를 攝하게 되고 攬理를 泯하지 않을새 故로 또한 體를 보임이니라. 이 義를 依한 故로 또 不同이라 說함이거니와 通히 論할진대 二義가 또한 같으니라. 이런 故로 眞如門中에도 또한 應當 事相을 보일 것이로되 省略한 故로 說하지 않음이니라. 問이라 二門의 不同은 그 義가 이미 나타났거니와 알지 못하는 것이라

二門이 攝한 바 理事도 또한 門을 따라 差別의 義가 있느냐? 없느냐? 答이라 門을 따라 分別도 또한 不同함이 있으니 무슨 까닭인고? 眞如門中의 攝한 바 事法은 이 分別性이니 써 諸法이 不生不滅하여 本來 寂靜하되 다만 妄念을 依하여 差別이 있음을 說한 연고요 心生滅門의 說한바 事法은 이 依他性이니 써 諸法이 因緣으로 和合하여 生滅이 있음을 說한 연고니라. 그러나 이 二性이 비록 다시 一이 아니나 또한 다름도 아니니 어찌쓴 연고뇨? 因緣으로 生한 바인 生滅의 모든 法이 妄念을 여의지 않고 差別이 있을새 故로 分別性이 依他와 다르지 않아서 또한 生滅門에 있는 것이요 또 因緣으로 나는것은 自·他와 共이 모두 不可得일새 故로 依他性이 分別과 다르지 않아서 眞如門에 있는 것이니라. 이와 같은 二性이 비록 다시 다르지 않으나 또한 一도 아니니 어찌쓴 연고뇨. 分別性法은 本來 있음이 아니로되 또한 없지 않음도 아니며 依他性法은 비록 다시 있음이 아니나 또한 없음도 아니라 이런 故로 二性이 또한 雜亂치 않느니라. 저 攝論에 說하되 三性이 相望함에 다름도 아니며 다르지 않음도 아니니 應當 이처럼 說할지라 하시니 만일 能히 이 三性의 不一不異의 義를 아는 者는 百家의 諍論을 和合하지 못할바가 없느니라. 二門의 所攝한 理不同이란 것은 眞如門中의 說바 理는 비록 眞如라 말하나 또한 不可得이며 또한 없는 것도 아니니 有佛과 無佛에 性相이 常住하여 變하여 달라짐이 없어서 可히 破壞하지 못하는지라 이 門中에 眞如·實際等의 名을 假立함이니 大品等과 諸般若經의 說한 바와 같으니라. 生滅門內의 所攝한 理란 것은 비록 다시 理體가 生滅相을 여의었으나 또한 常住의 性을 지키지 않고 無明의 因緣을 따라서 生死에 流轉하며 비록 實로 물드는 바가 되나 自性이 淸淨한지라 이 門中에 佛性·本覺等의 名을 假立함이니 涅槃과 華嚴經等의 說한 바와 같으니라. 이제 論의 述한바 楞伽經等은 通히 二門으로써 그 宗體를 삼은지라 그러나 이 二義가 또한 다름이 없으니 써 비록 生滅을 여의었으나 常住性을 또한 不可得이며 비록 隨緣이라 말하나 늘 動하지 않아서 生滅性을 여읜 연고니라. 이 義를 쓴 故로 眞如門中엔 다만 假名을 壞하지 않고 實相을 說하며 實際에 動하지 않고 諸法을 建立한다 말했거니와 生滅門中엔 이에 自性淸淨心이 無明의 바람이 動함으로 因하여 물들지 않되 물들고 물들되 물들지 않는다고 말한 것이니라. 問이라 眞如門中엔 오직 空의 義를 說하고 生滅門內엔 不空의 義를 說했으니 이와 같지 않음이 되느냐? 答이라 一往에 서로 配對하면 이 義가 없지 않으니라. 故로 위 立義分의 眞如相中엔 다만 摩訶衍의 體를 能示한다고 說하고 生滅門中엔 또한 大乘의 相用을 顯示한다고 說했거니와 實에 나아가 말하면 이와같지 않으니라. 故로 下의 論文에 二門이 모두 不空의 義를 說했느니라. 問이라 만일 生滅門內에 二義가 함께 있는 것일진대 그 不空의 義는 可히 因緣을 따라서 生滅을 짓는 義가 있으려니와 空義는 이 無거늘 어찌 因緣을 따라서 有를 짓는 義가 있으랴? 答이라 二義가 이 一이라 可히 다름이라 說하지 못할새 空한 義를 잡아서 또한 有를 짓게 되느니라. 무슨 까닭인고. 만일 空이 決定코 이 空일진대 應當 能히 有를 짓지 못하려니와 이 空도 또한 空일새 故로 有를 짓게 되느니라. 그러나 이 空空도 또한 二

義가 있으니 一은 有法性空이니 이 空도 또한 空하여 有와 더불어 空을 모두 不可得이라 이와 같은 空空은 眞如門에 있으니 저 大品經에 이르되 一切法이 空하고 이 空한 것도 또한 空할새 이것을 空空이라고 이름한다 하시니라. 이는 마치 有가 體性이 없을새 故로 空이 됨을 얻음과 같으니 이것을 이름해 空이라 말하는 것이요 이처럼 空이 空性이 없을새 故로 有를 짓게 되니 이것을 空空이라 이름하는지라 이처럼 空空은 生滅門에 있느니라. 저 涅槃經에 이르되 이 有와 이 無를 이 空空이라 名하고 이 是와 이 非를 이 空空이라 名한다 하시니 이처럼 空空은 十住菩薩도 오히려 少分을 얻음이 毫釐許와 같거든 어찌 하물며 餘人이랴. 二門의 差別을 應當이처럼 알지니라. 上來에 위 總立法을 解釋함은 마쳤다.10)

---

10) 顯示正義下에 一心法을 依하여 二種門을 여는 것은 써 立義分中의 是心이 　卽攝一切世間出世間法이라 함을 解釋한 것이다. 대저 心은 本來이 一이로되 眞如와 生滅의 不同함이 있는 것은 대개 써 體가 不變과 因緣에 따라 變化하는 義를 갖춘 연고다. 不變을 쓴 故로 非生非滅이며 離相離名하여 淨染이 雙亡하고 聖凡이 一致라 故로 眞如門이 있고 隨緣을 쓴 故로 依正因果가 唯心轉變이요 德相報用이 隨業現前이라 故로 生滅門이 있는 것이다. 말한바 門이란 것은 出入이 無壅하고 開合이 自在함을 말한 것이다. 무슨 까닭인고? 如來藏心이 隨緣建立하여 一切를 流出함이 門의 開함과 같으니 곧 生滅門이요 萬法이 泯絶하고 一切를 融攝함이 門의 合함과 같으니곧 眞如門임을 말한 것이다. 或破或立이 隨心自在함이니 그 能破能立함을 쓴 故로 二種門이 皆各總攝一切法인 것이다. 此義下는 二門 各攝의 意를 徵釋함이니 이 二門이 皆各總攝一切法義의 云何를 말함이다. 以是下는 上義를 釋成함이니 대개 써 眞如는 이 全生滅의 眞如요 生滅은 이에 全眞如의 生滅이라 故로 生滅門이 一切法을 該攝할 때 眞如가 이미 生滅을 여의지 않는다면 眞如의 理가 곧 生滅門中에 攝해 있는 것이요 眞如門이 一切法을 融攝할 때에 生滅이 眞如를 여의지 않음을 由한 故로 生滅의 法이 곧 眞如門中에 攝해 있는 것이니 이 二門이 서로 捨離하지 않음을 쓴 故로 二門이 모두 各各 一切法을 總攝하는 것이다. 或이 이르되 二門이 이미 서로 여의지 않는다면 이 二門이 一切를 共攝함이거늘 어찌 各攝이라 云하는고? 答이라 二가 비록 여의지 않으나 二가 並立하지도 않음이니 마치 全一金이 衆像이 되고 衆像을 融하여 써 一金을 이루는지라 像이

懸吐譯解 大乘起信論疏記會本 卷二

△以下는 釋上別立이니 別釋二門을 卽爲二分하리라 眞如門中에도 亦有二意하니 初釋眞如요 後釋如相이라 又復初是總釋이요 後是別解니라 又初文은 明不可說이니 顯理絶言이요 後文은 明可得說이니 顯不絶言이니라

別記 初文中에 言離言說相하고 離名字相이라하며 乃至言眞如者는 因言遣言이라하시고 後文中에 言依言說分別하야 有二種義하니 謂如實空과 如實不空이라하시고 然後文에 亦說一切分別이 皆不相應일새 當知一切言說도 亦不相應이라하시니 此卽顯理의 離言絶慮니라 又初文中에 要依因言遣言之言하야 乃得顯其理之絶言이니 此亦顯理의 不離言說相이어늘 若言得說理實絶言者인댄 則墮自宗相違過니 先以絶言之言이 不絶而理實絶言故니라 若使絶言之言으로

나타남에 金이 스스로 숨고 金이 이루어 짐에 스스로 滅함과 같다. 並立하지 않음을 由하여 또 爲門이 不同하고 攝法이 또 다를새 故로 各攝하는 것이다.

亦言絶者인댄 則墮自語相違過니 先以絶言之言도 亦絶而言得說言故니라

△問이라 理實而言컨대 爲絶가 爲不絶가 若不絶言者인댄 正體離言이니 卽違於理요 若實絶言인댄 後智帶言이니 卽倒於理니라 又若不絶인댄 則初段論文이 斯爲漫語요 若實絶言인댄 則後段論文이 徒爲虛設이니 如說虛空이 爲金銀等이니라 解云是故當知하라 理非絶言이며 非不絶言이니라 以是義故로 理亦絶言이며 亦不言絶이니 是則彼難이 無所不當이니라

別記 如是等言이 無所不當일새 故無所當이니 由無所當故로 無所不當也니라 眞如門中에 絶不絶義를 旣如是說이니 生滅門中에도 亦同此說하니라

且止傍論하고 還釋本文하리라

△ 以下는 위 別立을 풀이함이니 別釋二門을 곧 二分 하리라. 眞如門中에도 또한 二意가 있으니 初는 眞如를 풀이하고 後는 如相을 풀이함이라 또 다시 初는 이 總釋이요 後는 이 別釋이니라. 또 初

文은 不可說을 밝힘이니 理의 絶言을 나타냄이요 後文는 不可說을 밝힘이니 不絶言을 나타냄이니라.

別記 初文中에 말하되 言說相을 여의고 名字相을 여의었다 하며 乃至 말하되 眞如란 것은 말을 因해 말을 보냄이라 하시고 後文中에 말하되 言說分別을 依하여 二種의 義가 있으니 如實空과 如實不空을 말한 것이라 하시고 然後文에 또한 說하되 一切分別이 모두 不相應일 새 마땅히 알라 一切言說도 또한 不相應이라 하시니 이는 곧 理의 離言과 絶慮를 나타냄이니라. 또 初文中에 종요로이 因言遣言의 말을 依하여 이에 그 理의 絶言을 나타내게 되니 이것도 또한 理의 言說相을 여의지 않음을 나타낸 것이거늘 만일 理가 實로 絶言이라 得說함을 말할진대 곧 自宗相違의 過에 떨어짐이니 먼저 絶言의 말이 不絶했는데 理는 實로 絶言임을 쓴 연고니라. 만일 絶言의 말로 하여금 또한 絶이라 말할진대 곧 自語相違의 過에 떨어짐이니 먼저 絶言의 말도 또한 絶했는데 說言하게 된다 말함을 쓴 연고니라.

△問이라 理實로 말하건대 絶함이 되느냐 絶하지 않음이 되느냐? 만일 絶言하지 않은 것일진대 正體는 말을 여읨이니 곧 理에 違背된 것이요 만일 實로 絶言일진대 後智는 말을 帶함이니 곧 理에 뒤바뀌게 되느니라. 또 만일 不絶일진대 곧 初段 論文이 이 漫語가 될 것이요 만일 實로 絶言일진대 곧 後段 論文이 한갓 虛設이 될 것이니 마치 虛空이 金銀等이 된다고 說함과 같으니라. 解答해 이르되 이런 故로 마땅히 알라. 理는 絶言도 아니며 絶言이 아님도 아니니라. 이 義를 쓴 故로 理는 또한 絶言이며 또한 絶言도 아니

니 이는 저의 論難이 當치 않은 바가 없느니라.

別記 이와 같은 等 말이 當치 않은 바가 없을새 故로 當한 바가 없으니 當한 바가 없음을 由한 故로 當치 않은 바가 없느니라. 眞如門中에 絶과 不絶의 義를 이미 이처럼 說함이니 生滅門中에도 또한 이 說과 같으니라.

아직 傍論을 그치고 또한 本文을 풀이하리라.

○心眞如者는 卽是一法界大總相法門體니 所謂心性이 不生不滅相이라 一切諸法이 唯依妄念하야 而有差別이니 若離心念하면 則無一切境界之相이니라 是故로 一切法이 從本已來로 離言說相하며 離名字相하며 離心緣相하야 畢竟平等하야 無有變異하야 不可破壞라 唯是一心일새 故名眞如니 以一切言說이 假名無實이라 但隨妄念하야 不可得故니라

○心眞如란 것은 곧 이 一法界 大總相 法門體니 所謂 心性이 不生不滅이라 一切 諸法이 오직 妄念을 依하여 差別이 있으니 만일 心念을 여의면 一切 境界의 相이 없느니라. 이런 故로 一切法이 根本을 좇아 이미 옴으로 言說相을 여의며 名字相을 여의며 心緣相을 여의어서 畢竟 平等하여 變異함이 없어서 可히 破壞하지 못하는지라 오직 一心일새 故로 眞如라 이름하니 一切 言說이 假名이요 無實이라 다만 妄念을 따라서 不可得임을 쓴 연고니라.

△初文에 有三하니 一者는 略標요 二者는 廣釋이요 其第三者는 往復除疑니라 略標中에 言卽是一法界者는 是擧眞如門所依之體니 一心이 卽是一法界故니라 此一法界가 通攝二門이로대 而今에 不取別相之門하고 於中에 但取總相法門이니라 然於總相이 有四品中에 說三無性의 所顯眞如일새 故言大總相이요 軌生眞解일새 故名爲法이요 通入涅槃일새 故名爲門이니 如一法界의 擧體가 作生滅門하야 如是擧體가 爲眞如門이라 爲顯是義일새 故言體也니라 此下는 廣釋이라 於中에 有二하니 一者는 顯眞如體요 二者는 釋眞如名이니라初中에 有三하니 一者는 當眞實性하야 以顯眞如요 二者는 對分別性하야 而明眞如絶相이요 三者는 就依他性하야 以顯眞如離言이니라 初中에 言心性者는 約眞如門하야 論其心性이니 心性이 平等하야 遠離三際일새 故言心性이 不生不滅也니라 第二中에 有二句하니

初言一切諸法이 唯依妄念하야 而有差別者는 是擧偏計所執之相이요 次言若離心念하면 卽無一切境界相者는 對所執相하야 顯無相性이 猶如空華가 唯依眼病하야 而有華相이라 若離眼病이면 卽無華相이요 唯有空性이니 當知此中道理도 亦爾니라 第三中에 有三句하니 先約依他性法하야 以明離言絶慮요 次依離絶之義하야 以顯平等眞如요 後釋平等의 離絶所以니라 初中에 言是故一切法者는 謂從緣生依他起法이요 離言說相者는 非如音聲之所說故요 離名字相者는 非如名句之所詮故요 離心緣相者는 名言分別의 所不能연고로 如虛空中鳥迹差別이니 謂隨鳥形하야 空相이 顯現이라 顯現之相은 實有差別이나 而離可見之相差別이니 依他起法도 當知亦爾하야 隨諸熏習하야 差別顯現이나 而離可言之性差別이니 旣離可言可緣差別인댄 卽是平等眞如道理라 故言

畢竟平等이며 乃至故名眞如니 此是第二에 顯眞如平等이니라 以一切下는 釋其所以니 所以眞如가 平等離言者는 以諸言說이 唯是假名일새 故於實性에 不得不絶이니라 又彼言說이 但隨妄念일새 故於眞智에 不可不離니라 由是道理일새 故說離絶이니 故로 言乃至不可得故라하시니라 顯體文은 竟하다

△初文에 三이 있으니 一은 略標요 二는 廣釋이요 그 第三은 往復으로 疑를 없앰이니라. 略標中에 卽是 一法界라 말한 것은 이 眞如門 所依의 體를 擧함이니 一心이 곧 이 一法界인 연고니라. 이 一法界가 二門을 通攝함이로되 이제 이에 別相의 門을 取하지 않고 그 中에 다만 總相法門만을 取한 것이니라. 그러나 總相이 四品이 있는 中에 三無性이 나타낸바 眞如를 說할새 故로 大總相이라 말한 것이요 眞解를 軌生할새 故로 이름해 法이라 한 것이요 通히 涅槃에 入할새 故로 이름해 門이라 한 것이니 一法界의 擧體(全體)가 生滅門을 지음과 같아서 이처럼 擧體가 眞如門이 되는지라 이 義를 나타내기 爲할새 故로 體라 말한 것이니라. 此下는 廣釋이라 그 中에 二가 있으니 一은 眞如의 體를 나타냄이요 二는 眞如의 名을 풀이함이니라. 初中에 三이 있으니 一은 眞實性에 當하여 써 眞如를 나타냄이요 二는 分別性에 對하여 眞如의 絶相을 밝힘이요 三은 依他性에 就하여 써 眞如의 離言을 나타냄이니라.

初中에 心性이라 말한 것은 眞如門을 잡아서 그 心性을 論함이니 心性이 平等하여 三際를 遠離할새 故로 心性이 不生不滅이라 말함이니라. 第二中에 二句가 있으니 初에 一切諸法이 오직 妄念을 依하여 差別이 있다고 말한 것은 이 徧計所執의 相을 擧함이요 다음에 만일 心念을 여의면 곧 一切境界의 相이 없다고 말한 것은 所執의 相을 對하여 無相의 性을 나타냄이 마치 空華가 오직 眼病을 依하여 華相이 있는지라 만일 眼病을 여의면 곧 華相이 없고 오직 空性만 있음과 같으니 마땅히 알라. 此中道理도 또한 그러하니라. 第三中에 三句가 있으니 先은 依他性法을 잡아서 써 離言絶慮를 밝힘이요 다음은 離絶의 義를 依하여 써 平等眞如를 나타냄이요 後는 平等의 離絶한 所以를 풀이함이니라. 初中에 是故 一切法이라 말한 것은 因緣으로 좇아 나는 依他起法을 말함이요 離言說相이란 것은 音聲의 所說과 같지 않은 연고요 離名字相이란 것은 各句의 所詮과 같지 않은 연고요 離心緣相이란 것은 名言分別의 能히 攀緣하지 못할 바인 故로 虛空中의 鳥迹差別과 같으니 鳥形을 따라서 空相이 顯現하는지라 顯現의 相은 實로 差別이 있으나 可見의 相이 差別을 여읨을 말한 것이니 依他起法도 마땅히 알라. 또한 그러하여 모든 熏習을 따라서 差別이 顯現하나 可言의 性差別을 여읨이니 이미 可言 可緣의 差別을 여의었을진대 곧 이 平等한 眞如道理라 故로 말하되 畢竟平等이며 乃至 故名眞如라 한 것이니 이것이 이 第二에 眞如平等을 나타냄이니라. 以一切下는 그 所以를 풀이함이니 써 眞如가 平等離言한 바는 써 모든 言說이 오직 이 假名일 새 故로 實性에 시러금 絶하지 아니하지 못함이니

라. 또 저 言說이 다만 妄念을 따를새 故로 眞智에 可히 여의지 아니하지 못함이니라. 이 道理를 由할새 故로 離絶이라 說함이니 故로 말하되 乃至 不可得故라 하시니라. 顯體文은 마쳤다.[11]

○言眞如者도 **亦無有相**하니 **謂言說之極**이라 **因言遣言**이어니와 **此眞如體**는 **無有可遣**이니 **以一切法**이 **悉皆眞故**며 **亦無可立**이니 **以一切法**이 **皆同如故**라 **當知一切法**이 **不可說不可念**일새 **故名爲眞如**니라

眞如라 말한 것도 또한 相이 없으니 言說의 極을 말함이라

(攝論中 十種名內에 眞如가 이 第十 究竟名이다. 故로 極이라 云한 것이다.)

---

11) 此는 心眞如義를 밝혀서 써 立義分中의 是心眞如를 풀이함이다. 初一句는 牒章이요 卽是下는 바로 法性으로써 如體를 標顯함이다. 이 心眞如體가 萬法을 融攝하여 一法性이 될새 고로 이르되 卽一法界라 말한 것이니 이는 算數의 一이 아니요 모든 數를 破壞하기 爲하여 强作히 一이라 말한 것이다. 一法性으로써 萬法을 總攝할새 故로 大總相法門이라 云한 것이니 圓覺의 이른바 大陀羅尼門이라 함과 같다. 다만 저는 流出一切를 잡음이니 곧 이 出義요 이는 融攝一切를 잡음이니 곧 이 入義다. 대개 써 法性이 能히 諸法에 通할새 出入의 義로 門이라 말함이니 곧 이른바 無門의 門이며 無出入의 出入이다. 所謂下는 心不生滅의 義로써 如體를 釋成함이요 一切下는 諸法卽眞을 밝혀서 써 一法界의 義를 이룸이다. 或이 이르되 諸法의 差別을 現見하거늘 어찌 卽一法界라 云하느냐? 一切下는 解釋이다. 그러나 法이 이미 依念有別이요 離念無相이라면 一法界가 아님이 되랴. 곧 이른바 心이 만일 다르지 않으면 萬法이 一如하다는 것이다. 是故下는 上을 牒해 써 法本離相이라 唯一眞如임을 밝힘이니 대개 諸法이 만일 差別의 相이 있다면 名言을 可施며 心이 可緣할 것이 있으려니와 本來 差別相이 없음을 쓴 故로 곧 一切 名字言說分別의 相도 또한 本來 不可得임을 말한 것이다. 故로 이르되 一切法이 從本已來로 名言相을 여의며 心緣相을 여의었다 한 것이다. 畢竟平等이라 말한 것은 差別相을 여윔을 말함이요 無有變異하여 不可破壞란 것은 生滅相을 여윔을 말함이다. 法이 差別과 生滅의 相이 없음을 쓴 故로 곧 오직 一心이니 故로 眞如라 名한 것이다.

말을 因해 말을 보냄이거니와 이 眞如體는 可히 말을 보낼 것이 없으니 一切法이 모두 眞如임을 쓴 연고며 또한 可히 세울 것도 없으니 一切法이 모두 如와 같음을 쓴 연고라 마땅히 알라 一切法이 不可說이며 不可念일새 故로 이름해 眞如라 함이니라.

△釋名中에 亦三이니 初標立名之意니 所謂因言遣言은 猶如以聲止聲也니라 次正釋名이니 此眞如體가 無有可遣者는 非以眞體로 遣俗法故요 以一切法이 悉開眞故者는 依他性의 一切諸法이 離假言說일새 故悉是眞이니 悉是眞者는 不壞差別코 卽是平等이요 是平等故로 無別可立이니 故言一切가 皆同如故니라 當知以下는 第三結名이니라 直顯眞如는 竟在於前하다

△釋名中에 또한 三이니 初는 立名의 意를 標함이니 所謂 因言遣言은 마치 聲으로써 聲을 멈추게 함과 같은 것이니라. 다음은 正히 釋名이니 이 眞如體가 無有可遣이란 것은 眞體로써 俗法을 보냄이 아닌 연고요 以一切法이 悉皆眞故란 것은 依他性의 一切諸法이 假言說을 여읠새 故로 모두 이 眞이니 悉是眞이란 것은 差別을 破壞하지 않고 곧 이 平等이요 이 平等인 故로 別로 可히 세울 것이 없으니 故로 一切가 모두 如와 같은 연고라 말함이니라. 當知以下는 第三에 結名이니라. 直顯眞如는 앞에서 마쳤다.[12)]

12) 離相의 所以를 풀이하고 다시 眞의 離言相과 體의 無遣立을 나타내어 不思議境을

○問曰若如是義者인댄 諸衆生等이 云何隨順하야사 而能得入이니잇고 答曰若知一切法이 雖說이나 無有能說可說이며 雖念이나 亦無能念可念이면 是名隨順이요 若離於念이면 名爲得入이니라

結함이다. 初二句는 離名言相의 所以를 풀이함이요 다음 二句는 離心緣相의 所以를 풀이함이다. 대개 諸法이 오직 眞이라 妄을 依해 差別이니 妄法을 因한 故로 망령되이 名言이 있는지라 곧 名言이 實이 없을새 이런 故로 一切法이 名言相을 여읜 것이다. 또한 妄法으로 因하여 망령되이 分別이 있는지라 다만 妄念을 따라서 不可得인 연고니 이런 故로 一切法이 心緣相을 여읜 것이다. 言眞如下는 言無言의 相을 밝힘이다. 或이 이르되 一切法이 이미 言說相을 여의었다면 眞如라 말한 것은 어찌 言相이 아니랴. 答이라 眞如라 말한 것도 또한 相이 없으니 言說의 極을 말함이다. 言으로 因해 言을 보냄이니 이는 差別의 言을 因할새 故로 眞如의 말로써 말을 보내는 것이다. 所遣이 만일 없다면 能遣도 또한 세우지 않을새 故로 또한 言相이 없는 것이다. 이 眞如下는 體無遣立을 밝혀서 心法의 無二를 나타냄이다. 或이 이르되 上엔 差別의 言을 因한 故로 眞如의 言으로써 말을 보냄이이거니와 이엔 眞如의 體를 依함이니 法을 可히 보냄이 있느냐? 答이라 이 眞如體는 可히 보낼 것이 없으니 써 一切法이 모두 眞인 연고다. 이미 法을 可히 보낼 것이 없다면 法을 可立할 것이 있다 말할까 두려워할새 故로 이르되 또한 可히 세울 것도 없으니 써 一切法이 모두 同一한 如인 연고라 하니 이는 말은 差別을 可遣함이 있거니와 心法은 無二라 故로 遣立할 것이 없는 것이다. 當知下는 不思議境을 들어서 眞如의 名을 結함이니 當知라 말한 것은 사람으로 法의 離相을 알며 法의 卽眞을 了達케 하고자 한 것이다. 離라 云하지 않고 不可라 云한 것은 사람으로 離言絶念하여 써 不思議境에 契入케 하고자 한 것이다. 그러나 一切衆生이 無始로 좇아 옴으로 執相迷性하여 能히 法이 곧 眞임을 了知하지 못해서 비록 終日 行하나 自覺하지 못할 새 故로 今에 眞을 보임에 一切法을 잡은 것이다. 大乘을 배우는 者는 모름지기 廢寢忘餐하고 써 이 事를 생각할지니 어찌 일찍이 이 聖凡·依正·空色 等의 時가 없으며 何處에 眞體가 늘 顯現치 않으며 어찌 一法이 이 性爲가 아님이 있으며 어찌 一法이 體가 空寂하지 않음이 있으랴. 또 空法이 어찌 일찍이 眞性을 여의게 되랴. 眞實로 或 이 說과 不同하다면 곧 斷常에 떨어질 것이요 眞實로 法을 여의고 眞을 求하고자 한다면 마침내 옳은 곳이 없다. 이런 故로 論中에 每節顯眞함에 모두 一切法이라 말한 것이다.

○물어 이르되 만일 이 義와 같을진대 모든 衆生等이 어떻게 隨順하여야 能히 들어감을 얻나이까? 答해 이르시되 만일 一切法이 비록 說하나 能히 說할 것을 可히 說할 것이 없으며 비록 念하나 또한 能히 念할 것을 可히 念할 것이 없는 줄 알면 이것을 隨順이라 이름하고 만일 念을 여의면 이름해 得入이라 하느니라.

△往復疑問中에 言云何隨順者는 是問方便이요 而能得入者는 是問正觀이니라 答中에 次第答此二問이니 初中에 言雖說雖念者는 明法非無니 以離惡取空見故요 無有能說可說等者는 顯法非有니 離執着有見故라 能如是知하면 順中道觀일새 故名隨順이니라 第二中에 言離於念者는 離分別念이요 名得入者는 顯入觀智也니라

△往復疑問中에 云何隨順이라 말한 것은 이 方便을 물음이요 而能得入이란 것은 이 正觀을 물음이니라. 答中에 次第로 이 二問을 答함이니 初中에 雖說雖念이라 말한 것은 法의 非無를 밝힘이니 써 惡取의 空見을 여읜 연고요 無有能說可說等이란 것은 法의 非有를 나타냄이니 執着의 有見을 여읜 연고라 能히 이처럼 알면 中道觀을 順할새 故로 隨順이라 이름함이니라. 第二中에 離於念이라 말한 것은 分別念을 여읨이요 得入이라 名한 것은 觀智에 入함을 나타냄이니라.13)

○復次此眞如者는 依言說分別하야 有二種義하니 云何爲二오 一者는 如實空이니 以能究竟顯實故요 二者는 如實不空이니 以有自體하야 具足無漏性功德故니라

○復次 이 眞如란 것은 言說分別을 依하여 二種의 義가 있으니 어떤 것이 二가 되는고? 一은 如實空이니 써 能히 究竟에 實을 顯하는 연고요 二는 如實不空이니 써 自體가 있어서 無漏의 性功德을 具足한 연고니라.

△第二는 明眞如相이라在文有三하니一者는 擧數總標요 二者는 依數開章이요 三者는 依章別解니라 別解中에 卽有二하니

△第二는 眞如의 相을 밝힘이라 文에 있어 三이 있으니 一은 數를

13) 問答을 設하여 써 眞如에 隨順得入하는 方法을 밝힘이다. 問曰下는 前을 躡해서 써 물음이니 만일 一切法이 不可說 不可念이라면 發言이 違理요 動念이 乘眞이거늘 모든 衆生 等이 어떻게 隨順하여야 能히 得入하는고 함을 말한 것이다. 答曰下는 說念이 곧 說念이 없는 것으로써 隨順을 答하고 離心念으로써 得入을 答함이다. 대개 一切諸法이 從本已來로 言說相을 여의고 心緣相을 여의었거늘 이를 알지 못하는 者는 곧 說念에 막혀 無念을 乘할새 隨順이라 名하지 못하거니와 法의 離相을 아는 者는 終日토록 說念하되 能說의 可說이 없으며 또한 能念의 可念도 없어서 곧 說念에 막히지 아니하여 無念에 順할새 故로 隨順이라 名한다. 만일 說念에 直下에 離念하면 곧 저 無念에 契合함을 얻을새 故로 이르되 만일 念을 여의면 이름이 得入이 된다 하시니 이는 곧 說默이 無碍요 動靜이 一如다. 正히 이른바 能히 잘 모든 法相을 分別하되 第一義에 動하지 않는다는 것이니 곧 定하지 않은 때가 없을 새 故로 證入이라 名하는 것이다. 此上은 離言眞如를 밝혀서 觀智의 境을 나타냄이요 下는 依言眞如를 밝혀서 信解의 境을 나타냄이다.

들어 總標함이요 二는 數를 依해 章을 여는 것이요 三은 章을 依해 別解함이니라. 別解中에 二가 있으니[14)]

○所言空者는 從本已來로 一切染法이 不相應故니 謂離一切法差別相之相하야 以無虛妄心念故니라 當知眞如自性이 非有相이며 非無相이며 非非有相이며 非非無相이며 非有無俱相이며 非一相이며 非異相이며 非非一相이며 非非異相이며 非一異俱相이며 乃至總說컨대 依一切衆生이 以有妄心하야 念念分別하야 皆不相應일새 故說爲空이어니와 若離妄心이면 實無可空故니라

14) 此는 言을 依해 相을 辨하여 써 立義分中의 是心眞如相을 풀이함이다. 初一句는 牒章이니 相을 牒하지 않은 것은 省略함이다. 또는 相이 體를 여의지 않을새 故로 오직 眞如라 云한 것이다. 言說分別을 依하여 二義가 있다고 말한 것은 前엔 離言辨體라 故로 곧 一法界라 云함이요 이엔 依言辨相이라 故로 二種義가 있다고 云함을 말한 것이다. 義는 곧 相이다 써 眞如體가 妄染을 여읜 故로 空이라 云함이요 體가 性德을 갖춘 故로 不空이라 云함이니 空과 더불어 不空을 모두 體에 就해 나타낼새 故로 言으로써 相을 辨함은 곧 體를 보임이다. 云何下는 徵起하여 二義를 略釋함이다. 如實空이라 말한 것은 能히 究竟에 不實의 相을 멀리 여의어 眞實體를 나타낸 연고니 이는 如實한 中에 空하여 妄染이 없을새 故로 如實空이라 云함을 말함이요 如體의 自空을 말함이 아니다. 이는 唐譯論文을 取하여 써 解釋함이니 써 唐譯엔 究竟의 下에 不實의 相을 遠離하여 實體를 나타낸다는 말이 있다. 故로 取하여 풀이한 것이다. 二者下는 不空을 標釋함이다. 自體가 있다고 말한 것은 妄의 無體와 다른 연고니 이는 自體不空이요 具足無漏性功德이라 말한 것은 恒沙煩惱와 다른 연고니 이는 如實한 中에 비록 空해 妄染이 없으나 能히 無漏性德을 具足함이다. 故로 佛性論에 이르되 客塵이 空함을 由한 故로 法界와 더불어 相離하고 無上法이 不空일새 法界와 더불어 서로 따른다 하시니 이는 곧 總相이 不空함이다.

◯말한바 空이란 것은 根本을 좇아 이미 옴으로 一切染法이 相應하지 않는 연고니 一切法이 差別의 相을 여의어서 써 虛妄한 心念이 없음을 말한 연고니라. 마땅히 알라. 眞如自性이 有相도 아니며 無相도 아니며 有相이 아님도 아니며 無相이 아님도 아니며 有無가 함께 共存하는 相도 아니며 一相도 아니며 異相도 아니며 一相이 아님도 아니며 異相이 아님도 아니며 一異의 共存하는 相도 아니며 乃至 總說컨대 一切衆生이 써 妄心이 있음을 依하여 念念이 分別해서 다 相應하지 않을새 故로 空이 된다고 說함이거니와 만일 妄心을 여의면 實로 可히 空할 것이 없는 연고니라.

△先明空中에 卽有三句하니 略明이요 廣釋이요 第三은 總結이니라 初中에 言一切染法이 不相應者는 能所分別이 不相應故요 離一切法差別相者는 離所取相故로 以無虛妄心念故者는 離能取見故니 卽以離義로 而釋空也니라 廣釋之中에 明絶四句니 四句雖多나 其要有二하니 謂有無等과 及一異等이라 以此二四句로 攝諸妄執일새 故對此二하야 以顯眞空이니라 如廣百論에 云復次爲顯世間所執諸法이 皆非眞實이며 及顯外道所執不同일새 故로 說頌曰有非有

俱非요 一非一雙泯이라 隨次應配屬이니 智者는 達非眞이라하시니 釋曰一切世間色等句義는 言說所表며 心慧所知라 情執不同이 略有四種하니 謂有와 非有와 俱許와 俱非니라 隨次如應配四邪執이니 謂一과 非一과 雙許와 雙非니라 數論外道의 執有等性이 與諸法一은 卽當有句라 此執은 非眞이니 所以者가 何오 若靑等色이 與色性一인댄 應如色性하야 其體皆同이요 五樂等聲이 與聲性一인댄 應如根性하야 其體皆同이요 眼等諸根이 與根性一인대 應如根性하야 其體皆同이니 應一一根이 取一切境이며 應一一境이 對一切根이니라 又一切法이 與有性一인댄 應如有性하야 其體皆同也니라勝論外道의 說有等性이 與諸法非一은 當非有句라 此亦非眞이니 所以者가 何오 若靑等色이 與色性異인댄 應如聲等이 非眼所行이 聲等도 亦爾니라 又一切法이 異有性者인댄 應如兎角이 其體本無

라하야 乃至廣破하니라 無慚外道의 執有等性이 與彼諸法으로 亦一亦異는 當於亦有亦非有句라 此亦非眞이니 所以者가 何오 若有性等이 與色等一인댄 同數論過요 與色等異인댄 同勝論失이니 一異二種이 性相相違어늘 而言體同이면 理不成立이니라 一應非一이니 以卽異故로 如異요 異應非異니 以卽一故로 如一이라하야 乃至廣破하니라 邪命外道의 執有性等이 與彼諸法으로 非一非異는 當於非有非非有句라 此亦非眞이니 所以者가 何오 汝此所說非一異者는 爲俱是遮아 爲偏有表는 若偏有表인대 應不雙非요 若俱是遮인대 應無所執이니 有遮有表는 理互相違요 無遮無表는 言成戲論이라하야 乃至廣破하니라如是世間이 起四種謗이니 謂有와 非有와 雙許와 雙非니라 如次增益損減相違戲論이니 是故로 世間所執이 非實이니라 今此文中에 非有相은 是遣初句요 非無相者는 遣第二句요 非非

有相非非無相者는 遣第四句요 非有無俱者는 遣第三句니라 二句前後는 隨論者意하야 皆有道理하니 不相傷也니라 一異四句는 準釋可知니라 乃至以下는 第三總結이라 於中에 二句니 從此以下로 乃至曰爲空은 是順結也요 若離以下는 是反結也니라

△先은 空을 밝힌 中에 곧 三句가 있으니 略明이요 廣釋이요 第三은 總結이니라. 初中에 一切染法이 不相應이라 말한 것은 能所의 分別이 不相應인 연고요 離一切法差別相이란 것은 所取의 相을 여읜 연고요 以無虛妄心念故란 것은 能取의 見을 여읜 연고니 곧 離義로써 空을 풀이함이니라. 廣釋한 中에 絶四句를 밝힘이니 四句가 비록 많으나 그 要는 二가 있으니 有無 等과 一異 等을 말함이라 이 二四句로써 모든 妄執을 攝할 새 故로 이 二를 對하여 써 眞空을 나타냄이니라. 저 廣百論에 이르되 復次 世間의 所執한 諸法이 모두 眞實이 아님을 나타내며 外道의 所執이 不同함을 나타내기 爲할 새 故로 頌을 說해 이르되 有와 非有가 모두 그르고 一과 非一도 雙으로 없는지라 次第를 따라 應當 配屬할지니 智者는 眞이 아님을 達한다 하시니 풀이해 이르되 一切世間 色等의 句義는 言說로 表할 바며 心慧로 알 바라 情執의 不同함이 大略 四種이 있으니 有와 非有와 俱虛와 俱非를 말함이니라. 次第를 따라 應함과 같이 四邪執에 配할지니 一과 非一과 雙許와 雙非를 말함이니라. 數論外道의 有等 性이 諸法과 더불어 一이라 執함은 곧

有句에 當하는지라 이 執은 眞이 아니니 所以가 무엇인고? 만일 靑色 等이 色性과 더불어 一일진대 應當 色性과 같아서 그 體가 다 같을 것이요 五樂 等 聲이 聲性과 더불어 一일진대 應當 聲性과 같아서 그 體가 다 같을 것이니 眼等諸根이 根性이로 더불어 一일진대 應當 根性과 같아서 그 體가 다 같을 것이니 應當 一一의 根이 一切境을 取할 것이며 應當 一一의 境이 一切根을 對할 것이니라. 또 一切法이 有性과 더불어 一일진대 有性과 같아서 그 體가 다 같을 것이니라. 勝論外道의 有等 性이 諸法과 더불어 一이 아니라 說함은 非有句에 當하는지라 이것도 또한 眞이 아니니 所以가 무엇인고? 만일 靑等 色이 色性과 더불어 다를진대 應當 聲等이 眼의 所行이 아님과 같을 것이며 聲等도 또한 그러하니라. 또 一切法이 有性과 다른 것일진대 應當 兎角이 그 體가 本來 없음과 같다 하여 乃至 廣破하니라. 無慙外道의 有等 性이 저 諸法과 더불어 또한 一이며 또한 異라 執함은 亦有亦非有句에 當하는지라 이것도 또한 眞이 아니니 所以가 무엇인고? 만일 有性 等이 色等과 더불어 一일진대 數論의 過와 같을 것이요 色等과 더불어 異일진대 勝論의 失과 같을 것이니 一·異의 二種이 性·相이 相違하거늘 體同이라 말하면 理가 成立하지 못하느니라. 一이 應當 一이 아니니 異에 卽함을 쓴 故로 異와 같은 것이요 異가 應當 異가 아니니 一에 卽함을 쓴 故로 一과 같은 것이라 하여 乃至 廣破하니라. 邪命外道의 有性 等이 저 諸法과 더불어 一도 아니며 異도 아니라 執함은 非有非非有句에 當하는지라 이것도 또한 眞이 아니니 所以가 무엇인고? 네가 여기에 說한바 一·異가 아니란 것은 모두 이 막음이 되느냐 치우쳐 表함이 있음이 되느냐. 만일 치우쳐 表함이 있을진대 應當 雙非가 아닐 것이요 만일 모두 이 막음일진대 應當 執할 바가 없을 것이니 有遮와 有表는 理가 서로 相違하고 無遮와 無表는 말이 戱論을 이룬다 하여 乃至 廣破하니라. 이처럼 世間이 四種의 謗을 일으키니 有와 非有와 雙許와 雙非를 말함이니라. 次第와 같이 增益과 損減과 相違와 戱論이니 이런 故로 世間의 所執이 實이 아니니라. 이제 이 文中에 非有相은 이 初句를 보냄이요 非無相이란 것은 第二句를 보냄이요 非非有相·非非無相이란 것은 第四句를 보냄이요 非有無俱란 것은 第三句를 보냄이니라. 二句가 前·後함은 論者의 뜻을 따라서 다 道理가 있으니 서로 害롭지 않으니라. 一·異의 四句는 準釋하면 可히 알지니라. 乃至 以下는 第三 總結이라 그 中에 二句니 이로 좇아 以下로 乃至 爲空이라 말함은 이 順結이요 若離 以下는 이 反結이니라.[15)]

---

15) 此는 空義를 廣釋하여 써 依妄說空과 離妄無空을 밝힘이다. 所言下는 空義를 總釋함이다. 一切深法이 不相應이라 말한 것은 如實한 中에 虛妄한 心境과 有無·一異 等으로써 一切衆生의 所有妄心에 이르기까지 念念分別하여 모두 眞如와 더불어 相應하지 않는 연고다. 故로 이르되 一切染法이 不相應이라 함을 말한 것이다. 謂離下는 空義를 別釋함이니 謂離一切法差別之相이란 것은 境界相이 없음이요 以無虛妄心念이란 것은 業·轉相이 없음이다. 대개 써 心을 여읜즉 境界의 相이 없다. 故로 虛妄心念이 없은즉 一切法差別의 相을 여읜 것이다. 當知下는 眞如自性이 本來 四句를 여의고 또한 百非도 絶한 故로 有無·一異 等 相이 아님을 말한 것이다. 대개 써 有無·一異 等의 執差別相은 모두 虛妄한 心念을 依해 있으니 모든 妄念을 여의면 없다. 故로 眞如는 위 諸相을 여윔이니 곧 虛妄心念과 執差別相을 여읜 것이다. 乃至下는 모든 衆生의 妄心分別이 量이 恒沙에 지나서 能히 다 擧하지 못할 새 故로 다시 이르되 乃至 總說컨대 一切衆生의 있는바 妄心分別計執이 모두 眞如와 더불어 相應치 못함을 말한 것이다. 故說爲空이라 말한 것은 空義를 結成함이다. 若離下는 空相亦空을 밝힘이니 空이 自立

○所言不空者는 已顯法體가 空無妄故로 卽是眞心이 常恒不變하야 淨法滿足일새 則名不空이어니와 亦無有相可取니 以離念境界는 唯證相應故니라

말한바 不空이란 것은 이미 法體가 空해 妄이 없음을 나타낸 故로 곧 이 眞心이 恒常 變하지 않아서 淨法이 滿足할 새 곧 不空이라 이름하거니와 또한 相을 可히 取할 것이 없으니 써 離念의 境界는 오직 證으로야 相應하는 연고니라.

△釋不空中에 亦有三句하니 初牒空門이니 謂言已顯法體가 空無妄故요 次顯不空이니 卽是眞心으로 乃至則名不空故요 亦無有相以下는 第三明空不空의 無二差別이니 雖曰不空이나 而無有相이라 是故로 不空이 不異於空이니 以離分別所緣境界는 唯無分別所證相應故也니라

△不空을 풀이한 中에 또한 三句가 있으니 初는 空門을 牒함이니 已顯法體가 空無妄이라 말함을 이른 연고요 次는 不空을 顯함이니 곧 이 眞心으로 乃至 則名不空이라 한 연고요 亦無有相 以下는 第

하지 못하는지라 妄을 依해 세움이니 만일 妄心을 여의면 空도 또한 不可得임을 말한 것이다. 故로 唐譯에 이르되 妄念이 非有요 空性도 亦空이라 하시니 所遮가 이 無요 能遮도 亦無임으로써 한 연고다. 故로 이르되 實無可空이라 한 것이다.

三 空不空의 無二差別을 밝힘이니 비록 不空이라 말하나 相이 없는지라 이런 故로 不空이 空과 다르지 않음이니 써 分別의 所緣을 여읜 境界는 오직 無分別의 所證으로야 相應하는 연고니라.16)

△此下는 第二釋生滅門이라 於中에 有二하니 初正廣釋이요 復次有四種熏習以下는 因言重顯이니라 初中에有三하니 一者는 釋上立義分中是心生滅이요 二者는 復次生滅因緣以下는 釋上生滅因緣이요 三者는 復次生滅相以下는 釋上生滅相이니라 初中에 有二하니 一者는 就體總明이요 二者는 依義別解니라

△此下는 第二에 生滅門을 풀이함이라 그 中에 二가 있으니 初는

16) 此는 不空의 相과 無相은 오직 證으로야 相應함을 밝힌 것이다. 已顯法體 等이라 말한 것은 곧 前의 空處에 不空과 體相을 나타냄이다. 法體가 空해 妄이 없는 곳에 곧 이 眞心이 恒常 不變함을 쓴 연고니 이는 곧 自體가 不空이요 淨法滿足은 곧 性德이 不空이다. 대개 써 眞心은 四相이 不遷이며 三際가 莫易일 새 故로 恒常 不變이라 云한 것이요 相이 妄染을 여의고 德이 不足함이 없을 새 故로 淨法滿足이라 云한 것이다. 故로 下文에 이르되 이처럼 淨法의 無量功德은 곧 一心이라 다시 생각할 바가 없을 새 이런 故로 滿足이라 한 것이다. 則名不空이란 것은 上義를 結成함이다. 亦無有相可取라 말한 것은 上來엔 空實無可空이라 말했거니와 이엔 不空도 亦無有相可取라 말함이니 相을 例해 말할 새 故로 亦이라 云함을 말한 것이다. 대개 無量功德의 相은 이에 곧 性의 相이라 本來 스스로 相이 없거니 어찌 相을 可히 取할 것이 있으라. 어찌 써 相을 可히 取할 것이 없느냐. 以離念下는 無相可取의 所以를 풀이함이니 性德의 相은 이미 本來 스스로 無相이라 곧 妄念이 能緣하지 못할 새 故로 離念境界라 名함이니 이 離念境界는 오직 智가 理와 더불어 冥合하고 境이 神과 더불어 會한 者라야 相應할 새 故로 相을 可히 取할 것이 없음을 말한 것이다.

正히 廣釋함이요 復次 有四種熏習 以下는 말을 因해 重顯함이니라. 初中에 三이 있으니 一은 위 立義分中의 是心生滅을 풀이함이요 二는 復次 生滅因緣 以下는 위 生滅因緣을 풀이함이요 三은 復次 生滅相 以下는 위 生滅相을 풀이함이니라. 初中에 二가 있으니 一은 體에 就해 總明함이요 二는 義를 依해 別釋함이니라.

○心生滅門者는 依如來藏故로 有生滅心이니 所謂不生不滅이 與生滅로 和合하야非一非異를 名爲阿賴耶識이니라

心生滅이란 것은 如來藏을 依한 故로 生滅心이 있으니 所謂 不生不滅이 生滅과 더불어 和合하여 一도 아니요 異도 아님을 이름해 阿賴耶識이라 하느니라.

△初中에 三句니 一者는 標體요 二者는 辯相이요 三者는 立名이니라 初中에 言依如來藏故로 有生滅心者는 自性清淨心을 名爲如來藏이니 因無明風動하야 作生滅일새 故說生滅이 依如來藏이니라

別記 然이나 不生滅心이 與生滅心으로 心體는 無二로대 但將二義하야 取心爲二일새 以說依耳니 如不動水가 爲風所吹하야 而作動水에 動靜은 雖異나 水體는 是

一일새 而得說言依靜水故로 有其動水니 當知此中道理도 亦爾니라

△如四卷經에 言如來藏이 爲無始惡習의 所熏일새 名爲識藏이며 又言刹那者는 名爲識藏故라하시니라

別記 當知此云有生滅心은 正謂識藏이어니와 今通取所依如來藏과 與能依生滅心하야 合爲心生滅門이라 故로 言心生滅者는 依如來藏故로 有生滅心이라하시니 非棄如來藏코 而取生滅心하야 爲生滅門也니라 如下文에 云此識이 有二種義라하시니 故知二義가 皆在生滅門也니라

△所謂以下는 第二辯相이라 不生不滅者는 是上如來藏이니 不生滅心이 動作生滅하야 不相捨離를 名與和合이니라 如下文에 言如大海水가 因風波動하야 水相風相이 不相捨離라하야 乃至廣說하시니 此中에 水之動은 是風相이요 動之濕은 是水相이라 水擧體動故로水不離風相이요 無動非濕故로 動不離水相

이니라 心亦如是하야 不生滅心이 擧體動故로 心不離生滅相이요 生滅之相이 莫非神解故로 生滅이 不離心相이라 如是不相離일새 故名與和合이니(別記에 云心之生滅은 依無明成이요 生滅之心은 從本覺成이니 而無二體하야 不相捨離일새 故爲和合이니라) 此是不生滅心이 與生滅로 和合이요 非謂生滅이 與不生滅로 和合也니라 非一非異者는 不生滅心이 擧體而動故로 心與生滅로 非異요 而恒不失不生滅性故로 生滅이 與心非一이니라 又若是一者인댄 生滅識相이 滅盡之時에 心神之體도 亦應隨滅하야 墮於斷邊이요 若是異者인댄 依無明風하야 熏動之時에 靜心之體가 不應隨緣하야 卽墮常邊이어니와 離此二邊일새 故로 非一非異니라

(別記에 云雖有二義나 心體無二니 此合二義不二之心하야 名爲黎耶識也니라)

如四卷經에 云譬如泥團微塵이 非異非不異며 金莊嚴具도 亦如是하니 若泥團微塵이 異者인댄 非彼所成이로대 而實彼成이라 是故로 非異요 若不異者인댄 泥團微塵이 應無差別인달하야 如是轉識藏識眞相이 若

異者인댄 藏識이 非因이요 若不異者인댄 轉識이 滅에 藏識도 亦應滅이어니와 而自眞相은 實不滅일새 是故로 非自眞相識滅이요 但業相滅이라하시니 今此論主가 正釋彼文일새 故言非一非異니라 此中業識者는 因無明力하야 不覺心動일새 故名業識이요 又依動心하야 轉成能見일새 故名轉識이니 此二는 皆在黎耶識位니라

(別記에 云黎耶識內에 生滅見相을 名爲轉識이요 於中體를 名爲藏識이니라)

如十卷經에 言如來藏이 卽阿黎耶識이요 共七識生을 名轉滅相이라하시니 故知轉相이 在黎耶識이니라 自眞相者는 十卷經에 云中眞을 名自相이요 本覺之心이 不藉妄緣하고 性自神解를 名自眞相이라하시니 是는 約不一義門說也니라 又隨無明風하야 作生滅時에 神解之性이與本不異일새 故로 亦得名爲自眞相이라하시니 依不異義門說也니라(別記에 云當知自眞名이 不偏在不生滅이니라)

於中委悉은 如別記說也니라

別記 問이라 如瑜伽論等엔 說阿黎耶識이 是異熟識이

니 一向生滅이라하야늘 何故로 此論엔 乃說此識이 具含二義아 答이라 各有所述하야 不相違背니 何者오 此微細心이 略有二義하니 若其爲業煩惱의 所感義邊에 辨無令有인댄 一向生滅이어니와 若論根本無明의 所動義邊에 熏靜令動인댄 動靜이 一體니라 彼所論等은 依深密經하야 爲除是一是常之見하야 約業煩惱의 所感義門일새 故說此識이 一向生滅이요 心心數法이 差別而轉이어니와 今此論者는 依楞伽經하야 爲治眞俗別體之執하야 就其無明의 所動義門일새 故說不生滅이 與生滅로 和合不異니라 然此無明所動之相도 亦卽爲彼業惑所感일새 故로 二意雖異나 識體는 無二也니라 問이라 爲當心體常住하고 心相生滅에 體相不離하야 合爲一識가 爲當心體常住에 亦卽心體生滅耶아 答이라 若得意者는 二義俱許니라 何者오 若論其常住인댄 不隨他成曰體요 論其無常

인댄 隨他生滅曰相이니 得言體常이요 相是無常이니라 然이나 言生滅者는 非生之生이며 非滅之滅일새 故名生滅이요 是心之生이며 心之滅일새 故乃名生滅이니 故得言心體生滅이니라 如似水之動을 名爲波라 終不可說是動이 非水之動이니 當知此中道理도 亦爾니라 設使心體는 不動이요 但無明相動者인댄 則無轉凡成聖之理니 以無明相이 一向滅故며 心體는 本來不作凡故니라 難曰若使心體生滅인댄 則眞心이 有盡이니 以生滅時에 無常住故니라 又若心體本靜이어늘 而隨緣動인댄 則生死有始라 是爲大過니 以本靜時엔 無生死故니라 又若心隨緣하야 變作生滅인댄 亦可一心의 隨緣하야 變作多心이니라 是三難이 不能得離일새 故知此義가 不可立也니라 解云此義가 無妨하니 今從後而答하리라 如說常心이 隨無明緣하야 變作無常之心호대 而其常性은 恒自不變이니 如是

一心이 隨無明緣하야 變作多衆生心호대 而其一心은 常自無二니라 如涅槃經에 云一味之藥이 隨其流處하야 有種種異호대 是藥眞味는 停留在山이 正謂此也니라 又雖曰本靜이 隨緣而動이나 而無生死有始之過니 以如是展轉動靜이 皆無始故니 如論에 說云先是果報가 後反成因호대 而恒展轉因果가 皆無始故라하시니 當知此中道理도 亦爾니라 又雖心體生滅이나 而恒心體常住하야 以不一不異故니 所謂心體不二나 而無一性이요 動靜非一이나 而無異性이니라 故로 如水依相續門에 則有流動이나 依生滅門에 而恒不動이니 以不常不斷故니라 所謂不度亦不滅故니 當知此中道理도 亦爾니라 是故로 所設三難이 無不消也니라

第三은 立名이라 名爲阿黎耶識者는 不生滅이 與生滅로 和合하야非一非異일새 故로 總名爲阿黎耶識이니

翻名釋義는 **是如楞伽宗要中說**하니라 **就體總明**은 **竟在於前**하다

△初中에 三句니 一은 體를 標함이요 二는 相을 辯함이요 三은 名을 세움이니라. 初中에 依如來藏故로 有生滅心이라 말한 것은 自性淸淨心을 이름해 如來藏이라 하나니 無明風이 動함으로 因하여 生滅을 지을 새 故로 生滅이 如來藏을 依한다 說함이니라.

別記 그러나 不生滅心이 生滅心과 더불어 心體는 二가 없되 다만 二義를 가져서 心을 取해 二를 삼을 새 써 依라 說함이니 마치 不動의 水가 바람이 부는 바가 되어서 動水를 지음에 動靜은 비록 다르나 水體는 이 一일 새 靜水를 依한 故로 그 動水가 있다 說言하게 됨과 같으니 마땅히 알라 此中道理도 또한 그러하니라.

△저 四卷經에 말하되 如來藏이 無始惡習의 熏한 바가 될 새 이름해 識藏이라 하며 또 말하되 刹那란 것은 이름해 識藏이라 하는 연고라 하시니라.

別記 마땅히 알라 이에 有生滅心이라 云함은 正히 識藏을 말함이거니와 今엔 通히 所依의 如來藏과 더불어 能依의 生滅心을 取하여 合해 心生滅門을 삼은지라 故로 말하되 心生滅이란 것은 如來藏을 依한 故로 生滅心이 있다 하시니 如來藏을 버리고 生滅心을 取하여 生滅門을 삼음이 아니니라. 저 下文에 이르되 이 識이 二種의 義가 있다 하시니 故로 알라 二義가 다 生滅門에있느니라.

△所謂 以下는 第二에 辯相이라 不生不滅이란 것은 이 위 如來藏이니 不生滅心이 生滅을 動作하여 서로 捨離치 않음을 與和合이라 名

하느니라. 저 下文에 말하되 마치 大海水가 바람으로 因해 波가 動하여 水相과 風相이 서로 捨離치 않음과 같다 하여 乃至 廣說하시니 이 中에 水의 動은 이 風相이요 動의 濕은 이 水相이라 水가 擧體로 動하는 故로 水가 風相을 여의지 않고 움직이는 것마다 濕이 아님이 없는 故로 움직임이 水相을 여의지 않느니라. 心도 또한 이와 같아서 不生滅心이 擧體가 動하는 故로 心이 生滅相을 여의지 않고 生滅의 相이 神解가 아님이 없는 故로 生滅이 心相을 여의지 않는지라 이처럼 서로 여의지 않을 새 故로 與和合이라 名하니[17] 이는 이 不生滅心이 生滅과 더불어 和合함이요 生滅이 不生滅과 더불어 和合함을 말함이 아니니라. 非一非異란 것은 不生滅心이 擧體로 動하는 故로 心이 生滅과 더불어 다름이 아니요 늘 不生滅性을 잃지 않는 故로 生滅이 心과 더불어 一이 아니니라. 또 만일 이 一일진대 生滅識相이 滅盡할 때 心神의 體도 또한 應當 따라서 滅하여 斷邊에 떨어질 것이요 만일 이 다름일진대 無明風을 依하여 熏動할 때 靜心의 體가 因緣을 따르지 않아서 곧 常邊에 떨어지려니와 이 二邊을 여읠 새 故로 非一非異니라.[18] 저 四卷經에 이르되 譬喩하건대 泥團과 微塵이 다름도 아니요 다르지 않음도 아니며 金莊嚴具도 또한 이와 같으니 만일 泥團과 微塵이 다른 것일진대 저의 이룬 바가 아니로되 實로 저가 이룬 것이라 이런 故로 다름이 아니요, 만일 다르지 않을 것일진대 泥團과 微塵이 應當 差別이 없

17) 別記에 이르되 心의 生滅은 無明을 依해 이루고 生滅의 心은 本覺으로 좇아 이루니 二體가 없어서 서로 捨離하지 않을 새 故로 和合이 되느니라.

18) 別記에 이르되 비록 二義가 있으나 心體는 無二니 이는 二義不二의 心을 合하여 이름해 黎耶識이라 한 것이다.

음과 같아서 이처럼 轉識과 藏識의 眞相이 만일 다른 것일진대 藏識이 因이 아닐 것이요 만일 다르지 않을 것일진대 轉識이 滅함에 藏識도 또한 應當 滅하려니와 自眞相은 實로 滅하지 않을 새 이런 故로 自眞相의 識이 滅함이 아니요 다만 業相이 滅하는 것이라 하시니 이제 이 論主가 正히 저 文을 풀이할 새 故로 非一非異라 말함이니라. 이 中에 業識이란 것은 無明力으로 因하여 不覺心이 動할 새 故로 業識이라 名함이요 또 動心을 依하여 展轉히 能見을 이룰 새 故로 轉識이라 名함이니 此二는 모두 黎耶識位에 있느니라. (別記에 이르되 黎耶識內에 生滅見相을 이름해 轉識이라 하고 그 中에 體를 이름해 藏識이라 하느니라.) 저 十卷經에 말하되 如來藏이 곧 阿黎耶識이요 七識과 같이 生함을 轉滅相이라 名한다 하시니 故로 알라 轉相이 黎耶識에 있느니라. 自眞相이란 것은 十卷經에 이르되 中眞을 自相이라 名하는 것이요 本覺의 心이 妄緣을 假藉하지 않고 性이 스스로 神解함을 自眞相이라 名한다 하시니 이는 不一義의 門을 잡아 說함이니라. 또 無明風을 따라서 生滅을 지을 때 神解하는 性이 本과 더불어 다르지 않을 새 故로 또한 얻어 이름이 自眞相이 된다 하시니 이는 不異義의 門을 依해 說함이니라. (別記에 이르되 마땅히 알라 自眞의 名이 치우쳐 不生滅에만 있지 않은 것이니라.) 그 中에 委悉은 別記의 說과 같으니라.

別記 問이라 저 瑜伽論 等엔 說하되 阿黎耶識이 이 異熟識이니 꾸준히 生滅한다 하였거늘 무슨 까닭으로 이 論엔 이에 이 識이 二義를 具含했다 說했느냐? 答이라 各各 稱述한 바가 있어서 서로 違背하지 않느니라. 무슨 까닭인고. 이 微細心이 大略 二義가 있으니 만일 그 業煩惱의 所感義 邊에 無를 辨해 하여금 있게함

이 될진대 꾸준히 生滅하거니와 만일 根本無明의 所動義 邊에 靜을 熏해 하여금 움직이게 함을 論할진대 動靜이 一體니라. 저의 所論 等은 深密經을 依하여 是一 是常의 見을 없애기 爲해서 業煩惱의 所感義 門을 잡을 새 故로 이 識이 꾸준히 生滅하고 心·心數法이 差別로 轉한다고 說했거니와 이제 이 論은 楞伽經을 依하여 眞俗別體의 執을 對治하기 爲해서 그 無明의 所動義門에 就할 새 故로 不生滅이 生滅과 더불어 和合해 다르지 않다 說함이니라. 그러나 이 無明所動의 相도 또한 곧 저 業惑의 所惑이 될새 故로 二意가 비록 다르나 識體는 二가 없느니라. 問이라 마땅히 心體가 常住하고 心相이 生滅함에 體와 相이 不離하여 合해 一識이 됨이 되느냐? 마땅히 心體가 常住함에 또한 곧 心體가 生滅함이 되느냐? 答이라 만일 뜻을 얻은 者는 二義를 모두 許諾하느니라. 무슨 까닭인고. 만일 그 常住를 論할진대 他를 따라 이루지 않음을 體라 말하고 그 無常을 論할진대 他를 따라 生滅함을 相이라 말하느니 體는 常이요 相은 이 無常이라 말하게 됨이니라. 그러나 生滅이라 말한 것은 非生의 生이며 非滅의 滅일 새 故로 生滅이라 名한 것이요, 이 心의 生이며 心의 滅일 새 故로 이에 生滅이라 名함이니 故로 心體生滅이라 말하게 됨이니라. 마치 水의 動을 이름해 波라 하는지라 마침내 可히 이 動함이 水의 動이 아니라 말하지 못함과 같으니 마땅히알라. 此中道理도 또한 그러하니라. 設使 心體는 不動이요 다만 無明의 相이 動하는 것일진대 곧 凡夫를 轉해 聖人을 이루는 理致가 없을 것이니 써 無明의 相이 꾸준히 滅한 연고며 心體가 本來 凡夫를 짓지 않은 연고니라. 論難해 이르되 만일 假使 心體가 生滅일진대 곧 眞心이 다함이 있으니 써 生滅할 때엔 常住함이 없는 연고니라. 또 만일 心體가 本來 靜하거늘 因緣을 따라 動함일진대 곧 生死가 始作이 있음이라 이 大過가 되나니 써 本靜時엔 生死가 없는 연고니라. 또 만일 心이 因緣을 따라서 生滅을 變作함일진대 또한 可히 一心이 因緣을 따라서 多心을 變作할지니라. 이 三難이 能히 여윔을 얻지 못할 새 故로 알라. 이 義를 可히 세우지 못함이니라. 解釋해 이르되 이 義가 無妨하니 이제 後를 좇아 答하리라. 마치 常心이 無明의 因緣을 따라서 無常한 心을 變作하되 그 常性은 늘 스스로 變하지 않는다고 說함과 같으니 이처럼 一心이 無明의 因緣을 따라서 多衆生의 心을 變作하되 그 一心은 늘 스스로 二가 없느니라. 저 涅槃經에 이르되 一味의 藥이 그 흐르는 곳을 따라서 種種의 다름이 있되 이 藥의 眞味는 停留해 山에 있다 함이 正히 이를 말함이니라. 또 비록 本靜이 因緣을 따라 動한다 말하나 生死有始의 過가 없으니 써 이처럼 展轉히 動靜이 모두 始가 없는 연고니라. 저 論에 說해 이르되 先에 이 果報가 後에 도리어 因을 이루되 늘 展轉히 因果가 모두 始가 없는 연고라 하시니 마땅히알라. 此中道理도 또한 그러하니라. 또 비록 心體가 生滅하나 늘 心體가 常住하여 써 不一이며 不異인 연고니 所謂 心體가 不二나 一性이 없고 動靜이 非一이나 異性이 없다는 것이니라. 故로 마치 水가 相續門을 依함에 곧 流動함이 있으나 生滅門을 依함에 늘 不動함과 같으니 써 不常이며 不斷인 연고니라. 所謂 不度며 또한 不滅인 연고니 마땅히 알라. 此中道理도 또한 그러하니라. 이런 故로 所設의 三難이 消滅하지 않음이 없느니라. △第三은 立名이라 阿黎耶識이 된다고 名한 것은 不生滅이 生滅과 더불어 和合하여 一도 아니며 다름도 아닐 새 故로 總히 이름해 阿黎耶識이라 함이니 翻名과 釋義는 이 楞伽宗要中의 說과 같으니라. 體에 就해 總明함은 앞에서 마쳤다.19)

△此下는 **第二依義別解**라 **此中**에 **有三**하니 **一**은 **開義總標**하야**略明功能**이요 **二**는 **依義別釋**하야 **廣顯體相**이요 **三**은 **明同異**니라

---

19) 此는 心生滅의 義를 밝혀서 써 立義分中의 是心生滅을 풀이함이다. 初一句는 牒章이요 依如來下는 生滅을 標釋함이다. 依如來藏故로 有生滅心 等이라 말한 것은 如來藏이 곧 不生不滅心이니 衆生이 無始로 좇아 옴으로 이를 覺하지 못함을 由하여 곧 不生不滅이 生滅을 動作하니 이는 곧 如來藏이 因緣을 따라서 全體가 生滅을 動作함이다. 故로 풀이해 이르되 不生不滅이 生滅과 더불어 和合한다고 한 것이다. 그러나 實로 二體가 없으니 써 眞을 迷해 妄을 이룰 새 迷를 잡아 依合이라 말한 것이다. 母를 依해 子가 있음에 子가 母와 더불어 二體가 別함과는 不同한 것이다. 非一非異라 말한 것은 如來藏이 因緣을 따르되 그 體는 不變일 새 故로 非一이요 不變하되 能히 因緣을 따를 새 故로 非異임을 말한 것이다. 體가 不變인 故로 治道染相이 滅하되 眞體는 不滅이요 能히 隨緣하는 故로 不生滅體가 生滅을 動作하는 것이다. 名爲阿黎耶識이란 것은 生滅心을 結成함이다. 梵語에 阿黎耶는 義翻하면 藏이 되니 三藏의 義를 갖춤을 말한 연고다. 三藏은 能藏과 所藏과 我愛執藏을 말함이다. 能藏이라 말한 것은 諸法을 自體에 能藏함을 말한 연고니 이는 識이 能藏이 된다. 所藏이란 것은 識體를 諸法에 藏함을 말한 연고니 이는 識이 所藏이 된다. 我愛執藏이란 것은 第八見分을 情執하여 自內我를 삼음이 있을 새 故로 我愛執藏이라 名함을 말한 것이다. ○이 中에 眞妄和合한 諸識緣起는 四句로써 辨함이니 一은 如來藏은 오직 不生滅이니 水의 濕性과 같다. 二는 七識은 오직 生滅이니 水의 波浪과 같다. 三은 黎耶識은 亦生滅이며 亦不生滅이니 바다가 動靜을 含함과 같다. 四는 無明倒執은 非生滅 非不生滅이니 起浪猛風이 非水非浪임과 같다.

△此下는 第二에 義를 依해 別解함이라 이 中에 三이 있으니 一은 義를 열어 總標하여 干略히 功能을 밝힘이요 二는 義를 依해 別釋하여 널리 體相을 나타냄이요 三은 同異를 밝힘이니라.

○此識이 有二種義하야 能攝一切法하며 生一切法하니라

此識이 二種의 義가 있어서 能히 一切法을 攝하며 一切法을 生하느니

△初中에 言此識이 有二種義하야 能攝一切法하며 生一切法者는 能攝之義는 如前廣說하니라 然이나 上說二門이 各攝一切어니와 今此明一識이 含有二義일새 故此一識이 能攝一切요 不言二義가 各攝一切니 以此二義가 唯在生滅門內說故로 如是二義가 不能各攝一切法故니라 又上二門은 但說攝義니 以眞如門엔 無能生滅故어니와 今於此識에 亦說生義니 生滅門中엔 有能生義故니라 此義云何오 由不覺義 熏本覺故로 生諸染法이요 又由本覺이 熏不覺故로 生諸淨法이니라 依此二義가 通生一切일새 故言識有二義하야 生一切法이니 此文은 卽起下有四種薰習以下文也니라 當知一心義寬하야 總攝二門이어니와 此識

義狹하야 在生滅門이니 此識二義가 旣在一門일새 故知門寬而義狹也니라 引經釋義는 如別記也니라

別記問이라 上言一心이 有二種門하고 今云此識이 有二種義하니 彼心此識이 有何差別고 解云上就理體하야 名爲一心이니 體含絶相隨緣二義門일새 故言一心이 有二種門이니라 如經本에 言寂滅者는 名爲一心이요 一心者는 名如來藏이라하시니 義如上說이어니와 今此中識者는 但就一心하야 隨緣門內의 理事無二한 唯一神慮를 名爲一識이니 體含覺與不覺二義일새 故言此識이 有二種義니라 是故로 心寬識狹이니 以心含二門識故니라 又門寬義狹이니 以生滅門이 含二義故니라 如四卷經에 云不離不轉을 名如來藏識藏이요 七識은 流轉不滅이니 所以者가 何오 彼因攀緣하야 諸識生故로 非聲聞緣覺의 修行境界라하며 十卷經에 云如來藏識은 不在

阿黎耶識中이라 是故로 七種識은 有生有滅이어니와 如來藏識은 不生不滅이니 何以故오 彼七種識이 依諸境界라 念觀而生일새 此七識境界는 一切聲聞辟支佛과 外道修行者의 不能覺知라하시니 此之二文은 同明此識의 不生滅義니라 何者오 欲明境界風의 所動故로 藏海中에 七識浪轉이라 是故로 七識은 有生有滅이어니와 如來藏者는 卽是藏識이니 雖不離轉이나 而體不轉일새 故로 如來藏은 不生不滅이라 故로 言不離不轉을 名如來藏識等이라하시니라 十卷意者는 欲明七識은 是浪非海니 相在黎耶識海中일새 故有生滅이어니와 如來藏者는 是海非浪이니 不在阿黎耶識海中일새 故無生滅이니라 故로 言如來藏은 不在阿黎耶識中일새 是故로 七識은 有生有滅等이어니와 以如來藏은 卽是阿黎耶識일새 故言不在니라 若使如來藏으로 不在生滅黎耶識

中者인댄 卽應下云是故로 八種識이 有生有滅이어늘 何故로 但言是故七識이 有生滅耶아 當知此二經文이 其本은 是一이로대 但翻譯者가 異故로 致使語有不同耳니라 又四卷經에 云阿黎耶識을 名如來藏이니 而與無明七識으로 共俱호대 離無常過하야 自性清淨이요 餘七識者는 念念不住일새 是生滅法이라하시니 如是等文은 同明黎耶本覺의 不生滅義니라 又四卷經에 云刹那者는 名爲識藏이라하며 十卷에 云如來藏阿黎耶識이 共七種識生을 名轉滅相이라하시니 如是等文은 是顯黎耶生滅의 不覺之義니라 此今論主는 總括彼經始終之意일새 故言導此識이 有二種義也니라

△初中에 말하되 이 識이 二種의 義가 있어서 能히 一切法을 攝하며 一切法을 生한다는 것은 能攝의 義는 前에 廣說함과 같으니라. 그러나 上엔 二門이 一切를 各攝했다 說했거니와 今에 이는 一識이 二義를 含有함을 밝힐 새 故로 이 一識이 一切를 能攝함이요 二義가 一切를 各攝했다고 말하지 않음이니 이 二義가 오직 生滅

門內에 있어 說함을 쓴 故로 이처럼 二義가 能히 一切法을 各攝하지 못하는 연고니라. 또 위 二門은 다만 攝義만을 說함이니 써 眞如門엔 能히 義가 없는 연고거니와 今에 이 識에 또한 生義를 說함이니 生滅門中엔 能生의 義가 있는 연고니라. 이 義가 무엇인고? 不覺의 義가 本覺을 熏함을 由한 故로 모든 染法을 내고 또 本覺이 不覺을 熏함을 由한 故로 모든 淨法을 내느니라. 이 二義가 通히 一切를 냄을 依할 새 故로 말하되 識이 二義가 있어서 一切法을 生한다 함이니 이 文은 곧 아래의 有四種熏習以下의 文을 起함이니라. 마땅히 알라. 一心의 義는 寬하여 二門을 總攝함이거니와 이 識의 義는 좁아서 生滅門에 있으니 이 識의 二義가 이미 二門에 있을 새 故로 알라. 文은 寬하고 義는 좁음이니라. 經을 引해 義를 풀이함은 別記와 같으니라.

別記 問이라 上엔 一心이 二種의 門이 있다고 말하고 今엔 이 識이 二種의 義가 있다고 云하니 彼心과 此識이 무슨 差別이 있는고? 풀이해 이르되 上엔 理體에 就하여 이름해 一心이라 함이니 體가 絶相과 隨緣의 二義門을 包含할 새 故로 一心이 二種의 門이 있다고 말함이니라. 저 經本에 말하되 寂滅한 것은 이름해 一心이라 하고 一心이란 것은 如來藏을 이름함이라 하시니 義가 上說과 같거니와 이제 이 中의 識이란 것은 다만 一心에 就하여 隨緣門內의 理事無二한 唯一의 神慮를 이름해 一識이라 함이니 體가 覺과 더불어 不覺의 二義를 包含할 새 故로 이 識이 二種의 義가 있다고 말함이니라. 이런 故로 心은 너그럽고 識는 좁음이니 써 心은 二門의 識을 含한 연고니라 또

門은 寬하고 義는 狹함이니 生滅門이 二義를 包含한 연고니라. 저 四卷經에 이르되 不離不轉함을 如來藏 識藏이라 名하고 七識은 流轉해 滅하지 않으니 까닭이 무엇인고? 저가 攀緣으로 因하여 諸識이 태어나는 故로 聲聞·緣覺의 修行境界가 아니라 하며 十卷經에 이르되 如來藏識은 阿黎耶識中에 있지 않은지라 이런 故로 七種識은 生함이 있고 滅함이 있거니와 如來藏識은 不生不滅이니 어찌 쓴 연고뇨. 저 七種識이 모든 境界를 依하여 念觀으로 태어날 새 이 七識境界는 一切 聲聞·辟支佛과 外道를 修行하는 者의 能히 覺知하지 못함이라 하시니 이의 二文이 識의 不生滅義를 함께 밝힌 것이니라. 무슨 까닭인고. 境界風의 所動인 故로 藏海中에 七識의 浪이 轉하는지라 이런 故로 七識은 生이 있고 滅이 있거니와 如來藏이란 것은 곧 이 藏識이니 비록 轉함을 여의지 않으나 體는 轉하지 않을 새 故로 如來藏은 不生不滅임을 밝히고자 한지라 故로 말하되 不離不轉함을 如來藏識이라 이름하는 等이라 하시니라. 十卷의 意는 七識은 이 浪이요 海가 아니니 相이 黎耶識海中에 있을 새 故로 生滅이 있거니와 如來藏이란 것은 이 海요 浪이 아니니 阿黎耶識海中에 있지 않을 새 故로 生滅이 없음을 밝히고자 함이니라. 故로 말하되 如來藏은 阿黎耶識中에 있지 않을 새 이런 故로 七識은 有生有滅하는 等이거니와 써 如來藏은 곧 이 阿黎耶識일 새 故로 不在라 말함이니라. 만일 如來藏으로 하여금 生滅黎耶識中에 있지 않게 되는 것일진대 곧 應當 下에 이르되 이런 故로 八種識이 有生有滅이라 하여야 할 것이거늘 何故로 다만 말하되 이런 故로 七識만이 生滅이 있다 했느냐. 마땅히 알라. 이 二經의 文이 根本은 이 一이로되 다만 翻譯하는 者가 다른 故로 말로 하여금 不同함이 있게 된 것이니라. 또 四卷經에 이르되 阿黎耶識을 如來藏이라 名함이니 無明七識과 더불어 共俱하되 無常의 過를 여의어 自性이 淸淨하고 나머지 七識은 念念이 不住할 새 이 生滅法이라 하시니 이처럼 等 文은 黎耶本覺의 不生滅인 義를 함께 밝힘이니라. 또 四卷經에 이르되 刹那란 것은 이름이 藏識이 된다 하며 十卷에 이르되 如來藏阿黎耶識이 七種識과 같이 태어남을 轉滅相이라 이름한다 하시니 이와 같은 等 文은 이 黎耶生滅의 不覺의 義를 나타냄이니라. 이에 이제 論主는 彼經 始終의 意를 總括할 새 故로 이 識이 二種의 義가 있다고 말한 것이니라.[20]

○云何爲二요 一者는 覺義요 二者는 不覺義니라

어떤 것이 二가 되는고? 一은 覺義요 二는 不覺義니라.

△第二廣中에 有三하니 初言云何爲二者는 問數發起요 次言覺義不覺義者는 依數列名이요 所言以下

20) 此는 識을 依해 二義를 標擧하여 覺義를 먼저 밝힘이다. 二義가 能攝一切法하며 生一切法이라 말한 것은 대개 써 迷時엔 本覺을 依한 故로 不覺이 있고 不覺을 義한 故로 곧 麁細의 一切染法을 일으키니 이와 같다면 迷眞成妄함에 淨滅染生하여 六凡法을 일으키는 것이다. 悟時엔 不覺을 依한 故로 始覺을 일으키고 始覺을 由한 故로 드디어 能히 四相을 翻破하여 써 四位를 이루니 이와 같다면 破妄顯眞함에 淨生染滅하여 四聖法을 일으키는 것이다. 이를 알라. 二義가 能히 聖凡染淨의 一切諸法을 生할 새 故로 이르되 能攝 一切法하며 生一切法이라 한 것이다.

는 第三別解니 先釋覺義요 後解不覺이니라 覺中에 有二하니 先略이요 後廣이니라

△第二 廣中에 三이 있으니 初에 云何爲二라 말한 것은 數를 물어 發起함이요 다음에 覺義 不覺義라 말한 것은 數를 依해 列名함이요 所言以下는 第三 別解니 先은 覺義를 풀이함이요 後는 不覺을 풀이함이니라. 覺中에 二가 있으니 先은 略이요 後는 廣이니라.

○所言覺義者는 謂心體離念이니 離念相者가 等虛空界하야 無所不徧하야 法界一相이라 卽是一切如來平等法身이니 依此法身하야 說名本覺이니라 何以故오 本覺義者는 對始覺義說이니 以始覺者가 卽同本覺이요 始覺義者는 依本覺故로 而有不覺이어든 依不覺故로 說有始覺이니라

말한바 覺義란 것은 心體의 離念을 말함이니 離念의 相이 虛空界와 같아서 두루하지 않은 바가 없어서 法界一相이라 곧 이 如來의 平等한 法身이니 이 法身을 依하여 本覺이라 說해 이름하느니라. 어찌 쓴 연고뇨? 本覺義란 것은 始覺義를 對해 說함이니 써 始覺이란 것이 곧 本覺과 같음이요 始覺義란 것은 本覺을 依한 故로 不覺이 있으니 不覺을 依한 故로 始覺이 있다 說함이니라.

△略中에 亦二니 先本이요 後始니라 明本覺中에 亦有

二句하니 先明本覺體요 後釋本覺義니라 初中에 言心體離念者는 謂離妄念이니 顯無不覺也요 等虛空界者는 非唯無闇이라 有慧光明이 偏照法界하야 平等無二니 如下文에 云有大智慧光明義故며 偏照法界義故라하시니라 何以故下는 第二釋義니 是는 對始覺하야 釋本覺義니라 明本覺은 竟하다 次釋始覺이라 於中에 有二하니 先顯亦對本覺하야 不覺起義요 後對不覺하야 釋始覺義니라 此中大意는 欲明始覺이 待於不覺하고 不覺이 待於本覺하고 本覺이 待於始覺이니 旣互相待인댄 則無自性이라 無自性者는 則非有覺이요 非有覺者는 由互相待니 相待而成이면 則非無覺이라 非無覺故로 說名爲覺이니 非有自性을 名爲覺也니라 略明二覺은 竟在於前하다

別記 言覺義者는 卽有二種하니 謂本覺始覺이니라 言本覺者는 謂此心性이 離不覺相하야 是覺照性

일새 名爲本覺이니 如下文에 云所謂自體가 有大智慧光明義故라하시니라 言始覺者는 卽此心體가 隨無明緣하야 動作妄念호대 而以本覺의 熏習力故로 稍有覺用이며 乃至究竟에 還同本覺일새 是名始覺이니라 言不覺義도 亦有二種하니 一者는 根本不覺이요 二者는 枝末不覺이니라 根本不覺者는 謂黎耶識內에 根本無明을 名爲不覺이니 如下文에 云依阿黎耶識하야 說有無明하니 不覺而起故라하시니라 言枝末不覺者는 謂無明所起一切染法을 皆名不覺이니 如下文에 云一切染法이 皆是不覺相故라하시니라 若依識相差別의 簡本異末義門인댄 則黎耶識中에 唯有本覺과 及本不覺이어니와 若就識體無二한 攝末歸本義門인댄 則彼始覺과 及末不覺도 亦是黎耶識內之義니라 故로 上에 云此識이 有二義者는 通含如是二種之意니 故로 下釋中에 通

擧本始二覺과 及二不覺義也니라 問이라 爲當心體가 只無不覺일새 故名本覺가 爲當心體가 有覺照用일새 名爲本覺가 若言只無不覺을 名本覺者인댄 可亦無覺照故로 是不覺이요 若言有覺照故로 名本覺者인댄 未知此覺이 爲斷惑否아 若不斷惑인댄 則無照用이니 如其有斷인댄 則無凡夫니라 答이라 非但無闇이라 亦有明照니 以有照故로 亦有斷惑이니라 此義云何오 若就先眠後覺을 名爲覺者인댄 始覺有覺이라 本覺中無요 若論本來不眠을 名爲覺者인댄 本覺이 是覺이라 始覺則非覺이니 斷義도 亦爾하야 先有後無를 名爲斷者인댄 始覺有斷이라 本覺無斷이요 本來離惑을 名爲斷者인댄 本覺是斷이라 始覺非斷이니라 若依是義인댄 本來斷故로 本來無凡이니 如下文에 云一切衆生이 本來常住하야 入於涅槃菩提之法이라하시니라 然雖曰有本覺故로

本來無凡이나 而未有始覺故로 本來有凡이니 是故無過니라 若汝言由有本覺하야 本來無凡인댄 則終無始覺이어니 望何有凡者며 他亦終無始覺인댄 則無本覺이어니 依何本覺하야 以說無凡이리오 當知由有本覺故로 本無不覺이요 無不覺故로 終無始覺이요 無始覺故로 本無本覺이며 至於無本覺者는 源由有本覺이요 有本覺者는 由有始覺이요 有始覺者는 由有不覺이요 有不覺者는 由依本覺이니라 如下文에 云本覺義者는 對始覺義說이니 以始覺者가 卽同本覺이요 始覺義者는 依本覺故로 而有不覺이어든 依不覺故로 說有始覺이라하시니 當知如是展轉相依하야 卽顯諸法이 非無而非有며 非有而非無也니라 問이라 此本覺性이 爲當通爲染淨因性가 爲當但是諸淨法性가 若言但是淨法因者인댄 何故로 經에 云如來之藏이 是善不善因이라하

야 乃至廣說이며 若通作染淨者인댄 何故로 唯說具足性功德하고 不說具足性染患耶아 答이라 此理는 通與染淨作性일새 是故로 唯說具性功德이니라 是義云何오 以理離淨性이며 故能隨緣하야 作諸染法이요 又離染性이 故能隨緣하야 作諸淨法일새 以能作染淨法故로 通爲染淨性이요 由離染淨性故로 唯是性功德이어늘 何以得離染淨性코사 乃成諸功德이리오 取着染淨性이면 皆是妄想故니라

△略中에 또한 二니 先은 本이요 後는 始니라. 本覺을 밝힌 中에 또한 二句가 있으니 先은 本覺의 體를 밝힘이요 後는 本覺의 義를 풀이함이니라. 初中에 心體離念이라 말한 것은 妄念을 여읨을 말함이니 깨닫지 않음이 없음을 나타냄이요 等虛空界란 것은 오직 어두움이 없을 뿐 아니라 慧光明이 있어 法界에 徧照하여 平等해 二가 없음이니 자 下文에 이르되 大智慧光明의 義가 있는 연고며 法界를 徧照하는 義인 연고라 하시니라. 何以故下는 第二에 義를 풀이함이니 이는 始覺을 對하여 本覺의 義를 풀이함이니라. 本覺을 밝힘은 마쳤다. 다음은 始覺을 풀이함이라 그 中에 二가 있으니 先은 또한 本覺을 對하여 不覺이 일어나는 義를 나타냄이요 後는 不覺을 對하여 始覺의 義를 풀이함이니라. 이 中의 大意는 始

覺이 不覺을 待하고 不覺이 本覺을 待하고 本覺이 始覺을 待함을 밝히고자 함이니 이미 서로 相待할진대 곧 自性이 없는지라 自性이 없는 것은 곧 覺이 있지 않음이요 覺이 있지 않은 것은 서로 相待함을 由함이니 相待하여 이루면 곧 覺이 없지도 않은지라 覺이 없지 않은 故로 覺이 된다고 說해 이름함이니 自性이 있지 않음을 이름해 覺이라 하느니라. 二覺을 略明함은 앞에서 마쳤다.

別記 覺義라 말한 것은 곧 二種이 있으니 本覺과 始覺을 말함이니라. 本覺이라 말한 것은 이 心性이 不覺相을 여의어 이 覺照의 性일새 이름해 本覺이라 함을 말함이니 저 下文에 이르되 所謂 自體가 大智慧光明의 義가 있는 연고라 하시니라. 始覺이라 말한 것은 곧 이 心體가 無明의 因緣을 따라서 妄念을 動作하되 本覺의 熏習力을 쓴 故로 漸漸 覺用이 있으며 乃至 究竟에 또한 本覺과 같을새 이것을 始覺이라 이름하느니라. 不覺의 義를 말함도 또한 二種이 있으니 一은 根本不覺이요 二는 枝末不覺이니라. 根本不覺이란 것은 黎耶識內에 根本無明을 이름해 不覺이라 함을 말함이니 저 下文에 이르되 阿黎耶識을 依하여 無明이 있다고 說하니 不覺으로 일어나는 연고라 하시니라. 枝末不覺이라 말한 것은 無明의 所起인 一切染法을 다 不覺이라 이름함을 말함이니 저 下文에 이르되 一切染法이 모두 이 不覺相인 연고라 하시니라. 만일 識相差別의 簡本異末(本이 末과 다르다고 簡別함)義의 門을 依할진대 곧 黎耶識中에 오직 本覺과 本不覺이 있을 뿐이거니와 만일 識體無二한 攝末歸本義의 門에 就할진대 곧 저 始覺과 末不覺도 또한 이 黎耶識內의 義니라.

故로 上에 이르되 이 識이 二義가 있다는 것은 通히 이처럼 二種의 意를 包含함이니 故로 下釋中에 通히 本·始의 二覺과 二不覺의 義를 擧함이라 이름함이니라. 問이라 마땅히 心體가 다만 不覺이 없을 새 故로 本覺이라 이름함이 되느냐 마땅히 心體가 覺照의 用이 있을 새 이름해 本覺이라 함이 되느냐? 만일 다만 不覺이 없음을 本覺이라 名한 것이라 말할진대 可히 또한 覺照가 없는 故로 不覺이라 하여야 할 것이요 만일 覺照가 있는 故로 本覺이라 名한 것이라 말할진대 알지 못하는 것이라 이 覺이 惑을 끊음이 되느냐 되지 않느냐 만일 惑을 끊지 않을진대 곧 照用이 없을 것이며 만일 끊음이 있을진대 곧 凡夫가 없을 것이니라. 答이라 다만 어두움이 없을 뿐 아니라 또한 明照가 있으니 照가 있음을 쓴 故로 또한 惑을 끊음이 있느니라. 이 義가 무엇인고? 만일 先眠後覺을 이름해 覺이라 함에 就할진대 始覺에 覺이 있는지라 本覺中엔 없는 것이요 만일 本來不眠을 이름해 覺이라 함을 論할진대 本覺이 이 覺이라 始覺은 覺이 아니니 斷義도 또한 그러하여 先有後無를 이름해 斷이라 하는 것일진대 始覺에 斷이 있는지라 本覺엔 斷이 없는 것이요 本來 離惑을 이름해 斷이라 하는 것일진대 本覺이 이 斷이라 始覺은 斷이 아니니라. 만일 이 義를 依할진대 本來 斷한 故로 本來 凡夫가 없는 것이니 저 下文에 이르되 一切衆生이 本來常住하여 涅槃菩提의 法에 入한다 하시니라. 그러히 비록 本覺이 있는 故로 本來 凡夫가 없다고 말하나 始覺이 있지 않은 故로 本來 凡夫가 있으니 이런 故로 허물이 없느니라. 만일 네가 말하되 本覺이 있음을 由하여 本來 凡夫가 없다고 말할진대 곧 마침내 始覺이 없거니 무엇을 望하여 凡者가 있으며 他가 또한 마침내 始覺이 없을진대 곧 本覺이 없거니 무슨 本覺을 依하여 써 凡夫가 없다고 說하리오. 마땅히 알라. 本覺이 있음을 由한 故로 本來 不覺이 없고 不覺이 없는 故로 마침내 始覺이 없고 始覺이 없는 故로 本來 本覺이 없으며 本覺이 없음에 이른 것은 源流가 本覺이 있음을 由함이요 本覺이 있는 것은 始覺이 있음을 由함이요 始覺이 있는 것은 不覺이 있음을 由함이요 不覺이 있는 것은 本覺을 依함을 由함이니라. 저 下文에 이르되 本覺의 義란 것은 始覺의 義를 對해 說함이니 써 始覺한 것이 곧 本覺과 같음이요 始覺의 義란 것은 本覺을 依한 故로 不覺이 있거든 不覺을 依한 故로 始覺이 있음을 說한다 하시니 마땅히 알라. 이처럼 展轉히 相依하여 곧 諸法이 無가 아니로되 有도 아니며 有가 아니로되 無도 아님을 나타냄이니라. 問이라 이 本覺性이 마땅히 通히 染淨의 因이 되는 性이 되느냐 마땅히 다만 이 모든 淨法의 性이 되느냐? 만일 다만 이 淨法의 因이라 말할진대 何故로 經에 이르되 如來의 藏이 이 善과 不善의 因이라 하여 乃至 廣說했으며 만일 通히 染淨을 짓는 것일진대 무슨 까닭으로 오직 性功德이 具足했다고 說하고 性染患이 具足했다고 說하지 않았느냐? 答이라 此理는 通히 染淨과 더불어 性을 지을 새 이런 故로 오직 性功德을 갖추었다 說함이니라. 이 義가 무엇인고. 써 理가 淨性을 여읠 새 故로 能히 因緣을 따라서 모든 染法을 짓는 것이요 또 染性을 여읠 새 故

로 能히 因緣을 따라서 모든 淨法을 짓는 것이며 써 能히 染淨法을 짓는 故로 通히 染淨의 性이 되고 染淨의 性을 여읨을 由한 故로 오직 이 性功德이거늘 어찌 써 染淨의 性을 여의게 되고야 이에 모든 功德을 이루리오. 染淨의 性을 取着하면 다 妄想인 연고니라.21)

△此下는 **第二廣釋二覺**이니 **於中**에 **先釋始覺**이요 **後廣本覺**이니라 **初中**에 **有三**하니 **一者**는 **總標滿不滿義**요 **二者**는 **別解始覺差別**이요 **三者**는 **總明不異本覺**이니라

△此下는 第二에 二覺을 廣釋함이니 그 中에 先은 始覺을 釋함이요 後는 本覺을 廣함이니라. 初中에 三이 있으니 一은 滿과 不滿

21) 所言覺義란 것은 覺은 覺體를 말함이요 義는 곧 覺相이다. 謂心體離念은 本覺의 體를 풀이함이니 下에 이르되 一切衆生이 念을 여의지 못한 故로 覺이 된다고 名하지 못한다 하시니 곧 알라. 離念을 覺이 된다고 名하는 것이다. 離念相者下는 本覺의 相을 풀이함이니 覺體가 無相이로되 써 周徧하여 一相으로 相이 될 새 故로 이르되 無所不徧하여 法界一相이라 함을 말한 것이니 곧 無相의 相이다. 卽是下는 離念相이 이 佛法身임을 가리켜서 本覺을 結名하여 써 所釋覺義가 始覺의 義가 아님을 나타낸 것이다. ○本始를 說한 所由를 徵明함이니 곧 因果二覺을 總標하여 써 還滅의 義를 밝힘이다. 初一句는 前의 不同이라 說名한 意를 徵問함이니 何所以故로 覺義를 牒釋하여 本覺이라 結名했느냐 함을 말한 것이다. 本覺下는 前의 不同이라 說名한 義를 釋함이니 始覺은 新生이요 本覺은 本有라 前엔 始覺의 義에 對함을 쓴 故로 本覺이라 結名함이거니와 本覺未起한 不覺의 時엔 始가 곧 本과 같아서 始本이 未分함을 쓴 故로 오직 覺義를 牒釋함을 말한 것이다. 그러나 本覺이라 結名함은 뜻이 二가 있으니 一은 所釋覺義가 始覺의 義가 아님을 나타내기 爲함이요 二는 始覺을 發起하여 써 還滅의 義를 밝히고자 할 새 故로 本覺을 結함이다. 始覺義者下는 說有始覺의 由를 밝힘이니 대개 써 不覺이 本覺을 依해 있고 始覺은 不覺을 假해 生한다면 凡夫染淨이 是를 由해 發起하는 것이다.

의 義를 總標함이요 二는 始覺의 差別을 別解함이요 三은 本覺과 다르지 않음을 總明함이니라.

○又以覺心源故로 名究竟覺이요 不覺心源故로 非究竟覺이니라

또 써 心源을 깨달은 故로 究竟覺이라 이름하고 心源을 깨닫지 못한 故로 究竟覺이 아니니라.

△總標中에 言覺心源故로 名究竟覺者는 在於佛地요 不覺心源故로 非究竟覺者는 金剛己還也니라

總標中에 覺心源故로 名究竟覺이라 말한 것은 佛地에 있고 不覺心源故로 非究竟覺이란 것은 金剛己還이니라.[22]

○此義云何오 如凡夫人은 覺知前念起惡故로 能止後念하야 令其不起하나니 雖復名覺이나 卽是不覺故요 如二乘觀智와 初發意菩薩等은 覺於念異에 念無異相하야 以捨麁分別執着相故로 名相似覺이요 如法身

22) 又以下는 因果를 標하여 還滅의 義를 밝힘이다. 覺心源故로 名究竟覺이라 말한 것은 始覺의 念相을 覺盡하여 心性을 得見함을 覺心源이라 名함이니 써 心이 諸法의 本이 됨이 源이 萬派의 根이 됨과 같음을 말함이다. 故로 이르되 心源이니 이 心源을 能覺하는 者는 곧 佛果에 오를 새 究竟覺이라 名하고 그 心源을 不覺하는 者는 다만 隨分·相似 等 覺을 얻을 새 故로 究竟覺이 아니다. 그러나 이 中에 心生滅義를 잡을진대 應當 먼저 生起를 밝히려니와 今엔 覺·不覺 二義의 便에 就할 새 故로 먼저 覺義를 依하여 써 還滅을 밝히고 다음 不覺을 依하여 비로소 生滅을 밝혔다.

菩薩等은 覺於念住에 念無住相하야 以離分別麁念相故로 名隨分覺이요 如菩薩地盡엔 滿足方便으로 一念相應하야 覺心初起에 心無初相하야 以遠離微細念故로得見心性이 心卽常住일새 名究竟覺이니라 是故로 修多羅에 說若有衆生이 能觀無念者는 則爲向佛智故라하시니라

○이 義가 무엇인고? 저 凡夫人은 前念이 惡을 일으킨 줄 깨달아 아는 故로 能히 後念을 멈추어 그에게 일어나지 않게 하니 비록 다시 覺이라 名하나 곧 이 不覺인 연고요, 저 二乘의 觀智와 初發意菩薩等은 念의 異相을 覺함에 念이 異相이 없어서 써 麁分別 執着相을 버리는 故로 相似覺이라 이름하는 것이요, 저 法身菩薩 等은 念의 住相을 覺함에 念이 住相이 없어서 써 分別이 麁念相을 여의는 故로 隨分覺이라 이름하는 것이요, 저 菩薩地盡엔 滿足方便으로 一念이 相應하여 心의 初起를 覺함에 心이 初相이 없어서 써 微細念을 遠離하는 故로 心性을 得見하여 心이 곧 常住할 새 究竟覺이라 이름하는 것이니라. 이런 故로 脩多羅에 說하되 만일 어떤 衆生이 能히 無念을 觀하는 者는 곧 佛智에 向함이 되는 연고라 하시니라.

△次別解中엔 約四相說이니 此中엔 先明四相이요 然後消文이니라 問이라 此中四相은 爲當同時와 爲是前

後아 此何所疑오 若同時那인댄 論說四相이 覺時差別이요 若前後那인댄 下言四相이 俱時而有니라 或有說者는 此依薩婆多宗四相의 四體同時아 四用前後니 用前後故로 覺時差別이요 體同時故로 名俱時而有니라 或有說者는 是依成實의 前後四相하야 而言俱時而有者니 以本覺으로 望四相하면 則無四相의 前後差別일새 故言俱時而有하야 皆無自立이니라 或有說者는 此是大乘의 秘密四相이니 覺四相時엔 前後淺深이나 所覺四相은 俱時而有니라 是義云何오 夫心性이 本來離生滅相이로대 而有無明은 迷自心性하고 由違心性하야 離於寂靜일새 故能生起動念四相하고 四相無明의 和合力故로 能令心體로 生住異滅이니라 如似小乘論議之中에 心在未來엔 未逕生滅이라가 而由業力이 引於四相하야 能令心法으로 生住異滅이니 大乘四相도 當知亦爾니라 如經에 言卽此法身이

爲諸煩惱之所漂動하야 往來生死일새 名爲衆生이라하시니 此論下文에 云自性淸淨心이 因無明風動이 正謂此也니라 總說雖然이나 於中分別者인댄 四相之內에 各有差別하니 謂生三住四異六滅七이니라 生相이 三者는 一은 名業相이니 謂由無明하야 不覺念動이라 雖有起滅이나 見相未分함이 猶如未來生相이 將至正用之時요 二者는 轉相이니 謂依動念하야 轉成能見함이 如未來生이 至正用時요 三者는 現相이니 謂依能見하야 現於境相함이 如未來生이 至現在時니라 無明이 與此三相으로 和合하야 動一心體하야 隨轉至現함이 猶如小乘의 未來藏心이 隨其生相하야 轉至現在니 今大乘中에 如來藏心이 隨生至現도 義亦如是하니라 此三이 皆是阿黎耶識位의 所有差別이니 於中委悉은 下文當說하리라 是名甚深三種生相이니라 住相이 四者는 由此無明이 與生和合하야 迷所生心의 無我

我所일새 故能生起四種住相하나니 所謂我癡我見我愛我慢이라 如是四種이 依生相起能相心體하야 令至住位하야 內緣而住일새 故名住相이니 此四는 皆在第七識位니라 異相이 六者는 無明이 與彼住相으로 和合하야 不覺所計我我所空일새 由是能起六種異相하나니 所謂貪瞋癡慢疑見이라 如新論에 云煩惱自性은 唯有六種이 此之謂也니라 無明이 與此六種으로 和合하야 能相住心이 令至異位하야 外向攀緣일새 故名異相이니 此六은 在於生起識位니라 滅相이 七者는 無明이 與此異相으로 和合하야 不覺外塵의 違順性離일새 由此發起七種滅相하나니 所謂身口七支惡業이라 如是惡業이 能滅異心하야 令墮惡趣일새 故名滅相이니라 猶如小乘滅相이 滅現在心하야 令入過去니 大乘滅相도 當知亦爾니라 由是義故로 四相生起와 一心流轉이 一切皆因根本無明이니 如經에 言無明住地가

其力이 最大라하며 此論에 云當知無明力이 能生一切染法也라하시니라 又所相之心은 一心而來요 能相之相은 無明所起니 所起之相이 隨其所至하야 其用이 有差別하야 取塵別相일새 名爲數法이니 良由其根本無明이 違平等性故也니라 其所相心이 隨所至處하야 每作總主하야 了塵通相을 說名心王이니 由其本一心이 是諸法之總源故也니라 如中邊論에 云唯塵智를 名心이요 差別을 名心法이라하며 長行에 釋云若了塵通相은 名心이요 取塵別相은 名爲心法이라하시니 瑜伽論中에도 亦同是說하나니 以是義故로 諸外道等이 多於心王에 計爲宰主와 作者受者하나니 由不能知其無自性하야 隨緣流轉故也니 總此四相을 名爲一念이어든 約此一念四相하야 以明四位階降이니 欲明本依無明不覺之力하야 起生相等種種夢念일새 動其心源하야 轉至滅相하야 長眠三界하고 流轉六趣라가 今

因本覺의 不思議熏일새 起厭樂心하야 漸向本源하야 始息滅相과 乃至生相하고 朗然大悟하야 覺了自心이 本無所動이며 今無所靜하야 本來平等하야 住一如牀이니라 如經所說夢度河喩하야 此中에 應廣說大意如是하니라 次消其文하리니 約於四相하야 以別四位라 四位之中에 各有四義하니 一은 能覺人이요 二는 所覺相이요 三은 覺利益이요 四는 覺分齊니라 初位中에 言如凡夫人者는 是能覺人이니 位在十信也요 覺知前念起惡者는 顯所覺相이니 未入十信之前엔 具起七支惡業이라가 今入信位에 能知七支가 實爲不善일새 故言覺知前念起惡이니 此는 明覺於滅相義也니라 能止後念하야 令不起者는 是覺利益이니 前由不覺하야 起七支惡念이라가 今旣覺故로 能止滅相也니라 言雖復名覺이나 卽是不覺者는 明覺分齊니 雖知滅相이 實是不善이나 而猶未覺滅相是夢也니라 第二位中에

言如二乘觀智와 初發意菩薩等者는 十解以上三賢菩薩의 十解初心을 名發心住니 擧此初人하야 兼取後位일새 故言初發意菩薩等이니 是明能覺人也니라 覺於念異者는 明所覺相이니 如前所說六種異相으로 分別內外하야 計我我所어든 此三乘人은 了知無我일새 以之故로 言覺於念異니 欲明所相心體가 無明所眠으로 夢於異相하야 起諸煩惱라가 而今漸與智慧相應에 從異相夢하야 而得微覺也니라 念無異相者는 是覺利益이니 旣能覺於異相之夢일새 故彼六種異相이 永滅이라 以之故로 言念無異相也니라 捨麁分別執着相故로 名相似覺者는 是覺分齊니 分別違順하야 起貪瞋等을 是名麁分別執着相이라 雖捨如是麁執着想이나 而猶未得無分別覺일새 故名相似覺也니라 第三位中에 法身菩薩等者는 初地以上十地菩薩이니 是는 能覺人也니라 覺於念住者는 住相

之中에 雖不能計心外有塵이나 而執人法하야 內緣而住어든 法身菩薩은 通達二空이니 欲明所相心體가 前覺異相이나 而猶眠於住相之夢이라가 今與無分別智相應에 從住相夢하야 而得覺悟일새 故言覺於念住니 是는 所覺相也니라 念無住相者는 四種住相이 滅而不起니 是는 覺利益也니라 以離分別麁念相者는 人我執을 名分別이니 簡前異相之麁分別일새 故不名麁요 法我執을 名爲麁念이니 異後生相之微細念일새 故名麁念이니라 雖復己得無分別覺이나 而猶眠於生相之夢일새 故名隨分覺이니 是는 覺分齊也니라 第四位中에 如菩薩盡地者는 謂無垢地니 此是總擧요 下之二句는 別明二道니라 滿足方便者는 是方便道요 一念相應者는 是無間道니라 如對法論에 云究竟道者는 謂金剛喩定이라 此有二種하니 謂方便道攝과 無間道攝이라하시니 是는 明能覺人也니라 覺心

初起者는 是明所覺相이니 心初起者는 依無明하야 有生相하고 迷心體하야 令動念이어든 今乃證知離本覺코 無不覺이며 卽動念이 是靜心일새 故言覺心初起니라 如迷方時엔 謂東爲西라가 悟時엔 乃知西卽是東이니 當知此中覺義도 亦爾也니라 心無初相者는 是明覺利益이니 本由不覺하야 有心元起라가 今旣覺故로 心無所起니 故言心無初相이니라 前三位中엔 雖有所離나 而其動念이 猶起未盡일새 故言念無住相等이어니와 今究竟位엔 動念이 都盡하야 唯一心在일새 故言心無初相也니라 遠離以下는 明覺分齊라 於中에 二句니 初는 正明覺分齊요 是故以下는 引經證成이니라 業相動念은 念中最細일새 名微細念이니 此相이 都盡에 永無所餘일새 故言遠離니라 遠離之時는 正在佛地니 前來三位는 未至心源하야 生相이 未盡일새 心猶無常이어니와 今至此位하야는 無明이 永盡에 歸一心

源하야 更無起動일새 故言得見心性하야 心卽常住니 更無所進일새 名究竟覺이니라 又復未至心源에 夢念未盡일새 欲滅此動하야 望到彼岸이어니와 而今旣見心性에 夢想이 都盡하야 覺知自心이 本無流轉이며 今無靜息이 常自一心이 住一如床일새 故言得見心性하야 心卽常住니라 如是始覺이 不異本覺일새 由是道理하야 名究竟覺이니 此是正明覺分齊也니라

別記 問이라 若言始覺이 同於本覺하야 離生滅者인댄 此說을 云何通고 如攝論에 云本旣常住인댄 末依於本이니 相續恒在라하야 乃至廣說하니라 答이라 二意異故로 理不相違니라 何者오 此論主意는 欲顯本由不覺하야 動於靜心이어니와 今息不覺하야 還歸本靜일새 故成常住니라 彼攝論意는 欲明法身이 本來常住不動이어든 依彼法身하야 起福慧二行일새 能感萬德報果니 旣爲因緣所起라 是故로 不離生滅이니 故說相續이니라

具義而說하야사 始成萬德하야 要具二義니 依前義故로 常住요 依後義故로 生滅이니라 生滅常住가 不相妨礙니 以一一念이 迷徧三世호대 不過一念故니라 如似一一毛孔이 皆徧十方이니 雖徧十方이나 不增毛孔이라 佛佛이 如是하야 無障無礙어니 豈容偏執於其間哉아 如華嚴經偈에 云牟尼離三世호대 相好悉具足이라 住於無所住하야 法界悉清淨이로다 因연고로 法生이요 因연고로 法滅이니 如是觀如來하면 究竟離癡惑이라하시니 今二論主가 各述一義어니 有何相妨耶아

引證中에 言能觀無念者는 則爲向佛智故者는 在因地時에 雖未離念이나 而能觀於無念道理니 說此能觀이 爲向佛地일새 以是證知佛地無念이니 此是擧因而證果也니라 若引通說因果文證者인댄 金鼓經에 言依諸伏道하야 起事心滅하고 依法斷道하야 依根本心滅하고 依勝拔道하야 根本心盡이라하시니 此言

諸伏道者는 謂三十心이니 起事心滅者는 猶此論中의 捨麁分別執着想이니 卽是異相滅也요 法斷道者는 在法身位니 依根本心滅者는 猶此中에 說捨分別麁念相이니 卽是住相滅也요 勝拔道者는 金剛喩定이니 根本心盡者는 猶此中에 說遠離微細念이니 是謂生相盡也니라 上來엔 別明始覺差別이니라

△다음 別解中엔 四相을 잡아 說함이니 이 中엔 먼저 四相을 밝히고 然後에 文을 消釋함이니라. 問이라 이 中의 四相은 마땅히 同時가 되느냐? 前後가 되느냐? 이를 어찌 疑心하는 바인고? 만일 同時일진대 論에 四相이 覺時差別이라 說하였고 만일 前後일진대 下에 四相이 俱時而有라 말했느니라. 或 어떤 者의 說은 이것이 薩婆多宗 四相의 四體同時와 四用前後를 依함이니 用이 前後인 故로 覺時差別이요 體가 同時인 故로 俱時而有라 名함이니라. 或 어떤 者의 說은 이것이 成實의 前後四相을 依하여 俱時而有라 말한 것이니 本覺으로써 四相을 望하면 四相의 前後差別이 없을 새 故로 모두 같을 때 있어서 모두 自立함이 없다고 말한 것이니라. 或 어떤 者의 說은 이것이 大乘의 秘密四相이니 四相을 깨달을 땐 前後가 淺深하나 所覺의 四相은 俱時에 있느니라. 이 義가 무엇인고? 대저 心性이 본래 生滅相을 여의었으되 無明이 있어서 自己의 心性을 迷하고 心性을 어김을 由하여 寂靜을 여읠 새 故로 能히 動念四相을 生起

하고 四相無明의 和合力인 故로 心體로 하여금 生·住·異·滅케 하느니라. 마치 小乘 論議의 中에 心이 未來에 있을 적엔 生滅을 逕由하지 않다가 業力이 四相을 引함을 由하여 能히 心法으로 하여금 生住異滅케 한다고 함과 같으니 大乘 四相도 마땅히 알라 또한 그러하니라. 저 經에 말하되 곧 이 法身이 모든 煩惱의 漂動하는 바가 되어서 生死에 往來할 새 이름이 衆生이 된다고 하시니 이 論 下文에 이르되 自性清淨心이 無明風으로 因해 動한다 함이 正히 이를 말함이니라. 總說하면 비록 그러하나 그 中에 分別할진대 四相의 內에 各各 差別이 있으니 生三과 住四와 異六과 滅七을 말함이니라. 生相이 三이란 것은 一은 이름이 業相이니 無明을 由하여 不覺에 念이 動하는지라 비록 起滅이 있으나 見相이 未分함이 마치 未來의 生相이 將次 正用의 時에 이름과 같음을 말한 것이요 二는 轉相이니 動念을 依하여 轉轉히 能見을 이룸이 마치 未來의 生이 正用時에 이름至함과 같음을 말한 것이요, 三은 現相이니 能見을 依하여 境相을 나타냄이 마치 未來의 生이 現在時에 이름至함과 같음을 말한 것이니라. 無明이 이 三相과 더불어 和合하여 한 心體를 動해서 轉相을 따라 現相에 이름至함이 마치 小乘의 未來藏心이 生相을 따라 轉轉히 現在에 至함과 같나니 이제 大乘中에 如來藏心이 生相을 따라 現在에 至함도 義가 또한 이와 같으니라. 이 三이 모두 이 阿黎耶識位의 있는바 差別이니 그 中에 委曲히 다함은 下文에 마땅히 說하리라. 이것을 甚深한 三種生相이라 名하느니라. 住相이 四란 것은 이 無明이 生相과 더불어 和合함을 由하여 所生心의 我와 我所가 없음을 迷할 새 故로 能히 四種住相을 生起하니 所

謂 我痴와 我見과 我愛와 我慢이라 이처럼 四種이 生相을 依해 能相心體를 일으켜 하여금 住位에 이르러서 內로 攀緣해 住하게 할새 故로 住相이라 名하니 이 四는 모두 第七識의 位에 있느니라. 異相이 六이란 것은 無明이 저 住相과 더불어 和合하여 所計의 我와 我所가 空함을 不覺할 새 이로 말미암아 能히 六種異相을 일으키니 所謂 貪·嗔·痴·慢·疑·見이라 저 新論에 이르되 煩惱自性은 오직 六種만 있다 함이 이것을 말함이니라. 無明이 이 六種과 더불어 和合하여 能相住心이 하여금 異位에 이르러서 外로 向해 攀緣하게 할 새 故로 異相이라 名하니 이 六은 生起識의 位에 있느니라. 滅相이 七이란 것은 無明이 이 異相과 더불어 和合하여 外塵의 違順性이 여읨을 不覺할 새 이로 말미암아 七種滅相을 發起하니 所謂 身·口의 七支의 惡業이라 이와 같은 惡業이 能히 異心을 滅하여 하여금 惡趣에 떨어지게 할 새 故로 滅相이라 名함이니라. 마치 小乘의 滅相이 現在心을 滅하여 하여금 過去에 들게 함과 같으니 大乘의 滅相도 마땅히 알라 또한 그러하니라. 이 義를 由한 故로 四相의 生起와 一心의 流轉이 一切가 모두 根本無明으로 因함이니 저 經에 이르되 無明住地가 그 힘이 가장 크다고 하며 이 論에 이르되 마땅히 알라 無明의 힘이 能히 一切法을 낸다 하시니라. 또 所相의 心은 一心에서 오고 能相의 相은 無明으로 일어난 바니 所起의 相이 그 이르는 바에 따라서 그 用이 差別이 있어서 塵을 取해 相을 分別할 새 이름이 數法이 되니 眞實로 그 根本無明이 平等性을 어김을 由한 연고니라. 그 所相心이 이르는바 곳에 따라서 매양 總主를 지어서 塵을 了해 相을 通함을 心王이라 說해 이름하니

그 根本 一心이 이 諸法의 總源임을 由한 연고니라. 저 中邊論에 이르되 오직 塵智를 心이라 名하고 差別을 心法이라 名한다 하며 長行에 풀이해 이르되 만일 塵을 了해 相을 通함은 心이라 名하고 塵을 取해 相을 分別함은 이름이 心法이 된다 하시니 瑜伽論中에도 또한 이 說과 같으니라. 이 義를 쓴 故로 모든 外道 等이 많이 心王에 宰主와 作者와 受者가 된다 計度하니 能히 그 自性이 없어서 因緣을 따라 流轉함을 알지 못함을 由한 연고니라. 總히 이 四相을 이름해 一念이라 하거든 이 一念四相을 잡아서 써 四位의 階降을 밝힘이니 本來 無明不覺의 힘을 依하여 生相 등 種種夢念을 일으킬새 그 心源을 動하여 轉轉히 滅相에 이르러서 三界에 長眠하고 六趣에 流轉하다가 이제 本覺의 不思議熏을 因할 새 厭樂心을 일으켜 漸漸 本源에 向하여 비로소 滅相 乃至 生相을 쉬고 朗然히 大悟하여 自心이 本來 動한 바가 없으며 이제 靜한 바도 없어서 本來 平等한 줄 覺了하여 一如牀에 住함을 밝히고자 함이니라. 經의 說한 바 꿈에 河水를 건너는 比喩와 같아서 이 中에 應當 廣說한 大意도 이와 같으니라. 다음엔 그 文을 消釋하리니 四相을 잡아서 써 四位를 分別함이라 四位의 中에 各各 四義가 있으니 一은 能覺人이요 二는 所覺相이요 三은 覺利益이요 四는 覺分齊니라 初位中에 如凡夫人이라 말한 것은 이 能覺人이니 位가 十信에 있고 覺知前念起惡이란 것은 所覺相을 나타냄이니 十信에 入하지 못한 前엔 七支의 惡業을 具起하다가 이제 信位에 入함에 能히 七支가 實로 不善이 됨을 알 새 故로 말하되 覺知前念起惡이라 한 것이니 이는 滅相을 覺하는 義를 밝힘이니라. 後念을 能止하여 하여금 不起케 한다는 것은 이 覺利益이니 前엔 不覺을 由하여 七支의 惡念을 일으키다가 今엔 이미 覺한 故로 滅相을 能止함이니라. 雖復名覺이나 卽是不覺이라 말한 것은 覺分齊를 밝힘이니 비록 滅相이 實로 이 不善임을 아나 오히려 滅相이 이 꿈인 줄 覺하지 못함이니라.[23)]

第二位中에 如二乘觀智와 初發意菩薩 等이라 말한 것은 十解以上 三賢菩薩의 十解初心을 發心住라 名하니 이 初人을 들어서 後位를 兼取할 새 故로 初發意菩薩等이라 말함이니 이는 能覺人을 밝힘이니라. 覺於念異란 것은 所覺相을 밝힘이니 前의 說한 바와 같은 六種異相으로 內外를 分別하여 我와 我所를 計度하거든 이 三乘人은 無我를 了知할 새 이를 쓴 故로 覺於念이라 말함이니 所相의 心體가 無明의 所眠으로 異相에 꿈꾸어서 모든 煩惱를 일으키다가 이제 漸漸 智慧와 더불어 相應함에 異相의 꿈으로 좇아서 微覺을 얻음을 밝히고자 함이니라. 念無異相이란 것은 이 覺利益이니 이

23) 自此已下는 消却의 四相이 不同함을 밝힘이니 곧 前의 因果二義를 釋成함이다. 初一句는 前의 二義를 徵問함이니 이 心源을 覺한 故로 究竟覺이라 名한다는 等 義의 云何를 말함이다. 如凡夫下는 覺滅相을 밝힘이니 이 信位中人이 業果報가 반드시 差忒이 없음을 믿을 새 故로 前念의 惡을 일으킴을 알아서 後念을 能히 멈추어 그에게 일어나지 못하게 함을 말함이다. 생각이 이미 일어나지 않거니 어찌 惡業을 지으랴. 이는 六趣中에 起業相을 여윔이요 四相中에 滅相을 깨달음이다. 滅相이라 말한 것은 無明力으로써 저 淨心을 轉하여 業相을 일으킴에 이름에 行相이 가장 麁한지라 極히 이에 이름에 周盡의 終일 새 故로 滅相이라 名한 것이다. 業繫苦相에 配하지 것은 報가 業을 由해 招하니 業因을 만일 여의면 苦果가 自息한다. 故로 配하지 않음을 말한 것이다. 雖復下는 비록 所起의 惡念을 깨달으나 念相이 卽空함을 알지 못할 새 故로 비록 깨달으나 곧 이 不覺임을 말한 것이다. ○前의 三相은 上의 不究竟覺을 풀이함이요 後의 一相은 上의 究竟覺을 풀이함이다. 이 中 文意는 四相의 麁細를 가져서 反流四位를 寄顯하여 써 始覺의 分齊를 밝힘이다. 그러나 이 四相은 眞心의 隨熏하는 微細差別을 잡아서 寄說해 四가 된 것이요 一刹那心을 잡아 四相을 밝힘이 아니다.

미 能히 異相의 꿈을 깨달았을 새 故로 저 六種異相이 永滅하는지라 이를 쓴 故로 念無異相이라 말함이니라. 捨麁分別執着相故로 名相似覺이란 것은 이 覺分齊니 違順을 分別하여 貪嗔 等을 일으킴을 이 麁分別執着相이라 名하는지라 비록 이와 같은 麁執着相을 버렸으나 오히려 無分別의 깨달음을 얻지 못할 새 故로 相似覺이라 名함이니라.24)

第三位中에 法身菩薩 等이란 것은 初地 以上 十地菩薩이니 이는 能覺人이니라. 覺於念住란 것은 住相의 中에 비록 能히 心外有塵을 計度하지 않으나 人法을 執하여 內로 攀緣해 住하거든 法身菩薩은 二空을 通達하니 所相의 心體가 前엔 異相을 覺했으나 오히려 住相의 꿈에 졸다가 이제 無分別智와 더불어 相應함에 住相의 꿈을 좇아서 覺悟를 얻음을 밝히고자 할 새 故로 覺於念住라 말함이니 이는 所覺의 相이니라. 念無住相이란 것은 四種住相이 滅해 일어나지 않음이니 이는 覺利益이니라. 以離分別麁念相이란 것은 人我執을 分別이라 名함이니 前 異相의 麁分別과 簡別할 새 故로 麁라 名하지 않음이요 法我執을 이름해 麁念이라 함이니 後 生相의 微細念과

24) 此는 異相을 覺함을 밝힘이다. 二乘觀智와 三賢位人이 大小는 비록 다르나 異相을 同覺함을 말함이니 이는 대개 그 同處에 就하여 二乘과 더불어 同一位로 論한 것이다. 初住를 들어서 後位에 等할 새 故로 이르되 初發意菩薩 等이라 한 것이니 곧 三賢의 位다. 覺於念異에 念無異相이라 말한 것은 始覺이 그 動念의 上에 種種의 執計를 本來 不可得인 줄 覺한다면 動念上에 計執의 相이 當下에 銷亡할 새 故로 念無異相을 얻음을 말한 것이다. 執計가 不一일 새 故로 이름해 異라 함이니 곧 內執我와 外執我所와 分別人我와 計着名言에 逆順의 因緣을 따라 貪嗔 等을 일으킴이 곧 이 相이다. 以捨下는 이미 異相이 없음에 곧 麁分別執着相을 버림을 말함이다. 이 相을 버린 故로 相似覺이라 名함이니 대개 眞如를 未證하고 다만 麁執만 버려서 覺과 더불어 相似할 새 相似覺이라 名한 것이다.

다를 새 故로 麁念이라 名함이니라. 비록 다시 이미 無分別覺을 얻었으나 오히려 生相의 꿈에 졸 새 故로 隨分覺이라 名함이니 이는 覺分齊니라.[25)]

第四位中에 如菩薩盡地란 것은 無垢地를 말함이니 이는 이 總擧요 下의 二句는 二道를 別明함이니라. 滿足方便이란 것은 이 方便道요 一念相應이란 것은 이 無間道니라. 저 對法論에 이르되 究竟道란 것은 金剛喩定을 말함이라 이에 二種이 있으니 方便道攝과 無間道攝을 말함이라 하시니 이는 能覺人을 밝힘이니라. 覺心初起란 것은 이 所覺相을 밝힘이니 心初起란 것은 無明을 依하여 生相이 있고 心體를 迷하여 하여금 動念케 하거든 이제 이에 本覺을 여의고 不覺이 없으며 곧 動念이 이 靜心임을 證知할 새 故로 覺心初起라 말함이니라. 마치 方所을 迷할 땐 東을 일러 西라 하다가 悟할 땐 이에 西가 곧 東인 줄 아는 것과 같으니 마땅히 알라 이 中의 覺義도

25) 此는 住相을 覺함을 밝힘이다. 初地로 九地에 이르기까지 다 眞如를 親證해서 眞如法을 依하여 自體를 삼을 새 故로 法身菩薩이라 名한 것이요 初를 들어 後에 等할 새 故로 等이라 云한 것이다. 覺於念住에 念無住相이라 말한 것은 곧 智 等 四相을 覺함을 住相이라 名함이다. 대개 智相은 諸法上에 任運分別함이요 相續은 念念分別하여 間斷이 없음이니 此二는 곧 外境에 住着하여 法執으로써 堅住할 새 故로 이름해 住라 함이다. 能見과 能現의 二는 곧 二相의 無體를 了達하지 못하고 見相에 住함이다. 이제 始覺이 그 動念의 相에 四種住相이 本來 自性이 없는 줄 覺한다면 그 四相이 照를 따라 俱亡할 새 故로 念無住相을 얻음이니 이는 곧 初地에 相續相을 覺하며 乃至 九地에 能見相을 覺함이다. 以離下는 이미 住相이 없음에 곧 分別麁念相을 여읨을 말함이다. 前麁와 다름을 由한 故로 다만 分別이라 云함이요 後細와 다른 故로 麁相이라 名함이니 分別麁念의 相을 여읨을 쓴 故로 隨分覺이라 名한 것이다. 대개 비록 眞如를 證하나 오히려 究竟치 못하고 各各 그 分을 따라서 覺了할 새 故로 隨分覺이라 名함을 말한 것이다. 已上 三相은 곧 前의 不覺心源일 새 非究竟覺임을 풀이함이니 대개 써 所覺의 淺深이 비록 다르나 모두 心源을 覺하지 못할 새 다 究竟이 아니다. 此下는 곧 前의 究竟覺을 풀이함이다.

또한 그러하니라. 心無初相이란 것은 이 覺利益을 밝힘이니 本來不覺을 由하여 心이 元來 일어남이 있다가 이제 이미 깨달은 故로 心이 일어난 바가 없으니 故로 心無初相이라 말함이니라. 前 三位中엔 비록 여읜 바가 있으나 그 動念이 오히려 일어나 未盡할 새 故로 念無住相 等이라 말했거니와 이제 究竟位엔 動念이 都盡하여 오직 一心만이 있을 새 故로 心無初相이라 말함이니라. 遠離 以下는 覺分齊를 밝힘이라 그 中에 二句니 初는 正히 覺分齊를 밝힘이요[26)]

是故 以下는 經을 引해 證成함이니라. 業相의 動念은 念中에 最細할 새 微細念이라 名함이니 이 相이 都盡함에 永遠히 남은 바가 없을 새 故로 遠離라 말함이니라. 遠離의 時는 正히 佛地에 있으니 前來의 三位는 心源에 이르지 못해서 生相이 未盡할 새 心이 오히려 無常하거니와 이제 이 位에 이르러서는 無明이 永盡함에 一心源

26) 此는 生相을 覺함을 밝힘이다. 十地菩薩의 所修와 所斷이 모두 究竟일 새 故로 이르되 滿足方便이라 함을 말한 것이다. 方便이라 말한 것은 理가 修斷이 없는 것이니 무릇 修斷하는 것은 모두 方便임을 말한 것이다. 無念의 覺을 얻을 새 故로 一念相應이라 云함이니 이는 곧 究竟覺의 義를 總明함이다. 下는 곧 別明이니 또한 이 上義를 釋成함이다. 覺心初起에 心無初相이라 말한 것은 곧 生相을 覺함이니 써 이 相의 先에 念相이 없을 새 故로 生相이라 名함이다. 또 前엔 動念을 依해 覺할 새 故로 念無異相等이라 云했거니와 이는 心體를 依해 覺할 새 故로 心無初相이라 云함이니 곧 이 始覺이 心體上에 本來 初起의 相이 없는 줄 覺한다면 그 生相이 이에 이르러 銷亡할 새 故로 心無初相을 얻는 것이다. 以遠離下는 이미 初相이 없음에 곧 微細念相을 遠離함을 말한 것이니 이는 곧 上의 滿足方便을 풀이함이다. 離念을 쓴 故로 心性을 得見하여 써 生滅이 없을 새 心이 곧 常住하는 것이니 이는 곧 上의 一念相應을 풀이함이다. 이는 念相이 都盡하여 心源을 覺了함에 始覺이 곧 本覺과 같아서 始本이 다름이 없을 새 究竟覺이라 名함이다. 이는 三義가 있는 故로 究竟이라 稱함이다. 一은 斷究竟이니 곧 微細念相을 遠離함이요 二는 證究竟이니 곧 心性을 得見하여 心이 곧 常住함이요 此二가 既備함에 곧 位의 究竟이다.

에 돌아가 다시 起動함이 없을 새 故로 말하되 心性을 得見하여 心이 곧 常住한다 함이니 다시 나갈 바가 없을 새 究竟覺이라 名함이니라. 또 다시 心源에 이르지 못함에 夢念이 未盡할새 이 動을 滅하고자 하여 彼岸에 이름을 望함이거니와 而今에 이미 心性을 봄에 夢想이 都盡하여 自心이 本來 流轉함이 없으며 이제 靜息함도 없는지라 늘 스스로 一心이 一如의 牀에 住함을 覺知할 새 故로 心性을 得見하여 心卽常住라 말함이니라. 이처럼 始覺이 本覺과 다르지 않을 새 이 道理를 由하여 究竟覺이라 名함이니 이는 正히 覺分齊를 밝힘이니라.

別記 問이라 만일 始覺이 本覺과 같아서 生滅을 여의었다고 말할진대 이 說을 어떻게 通할고? 저 攝論에 이르되 本이 이미 常住함일진대 末이 本을 依한 것이니 相續해 늘 있다 하여 乃至 廣說하니라. 答이라 二義가 다른 故로 理가 相違하지 않느니라. 무슨 까닭인고. 이 論主의 뜻은 本來 不覺을 由하여 靜心을 動함을 나타내고자 함이거니와 今엔 不覺을 쉬어서 本靜에 還歸할 새 故로 常住를 이룸이니라. 저 攝論의 뜻은 法身이 本來 常住不動하거든 저 法身을 依하여 福慧의 二行을 일으킬 새 能히 萬德의 果報를 感得함을 밝히고자 함이니 이미 因緣의 所起가 된지라 이런 故로 生滅을 여의지 않으니 故로 相續이라 說함이니라. 義를 갖추어 說하여야 비로소 萬德을 이루어 종요로이 二義를 갖추니 前義를 依한 故로 常住요 後義를 依한 故로 生滅이니라. 生滅과 常住가 서로 妨碍받지 않으니 써 一一念이 迷가 三世에 徧하되 一念에 不過한 연고니라. 마치 一一毛孔이 모두 十方에 徧함과 같으니 비록 十方에

徧하나 毛孔에 더하지 않은지라 佛佛이 이와 같아서 無障無碍하거니 어찌 그 사이에 偏執함을 容納하랴. 저 華嚴經 偈에 이르되 牟尼가 三世를 여의었으되 相好가 다 具足한지라 無所住에 住하여 法界가 다 淸淨하도다. 因緣인 故로 法이 나고 因緣인 故로 法이 滅하니 이처럼 如來를 觀하면 究竟에 痴惑을 여윈다 하시니 이제 두 論主가 各各 一義를 稱述했거니 무엇이 서로 妨害받음이 있으랴.

△引證中에 말하되 能히 無念을 觀하는 者는 곧 佛智에 向함이 되는 연고라 한 것은 因地에 있을 때 비록 念을 여의지 못했으나 能히 無念道理를 觀함이니 이 能觀이 佛地에 向함이 된다고 說할 새 이로써 佛地의 無念을 證知하니 이는 이 因을 들어 果를 證明함이니라. 만일 因果를 通說한 文을 引하여 證明할진대 金皷經에 말씀하되 모든 伏道를 依하여 起事心이 滅하고 法斷道를 依하여 依根本心이 滅하고 勝拔道를 依하여 根本心이 다한다 하시니 이에 모든 伏道라 말한 것은 三十心을 말함이니 起事心滅이란 것은 이 論中의 麁分別執着相을 버림과 같으니 곧 이 異相이 滅함이요 法斷道란 것은 法身位에 있으니 依根本心滅이란 것은 이 中의 分別麁念想을 버린다고 說함과 같으니 곧 이 住相이 滅함이요 勝拔道란 것은 金剛喩定이니 根本心盡이란 것은 이 中의 微細念을 遠離한다고 說함과 같으니 이는 生相이 盡함을 말함이니라. 上來엔 始覺의 差別을 別明함이니라.[27)]

---

27) 先은 離念名覺을 나타냄이요 다음은 有念에 不名爲覺을 밝힘이다. 是故라 말한 것은 上을 牒한 말이다. 이 離念으로써 究竟覺이라 名할 새 故로 修多羅에 說하되 만일 어떤 衆生이 心體의 念相이 없음을 能觀하는 者는 곧 佛智에 向함이 된다 한 것이니 이와 같은즉 眞實로 能히 直下에 無念이라면 곧 佛智에 入함을 얻는 것이다. 어찌 離念을 覺이 된다 名함이 아니랴. 이는 能觀과 能向은 곧 始覺이요 所觀과 所向은 곧 本覺이다.

○又心起者는 無有初相可知로대 而言知初相者는 卽謂無念이니라 是故로 一切衆生을 不名爲覺은 以從本來로 念念相續하야 未曾離念일새 故說無始無明이어니와 若得無念者인댄 則知心相의 生住異滅이 以無念等故로 而悉無有始覺之異니 以四相이 俱時而有하야 皆無自立이라 本來平等하야 同一覺故니라

또 心起란 것은 初相을 可히 알 수 없되 初相을 안다 말한 것은 곧 無念을 말함이니라. 이런 故로 一切衆生을 覺이 된다고 名하지 못함은 써 根本을 좇아 옴으로 念念이 相續하여 일찍이 念을 여의지 못할 새 故로 無始無明이라 說함이거니와 만일 無念을 얻을진대 곧 心相의 生住異滅이 無念으로써 같은 故로 實로 始覺의 다름이 없음을 아느니 써 四相이 俱時(同時)에 있어서 다 自立함이 없는지라 本來 平等하여 同一한 覺인 연고니라.

△第三은 總明始覺이 不異本覺이라 此中에 有二하니 一者는 重明究竟覺相이요 二者는 正明不異本覺이니라 初中에 有三하니 一者는 直顯究竟相이요 二者는 擧非覺하야 顯是覺이요 三者는 對境하야 廣顯智滿이니라 初中에 言又心起者者는 牒上覺心初起之言이요 非

謂覺時에 知有初相이라 故로 言無有初相可知니라 而說覺心初起相者는 如覺方時에 知西是東인듯하야 如是如來도 覺心之時에 知初動相이 卽本來靜이라 是故로 說言卽謂無念也니라 是故以下는 擧非顯是니 如前所說하야 無念이 是覺이라 是故로 有念이면 不得名覺이니 是卽金剛心以還에 一切衆生이 未離無始無明之念일새 依是義故로 不得名覺이니라 然이나 前對四相之夢이 差別일새 故說漸覺이어니와 今約無明之眠이 無異일새 故說不覺이니라 如仁王經에 言始終伏忍으로 至頂三昧히 照第一義諦는 不名爲見이니 所謂見者는 是薩婆若故라하시니라 若得以下는 對境顯智니 若至心原하야 得於無念이면 卽能徧知一切衆生의 一心動轉하는 四相差別일새 故言卽知心相의 生住異滅이라하시니라 次言以無念等故者는 釋成上義니 此中에 有疑云호대 佛得無念이요 衆生은 有念이라 有無

隔別이어늘 云何無念이 能知有念고 作如是疑일새 故로 遣之云호대 衆生有念이 本來無念이니 得無念에 與彼平等일새 故言以無念等故로 是明旣得平等無念일새 故能偏知諸念四相也니라 此下는 第二正明無異라 雖曰始得無念之覺이나 而覺四相이 本來無起어니 待何不覺하야 而有始覺이리오 故로 言實無始覺之異니라 下釋此義니(別記에 云以四相生起가 義有前後나 而從本已來로 同時相依니라) 四相이 俱有爲心所成이라 離一心外에 無別自體일새 故로 言俱時而有하야 皆無自立이니 皆無自立故로 本來平等하야 同一本覺也니라

別記 猶如海水之動을 說名爲波니 波無自體일새 故로 無波之動이요 水有自體일새 故로 有水之動이니 心與四相도 義亦如是하니라 爲顯是義일새 故로 四卷經에 云大慧야 七識은 不流轉하야 不受苦樂이니 非涅槃因이요 如來藏者는 受苦樂이 與因俱하야 若生苦滅이라하

며 又夫人經에 云於此六識과 及心法智에 此七法이 刹那不住하야 不種衆苦니 不得厭苦樂하야 求涅槃이니라 世尊이시여 如來藏者는 無前際하야 不起不滅法이로대 種諸苦하야 得厭苦樂求涅槃이라하며 又云生死者는 此二法이 是如來藏이니 世間言說故로 有死有生이어니와 非如來藏이 有生有死라하시니 此二經意는 同明卽如來藏이 流轉生死나 生死根本은 無自體니 無自體故로 無別流轉이니라 相旣無轉인댄 體何由動이리오 故로 言非如來藏이 有生有死니라 由是義故로 四相이 唯是一心이요 不覺이 卽同本覺이라 故로 言本來平等하야 同一覺也라하시니라

△第三은 始覺이 本覺과 다르지 않음을 總明함이라 이 中에 二가 있으니 一은 거듭 究竟覺相을 밝힘이요 二는 正히 本覺과 다르지 않음을 밝힘이니라. 初中에 三이 있으니 一은 바로 究竟相을 나타냄이요 二는 非覺을 들어서 是覺을 나타냄이요 三은 境을 對하여 智滿을 廣顯함이니라. 初中에 又心起者라 말한 것은 위 覺心初起의 말을 牒함이요 覺時에 初相이 있는 줄 안다고 말함이 아니라 故로

初相을 可히 알 것이 없다고 말했느니라. 覺心初起相이라 說한 것은 마치 方所를 覺할 때 西가 이 東인 줄 아는 것과 같아서 이처럼 如來도 心을 覺할 때에 初動相이 곧 本來 靜인 줄 아는지라 이런 故로 卽謂無念이라 說言함이니라. 是故以下는 非를 들어 是를 나타냄이니 前의 說한 바와 같아서 無念이 이 覺이라 이런 故로 有念이면 覺이라 名함을 얻지 못하느니 이는 곧 金剛心以還에 一切衆生이 無始無明의 念을 여의지 못할 새 이 義를 依한 故로 覺이라 名함을 얻지 못하느니라. 그러나 前엔 四相의 꿈이 差別임을 對할 새 故로 漸覺이라 說했거니와 今엔 無明의 眼이 다름이 없음을 잡을새 故로 不覺이라 說함이니라. 저 仁王經에 말씀하되 비로소 伏忍으로 좇아 頂三昧에 이르기까지 第一義諦를 비춤은 見이 된다고 名하지 못함이니 所謂 見이란 것은 이 薩婆若인 연고라 하시니라. 若得以下는 境을 對해 智를 나타냄이니 만일 心原에 이르러 無念을 얻으면 곧 能히 一切衆生의 一心動轉하는 四相의 差別을 徧知할 새 故로 말하되 곧 心相의 生住異滅을 안다 하시니라. 다음에 以無念等故라 말한 것은 上義를 釋成함이니 이 中에 疑心을 두어 이르되 佛은 無念을 얻고 衆生은 有念이라 有·無가 隔別하거늘 어떻게 無念이 能히 有念을 아는고. 이처럼 疑心을 지을 새 故로 遣斥해 이르되 衆生의 有念이 本來 無念이니 無念을 얻음에 저와 더불어 平等할 새 故로 無念으로써 같은 연고라 말한 것이니 이는 이미 平等한 無念을 얻었을 새 故로 能히 諸念의 四相을 徧知함을 밝힘이니라. 此下는 第

二에 正히 無異를 밝힘이니라 비록 비로소 無念의 覺을 얻었다고 말하나 四相이 本來 無起함을 覺했거니 무슨 不覺을 待하여 始覺이 있으리오 故로 實로 始覺이 다름이 없다고 말한 것이니라. 下는 이 疑를 풀이함이니(別記에 이르되 四相의 生起가 義는 前後가 있으나 從本已來로 同時相依한 것이다.)四相이 모두 有爲心으로 이룬 바라 一心을 여읜 外에 別다른 自體가 없을 새 故로 同時에 있어서 다 自立함이 없다고 말한 것이니 다 自立함이 없는 故로 本來 平等하여 同一한 本覺이니라.

別記 마치 海水의 動을 波가 된다고 說해 이름함과 같으니 波는 自體가 없을 새 故로 波의 動함이 없고 水는 自體가 있을 새 故로 水의 움직임이 있으니 心과 더불어 四相도 義가 또한 이와 같으니라. 이 義를 나타내기 爲할 새 故로 四卷經에 이르되 大慧야 七識은 流轉하지 않아서 苦樂을 받지 않으니 涅槃의 因이 아니요 如來藏이란 것은 苦樂을 받음이 因으로 더불어 함께하여 이렇듯 生하고 이렇듯 滅한다고 하며 또 夫人經에 이르되 이 六識과 心法智에 이 七法이 刹那도 머무르지 않아서 衆苦를 심지 않으니 시러금 苦樂을 싫어하여 涅槃을 求하지 말지니라. 世尊이시여 如來藏이란 것은 前際가 없어서 不起不滅하는 法이로되 모든 苦를 심어서 苦樂을 싫어해 涅槃을 求하게 된다 하며 또 이르되 生死란 것은 이 二法이 이 如來藏이니 世間의 言說인 故로 死함도 있고 生함도 있거니와 如來藏이 生함도 있고 死함도 있는 것이 아니라 하시니 이 二經의 뜻은 곧 如來藏이 生死에 流轉하나 生死의 根本은 自體가

없으니 自體가 없는 故로 別로 流轉이 없음을 함께 밝힘이니라. 相이 이미 流轉이 없을진대 體가 어찌 말미암아 動하리오, 故로 如來藏이 有生有死함이 아니라 말한 것이니라. 이 義를 由한 故로 四相이 오직 이 一心이요 不覺이 곧 本覺과 같은지라 故로 말씀하되 本來 平等하여 同一한 覺이라 하시니라.28)

28) 又心起下는 上文을 重釋함이요 또한 離念名覺의 義를 나타냄이다. 心起라 말한 것은 곧 覺心初起다. 無有初相可知라 말한 것은 覺心體上에 本來 初起의 相이 없음을 始覺할 새 故로 初相을 可히 알 것이 없음을 말한 것이다. 이미 初相을 可히 알 것이 없다면 어찌 地盡에 能知初相이라 云했는고. 知初相이라 말한 것은 곧 이 心體上에 初相이 없는 줄 안 것이요 初相을 可히 알 것이 있음을 말함이 아니다. 이미 初相이 없다면 곧 無念을 말함이니 이는 心의 無念을 앎을 곧 覺이 된다고 名한 것이다. 이 無念을 覺이 된다고 名함을 쓴 故로 곧 一切衆生을 覺이 된다고 名함을 나타낸 것이다. 以從下는 不名爲覺의 所以를 풀이함이니 대개 써 衆生이 從本已來로 念念相續하여 일찍이 念을 여의지 못할 새 無始無明이 된다고 說함이니 故로 覺이 된다고 名하지 못하는 것이다. ○此는 心源을 覺한 者는 念無自相을 알아서 等同一覺임을 밝힌 것이다. 若得下는 無念을 얻은 者는 곧 四相이 모두 無相임을 알새 故로 無念과 等同함을 말한거 삿이다,이는 곧 所謂 無生에 入한 者라야 바야흐로 刹那를 안다는 것이다. 비록 四相을 아나 實로 始覺이 다름이 없으니 어찌 始覺이 다름이 없는고? 以四相下는 조금도 다를 것이 없는 까닭을 풀이함이니 根源을 窮究하지 못한 者는 곧 四種相이 位의 淺深을 따라서 覺이 前後가 있을 새 故로 始覺이 다름이 있거니와 無念을 얻은 者는 저 四相이 一心所成이라 前後가 없으며 또한 自體도 없어서 本來 平等하여 同一한 覺인 줄 아는 故로 四相이 다름이 없는지라 故로 始覺이 다름도 없음을 말한 것이다. 이는 心源을 覺한 者는 오직 一覺만 있고 다시 能所가 다름이 없음을 나타낸 것이다.

大乘起信論 疏記會本 卷三

△以下는 廣本覺이라 於中에 有二하니 先明隨染本覺이요 後顯性淨本覺이니라

△以下는 本覺을 廣함이라 그 中에 二가 있으니 先은 隨染本覺을 밝힘이요 後는 性淨本覺을 나타냄이니라.

○復次本覺이 隨染分別하야 生二種相하야 與彼本覺으로 不相捨離하나니 云何爲二오 一者는 智淨相이요 二者는 不思議業相이니라 淨智相者는 謂依法力熏習하야 如實修行하야 滿足方便故로 破和合識相하고 滅相續心相하야 顯現法身하야 智淳淨故니라 此義云何오 以一切心識之相이 皆是無明이어든 無明之相이 不離覺性하야 非可壞며 非不可壞니라 如大海水가 因風波動하야 水相風相이 不相捨離호대 而水非動性이니 若風이 止滅하면 動相이 則滅이나 濕性은 不壞故인듯하야 如是衆生의 自性清淨心이 因無明風動하야 心與無明이 俱無形相하야 不相捨離호대 而心非動性이니 若無明이 滅하면

相續이 則滅이나 智性은 不壞故니라 不思議業相者는 以依智淨相하야 能作一切勝妙境界하나니 所謂無量功德之相이 常無斷絶하야 隨衆生根하야 自然相應이라 種種而現하야 得利益故니라

○復次 本覺이 染分別을 따라서 二種의 相을 내어서 저 本覺과 더불어 서로 버리고 여의지 않으니 어떤 것이 二가 되는고? 一은 智淨相이요 二는 不思議業相이니라. 智淨相이란 것은 法力의 熏習을 依해서 如實히 修行하여 滿足한 方便인 故로 和合識相을 破하고 相續心相을 滅하여 法身을 顯現하여 智가 淳淨함을 말한 연고니라. 이 義가 무엇인고? 一切 心識의 相이 모두 이 無明이거든 無明의 相이 覺性을 여의지 않아서 可히 壞함도 아니며 可히 壞하지 않음도 아니니라. 마치 大海의 물이 風으로 因해 波濤가 動하여 水相과 風相이 서로 捨離하지 않되 水는 動性이 아니니 만일 風이 止滅하면 動相이 곧 滅하나 濕性은 壞하지 않는 까닭임과 같아서 이처럼 衆生의 自性淸淨心이 無明의 風이 動함으로 因하여 心과 더불어 無明이 모두 形相이 없어서 서로 捨離하지 않되 心은 動性이 아니니 만일 無明이 滅하면 相續이 곧 滅하나 智性은 壞하지 않는 까닭이니라. 不思議業相이란 것은 써 智淨相을 依하여 能히 一切 勝妙境界를 지으니 所謂 無量功德의 相이 늘 斷絶함이 없어서 衆生의 根을 따라서 自然히 相應하는지라 갖가지로 나타나 利益을 얻는 연고니라.

△初中에 有三하니 一者는 總標요 二者는 列名이요 三

者는 辨相이니라 初中에 言生二種相者는 如是二種相이 在隨動門일새 故言生也니 此二가 不離性淨本覺일새 故言與彼不相捨離니라 第二列名中에 言智淨相者는 正明隨染本覺之相이요 不思議業相者는 明此本覺이 還淨時業也니라 第三辨相中엔 先辨智淨相이라 於中에 有三하니 法喩與合이니라 法中에 有二하니 直明이요 重顯이니라 初中에 言法力熏習者는 謂眞如法內熏之力이니 依此熏力하야 修習資糧하야 得發地上의 如實修行하야 至無垢地滿足方便일새 由是能破和合識內生滅之相하고 顯其不生不滅之性이라 故로 言破和合識相하야 顯現法身이라하시니라 此時에 能滅相續心中의 業相轉相하야 令其隨染本覺之心으로 遂得歸源하야 成淳淨智일새 故로 言滅相續心相하야 智淳淨故라하시니라 此中에 相續識者는 猶是和合識內生滅之心이로대 但爲顯現法身일새 故說破和合識

이요 爲成應身淨智일새 故說滅相續心相이니라 然이나 不滅相續心하고 但滅相續心之相也니라 如經에 說言호대 是故大慧야 諸識自相滅이니 自相滅者는 業相滅이니라 若自相이 滅者인댄 不異外道의 斷見戲論이니 諸外道가 說호대 離諸境界하야 相續識滅이라 相續識이 滅已에 卽滅諸識이라하니 大慧야 若相續識이 滅者인댄 無始世來의 諸識이 應滅이라하야 乃至廣說也니라 此義云何以下는 重顯前說滅不滅義니 一切心識之相이 皆是無明者는 謂業識轉識等諸識相이 無明所起라 皆是不覺일새 以之故로 言皆是無明이요 如是諸識不覺之相이 不離隨染本覺之性일새 以之故로 言不離覺性이니라 此無明相이 與本覺性으로 非一非異니 非異故로 非可壞요 而非一故로 非不可壞니라 若依非異非可壞義說인댄 無明이 轉에 卽變爲明이어니와 若就非一非不可壞之義說인댄 無明이 滅에 覺性은 不

壞니 今此文中엔 依非一門일새 故說滅相續心相也니라 喻中에 言水非動性者는 明今之動이 非自性動이라 但隨他動이니 若自性動者는 動相이 滅時에 濕性이 隨滅이어늘 而隨他動일새 故로 動相이 雖滅이나 濕性은 不壞也니라 合中에 言無明이 滅者는 本無明滅이니 是合風滅也요 相續이 卽滅者는 業識等滅이니 合動相滅也요 智性不壞者는 隨染本覺神解之性을 名爲智性이니 是合濕性不壞也니라 次釋不思議業相中에 依智淨者는 謂前隨染本覺之心이 始得淳淨이라 是始覺智니 依此智力하야 現應化身일새 故言無量功德之相이요 此所現相이 無始無終하야 相續不絶일새 故言無斷이니라 如金鼓經에 言應身者는 從無始生死가 相續不斷故며 一切諸佛不共之法이 能攝持故며 衆生이 不盡에 用亦不盡일새 故說常住라하고 寶性論에 云何者가 成就自身利益고 謂得解脫하야 遠離

煩惱障智障하고 得無障礙清淨法身을 是名成就自身利益이니라 何者가 成就他身利益고 旣得成就自身利益己에 無始世來로 自然依彼二種佛身하야 示現世間自在力行을 是名成就他身利益이라하시니라 問이라 始得自利己코사 方起利他業이어늘 云何利他에 說無始耶아 解云如來一念이 徧應三世니 所應이 無始故로 能應도 則無始니라 猶如一念圓智가 徧達無邊三世之境이니 境無邊故로 智亦無邊이라 無邊之智의 所現之相일새 故得無始며 亦能無終이니 此非心識思量의 所測이라 是故로 名爲不思議業也니라

△初中에 三이 있으니 일은 總標요 二는 列名이요 三은 辨相이니라. 初中에 生二種相이라 말한 것은 이와 같은 二種相이 隨動門에 있을 새 故로 生이라 말함이니 此二가 性淨本覺을 여의지 않을 새 故로 與彼不相捨離라 말함이니라. 第二 列名中에 智淨相이라 말한 것은 正히 隨染本覺의 相을 밝힘이요 不思議業相이란 것은 이 本覺이 還淨할 때의 業을 밝힘이니라. 第三 辨相中엔 먼저 智淨相을 辨함이라 그 中에 三이 있으니 法과 喩와 더불어 合이니라. 法中에 二가 있으니 直明이요 重顯이니라. 初中에 法力熏習이라 말한 것은

眞如法 內熏의 힘을 말함이니 이 熏力을 依하여 資糧을 修習해서 地上의 如實修行을 得發하여 無垢地의 滿足 方便에 이를 새 이로 말미암아 能히 和合識內의 生滅의 相을 破하고 그 不生不滅의 性을 나타내는지라 故로 말하되 和合識相을 破하여 法身을 顯現한다 하시니라. 이때 能히 相續心中의 業相·轉相을 滅하여 그 隨染本覺의 心으로 하여금 드디어 歸源함을 얻어서 淳淨智를 이루게 할 새 故로 말하되 相續心相을 滅하여 智가 淳淨한 연고라 하시니라. 이 中에 相續識이란 것은 오히려 이 和合識內의 生滅의 心이로되 다만 法身을 顯現하기 爲할 새 故로 破和合識이라 說한 것이요 應身의 淨智를 이루기 爲할 새 故로 滅相續心相이라 說함이니라. 그러나 相續心을 滅하지 않고 다만 相續心의 相만 滅함이니라. 저 經에 說言하되 이런 故로 大慧야 諸識의 自相이 滅함이니 自相滅이란 것은 業相이 滅함이니라. 만일 自相이 滅한 것일진대 外道의 斷見戱論과 다르지 않음이니 모든 外道가 說하되 모든 境界를 여의어서 相續識이 滅한지라 相續識이 滅하고 남에 곧 모든 識을 滅한다고 하니 大慧야 만일 相續識이 滅한 것일진대 無始世來의 모든 識이 應當 滅한다고 하여 乃至 廣說하니라.29)

---

29) 此는 始覺生起의 相을 總標함이니 먼저 智淨相을 밝힘이다. 本覺隨染分別 等이라고 말한 것은 本覺의 體가 本來 스스로 離念이며 또한 相도 없되 다만 不覺으로 因하여 念相이 橫生함이니 이로 말미암아 不覺을 依한 故로 始覺을 일으켜 드디어 能히 心의 離念을 깨달아 本覺이 體를 나타내며 翻染成淨하여 智淨相을 내고 智相을 依한 故로 機의 所見에 따라서 不思議業相이 있는지라 故로 이르되 染分別을 따라서 二種相을 낸다고 함을 말한 것이다. 이 二種相은 業用을 잡으면 報化가 法身을 여의지 않고 智相을 잡으면 德相이 覺體를 여의지 않을 새 故로 이르되 저 本覺과 더불어 서로 捨離치 않는다고 한 것이다. 云何下는 二相을 徵列함이다. 智淨相이라 말한 것은 本覺理法의 內熏과 眞如敎法의 外熏을 依하여 저 聞熏을 받아서 性解力을 더하여 因해 覺體가

此義云何 以下는 前에 說한 滅·不滅의 義를 거듭 나타냄이니 一切心識의 相이 모두 이 無明이란 것은 業識·轉識 等 모든 識相이 無明으로 일어난 바라 다 이 不覺일 새 이를 쓴 故로 皆是無明이라 말한 것이요 이처럼 諸識 不覺의 相이 隨染本覺의 性을 여의지 않을 새 이를 쓴 故로 不離覺性이라고 말함이니라. 이 無明의 相이 本覺性과 더불어 一도 아니며 다름도 아니니 다름이 아닌 故로 可히 壞할 것이 아니요 一이 아닌 故로 可히 壞할 것도 아님을 말함이니라. 만일 非異 非可壞의 義를 依支해 說할진대 無明이 轉함에 곧 變해 明이 되려니와 만일 非一 非不可壞의 義에 就해 說할진대 無明이 滅함에 覺性은 壞되지 않으니 이제 此文中엔 非一門을 依支할 새 故로 滅相續心相이라 說함이니라. 喩中에 水非動性이라 말한 것은 이제 動함이 自性이 動함이 아니라 다만 他를 따라 動함을 밝힘이니 만일 自性이 動한 것일진대 動相이 滅할 때 濕性이 따라 滅할 것이거늘 他를 따라 動할 새 故로 動相이 비록 滅하나 濕性은 破壞되지 않느니라. 合中에 無明이 滅이라 말한 것은 根本無明이

본래 스스로 離念이며 自性이 本來 淸淨함을 알고 드디어 唯識無塵의 行을 닦아서 前境을 遠離하나 이는 곧 地前에 教를 依해 熏修함일 새 故로 이르되 依法力熏習이라 한 것이다. 熏習함을 쓴 故로 如實히 앎을 얻어서 前境界가 없고 如實히 앎을 쓴 故로 法性을 隨順하여 諸行을 廣修할 새 故로 이르되 如實修行이라 한 것이니 곧 地上行이다. 滿足 方便에 이르러서는 和合識內 不覺의 相을 破하여 法身을 分明히 나타내고 業·轉 等 相續의 相을 滅하여 智性이 淯淨할 새 智淨相이라 名한 것이다. 대개 써 迷時엔 覺과 더불어 不覺의 二法이 和合해서 業·轉·現等이 서로 依支해 生하여 서로 그치거나 끊어지지 않거니와 今엔 始覺의 功으로써 不覺相을 破壞하고 本覺法身을 나타내어 오직 本覺의 性稟만 있고 不覺의 相은 없을 새 故로 이르되 破和合識相이라 한 것이다. 業·轉 等 六染의 相을 滅하여 智性이 淯淨하다면 相依와 不斷의 相이 없을 새 故로 이르되 滅相續心相이라 한 것이다.

滅함이니 이는 風滅에 合함이요 相續이 卽滅이란 것은 業識等이 滅함이니 動相滅에 合함이요 智性은 不壞란 것은 隨染本覺 神解의 性을 이름해 智性이라 함이니 이는 濕性不壞에 合함이니라.30)

다음은 不思議業相을 풀이한 中에 依智淨이란 것은 前에 隨染本覺의 心이 비로소 淯淨함을 얻은지라 이 始覺의 智니 이 智力을 依支하여 應化身을 나타낼 새 故로 無量功德의 相이라 말한 것이요 이 所現의 相이 始도 없고 終도 없어서 相續不絶할 새 故로 無斷이라 이름을 말함이니라. 저 金皷經에 말하되 應身이란 것은 無始로 좇아 生死가 相續이 끊어지지 않는 연고며 一切諸佛 不共의 法이 能히 攝持하는 연고며 衆生이 다 하지 않음에 用도 또한 다 하지 않을 새 故로 常住라 說한다 하고 寶性論에 이르되 무엇이 自身의 利益을 成就함인고? 解脫을 얻어서 煩惱障과 智藏을 遠離하고 無障礙淸淨法身을 얻음을 自身의 利益을 成就함이라 名함을 말함이니라.

30) 滅相顯性의 義를 徵釋하여 써 相은 壞하되 性은 不壞함을 밝힘이다. 初一句는 上義를 徵起함이니 이 滅相顯性의 義가 무엇인고 함을 말한 것이다. 以一切下는 上義를 釋成함이니 心은 곧 相續心이니 곧 六染이요 識은 곧 和合識이니 곧 阿黎耶識임을 말한 것이다. 이 心識妄動의 相이 모두 不覺을 依支해 이룬 故로 다 이 無明이며 또한 다 저 靜心을 轉함을 由해 있는 故로 覺性을 여의지 않음이니 곧 알라. 心識이 覺과 더불어 不覺의 二法을 由해 合成한 것이다. 非可壞 非不可壞라 말한 것은 心識妄動의 相이 모두 이 無明임을 쓴 故로 不可壞가 아니니 故로 前文에 이르되 和合識相을 破하고 相續心相을 滅한다고 한 것이다. 心識이 覺性을 여의지 않음을 쓴 故로 可壞가 아니니 이는 相은 可壞하되 性은 不可壞다. 故로 心識의 相은 滅하되 法身淯淨의 智는 나타내는 것이다. 如大海下는 喩를 引해 重顯함이요 如是衆生下는 法으로써 合明함이다. 水는 淨心을 喩함이요 風은 無明을 喩함이요 波動은 業 等 相續을 非喩함이니 이는 風水가 能生의 波相을 여의지 않음이다. 비록 그러나 水性이 不動함을 쓴 故로 風이 쉬고 波가 맑음에 濕性은 不壞니 써 心과 더불어 無明이 비록 二法이 和合하여 能히 業·轉 等 相을 生하나 心性이 不動함을 쓴 故로 迷가 쉬고 動이 亡함에 智性은 不壞함을 比況한 것이다.

어떤 것이 他身의 利益을 成就함인고? 이미 自身의 利益을 成就함을 얻고 남에 無始世來로 自然히 저 二種佛身을 依支하여 世間의 自在力行을 나타내 보임을 他身의 利益을 成就함이라 名한다 하시니라. 問이라 비로소 自利를 얻어 마치고야 바야흐로 利他의 業을 일으킴이거늘 어찌 利他에 無始라 說하느냐? 解해 이르되 如來의 一念이 三世에 徧應하니 所應이 無始인 故로 能應도 곧 無始니라 마치 一念圓智가 無邊三世의 境을 徧達함과 같나니 境이 無邊인 故로 智도 또한 無邊이라 無邊한 智의 所現한 相일새 故로 無始며 또한 能히 無終임을 얻으니 이는 心識思量의 測度할 바가 아니라 이런 故로 不思議業이 된다고 名함이니라.31)

○復次覺體相者는 有四種大義하야 與虛空等하면 猶如淨鏡하니 云何爲四오 一者는 如實空鏡이니 遠離一切心境界相하야 無法可現이라 非覺照義故요 二者는 因熏習鏡이니 謂如實不空이라 一切世間境界가 悉於中現호대 不出不入하며 不失不壞하야 常住一心이니 以

31) 此는 不思議業相을 牒釋함이다. 不思議業相이라 말한 것은 諸菩薩이 佛智相을 依支하여 身色相好와 依報莊嚴이 各各 無量함을 볼 새 故로 이르되 智淨相을 依支하여 能히 一切 勝妙境界를 짓는다 한 것이니 이에 機의 自作임을 말한 것이다. 그러나 勝妙境界는 곧 이른바 身에 無量한 色이 있고 色에 無量한 相이 있으며 乃至 所住의 依果도 또한 無量한 種種莊嚴이 있어서 그 應할 바를 따라 恒常 能히 住持하여 不毁不失할 새 故로 이르되 無量功德의 相이 常無斷絶이라 한 것이다. 그러나 至用은 無爲요 智相은 無相이라 根을 따라 利益을 받으며 機에 稱合해 相을 나타냄이 妨害받지 않음이니 可히 有無로써 思議하지 못할 새 故로 不思議業相이라 名한 것이다.

一切法이 卽眞實性故며 又一切染法의 所不能染이니 智體不動하야 具足無漏하야 熏衆生故요 三者는 法出離鏡이니 謂不空法이 出煩惱礙智礙하야 離和合相하야 淳淨明故요 四者는 緣熏習鏡이니 謂依法出離故로 偏照衆生之心하야 令修善根하야 隨念示現故니라

○復次 覺體相이란 것은 四種의 大義가 있어서 虛空과 더불어 같으며 마치 淨鏡과 같으니 어떤 것이 四가 되는고? 一은 如實空鏡이니 一切 心境界相을 遠離하여 法을 可히 나타낼 것이 없는지라 覺照의 義가 아닌 연고요 二는 因熏習鏡이니 如實不空을 말함이라 一切 世間境界가 다 그 中에 나타나되 不出不入하며 不失不壞하여 常住一心이니 써 一切法이 곧 眞實性인 연고며 또 一切 染法의 能히 染汚하지 못할 바니 智體가 不動해서 無漏를 具足하여 衆生을 熏하는 연고요 三은 法出離鏡이니 不空法이 煩惱碍와 智碍에 超出하여 和合相을 여의어서 淳淨明함을 말한 연고요 四는 緣熏習鏡이니 法出離를 依支한 故로 衆生의 心을 偏照하여 하여금 善根을 닦게 해서 생각을 따라 나타내 보임을 말한 연고니라.

△次明性淨本覺之相이라 於中에 有二하니 一者는 總標요 二者는 別解니라 初中에 言與虛空等者는 無所不偏故요 猶如淨鏡者는 離垢現影故니라 四種義中

에 第一第三은 依離垢義하야 以況淨鏡이요 第二第四는 依現像義하야 亦有淨義也니라 別解之中에 別顯四種이니 此中에 前二는 在於因性이요 其後二種은 在於果地니라 前二種者는 明空與智니 如涅槃經에 言佛性者는 第一義空이요 第一義空을 名爲智慧라 智者는 見空及與不空이어니와 愚者는 不見空與不空이라하야 乃至廣說하니라 今此初中에 言遠離一切心境界相者는 卽顯彼經의 第一義空也요 無法可現이라 非覺照義者는 是釋不見空與不空也니라 第二中에 言一切世間境界가 悉於中現者는 是釋彼經의 智慧者는 見空及與不空이니 如彼經에 言空者는 一切生死요 不空者는 謂大涅槃故니라 此中에 但現生死境界가 旣現於鏡일새 故言不出이요 而不染鏡일새 故曰不入이니 隨所現像이 同本覺量하야 等虛空界하고 徧三世際일새 故無念念之失이며 亦無滅盡之壞라 故로 言不

失不壞하야 常住一心等也니라 上來는 明其淨鏡之義요 又一切下는 釋因熏習義也니라 第三中에 言出於二礙하야 淳淨明者는 是明前說因熏習鏡이 出纏之時에 爲法身也니라 第四中에 言依法出離故로 徧照衆生心者는 卽彼本覺이 顯現之時에 等照物機하야 示現萬化일새 以之故로 言隨念示現이니라 此與前說不思議業으로 有何異者오 彼明應身始覺之業이요 此顯本覺法身之用이니 隨起一化하야 有此二義니라 總說雖然이나 於中分別者인댄 若論始覺所起之門이면 隨緣相屬하야 而得利益이니 由其根本隨染本覺이 從來相關하야 有親疏故요 論其本覺所顯之門이면 普益機熟하야 不簡相屬이니 由其本來性淨本覺이 等通一切하야 無親疏故니라 廣覺義는 竟하다

別記 四種鏡中에 第二因熏習者는 此性功德이 能作正因하야 熏衆生心하야 能起厭樂과 及諸加行하야 乃

至佛果일새 言因熏習이요 一切諸法이 悉於中現일새 故名爲鏡이니라 如華嚴에 云譬如深大海가 珍寶不可盡이라 於中에 悉顯現衆生形類像인듯하야 甚深因緣海가 功德寶無盡이라 淸淨法身中에 無像而不現이 正謂此也니라 第四緣熏習者는 始起圓智하야 作增上緣하야 熏衆生心하야 令起厭樂과 及諸加行하야 乃至佛果일새 故名緣熏이요 此諸行德이 不離圓智라 是彼智影일새 故名爲鏡이니 如佛地經에 說大圓鏡智가 能起一切衆生의 諸善法影이 此之謂也니라 餘二種鏡은 義顯可知로다

△다음은 性淨本覺의 相을 밝힘이라 그 中에 二가 있으니 一은 總標요 二는 別解니라. 初中에 與虛空 等이라 말한 것은 두루하지 않은 바가 없는 연고요 猶如淨鏡이란 것은 垢를 여의어 影을 나타내는 연고니라. 四種義中에 第一과 第三은 離垢의 義를 依하여 써 淨鏡을 比況함이요 第二와 第四는 現像의 義를 依하여 또한 淨義가 있는 것이니라. 別解의 中에 四種을 別顯함이니 이 中에 前二는 因性에 있고 그 後 二種은 果地에 있느니라. 前의 二種이란 것은 空과 智를 밝힘이니 저 涅槃經에 말씀하되 佛性이란 것은 第一義空이

요 第一義空을 이름해 智慧라 하는지라 智者는 空과 더불어 不空을 보거니와 어리석은 사람은 空과 더불어 不空을 보지 못한다 하여 乃至 廣說하니라. 이제 이 初中에 遠離 一切心境界相이라 말한 것은 곧 彼經의 第一義空을 나타냄이요 無法可現이라 非覺照義란 것은 이 空과 더불어 不空을 보지 못함을 풀이함이니라.[32)]

第二中에 말하되 一切世間境界가 모두 그 中에 나타난다는 것은 이 彼經의 智慧者는 空과 더불어 不空을 본다 함을 풀이함이니 저 彼經에 말씀하되 空이란 것은 一切生死요 不空이란 것은 大涅槃을 말한 연고라 함이니라. 이 中엔 다만 生死境界가 이미 鏡에 나타남을 나타낼 새 故로 不出이라 말함이요 鏡에 물들지 않을 새 故로 不入

---

32) 此는 喩를 引해 覺體의 四相을 重明함이다. 復次라 말한 것은 覺體의 四相은 前에 이미 具辨했거니와 이에 다시 거듭 밝힐 새 故로 이르되 復次라 함을 말한 것이다. 四種大義 等이 있다고 말한 것은 本覺의 體가 갖추어 離相現相이라 朗然히 照物함이 四種의 義인 故로 淨鏡과 같다고 喩함이요 一一의 義相이 모두 法界에 두루한 故로 이르되 虛空과 더불어 같다고 한 것이니 이는 空은 大義를 喩하고 鏡은 四相을 喩함을 말함이다. 그러나 여기에 二喩를 雙擧한 것은 空喩만 單擧한다면 四義가 나타나지 않고 鏡喩만 單擧한다면 大義가 나타나지 않을 새 故로 二喩를 雙擧하여 서로서로 顯發함을 말한 것이다. 그러나 下의 四鏡文中에 四義는 나타냈으나 徧義는 밝히지 않음이니 文에 비록 말하지 않았으나 義는 또한 갖추었다. 鏡喩四相이라 말한 것은 一은 空鏡이니 一切相을 여윔을 말한 것이요 二는 不空鏡이니 鏡體가 없지 아니하여 萬像을 能히 나타냄이요 三은 淨鏡이니 磨治해 垢를 여윔을 말함이요 四는 受用鏡이니 高臺에 安置하여 須求하는 者가 受用함이다. 또 前二는 自性淨이니 因隨時를 잡아 說함이요 後二는 離垢淨이니 果顯時를 잡아 說함이다.○如實空鏡을 總徵別釋함이다. 如實空鏡이라 말한 것은 如實한 中에 心境相을 여의어 法을 可히 나타낼 것이 없음이 明鏡中에 本來 모든 相이 없으며 또 可히 나타낼 것도 없을 새 故로 이르되 如實空鏡이라 함을 말한 것이다. 非覺照義故라 말한 것은 如實空義를 結釋함이니 如實空鏡은 이 空寂의 義요 覺照의 義가 아닌 故로 心境의 相을 여의어 法을 可히 나타낼 것이 없거니와 覺照는 法을 可히 나타낼 것이 있음이 鏡이 物을 비춤에 곧 相을 가히 나타낼 것이 있음과 같음을 말한 것이다.

이라 말함이니 곳을 따라 像을 나타냄이 本覺의 量과 같아서 虛空界와 같고 三世際에 두루 할 새 故로 念念의 失이 없으며 또한 滅盡의 壞도 없는지라 故로 이르되 不失不壞하여 常住一心 等이라 한 것이니라. 上來는 그 淨鏡의 義를 밝히고 又一切下는 因熏習의 義를 풀이함이다.[33]

第三中에 말하되 二碍에 出하여 淯淨明이라고 한 것은 이 前에 說한 因熏習鏡이 出纏할 때에 法身이 됨을 밝힘이니라.[34]

第四中에 말하되 法出離를 依支한 故로 衆生心을 徧照한다는 것은 곧 저 本覺이 顯現할 때에 平等히 物機를 비추어 萬化를 示現할 새

---

33) 此는 因熏習鏡을 標釋함이다. 因熏習鏡이라 말한 것은 不空體相을 依하여 內因熏이 됨을 말함이다. 이에 二義가 있으니 謂如實下는 곧 第一義니 대개 如體가 不空하여 中에 一切 世間境界를 나타내니 心이 비록 境을 나타내나 全境이 卽心이라 實로 能所가 없을 새 故로 出入이 없으며 또한 失壞도 없어서 常住一心인 것이다. 以一切下는 法卽心義를 釋成함이니 이는 鏡體가 不空하여 中에 萬像을 나타내니 鏡이 비록 像을 나타내나 全像이 이 鏡일 새 故로 또한 出入과 더불어 失壞가 없음과 같은 것이다. 이 不空體相을 依支하여 恒常 熏習할 새 故로 衆生으로 하여금 法이 곧 眞임을 了하여 如實理에 契合하니 마치 鏡像으로써 恒常 熏習할 새 사람으로 하여금 像의 本空을 了하여 如實鏡을 깨달음과 같은 것이다. 又一切下는 이 第二義니 智體가 不動하여 染法의 所染이 되지 않고 能히 無漏德相을 具足함을 말함이니 마치 鏡體가 不動하여 垢穢의 물드는 바가 되지 않고 能히 衆相을 具足함과 같은 것이다. 이 不動體相을 依支하여 恒常 熏習할 새 故로 衆生으로 하여금 無常을 覺悟하여 生死苦를 싫어하고 涅槃을 樂求하게 하니 마치 鏡相으로써 恒常 熏習할 새 사람으로 하여금 顔貌의 變遷을 覺知하여 假를 버리고 實을 求하게 함과 같은 것이다. 이는 前엔 如實로서 體를 삼고 境界로 相을 삼음이니 相이 곧 이 體라 故로 內熏이 되거니와 이엔 本智로써 體를 삼고 功德으로 相을 삼음이니 相이 體와 다르지 않을 새 또한 內熏이 되니 곧 下所謂 自體相熏習이다.

34) 此는 法出離鏡을 標釋함이다. 法出離鏡이라 말한 것은 眞如法이 始覺의 功을 由하여 出障離垢해서 智明淯淨함이 마치 明鏡이 磨治離垢함을 由하여 光明이 朗然함과 같을 새 故로 이르되 法出離鏡이라 함을 말한 것이니 곧 前의 智淨相이다.

이를 쓴 故로 隨念示現이라 말함이니라. 이것이 前에 說한 不思議業과 더불어 무엇이 다름이 있는고? 저는 應身 始覺의 業을 밝힘이요 이는 本覺 法身의 用을 나타냄이니 一化를 일으킴에 따라서 이 二義가 있느니라. 總說함에 비록 그러나 그 中에 分別할진대 만일 始覺 所起의 門을 論하면 因緣을 따라 相屬하여 利益을 얻으니 그 根本 隨染本覺이 從來로 相關하여 親疏가 있음을 由한 연고요 그 本覺 所顯의 門을 論하면 널리 機熟을 利益케 하여 相屬을 가리지 않으니 本來 性淨本覺이 平等히 一切에 通하여 親疏가 없음을 由한 연고니라. 覺義를 廣함은 마쳤다.[35)]

別記 四種鏡中에 第二 因熏習이란 것은 이 性功德이 能히 正因을 지어서 衆生心을 熏하여 能히 厭樂과 모든 加行을 일으켜서 이제 佛果에 이를 새 因熏習이라 말한 것이요 一切法이 모두 그 中에 나타날 새 故로 이름해 鏡이라 한 것이니라. 저 華嚴에 이르되 譬喩하건대 深大海가 珍寶가 不可盡이라 그 中에 모두 衆生의 形類像을 顯現함과 같아서 甚深한 因緣海가 功德寶가 無盡이라 淸淨한 法身中에 像마다 나타나지 않음이 없다 함이 正히 이를 말함이니라. 第四 緣熏習이란 것은 비로소 圓智를 일으켜 增上緣을 지어서 衆生心을 熏하여 하여금 厭樂과 모든 加行을 일으켜서 이에 佛果

---

35) 此는 緣熏習鏡을 標釋함이다. 緣熏習鏡이라 말한 것은 前의 眞如가 出障離垢하여 慧光이 圓明함을 依한 故로 能히 衆生의 心을 徧照함이 마치 鏡이 垢를 여읜 故로 能히 萬物을 明鑑함과 같음을 말한 것이다. 비록 光明으로서 徧照하나 本來 스스로 無爲요 비록 能히 物을 鑑하나 本來 寂하여 無作이다. 그러나 機의 大小를 따라서 所見과 所聞이 各各 不同함에 妨害받지 않으니 마치 鏡이 人의 姸醜를 따라서 또한 現像이 各別함과 같은 것이다. 故로 이르되 하여금 善根을 닦게 하여 隨念示現이라 한 것이다. 이는 眞如大用이 衆生의 外緣熏習이 될 새 故로 이르되 緣熏習鏡이라 한 것이니 곧 前의 不思議業相이다. 上에 還滅의 義를 밝힘은 마쳤다.

에 이르게 할 새 故로 緣熏이라 名한 것이요 이 모든 德行이 圓智를 여의지 않는지라 저의 智影일 새 故로 이름해 鏡이라 한 것이니 저 佛地經에 說하되 大圓鏡智가 能히 一切衆生의 모든 善法影을 일으킨다 함이 이를 말함이니라. 나머지 二種鏡은 義가 나타나 可히 알지라.

△次釋不覺이라 於中에 有三하니 先明根本不覺이요 次顯枝末不覺이요 第三은 總結本末不覺이니라

△次는 不覺을 풀이함이라 그 中에 三이 있으니 先은 根本不覺을 밝힘이요 다음은 枝末不覺을 나타냄이요 第三은 本末不覺을 總結함이니라.

○所言不覺義者는 謂不如實知眞如法이 一故로 不覺心起하야 而有其念이나 念無自相하야 不離本覺함이 猶如迷人이 依方故로 迷나 若離於方이면 則無有迷인듯하야 衆生도 亦爾하야 依覺故로 迷니 若離覺性이면 則無不覺이며 以有不覺妄想心故로 能知名義하야 爲說眞覺이어니와 若離不覺之心이면 則無眞覺自相可說이니라

말한바 不覺의 義란 것은 如實히 眞如法이 一임을 알지 못하는 故로 不覺心이 일어나 그 생각이 있으나 생각이 自相이 없어서 本覺을 여의지 않음이 마치 迷한 사람이 方을 依한 故로 迷하니 만일 方을 여

의면 迷가 없음과 같아서 衆生도 또한 그러하여 覺을 依支한 故로 迷하니 만일 覺性을 여의면 不覺이 없으며 不覺의 妄想心이 있음을 쓴 故로 能히 名義를 알아서 眞覺이라 說함이거니와 만일 不覺의 心을 여의면 眞覺의 自相을 可히 說할 것이 없음을 말함이니라.

△初中에 亦二니 先明不覺이 依本覺立이요 後顯本覺도 亦待不覺이니라 初中에 有三하니 謂法喩合이니 初中에 言不如實知眞如法一故者는 根本無明은 猶呂迷方也요 不覺心起하야 而有其念者는 業相動念은 如是邪方이니 如離正東이면 無別邪西일새 故로 言念無自相하야 不離本覺이라하시니라 喩合之文은 文相可見也니라 次明本覺도 亦待不覺이라 於中에 有二하니 初言以有不覺妄想心者는 無明所起妄想分別이니 由此妄想하야 能知名義일새 故有言說하야 說於眞覺이니 是는 明眞覺之名이 待於妄想也니라 若離不覺이면 則無眞覺自相可說者는 是明所說眞覺이 必待不覺이니 若不相待면 則無自相이며 待他而有도 亦非自相이라 自相이 旣無어니 何有他相이리오 是顯諸法의 無

所得義니라 如下文에 言當知一切染法淨法이 皆悉相待하야 無有自相可說이라하며 智度論에 云若世諦가 如毫氂許有實者인댄 第一義諦도 亦應有實이 此之謂也니라

△初中에 또한 二니 先은 不覺이 本覺을 依支해 세움을 밝힘이요 後는 本覺도 또한 不覺을 待함을 나타냄이니라. 初中에 三이 있으니 法·喩·合을 말함이니라. 初中에 不如實知眞如法一故라 말한 것은 根本無明은 마치 迷方과 같은 것이요 不覺心起하여 而有其念이란 것은 業相動念은 이 邪方과 같은 것이니 만일 正東을 여의면 別 邪西가 없을 새 故로 말하되 念이 自相이 없어서 本覺을 여의지 않는다 하시니라. 喩·合의 文은 文相을 可히 볼지니라. 次는 本覺도 또한 不覺을 待함을 밝힘이라 그 中에 二가 있으니 初에 以有不覺妄想心이라 말한 것은 無明의 所起인 妄想分別이니 이 妄想을 由하여 能히 名義를 알 새 故로 言說이 있어서 眞覺을 說함이니 이는 眞覺의 名이 妄想에 待함을 밝힘이니라. 若離不覺이면 則無眞覺自相可說이란 것은 이 所說한 眞覺이 반드시 不覺을 待함을 밝힘이니 만일 서로 待하지 않는다면 自相이 없으며 他를 待해 있음도 또한 自相이 아니라 自相이 이미 없거니 어찌 他相이 있으리오. 이는 諸法의 얻을 바 가 없는 義를 나타냄이니라. 저 下文에 이르되 마땅히 알라. 一切 染法·淨法이 모두 相待하여 自相을 可히 說할 것이 없다 하며 智度論에 이르되 만일 世諦가 毫氂許만큼이라도 實이 있

는 것일진대 第一義諦도 또한 應當 實이 있을 것이라 함이 이를 말함이니라.36)

△此下는 廣顯枝末不覺이라 於中에 有二하니 先明細相이요

△此下는 枝末不覺을 廣顯함이라 그 中에 二가 있으니 先은 細相을 밝힘이요 後는 麁相을 나타냄이니라.

○復次依不覺故로 生三種相하야 與彼不覺으로 相應不離하나니 云何爲三고 一者는 無明業相이니 以依不覺故로 心動일새 說名爲業이라 覺則不動이며 動則有苦니 果不離因故요 二者는 能見相이니 以依動故로 能見이라

36) 此는 覺을 依支하여 不覺을 일으키고 不覺을 待하여 써 覺을 說함을 밝힘이다. 初一句는 牒章이요 謂不如實下는 釋相이다. 대개 眞如本覺이 平等無二하여 알면 覺이라 名하고 覺하면 곧 離念이건마는 써 如實히 알지 못할 새 이름해 不覺이라 하는 것이요 不覺을 由한 故로 動念이 妄生함이니 이것은 覺을 依支해 不覺을 일으키고 無念을 依支해 念을 일으키는 것이다. 그러나 이 不覺動念이 本覺을 依支해 生함을 由할새 故로 念이 自相이 없어서 本覺을 여의지 않는 것이다. 猶如下는 喩를 인해서 밝힘이요 衆生下는 法으로써 合顯함이니 方은 覺性을 喩함이요 迷는 不覺을 喩함이다. 餘文은 可히 알지라. 以有下는 不覺을 待하여 써 眞覺을 說함을 밝힘이다. 그러나 論文의 大意는 覺과 더불어 不覺이 서로 依支해 세울 새 自相이 없어서 다 不可得임을 밝힌 것이다. 故로 唐譯에 이르되 그러나 저 不覺이 스스로 實相이 없어서 本覺을 여의지 않으며 또 不覺을 待하여 써 眞覺을 說함이니 不覺이 이미 없다면 眞覺도 또한 없다 하니 곧 이른바 妄을 말해 眞을 나타냄이라 妄眞이 同二妄이라는 것이다. ○圭峰이 이르되 一切衆生이 無始已來로 法이 그러해 各各 八種識이 있으니 그 中에 第八藏識이 그 根本이다. 根身과 器界의 種子를 頓變하며 轉轉히 七識을 生하여 各各 能히 自分의 所緣을 變現하는 것이다.

不動則無見이요 三者는 境界相이니 以依能見故로 境界妄現이라 離見則無境界니라

○復次 不覺을 依支한 故로 三種相을 生하여 저 不覺과 더불어 相應해 여의지 않으니 어떤 것이 三이 되는고? 一은 無明業相이니 써 不覺을 依支한 故로 心이 動할 새 業이 된다고 說해 이름하는지라 覺하면 動하지 않으며 動하면 苦가 있으니 果가 因을 여의지 않는 연고요 二는 能見相이니 써 動함을 依支한 故로 能히 보는지라 動하지 않으면 봄이 없는 것이요 三은 境界相이니 써 能見을 依支한 故로 境界가 妄現하는지라 見을 여의면 境界가 없느니라.

△初中에 亦二니 總標요 別釋이라 初中에 言與彼不覺으로 相應不離者는 本末相依일새 故曰相應이라 非如王數相應之義니 此爲不相應染心故니라

別記 此中에 先三相은 是微細니 猶在阿梨耶識位요 後六麁相은 是餘七識이니 但望彼根本無明에 皆是所起之末일새 通名枝末不覺也니라

△別釋中에 言無明業相者는 依無明動하야 名爲業相故라 起動義가 是業義니 故로 言心動을 說名爲業也니라 覺則不動者는 擧對反顯得始覺時에 則無動

念이나 是知今動이 只由不覺也니라 動則有苦者는 如得寂靜에 卽是極樂일새 古今云動이 卽是苦也니라 業相은 是無苦요 無明은 是無集이니 如是因果가 俱時而有일새 故言果不離因故니라 然此業相이 雖有動念이나 而是極細하야 能所未分이니 其本無明도 當知亦爾니라 如無想論에 云問이라 此識이 何相何境고 答이라 相及境을 不可分別이니 一體無異니라 問이라 若爾인댄 云何知有아 答이라 由事故로 知有此識이니라 此識이 能起一切煩惱業果報事함이 譬如無明常起니 此無明을 可欲分別否아 若可分別인댄 非謂無明이요 若不可分別인댄 則應非有로대 而是有非無니라 亦由欲瞋等事하야 知有無明이니 本識도 亦爾라하시니 故로 此等文意는 正約業相하야 顯本識也니라 第二能見相者는 卽是轉相이니 依前業相하야 轉成能緣일새 故로 言以依動하야 能見이요 依性靜門에 則無能見일새 故로

言不動則無見也니 反顯能見이 要依動義니라 如是轉相이 雖有能緣이나 而未能顯所緣境相이니 直是外向이요 非託境故니라 如攝論에 云意識이 緣三世와 及非三世境이니 是則可知此識의 所緣境이 不可知故라 此言不可知者는 以無可知境故니 如說十二因緣에 始不可知하야 此亦如是라하시니 是는 約轉相하야 顯本識也니라 第三境界相者는 卽是現相이니 依前轉相하야 能現境界일새 故言能見故로 境界妄現이니라 如四卷經에 言大慧야 略說有三種識하고 廣說有八相하니 何等이 爲三고 謂眞識現識分別事識이라 譬如明鏡이 持諸色像하야 現識處도 亦復如是라하며 又下文에 言譬如藏識이 頓分別知自心現身과 及身安立受用境界라하시니라

別記 頓分別者는 是能見相이요 自心及現等은 是境界相이라 瑜伽論中에도 亦同此說하니 如是等文은 是

約後二相說이니라 此二가 雖有二分이나 不離業相이니 是는 唯量門이요 業相이 雖無能所나 含有二分하니 是는 唯二門이니라 此三이 皆是異熟識攝이로대 但爲業煩惱의 所惑義邊일새 不別業相의 動轉差別과 轉相等異라 是故로 總說爲異熟識이요 爲無明風의 所動義邊일새 從細至麁히 動轉差別이니 是故로 細分立三種相이니라 又此三이 但爲無明의 所動일새 故在第八이요 後六은 乃爲境界의 所動일새 故在七識이니 卽由是義일새 故說七識이 一向生滅하야 不同梨耶의 俱含二義也니라

△此論下文에 明現識云호대 所謂能現一切境界함이 猶如明鏡이 現於色像인듯하야 現識도 亦爾하야 以一切時에 任運而起하야 常在前故라하시니 如是等文은 約於現相하야 以顯本識이니라 如是現相도 旣在本識이어든 何況其本인 轉相業相이 反在六七識中說乎아

△初中에 또한 二니 總標요 別釋이라 初中에 與彼不覺으로 相應不離라 말한 것은 本末이 서로 依支할 새 故로 相應이라 말한지라 王(心王)數(心數) 相應의 義와 같지 않음이니 이는 不相應의 染心이 되는 연고니라.

別記 이 中에 先三相은 이 微細한 것이니 오히려 阿梨耶識位에 있고 後六麁相은 이 餘七識이니 다만 저 根本無明을 望함에 다 이 所起의 末일 새 通히 枝末不覺이라 名함이니라.

別釋中에 無明業相이라 말한 것은 無明의 動함을 依支하여 이름해 業相이라 한 연고라 起動의 義가 이 業의 義니 故로 말하되 心動을 業이 된다고 說해 이름했다 한 것이니라. 覺則不動이란 것은 對를 들어 始覺을 얻을 때 곧 動念이 없음을 反顯한 것이니 이를 알라. 이제 動함이 다만 不覺을 由함이니라. 動則有苦란 것은 만일 寂靜을 얻음에 곧 이 極樂일 새 故로 이제 動함이 곧 이 苦라 云함이니라. 業相은 이 無苦요 無明은 이 無集이니 이와 같은 因果가 同時에 있을 새 故로 果不離因故라 말한 것이니라. 그러나 이 業相이 비록 動念이 있으나 極히 微細하여 能所가 未分함이니 그 根本無明도 마땅히 알라 또한 그러하니라. 저 無想論에 이르되 問이라 이 識이 何相이며 何境인고? 答이라 相과 境을 可히 分別하지 못함이니 一體라 다름이 없느니라. 問이라 만일 그러할진대 어떻게 있는 줄 아느냐? 答이라 事를 由한 故로 이 識이 있는 줄 아느니라. 이 識이 能히 一切煩惱業과 果報事를 일으킴이 譬喩하건대 無明이 늘 일어남과 같으니 이 無明을 可히 分別하고자 하느냐 못하느냐? 만일 可히 分別할진대 無明이라 말할 것이 아니요, 만일 可히 分別하지 못할진대 應當 있는 것이 아니로되 이 有요 無가 아니니라. 또한 欲·嗔 等의 일을 由하여 無明이 있는 줄 아느니 本識도 또한 그러하다 하시니 故로 이 等 文意는 正히 業相을 잡아서 本識을 나타냄이니라. 第二 能見相이란 것은 곧 이 轉相이니 前의 業相을 依支하여 轉轉히 能緣을 이룰 새 故로 써 動함을 依支하여 能見한다 말한 것이요 性靜門을 依支함에 곧 能見이 없을 새 故로 不動卽 無見이라 말한 것이니 能見이 종요로이 動義를 依支함을 反顯한 것이니라. 이와 같은 轉相이 비록 能緣이 있으나 能히 所緣의 境相을 나타내지 못하니 다만 이 外向이요 託境이 아닌 연고니라. 저 攝論에 이르되 意識이 三世와 非三世境을 因緣하니 이는 可히 이 識의 所緣境이 不可知임을 아는 연고라 이에 不可知라 말한 것은 可知의 境이 없음을 쓴 연고니 十二因緣을 說함에 始를 可히 알지 못함과 같아서 이도 또한 이와 같다 하시니 이는 轉相을 잡아서 本識을 나타냄이니라. 第三 境界相이란 것은 곧 이 現相이니 前의 轉相을 依支하여 能히 境界를 나타낼 새 故로 말하되 能見故로 境界妄現이라 함이니라. 저 四卷經에 말씀하되 大慧야 略說하면 三種識이 있고 廣說하면 八相이 있으니 무엇이 三이 되는고? 眞識·現識·分別事識을 말함이라 譬喩컨대 明鏡이 모든 色像을 가짐과 같아서 現識處도 또한 다시 이와 같다 하며 또 下文에 말하되 譬喩컨대 藏識이 自心의 現身과 身의 安立한 受用境界를 몰록 分別해 아는 것과 같다 하시니라.

別記 頓分別이란 것은 이 能見相이요 自心及現 等은 이 境界相이라 瑜伽論中에도 또한 이 說과 같으니 이처럼 等 文은 이 後의 二

相을 잡아 說함이니라. 이 二가 비록 二分이 있으나 業相을 여의지 않으니 이는 唯量門이요 業相이 비록 能所가 없으나 二分이 包含해 있으니 이는 唯二門이니라. 이 三이 모두 異熟識의 攝이로되 다만 業煩惱의 所惑義의 邊이 될새 業相의 動轉差別과 轉相 等의 다름을 分別하지 않는지라 이런 故로 總說해 異熟識이라 한 것이요 無明風의 所動義의 邊이 될새 細로 좇아 麁에 이르기까지 動轉이 差別이니 이런 故로 細分해 三種相을 세움이니라. 또 이 三이 다만 無明의 所動이 될새 故로 第八에 있는 것이요 後六은 境界의 所動이 될 새 故로 七識에 있으니 곧 이 義를 由할 새 故로 七識이 一向에 生滅한다고 說하여 梨耶의 二義를 俱含함과 같지 않으니라.

△此論 下文에 現識을 밝혀 이르되 所謂 能히 一切境界를 나타냄이 마치 明鏡이 色像을 나타냄과 같아서 現識도 또한 그러하여 써 一切時에 뜻을 좇아 일어나 늘 앞에 있는 연고라 하시니 이와 같은 等 文은 現相을 잡아서 써 本識을 나타냄이니라. 이와 같은 現相도 이미 本識에 있거든 어찌 하물며 그 根本인 轉相과 業相이 도리어 六七識中에 있다고 說하랴.[37)]

---

37) 上엔 覺을 依支해 不覺을 일으킴을 밝힘이요 이는 不覺을 依支해 三相을 生함을 밝힘이다. 無明業相이라 말한 것은 眞如를 不覺함을 依支해 心이 妄動할 새 業이 된다고 說名함을 말한 것이니 대개 動作을 가리켜 業이 된다고 名함이다. 覺則不動이라고 말한 것은 擧緣釋成함이니 만일 眞如를 覺하면 곧 動念이 없음을 말한 것이다. 이를 알라. 이제 動함은 다만 不覺을 由함이니 動則有苦를 말함이다. 果不離因이란 것은 이 因이 됨을 가리켜서 業이 된다고 名한 것이다. 二種生死의 苦가 다 動念을 由하여 이룬다면 業相이 苦果의 因이 됨을 말함이다. 故로 果不離因이라 云한 것이다. 二者下는 能見이 動念을 依支해 있음을 由한 故로 不動이면 境界가 없으니 곧 能見을 依支해 있는 故로 見을 여의면 또한 없음을 말한 것이다. 곧 알라. 이 三이 說함은 비록 先後나 일어나면 곧 相依할 새 故로 不覺과 더불어 相應不離한 것이니 不離를 由한 故로

○以有境界연고로 復生六種相하나니 云何爲六고 一者는 智相이니 依於境界하야 生起分別하야 愛與不愛故요 二者는 相續相이니 依於智故로 生其苦樂하야 覺心起念하야 相應不斷故요 三者는 執取相이니 依於相續하야 緣念境界하야 住持苦樂하야 心起着故요 四者는 計名字相이니 依於妄執하야 分別假名言相故요 五者는

無明이 만일 滅하면 이 三이 곧 滅한다. 故로 前에 이르되 만일 無明이 滅하면 相續이 곧 滅한다 한 것이니 相續이라 말한 것은 대개 이 業 等 三相이 서로 依支해 生하여 서로 間斷치 않음을 가리킬 새 故로 相續이라 云한 것이다. ○問이라 三細는 賴耶에 屬하고 六麁는 意識에 屬함이니 무슨 까닭으로 末那識을 說하지 않았느냐. 答이라 二義의 意가 있으니 一은 前에 이미 賴耶를 說한지라 末那가 반드시 執着해 相應할 새 故로 不說함이다. 瑜伽論에 이르되 賴耶識이 일어남에 반드시 二識이 相應하는 연고라 하였다. 또 意識이 外境에 因緣함을 由할 새 반드시 末那를 依支해 染汙根이 됨을 由하고야 바야흐로 生起함을 얻는다. 이런 故로 이미 六麁를 說함에 반드시 內로 末那를 依支한 故로 또한 別說하지 않은 것이다. 이는 義가 不便함을 쓴 故로 省略하고 說하지 않은 것이다. 不便相이란 것은 無明住地는 本靜心을 動하여 하여금 和合을 일으켜서 梨耶를 이루게 하거니와 末那는 이미 이 義가 없을 새 故로 前三細中에 省略하고 說하지 않은 것이다. 또 外境은 事識을 牽起하거니와 末那는 外境에 因緣하는 義가 없음을 由한 故로 六麁中에도 또한 省略하고 說하지 않은 것이다. 또한 可히 內를 計해 我를 삼음은 前 三細에 屬하고 外를 計해 我所를 삼음은 後 六麁에 屬할 새 故로 省略하고 論하지 않은 것이다. 楞伽經中에도 이 說과 또한 같은지라 故로 저 經에 이르되 大慧야 略說함에 三種識이 있고 廣說함에 八種相이 있다. 何等이 三이 되는고? 眞識·現識·分別事識을 말함이라 하여 乃至 廣說하였다. 經中에 現識은 곧 이 三細中 現相이요 分別事識은 곧 이 下의 六麁다. 그러한 바는 彼經下에 分別事識을 풀이한 中에 이에 이르되 外境界를 攀緣하여 前 事識 等을 일으킨다 하였다. 故로 알라. 事識은 末那가 아니다. 此論下文에도 이 說과 아울러 같으니 마땅히 可히 記取할지어다.

起業相이니 依於名字하야 尋名取着하야 造種種業故요 六者는 業繫苦相이니 以依業受果하야 不自在故니라

境界의 因緣이 있음을 쓴 故로 다시 六種相을 生하니 어떤 것이 六이 되는고? 一은 智相이니 境界를 依支하여 마음이 分別을 일으켜서 愛하고 더불어 不愛하는 연고요 二는 相續相이니 智를 依支한 故로 그 苦樂을 내어서 覺觀心으로 念을 일으켜 相應해 間斷치 않는 연고요 三은 執取相이니 相續을 依支하여 境界를 緣念해서 苦樂을 住持하여 마음을 執着을 일으키는 연고요 四는 計名字相이니 妄執을 依支하여 假名言相을 分別하는 연고요 五는 起業相이니 名字를 依支하여 名을 찾아 取着해서 種種의 業을 짓는 연고요 六은 業繫苦相이니 써 業을 依支해 果를 받아서 自在하지 못한 연고니라.

△次明麁相이라 於中에 亦二니 總標요 別釋이니라 初言以有境界緣者는 依前現識의 所現境故로 起七識中六種麁相이니 是는 釋經에 言境界風의 所動인 七識波浪轉之意也니라

別記 以有境界연고로 生六相者는 前細相中에 依能見하야 現境界요 非境界가 動能見이어니와 此後六相은 爲彼所現境界의 所動이요 非此六種이 能現彼經이니

라 別義如是어니와 通而言之컨대 彼亦還依自所現境이요 此還能作自所依境이니 今此論中에 宜就別門일새 故言有境界故로 生六種相이라하시니라

△次別釋中에 初之一相은 是第七識이요 次四相者는 在生起識이요 後一相者는 彼所生果也니라 初言智相者는 是第七識이니 麁中之始는 始有慧數分別我塵일새 故名智相이니라 如夫人經에 言於此六識과 及心法智에 此七法이 刹那不住라하시니 此言心法智者는 慧數之謂也니라 若在善道인댄 分別可愛法하야 計我我所하고 在惡道時엔 分別不愛法하야 計我我所일새 故言依於境界하야 心起分別하야 愛與不愛故也니라 具而言之인댄 緣於本識하야 計以爲我하고 緣所現境하야 計爲我所어니와 而今此中엔 就其麁顯일새 故說依於境界하야 心起라하시니라 又此境界가 不離現識함이 猶如影像이 不離鏡面이니 此第七識은 直爾

內向하야 計我我所요 而不別計心外有塵일새 故로 餘處에 說호대 還緣彼識이라하시니라

(別記云 但就我執之境일 새 故說緣識이요 除我所執境일 새 故로 不說亦緣境界니라.)

問이라 云何得知第七末那가 非但緣識이라 亦緣六塵고 答이라 此有二證하니 一은 依比量이요 二는 聖言量이니라 言此量者는 此意根이 必與意識으로 同境이니 是는 立宗也요 不共所依故니 是는 辨因也요 諸是不共所依가 必與能依로 同境이 如眼根等이니 是는 隨同品言也요 或時에 不同境者는 必非不共所依가 如次第滅意根等이니 是는 遠離言也니라 如是宗因譬喩가 無過일새 故知意根도 亦緣六塵也니라

別記 若言此意가 與意識으로 不必同緣者인댄 亦可眼與眼識도 不必同境이니 俱是不共所依故니라 眼等識根이 旣不得爾인댄 無同類故로 義不得成이니 若言此意가 非不共依者인댄 則無不共依하야 識不應起함이 如眼識等이니 只是自教의 相違過失이니라

如佛經에 說眼不壞故로 眼識이 得生이며 乃至意不壞故로 意識이 得生이라하야 乃至廣說하니라 又論에 說此不共依일새 故知此意가 但緣於識하고 不緣餘境은 是義不成이라하시니라

△若義是義인댄 能義意識이 緣意根時에 所依意根도 亦對自體하야 以有自證分이라 故로 無過며 亦緣自所相應心法하야 以無能障法이라 故로 得緣이니 諸心心所法이 皆證自體라 是故로 不廢同一所緣이니라 此義는 唯不通於五識이니 依色根起하야 不通利故로 但對色塵이요 非餘境故니라

別記 莊嚴論에 云己說求染淨하니 次說求唯識하리라 偈曰 能取及所取여 此二唯心光이로다 貪光及信光이여 二光無二法이라하시니 釋曰上半者는 求唯識人이니 應知能取所取가 唯是心光이니라 下半者는 如是貪等煩惱光과 及信等善法光이여 如是二光도 亦無染

淨二法이니 何以故오 不離心光코 別有貪等信等染淨法故니라 以此文證일새 故知諸心數法도 亦爲心光의 所照故로 不離心光이니 以不離心光故로 卽是心光也니라 如鏡中像이 鏡光所照라 是故로 此像이 不離鏡光이니 以不離故로 卽是鏡光인듯하야 當知此中道理도 亦爾니라 然雖似影像이나無別本法의所不緣者니 設有本法心數가 異影像心數者인댄 則同一所緣之義가 不成故니라

△聖言量者는 有經에 有하니 金鼓經에 言眼根은 受色하고 耳根은分別聲하며 乃至意根은 分別一切諸法이라하시니 大乘意根은 卽是末那라 故知偏緣一切法也니라 又對法論十種分別中에 言호대 第一相分別者는 謂身所居處와 所受用義니 彼復如其次第하야 以諸色根과 器世界色等境界로 爲相하며 第二相顯現分別者는 謂六識身과 及意니 如前所說하야 取相

而顯現故라하시니 此中五識은 唯現色等五塵이요 意識及意는 通現色根과 及器世界色等境界니라 設使末那가 不緣色根과 器世界等인댄 卽能現分別에 唯應取六識이어늘 而言及意일새 故知通緣也니라 且置傍論하고 還釋本文하리라 第二相續相者는 是生起識이니 識蘊이 是麁分別일새 徧計諸法하야 得長相續이니라 又能起愛取하야 引持過去諸行不斷하며 亦得潤生하야 能令未來果報相續이니라 依是義故로 名相續相이니 不同前說相續心也니라 依於智者는 依前智相爲根所生故로 所依가 是細니 唯一捨受가 能依是麁하야 具起苦樂일새 故言生起苦樂也니라 又所依智相은 內緣而住하야 不計外塵일새 故是似眠이요 此相續識은 徧計內外하야 覺觀分別이니 如似覺悟일새 以之故로 言覺心起念이니라 起念은 卽是法執分別이니 識蘊이 與此麁執相應하야 徧馳諸境일새 故言相應不斷故

也라하시니라 第三執取相者는 卽是受蘊이 以依識蘊하야 分別違順하야 領納苦樂일새 故言依於相續하야 乃至住苦樂等也라하시니 第四計名字相者는 卽是想蘊이 依前受蘊하야 分別違順等名言相일새 故言依妄執하야 乃至名言相故也라하시니라 第五起業相者는 卽是行蘊이 依於想蘊의 所取名相하야 而起思數하야 造作善惡일새 故로 言依於名字하야 乃至造種種業故也라하시니라 第六業繫苦相者는 依前行蘊의 所造之業하야 而受三有六趣苦果일새 故로 言依業受果하야 不自在故也라하시니라

△次는 麁相을 밝힘이라 그 中에 또한 二니 總標요 別釋이니라. 初에 以有境界緣이라 말한 것은 전 現識의 所現境을 依支한 故로 七識中 六種麁相을 일으키니 이는 經에 말씀한 境界風의 所動인 七識波浪轉이라는 뜻을 풀이함이다.

別記 境界緣이 있음을 쓴 故로 六相을 낸다는 것은 前의 細相中엔 能見을 依支하여 境界를 나타냄이요 境界가 能見을 動함이 아니거니와 이 後六相은 저 所現境界의 所動이 됨이요 이 六種이 저 經을 能現함이 아니니라. 別義는 이와 같거니와 通히 말하건대 저도

또한 도리어 自所現境을 依支함이요 이도 또한 能히 自所依境을 지음이니 이제 이 論中엔 마땅히 別門에 就할 새 故로 말하되 境界가 있는 故로 六種相을 生한다 하시니라.

△次는 別釋中에 初의 一相은 이 第七識이요, 다음 四相이란 것은 生起識에 있고 後 一相이란 것은 저의 所生한 果니라. 初에 智相이라 말한 것은 이 第七識이니 麁中의 始는 비로소 慧數의 分別하는 我塵이 있을 새 故로 智相이라 名함이니라. 저 夫人經에 말씀하되 이 六識과 心法智에 이 七法이 刹那도 머무르지 않는다 하시니 여기에 心法智라 말한 것은 慧數를 말함이니라. 만일 善道에 있을진대 可愛法을 分別하여 我와 我所를 計度하고 惡道에 있을 때엔 不愛法을 分別하여 我와 我所를 計度할 새 故로 境界를 依支하여 마음에 分別을 일으켜서 愛하고 더불어 不愛하는 연고라 말함이니라. 具體的으로 말할진대 本識을 因緣하여 計度해 써 我를 삼고 所現境을 因緣하여 計度해 我所를 삼거니와 이제 이 中엔 그 麁顯에 就할 새 故로 說하되 境界를 依支하여 心이 일어난다 하시니라. 또 이 境界가 現識을 여의지 않음이 마치 影像이 鏡面을 여의지 않음과 같으니 이 第七識은 바로 內向하여 我와 我所를 計度하고 心外에 塵이 있음을 別計하지 않을 새 故로 餘處에 說하되 또한 저 識을 因緣한다고 하시니라.38)

問이라 어떻게 第七 末那가 다만 識을 因緣 할 뿐 아니라 또한 六塵까지 因緣함을 알게 되는고? 答이라 이는 二證이 있으니 一은 依比量이요 二는 聖言量이니라. 比量이라 말한 것은 이 意根이 반드

38) 別記에 이르되 다만 我執의 境界에 就할 새 故로 識을 因緣한다고 說한 것이요 我所執境을 除할 새 故로 또한 境界에 因緣한다고 說하지 않음이니라.

시 意識과 더불어 境界가 같으니 이는 宗을 세움이요 所依가 같지 않은 연고니 이는 因을 辨함이요 모든 이 不共의 所依가 반드시 能依와 더불어 境界가 같음이 眼根 等과 같으니 이는 同品을 따라 말함이요, 或時에 境界가 같지 않은 것은 반드시 不共의 所依가 아닌 것이 次第로 意根을 滅한 等과 같으니 이는 遠離로 말함이니라. 이와 같은 宗·因·譬喩가 허물이 없을 새 故로 알라 意根도 또한 六塵을 因緣함이니라.

別記 만일 이 意가 意識과 더불어 반드시 同緣하지 않는 것이라 말할진대 또한 可히 眼과 더불어 眼識도 반드시 境界가 같지 않을 것이니 모두 이 不共의 所依인 연고니라. 眼 等 識根이 이미 그러함을 얻지 못할진대 同類가 없는 故로 義가 成立함을 얻지 못하느니 만일 이 意가 共依치 않음이 아니라고 말할진대 共依치 않음이 없어서 識이 應當 일어나지 않음이 眼識 等과 같으니 다만 이 自敎의 相違過失이니라. 저 佛經에 說하되 眼이 壞하지 않는 故로 眼識이 得生하며 乃至 意가 壞하지 않는 故로 意識이 得生한다 하여 乃至 廣說하니라. 또 論에 說하되 이것이 共依치 않을 새 故로 알라. 이 義가 다만 識을 因緣하고 餘境을 因緣하지 않는다 함은 이 義가 成立하지 못한다 하시니라.

△만일 이 義를 依支할진대 能依의 意識이 意根을 因緣할 때 所依의 意根도 또한 自體를 對하여 써 自證分이 있는지라 故로 허물이 없으며 또한 스스로 相應하는 바 心法을 因緣하여 써 能障法이 없는지라 故로 因緣함을 얻으니 모든 心과 心所法이 모두 自體를 證한지라 이런 故로 同一한 所緣을 廢하지 않느니라. 이 義는 오직

五識에 通하지 않으니 色根을 일으켜 通利하지 못한 故로 다만 色塵만을 對하고 餘境이 아닌 연고니라.

別記 莊嚴論에 이르되 이미 染淨을 求함을 說했으니 다음 唯識을 求함을 說하리라. 偈에 이르되 能取와 所取여 이 二가 오직 心光이로다 貪光과 信光이여 二光이 두 法이 없다 하시니 풀이해 이르되 上半은 唯識을 求하는 사람이니 應當 알라. 能取와 所取가 오직 이 心光이니라. 下半은 이와 같은 貪 等 煩惱光과 信 等 善法光이여 이와 같은 二光도 또한 染淨 二法이 없으니 어찌 쓴 연고뇨. 心光을 여의고 別로 貪 等 信 等의 染淨法이 있지 않은 연고니라. 이 文으로써 證明할 새 故로 알라. 모든 心數法도 또한 心光의 所照가 되는 故로 心光을 여의지 않으니 心光을 여의지 않음을 쓴 故로 곧 이 心光이니라. 마치 鏡中像이 鏡光의 所照라 이런 故로 이 像이 鏡光을 여의지 않으니 여의지 않음을 쓴 故로 곧 이 鏡光임과 같아서 마땅히 알라. 此中道理도 또한 그러하니라. 그러하게 비록 影像과 같으나 本法의 因緣하지 않는 바와 다름이 없는 것이니 設使 本法心數가 影像心數와 다름이 있을진대 同一한 所緣의 義가 成立하지 못하는 연고니라.

△聖言量이란 것은 어떤 經에 있으니 金鼓經에 말씀하되 眼根은 色을 받고 耳根은 聲을 分別하여 乃至 意根은 一切諸法을 分別한다 하시니 大乘의 意根은 곧 이 末那라 故로 알라 一切法에 徧緣하느니라. 또 對法論 十種 分別中에 말하되 第一 相分別이란 것은 身의 所居處와 所受用의 義를 말함이니 저가 또 그 次第와 같이 하여 모든 色根과 器世界와 色等 境界로써 相을 삼으며 第二 相顯分別이란

것은 六識의 身과 意를 말함이니 前의 說한 바와 같아서 相을 取해 顯現하는 연고라 하시니 이 中에 五識은 오직 色等의 五塵만을 나타내고 意識과 意는 色根과 器世界의 色等 境界를 通現하느니라. 設使 末那가 色根과 器世界 等을 因緣치 않을진대 能現分別에 오직 應當 六識만을 取하여야 할 것이거늘 及意라 말할 새 故로 알라 通緣함이니라. 아직 傍論은 두고 또한 本文을 풀이하리라. 第二 相續相이란 것은 이 生起識이니 識蘊이 이 麁分別일 새 諸法을 徧計하여 永遠히 相續함을 얻느니라. 또 能히 愛取를 일으켜 過去 諸行을 引持해 끊어지지 않게 하며 또한 潤生함을 얻어서 能히 未來의 果報로 하여금 相續케 하느니라. 이 義를 依支한 故로 相續相이라 名하니 前에 說한 相續心과는 不同하니라. 依於智란 것은 前의 智相이 根이 되어 所生임을 依支한 故로 所依가 이 微細함이니 오직 한 捨受가 能히 이 麁를 依支하여 苦樂을 具起할 새 故로 生起苦樂이라 말함이니라. 또 所依인 智相은 內로 因緣에 住하여 外塵을 計度하지 않을 새 故로 이 眠과 같은 것이요 이 相續識은 內外를 徧計하여 覺觀分別이 마치 覺悟와 같을 새 이를 쓴 故로 覺心起念이라 말함이니라. 起念은 곧 이 法執分別이니 識蘊이 이 麁執과 더불어 相應하여 諸境에 徧馳할 새 故로 말하되 相應不斷하는 연고라 하시니라. 第三 取執相이란 것은 곧 이 受蘊이 써 識蘊을 依支하여 違順을 分別해서 苦樂을 領納할 새 故로 말하되 相續을 依支하여 乃至 苦樂에 住하는 等이라 하시니라. 第四 計名字相이란 것은 곧 이 想蘊이 前의 受蘊을 依支하여 違順 等 名言相을 分別할 새 故로 말하되 妄執을 依支하여 乃至 名言相故라 하시니라. 第五 起業相이란 것은 곧 이 行蘊이 想蘊의 所取인 名相을 依支하여 思數를 일으켜서 善惡을 造作할 새 故로 말하되 名字를 依支하여 乃至 種種業을 짓는 연고라 하시니라. 第六 業繫苦相이란 것은 前에 行蘊의 所造한 業을 依支하여 三有 六趣의 苦果를 받을 새 故로 말하되 業을 依支해 果를 받아서 自在하지 못한 연고라 하시니라.39)

○當知無明이 **能生一切染法**이니 **以一切染法**이 **皆是不覺相故**니라

○마땅히 알라 無明이 能히 一切染法을 내니 一切染法이 모두 이 不覺相임을 쓴 연고니라.

△第三總結이라 **如前所說**하야 **六種麁相**은 **依於現相**의 **所現境起**요 **三種細相**은 **親依無明**이니 **如是六**

39) 此는 緣生의 相을 徵釋하여 結末歸本함이다. 初二句는 前을 躡해 總標함이요 云何下는 六相을 徵釋함이요 當知下는 結末歸本이다. 智相이라 말한 것은 先所現境에 虛妄을 了達하지 못하고 無相中에 逆順을 分別하는 相을 妄生할 새 故로 智相이라 名함을 말한 것이다. 相續相이란 것은 先에 分別한바 順愛의 境에 마음이 喜樂을 내고 逆不愛境에 마음이 憂苦를 내어서 逆順苦樂이 念念相應하여 間斷치 않을 새 相續相이라 名함을 말한 것이다. 執取相이란 것은 先에 緣念한바 逆順의 境에 苦樂을 住持하는 마음이 虛無를 了達하지 못하고 깊이 取着을 낼 새 執取相이라 名함을 말한 것이다. 計名字相이란 것은 先에 執取한바 虛妄心境을 依支하여 假名言相을 分別할 새 計名字相이라 云함을 말한 것이다. 上來四相은 만일 我法二執에 配하면 前二는 法執이요 後二는 我執이다. 만일 惑業苦三에 配하면 四相은 다 惑에 屬하고 下二는 곧 業苦二相이다. 起業相이란 것은 先에 分別한바 假名言相에 尋名取着해서 身口를 發動하여 種種業을 지을 새 起業相이라 名함을 말한 것이다. 業繫苦相이란 것은 先에 지은바 善惡 等 業을 依支하여 苦樂 等 報를 받아서 三界에 輪回하여 永遠히 生死에 結縛해서 自在하지 못한 故로 業繫苦相이라 名함을 말한 것이다.

三이 總攝諸染일새 是故로 當知無明住地가 能生一切染法根本이니라 以諸染相이 雖有麁細나 而皆不覺諸法實相이니 不覺之相이 是無明氣라 故로 言一切染法이 皆是不覺相故라하시니라

第二는 依義別解가 有三分內에 第一은 略明功能이요 第二는 廣顯體相이니 如是二分은 竟在於前하다

△第三 總結이라 前의 說한 바와 같아서 六種麁相은 現相의 所現한 境을 依支해 일어남이요 三種細相은 無明을 依支함이니 이와 같은 六·三이 諸染을 總攝할 새 이런 故로 마땅히 알라 無明住地가 能히 一切染法을 내는 根本이니라. 모든 染相이 비록 麁細가 있으나 모두 諸法의 實相을 不覺함이니 不覺의 相이 이 無明의 氣라 故로 말하되 一切染法이 모두 不覺相인 연고라 하시니라.

第二는 依義別解가 三分이 있는 內에 第一은 功能을 略明함이요 第二는 體相을 廣顯함이니 이와 같은 二分은 앞에서 마쳤다.[40)]

○復次覺與不覺이 有二種相하니 云何爲二오 一者는

---

40) 已上九相은 비록 麁細가 不同하고 心境이 各別하나 다 根本無明이 眞如를 了達하지 못함으로 因해 일어난지라 故로 이르되 無明이 能히 一切染法을 낸다고 한 것이다. 以一切下는 無明의 生法하는 까닭을 轉釋함이다. 대개 써 三細六麁가 一切染法을 總攝함이니 染法이 비록 많으나 다 이 不覺差別의 相이다. 故로 알라. 染法이 모두 無明을 由해 生하는 것이다. 生起의 義를 밝힘은 마쳤다.

同相이요 二者는 異相이니라 言同相者는 譬如種種瓦器가 皆同微塵性相인듯하야 如是無漏無明의 種種業幻이 皆同眞如性相이니라 是故로 脩多羅中에 依於此眞如義故로 說一切衆生이 本來常住하야 入於涅槃이요 菩提之法도 非可修相이며 非可作相이라 畢竟無得이며 亦無色相可見이로대 而有見色相者는 唯是隨染業幻所作이요 非是智色不空之性이니 以智相이 無可見故라하시니라 言異相者는 如種種瓦器가 各各不同인듯하야 如是無漏無明이 隨染幻差別이며 性染幻差別故니라

○復次 覺과 더불어 不覺이 二種相이 있으니 어떤 것이 二가 되는고? 一은 同相이요 二는 異相이니라. 同相이라 말한 것은 譬喩컨대 갖가지 瓦器가 모두 微塵性相과 同一함과 같아서 이와 같은 無漏와 無明의 갖가지 業幻이 모두 眞如性相과 같으니라. 이런 故로 脩多羅 中에 이 眞如의 義를 依支한 故로 說하되 一切衆生이 本來 常住하여 涅槃에 들어감이요 菩提의 法도 可修의 相이 아니며 可作의 相이 아니라 畢竟에 얻을 것이 없으며 또한 色相을 可히 볼 것이 없되 色相을 봄이 있는 것은 오직 隨染業幻으로 지은 바요 이 智色不空의 性

이 아니니 智相이 可히 볼 수 없음을 쓴 연고라 하시니라. 異相이라 말한 것은 갖가지 瓦器가 各各 不同함과 같아서 이와 같은 無漏와 無明이 隨染幻으로 差別이며 性染幻으로 差別인 연고니라.

△第三은 明同異相이라 此中에 有三하니 總標요 列名이요 次第辨相이니라 辨相之中에 先明同相이라 於中에 有三하니 一者는 引喩요 二者는 合喩요 三者는 引證이니라 第二中에 言無漏者는 本覺始覺也요 無明者는 本末不覺也니 此二가 皆有業用顯現이요 而非定有일새 故名業幻이니라 第三中에 言本來常住하야 入於涅槃菩提法者는 如大品經에 言以是智慧로 斷一切結하야 使入無餘涅槃이 元是世俗法이요 非第一義니라 何以故오 空中에 無有滅이며 亦無使滅者니 諸法畢竟空이 卽是涅槃故라하시니라 又言何義故로 爲菩提오 空義가 是菩提義며 如義法性義實際義가 是菩提義니라 復次諸法實相이 不誑不異가 是菩提義故라하시니 當知此中엔 約於性淨菩提와 本來清淨涅槃일새

故諸衆生이 本來入也니라 非可修相者는 無因行故요 非可作相者는 無果起故요 畢竟無得者는 以無能得者하야 無得時며 無得處故니라 亦無以下는 猶是經文이 而非此中所證之要로대 但是一處相續之文일새 是故로 相從引之而已니라 明異相中에 先喩後合이니 合中에 言隨染幻差別者는 是無漏法이요 性染幻差別者는 是無明法이니라 何者오 本末無明은 違平等性일새 是故로 其性이 自有差別이어니와 諸無漏法은 順平等性이라 直置其性에 應無差別이로대 但隨染法差別之相일새 故說無漏가 有差別耳니라 謂對業識等染法差別일새 故說本覺의 恒沙性德이요 又對治此諸法差別일새 故成始覺의 萬德差別이니라(別記云 是故無漏가 但隨彼染하야 而有差別이요 不由自性하야 有差別也니라)

然이나 如是染淨이 皆是相待라 非無顯現이로대 而非是有일새 是故로 通名幻差別也니라

上來廣釋立義分中에 是心生滅은 竟在於前하다

△第三은 同異의 相을 밝힘이라 이 中에 三이 있으니 總標요 列名이요 次第로 辨相함이니라. 辨相한 中에 同相을 먼저 밝힘이라 그 中에 三이 있으니 一은 引喩요 二는 合喩요 三은 引證이니라. 第二中에 無漏라 말한 것은 本覺과 始覺이요 無明이란 것은 本末不覺이니 이 二가 모두 業用으로 顯現함이 있고 定有가 아닐 새 故로 業幻이라 名함이니라. 第三中에 本來 常住하여 入於涅槃菩提法이라 말한 것은 저 大品經에 말씀하되 이 智慧로써 一切의 매듭을 끊어 하여금 無餘涅槃에 들게 함이 元來 이 世俗法이요 第一義가 아니니라. 어찌 쓴 연고뇨? 空中에 滅이 없으며 또한 하여금 滅하게 할 것도 없으니 諸法의 畢竟空이 곧 이 涅槃인 연고라 하시니라. 또 말씀하되 何義인 故로 菩提가 되는고 空義가 이 菩提의 義며 如義와 法性義와 實際義가 이 菩提의 義니라. 復次 諸法實相이 속이지도 않고 다르지도 않음이 이 菩提의 義인 연고라 하시니 마땅히 알라. 이 中엔 性淨菩提와 本來淸淨涅槃을 잡을 새 故로 모든 衆生이 本來 入함이니라. 非可修相이란 것은 因行이 없는 연고요 非可作相이란 것은 果가 일어남이 없는 연고요 畢竟無得이란 것은 써 能得者가 없어서 얻을 때도 없으며 얻을 곳도 없는 연고니라. 亦無以下는 오히려 이 經文이요 이 中의 證明할 바 要가 아니로되 다만 이 一處에 相續한 文일 새 이런 故로 서로 좇아 引用했을 따름이니라. 異相을 밝힌 中에 先喩요 後合이니 合中에 隨染幻差別이라 말한 것은 이 無漏法이요 性染幻差別이란 것은 이 無明法이니라. 무슨 까닭인고? 本末無明은 平等性을 어길 새 이런 故로 그 性이 스스로 差別이 있거니와 모든 無漏法은 平等性을 順한지라 바로 그 性을

둠에 應當 差別이 없을 것이로되 다만 染法差別의 相을 따를 새 故로 無漏가 差別이 있다고 說함이니라. 業識 等 染法의 差別을 對할 새 故로 本覺의 恒沙性德을 說한 것이요 또 이 諸法의 差別을 對治할 새 故로 始覺의 萬德差別을 이룸을 말함이니라.41)

그러나 이와 같은 染淨이 모두 이 相待라 顯現함이 없지 않되 이 있는 것이 아닐 새 이런 故로 通히 幻差別이라 名함이니라.

上來에 立義分中에 是心生滅을 廣釋함은 앞에서 마쳤다.42)

---

41) 別記에 이르되 이런 故로 無漏가 다만 저 染을 따라서 差別이 있고 自性을 由하여 差別이 있는 것이 아니니라.

42) 此는 譬喩를 引用하여 覺과 더불어 不覺의 同異의 相을 밝힘이니라. 復次下는 二相을 總標함이요 云何下는 二相을 徵列함이요 同相下는 譬喩를 引用해 二相을 釋成함이다. 同相이라 말한 것은 譬喩컨대 瓦器가 비록 精麁各別하나 그러나 本性과 더불어 相은 微塵과 다르지 않음과 같으니 써 本覺無漏가 無明有漏와 더불어 種種相用이 비록 染淨은 不同하나 그러나 性相은 다 眞如와 같음을 比況한 것이다. 故로 同相이라 云했다. 이 染淨相用이 모두 眞如와 같음을 쓴 故로 契經의 中에 이 同義를 依支하여 衆生이 本入涅槃이라 說한 것이다. 菩提도 可히 修得할 것이 아니며 用相도 또한 可히 볼 수 없는지라 故로 淨名經에 이르되 一切衆生이 곧 涅槃相이라 또다시 滅할 것이 없다고 하며 首楞嚴에 이르되 勝淨明心이 本來 法界에 周徧하여 人으로 좇아 얻지 않음이니 어찌 劬勞해 肯綮히 修證함을 假藉하리오 하며 圓覺經에 이르되 저 圓覺性은 지어서 얻음이 아닌 연고라 하며 般若經에 이르되 智도 없고 얻음도 없다 하며 또 經에 이르되 佛果는 色聲의 功德이 없고 오직 如如와 如如智가 獨存이라 하시니 이미 色聲功德이 없거늘 色相을 봄이 있는 것은 오직 衆生의 染業을 따라 幻力으로 지은 바요 智性에 色相을 可히 볼 것이 있음이 아니니 智相은 可히 볼 것이 없는 연고다. 異相下는 먼저 譬喩로써 다름을 밝히고 다음 法으로써 合顯함이다. 瓦器의 갖가지로 不同함을 말한 것은 써 染淨相用의 各各 差別을 比況함이다. 隨染幻差別이라 말한 것은 無量한 淨功德相이 모두 翻染을 따라 所成임을 말한 것이다. 故로 前에 이르되 相續心相을 滅하고 智淨相을 낸다고 하며 下에 이르되 만일 心이 動함이 있으면 恒沙에 지나는 等 妄染의 義가 갖추어 있음이니 이 義를 對한 故로 心性이 無動이면 恒沙에 지나는 等 모든 淨功德相義의 示現함이 있다 하시니 이는 德相에 就하여 써 隨染幻差別을 밝힘이거니와 만일 業用에 就한다면 비록 智相이 可히 볼 것이 없으나 衆生의 染業을 따라 幻力으로 보는 바가 스스로 報應의 色相不同함이 있을 새 故로 前에 이르되 衆

△此下는 第二釋其因緣이라 於中에 有二하니 先明生滅의 依因緣義요 後顯所依의 因緣體相이니라

△初中에 亦二니 總標요 別釋이니라

△此下는 第二에 그 因緣을 풀이함이라 그 中에 二가 있으니 先은 生滅의 依因緣의 義를 밝힘이요 後는 所依의 因緣體相을 나타냄이니라

△初中에 또한 二니 總標요 別釋이니라.

○復次生滅因緣者는 所謂衆生이 依心하야 意와 意識이 轉故니라

復次 生滅因緣이란 것은 所謂 衆生이 心을 依支하여 意와 意識이 轉하는 연고니라.

△初中에 言因緣者는 阿梨耶心體가 變作諸法이 是生滅因이요 根本無明이 熏動心體가 是生滅緣이니라 又復無明住地의 諸染根本이 起諸生滅일새 故說爲因이요 六塵境界가 能動七識의 波浪生滅이 是生滅

生根을 따라서 自然히 相應하여 갖가지로 나타내서 利益을 얻는다 하였다. 性染幻差別이라 말한 것은 三細와 六麁의 一切妄染이 모두 無明이 平等理를 迷함을 由해 生할새 이런 故로 그 性이 스스로 이 差別임을 말한 것이다. 故로 下文에 이르되 眞如는 本一이로되 無量無邊한 無明이 從本已來로 自性이 差別함이 있다 하였다. 故로 性染幻差別이라 云한 것이다.

緣이니 依是二義하야 以顯因緣이니라 諸生滅相이 聚集而生일새 故名衆生이라 而無別體요 唯依心體일새 故言依心이니 卽是梨耶의 自相心也니라 能依衆生은 是意意識이니 以之故로 言意意識轉이라하시니라

初中에 因緣이라 말한 것은 阿梨耶心體가 諸法을 變作함이 이 生滅因이요 根本無明이 心體를 熏動함이 이 生滅緣이니라. 또 다시 無明住地의 諸染根本이 모든 生滅을 일으킬 새 故로 因이 된다 說함이요 六塵境界가 能히 七識의 波浪生滅을 動함이 이 生滅緣이이 二義를 依支하여 써 因緣을 나타냄이니라. 모든 生滅相이 모아들여 生할 새 故로 衆生이라 名함이라 別體가 없고 오직 心體만을 依支할 새 故로 依心이라고 말함이니 곧 이 梨耶의 自相心이니라. 能依衆生은 이 意와 意識이니 이를 쓴 故로 말하되 意와 意識이 轉한다 하시니라.43)

△以下는 別釋이라 於中에 有三하니 先釋依心이요 次釋意轉이요 後釋意識轉이니라

△以下는 別釋이라 그 中에 三이 있으니 先은 依心을 풀이함이요 次는 意轉을 풀이함이요 後는 意識轉을 풀이함이니라.

---

43) 此는 生滅因緣의 義를 밝혀서 써 立義分中의 是心生滅因緣을 풀이함이다. 初一句는 前章을 總牒함이요 所謂下는 生起의 因緣을 別明함이다. 生起因緣이라 말한 것은 本覺이 因이 되고 不覺이 緣이 되거든 이 二가 和合하여 意와 意識을 生起함을 말함이니 써 衆生을 잡아서 生起를 說한 연고다. 故로 이르되 衆生이 心을 依支하여 意와 意識이 轉이라 한 것이니 轉이란 것은 起다.

○此義云何오 以依阿賴耶識하야 說有無明하니

이 義가 무엇인고? 써 阿黎耶識을 依支하여 無明이 있다 說하니

△初中에 言阿黎耶識者는 是上說心이니 卽是生滅之因이요 說有無明者는 在梨耶識이니 卽是生滅之緣이니라 欲明依此因緣하야 意와 意識이 轉일새 故言以依阿梨耶識하야 說有無明이니라 上總標中엔 略標其因일새 是故로 但言依心이어니와 此別釋中엔 具顯因緣일새 故說亦依梨耶識內의 所有無明也니라

(別記云 當知無明住地는 非七識攝이며 亦非爲彼所熏種子니라)

△初中에 阿梨耶識이라 말한 것은 이 上에 說한 心이니 곧 이 生滅의 因이요 說有無明이란 것은 梨耶識에 있으니 곧 이 生滅의 緣이니라. 이 因緣을 依支하여 意와 意識이 轉함을 밝히고자 할 새 故로 말하되 써 阿梨耶識을 依支하여 無明이 있다 說함이니라. 上의 總標中엔 그 因을 略標할 새 이런 故로 다만 依心이라 말했거니와 여기 別釋中엔 因緣을 具顯할 새 故로 說하되 또한 梨耶識內의 있는바 無明을 依支한다 한 것이니라.44)

---

44) 此義下는 上義를 徵起함이니 이 心을 依支하여 意와 意識의 轉이 있다는 義의 云何를 말함이요 以依下는 上義를 釋成함이다. 問이라 前엔 覺을 依支하여 不覺이 있다고 일렀거늘 어찌 이엔 梨耶를 依支해 無明이 있다고 일렀느냐? 答이라 梨耶識體가 곧 如來藏이니 곧 이에 梨耶를 依支하여 無明이 있다고 云함은 곧 如來藏을 依支하여 無明이 있음이니 故로 서로 어기지 않는 것이다. ○梨耶란 것은 이 上의 說한바 心이니

(別記에 이르되 마땅히 알라. 無明住地는 七識의 攝이 아니며 또한 저의 所熏한 種子도 아니다.)

○不覺而起하야 能見하며 能現하며 能取境界하야 起念相續일새 故說爲意니라 此意가 復有五種名하니 云何爲五오 一者는 名爲業識이니 謂無明力으로 不覺心動故요 二者는 名爲轉識이니 依於動心하야 能見相故요 三者는 名爲現識이니 所謂能現一切諸境가 猶如明鏡이 現

곧 이 生滅의 因이요 無明이란 것은 梨耶識 二義中에 이것이 이 不覺의 義니 곧 生滅의 因緣이다. 이 因緣을 依支하여 意와 意識이 轉함을 밝히고자 한 연고다. 故로 以依等이라 말한 것이다. 上總中엔 그 因을 略指할 새 故로 다만 依心이라 말했거니와 이 別釋中엔 因緣을 具顯할 새 故로 依心及無明이라 말한 것이다. 問이라 上엔 說하되 覺을 依支해 不覺이 있고 이 不覺力을 由한 故로 저 心體를 動하여 하여금 起滅和合케 하여야 바야흐로 梨耶業相 等 識이 있다 하였거늘 무슨 까닭으로 이 中엔 梨耶를 依支하여 無明이 있다고 說했느냐? 答이라 이는 三種이 있으니 一은 梨耶를 由하여 二種義가 있는 연고니 無明이 저 眞心을 動함을 由하여 이 梨耶를 이룸을 말함이다. 또 곧 이 梨耶가 또한 도리어 저 無明과 더불어 依支가 되어서 써 서로 여의지 않는 연고다. 무슨 까닭인고? 迷를 依支해 似를 일으키는 故로 곧 이 眞心을 動하여 業識을 이루고 似를 迷해 實을 삼는 故로 곧 이 梨耶를 依支해 無明이 있음을 말한 것이다. 二는 이르되 梨耶로써 二義가 있음이니 覺과 더불어 不覺을 말함이다. 前엔 別로 本에 就해 說할 새 故로 이르되 覺을 依支해 不覺이 있다고 했거니와 今엔 都位에 就해 論한 故로 이르되 梨耶를 依支해 無明이 있다고 한 것이다. 이는 곧 二義中에 不覺의 義가 正히 梨耶中에 있는 故로 義라 說한 것이다. 三은 이르되 此中正意는 오직 眞心隨緣의 義를 取함이니 이 隨緣의 義는 名目하기 어려우니 故로 或 未起에 就하여 依眞如 有無明이 있음이라 說한 것이요 或 成就起已를 잡아서 依梨耶 有無明이라 說한 것이다. 그러나 이 二名이라야 바야흐로 그 義를 다함이다. 이런 故로 文中에 前後가 綺互로 말한 것이다.

於色像인듯하야 現識도 亦爾하야 隨其五塵하야 對至卽現하야 無有前後라 以一切時에 任運而起하야 常在前故로 四者는 名爲智識이니 謂分別染淨法故로 五者는 名爲相續識이니 以念相應不斷故로 住持過去無量世等善惡之業하야 令不失故며 復能成熟現在未來苦樂等報하야 無差違故로 能令現在已經之事로 忽然而念하고 未來之事로 不覺妄慮하나니 是故로 三界虛僞하야 唯心所作이라 離心하면 則無六塵境界가 此義云何오 以一切法이 皆從心起하야 妄念而生이라 一切分別이 卽分別自心이니 心不見心이라 無相可得이니라 當知世間一切境界가 皆依衆生의 無明妄心하야 而得住持라 是故로 一切法이 如鏡中像하야 無體可得이요 唯心虛妄이니 以心生則種種法이 生하고 心滅則種種法이 滅故니라

◯不覺이 일어나 能히 보며 能히 나타내며 能히 境界를 取하여 생각이 일어남이 相續할 새 故로 意가 된다고 說함이니라.45)

45) 不覺而起라 말한 것은 不覺을 依支한 故로 心이 妄起함을 말함이니 起는 곧 이 動이요 動은 곧 業相이다. 能見과 能現은 곧 轉과 現의 二相이다. 能取境界하여 起念相

이 意가 또 五種의 名이 있으니 어떤 것이 五가 되는고? 一은 이름이 業識이 되니 無明의 힘으로 不覺에 心이 動함을 말한 연고요 二는 이름이 轉識이 되니 動心을 依支하여 能히 相을 보는 연고요 三은 이름이 現識이 되니 所謂 能히 一切境界를 나타냄이 마치 明鏡이 色像을 나타냄과 같아서 現識도 또한 그러하여 그 五塵을 따라서 對가 이름에 곧 나타나 前後가 없는지라 써 一切時에 뜻을 좇아 일어나 늘 앞에 있는 연고요 四는 이름이 智識이 되니 染淨法을 分別함을 말한 연고요 五는 이름이 相續識이 되니 念이 相應해 不斷함을 쓴 故로 過去 無量世 等 善惡의 業을 住持하여 하여금 잃지 않게 하는 연고며 또 能히 現在와 未來의 苦樂 等 報를 成熟하여 差違가 없는 故로 能히 現在의 已經한 일로 하여금 忽然히 생각하고 未來의 일로 不覺에 妄慮하게 하니 이런 故로 三界가 虛僞하여 唯心으로 지은 바라 心을 여의면 六塵境界가 없느니라.46)

續은 곧 智相과 相續相이다. 故說爲意는 上義를 總結함이다. 意識을 말하지 않은 것은 後文에 갖추어 있다. 이는 覺을 依支해 不覺이 있고 不覺을 依支해 三細와 四麁를 發起함이다. 故로 이르되 衆生이 依心하여 意와 意識이 轉이라 한 것이다. 그러나 이는 梨耶를 依支해 無明이 있다고 說함이거니와 上엔 오직 依心이라 云한 것은 文이 影略이다. 대개 單眞은 不生이라 반드시 眞妄이 和合하여야 意가 바야흐로 得生할 새 故로 上엔 依心이라 云하고 이엔 梨耶를 依支해 無明이 있다고 云한 것이다.

46) 此는 五意를 詳明하여 一心에 歸結함이다. 初一句는 五名을 總標함이요 云何下는 五相을 徵釋함이다. 業識이라 말한 것은 無始無明이 眞如를 不覺함을 由하여 心이 妄動할 새 이름이 業識이 됨을 말한 것이다. 動心을 依支하여 能見을 轉成할 새 이름이 轉識이 되고 能見을 依하여 一切境을 現함이 明鏡을 依하여 대개 서 鏡이 스스로 나타나지 않는지라 像을 對해 나타남이 마치 心이 스스로 나타나지 않는지라 境을 對해 곧 나타남과 같을 새 故로 이르되 그 五塵을 따라서 對가 이름에 곧 나타나 前後가 없다고 한 것이다. 그러나 心을 由해 境을 나타냄은 實로 一切에 通함이거늘 五塵만 말한 것은 아직 麁顯을 들어서 써 色像에 合한 것이다. 以一切下는 對至卽現의 까닭을 釋成함이니 대개 이 現識이 一切時에 뜻을 좇아 일으켜 六·七 二識의 有時間斷함과

이 義가 무엇인고? 써 一切法이 心으로 좇아 일어나 妄念으로 生한지라 一切分別이 곧 自心임을 分別함이니 心이 心을 보지 못하는지라 相을 可히 얻을 것이 없느니라. 마땅히 알라. 世間 一切境界가 다 衆生의 無明妄心을 依支하여 住持함을 얻는지라 이런 故로 一切法이 鏡中像과 같아서 體를 可히 얻을 것이 없고 唯心인지라 虛妄함이니 써 心이 生한즉 갖가지 法이 生하고 心이 滅한즉 갖가지 法이 滅하는 연고니라.47)

不同할 새 常在前이라 云한 것이니 그 常在前함을 쓴 고로 경을 대함에 곧 나타난다. 己上三相은 다 본식에 속할 새 고로 細가 된다고 명한 것이요 自此己下는 事識에 屬할 새 故로 麁가 된다고 名한 것이다. 智識이라 말한 것은 染淨의 法에 뜻을 좇아 分別할 새 이름이 智識이 됨을 말한 것이니 이는 곧 俱生法執이다. 相續識이란 것은 分別의 心이 染淨의 法과 더불어 念念相應하여 間斷이 없을 새 이름이 相續識임을 말한 것이다. 이는 自體相續을 잡음이니 곧 分別法執이다. 住持下는 他로 하여금 相續하게 함을 잡은 것이니 過去無量世 等 善惡의 業이 모두 이 識의 起惑潤生함을 由하여 하여금 住持不失케 함을 말한 것이니 이는 煩惱가 能히 己熟한 業을 潤生하여 不失케 함이 마치 水가 種子를 潤生하여 하여금 焦亡치 않게 함과 같은 것이다. 또 現在와 未來의 苦樂 等 報가 未成熟한 것은 다시 이 識의 起惑潤生함을 由하여 그로 하여금 成熟해 差違가 없는 것이다. 그러나 이 事識은 오직 能히 三世業果로 하여금 成熟無失케 할 뿐 아니라 또한 다시 能히 己經과 未來 三世의 事로 하여금 念慮가 不亡케 할 새 故로 相續識이라 名한 것이다. 是故下는 一心에 結歸함이니 써 動心이 三世善惡業報를 能成하는 연고다. 故로 說하되 三界虛僞하여 唯心所作이라 한 것이다. 虛僞라 말한 것은 써 三界의 相이 動心의 所作을 由한 故로 虛而不實이요 僞而不眞인 것이다. 三界가 이미 唯心作이라면 만일 動心을 여의고는 六塵境界가 없는 것이다. 그러나 生起를 順結함에 다만 三界라 말하고 還滅을 反結함에 오직 六塵이라 云한 것이니 綺互로 말함이다. 實은 生滅이 모두 一切에 通함이다. ○轉識은 二가 있으니 만일 無明의 所動으로 能見을 轉成함에 就할진대 本識中에 있거니와 만일 그 境界의 所動으로 能見을 轉成한 것일진대 事識中에 있으니 此中轉相은 初義를 잡은 것이다. ○이 五義를 依支하여 次第로 依支를 轉成하니 이 義를 依支해 意識 等을 生할 새 故로 意가 된다고 說한 것이다. 故로 攝論에 이르되 意는 轉生依支로써 義가 된다 하였다.

47)(此는 生滅의 義를 徵釋하여 써 諸法의 由心生滅을 밝힘이다. 初一句는 前 生滅의 義를 徵問함이니 이 依心作境과 離心無境의 義의 어떠함을 말한 것이다. 以一下는 上義

△次釋意轉이라 於中에 有三하니 一者는 略明意轉이요 二者는 廣顯轉相이요 三者는 結成依心之義니라 初中에 卽明五種識相이니 不覺而起者는 所依心體가 由無明熏하야 擧體起動이니 卽是業識也니라 言能見者는 卽彼心體가 轉成能見이니 是爲轉識이니라 言能現者는 卽彼心體가 復成能現이니 卽是現識이니라 能取境界者는 能取現識의 所現境界니 是爲智識이니라 起

를 釋成함이니 諸法이 能히 自生하지 못하는지라 모두 心念으로 좇아 生함을 말한 것이다. 故로 이르되 三界虛僞하여 唯心所作이라 한 것이니 諸法이 이미 心으로 좇아 生이라면 一切分別이 곧 自心을 分別함이다. 故로 經에 이르되 自心으로 自心을 取한다 하였다. 이미 分別法이 곧 分別心이라면 만일 心을 分別하지 않으면 相을 可히 얻을 것이 없다. 故로 이르되 心을 여의면 六塵境界가 없다 한 것이다. 이로 말미암아 世間 一切境界가 다 無明力을 依支하여 任持하고 業識에 託하여 安住함을 안다. 故로 이르되 모두 衆生의 無明妄心을 依支하여 住持함을 얻는다 한 것이다. 이 法이 妄心을 依支해 住持함을 쓴 故로 곧 法이 自性이 없다. 故로 比喩해 이르되 鏡中像과 같아서 體를 可히 얻을 것이 없다 하였다. 이미 體를 可히 얻을 것이 없다면 諸法이 唯心妄有임을 아는 것이다. 어찌 써 諸法이 唯心妄有인고? 以心生下는 唯心妄有의 까닭을 풀이하여 生滅을 結成함이니 대개 써 心生하면 法生하고 心滅하면 法滅한다. 故로 알라. 諸法이 唯心妄有요 體를 可히 얻을 것이 없는 것이다. ○無明은 根本이요 妄心은 業識이요 써 一切境界가 이를 由해 이룸은 곧 現識 等이요 만일 無明이 未盡已還은 이 識이 住持하여 境界가 쉬지 못하니 이는 곧 相續心을 結함이다. ○問이라 上에 說한 生滅은 結過가 無明에 屬했거늘 이 文에 因緣을 辨함은 어찌하여 心에 結屬했느냐? 答이라 前엔 無明이 저 靜心을 動하여 그에게 生滅케 함을 辨한 故로 이 生滅의 功이 無明에 있거니와 금에 이 因緣은 和合道理로 諸法을 成辦함이니 無性의 義가 나타나고 不住의 義가 彰한지라 故로 和合이 心에 속했다고 結한 것이다.)

念相續者는 於所取境에 起諸麁念이니 是相續識이니라 依此五義가 次第轉成하야 能對諸境하야 而生意識일새 故說此五하야 以爲意也니라(別記云 此中第五는 猶是意識이로대 而約生後義하야 通入意中攝이니라)

此意以下는 第二廣明이라 於中에 有二하니 總標요 別釋이니라 別釋中에 言無明力者는 擧所依緣이요 不覺心動者는 釋其業義니 起動之義가 是業義故니라 轉識中에 言依於動心하야 能見相故者는 依前業識之動하야 轉成能見之相이니라 然이나 轉識이 有二하니 若就無明所動으로 轉成能見者인댄 是在本識이어니와 如其境界所動으로 轉成能見者인댄 是謂七識이니 此中轉相은 約初義也니라(別記云 有處엔 說諸是能見하야 通名轉識하니 則通八識이니라)

現識中에 言能現一切境界者는 依前轉識之見하야 復起能現之用이니라 如上文에 言以依能見故로 境界妄現이라하시니 當知現識이 依於轉識이요 非能見用

이 卽是能現이라 是故로 前에 言能見能現이라하시니라 次喩後合이니 合中에 言五塵者는 且擧麁顯하야 以合色像이어니와 實論通現一切境故니라 以一切時에 任運而起하야 常在前故者는 非如第六七識이 有時斷滅故니 以是文證일새 當知是三이 皆在本識之內別用也니라

別記 三에 現相者는 猶是上三相中境界相이로대 但此中엔 爲明離轉識코 無別境相일새 故擧能現하야 明所現境이니라 言猶如明鏡이 現色像者는 如四卷經에 云大慧야 略說有三種識하고 廣說有八相하니 何等이 爲三고 謂眞識과 現識과 及分別事識이니 譬如明鏡이 持諸色像인듯하야 現識處現도 亦復如是라하시니라 又此文中에 說現義云호대 以一切時에 任運而起하야 常在前故라하시니 當知現識이 定在第八이로다 其業識等이 與此作本하야 其相이 彌細어늘 如何强

將하야 置七識中이 其可乎아 言隨其五塵하야 對至卽現者는 隨所起相하야 皆不離見이요 唯於能見鏡中에 而現일새 故言對至卽現이니 就實而言컨대 亦現法塵이로대 且約麁顯하야 略擧之耳니라 問이라 此識境界는 寬狹이 云何오 此論中엔 但說五塵이어니와 楞伽經에 云阿梨耶識이 分別現境의 自身資生과 器世間等하야 一時而知요 非是前後라하며 瑜伽論에 說阿賴耶識이 由於二種所緣境轉이니 一은 由了別內執受者는 謂能了別偏計所執自性妄執習氣와 及諸色根根所依處니 此於有色界와 若在無色에 唯有習氣執受了別이요 二는 由了別外無分別器相者는 謂能了別依支緣內執受阿梨耶識故로 於一切時에 無有間斷器世間相이니 譬如燈燄이 生時에 內執膏炷하고 外發光明인듯하야 如是阿梨耶識이 緣內執受境하고 緣外器相하야 生起道理도 應知亦爾라하며

中邊論에 云是識所取四種境界는 謂塵根我及識所攝이니 實無體相이라 所取가 旣無인댄 能取亂識도 亦復是無라하시니 若依中邊論과 及楞伽經인댄 則習氣等이 非此識境이어니와 若依瑜伽論인댄 聲塵及七種識等이 非其所緣이요 依此論說인댄 現根及識等이 亦非此識의 所現境界니라 如是相違어늘 云何和會아 答이라 此非相違니라 何以故오 不以言唯緣如此法故며 不言餘法이 非境界故니라 問이라 雖無相違나 而有不同이니 不同之意를 可得而聞乎아 答이라 不同之意는 各有道理하니 如中邊論엔 欲明現起諸法이 皆是本識所現이라 離識之外에 更無別法일새 是故로 唯說現行諸法이요 習氣種子는 其相이 不顯하야 與識無異일새 是故로 不說이어니와 瑜伽論等엔 爲顯諸相이 無有離見코 自相續者라 故로 除心心法以外에 諸餘相續之法이 說爲此識의 所了別이니 諸心之法

이 離塵不立은 其義自顯일새 故不別說이니라 諸餘論顯沒之意는 準之可知니 不可偏執一隅하야 以謗通法之說也니라

△第四智識者는 是第七識上六相內初之智相이니 義如前說하니라 愛非愛果를 名染淨法이니 分別彼法하야 計我我所일새 故言分別染淨法也니라 第五相續識者는 卽是意識上六相中名相續相이니 以念相應不斷故者는 法執相應하야 得長相續이니 此約自體不斷하야 以釋相續義也니라 住持以下는 約其功能하야 釋相續義니 此識이 能起愛取煩惱일새 故能引持過去無明의 所發諸行하야 令成堪任來果之有라 故로 言住持로 乃至不失故라하시니라 又復能起潤生煩惱하야 能使業果로 續生不絶일새 故로 言成就無差違故라하시니라 如是三世因果의 流轉不絶함이 功在意識일새 以是義故로 名相續識이니라 次言念已經事하고 慮

未來事者는 顯此識用의 麁顯分別이 不同智識의 微細分別이니 是知此識은 唯在意識이라 不同上說相續心也니라 是故以下는 第三結明依心之義라 於中에 有二하니 先略이요 後廣이니라 初言是故者는 是前所說五種識等이 依心而成이라 以是義故로 三界諸法이 唯心所作이니 如十地經에 言佛子야 三界가 但一心作이 此之謂也니라 此義云何以下는 廣釋이라 於中에 有二하니 先明諸法이 不無而非是有요 後顯諸法이 不有而非都無니라 初中에 言以一切法이 皆從心起하야 妄念而生者는 是明諸法이 不無顯現也요 一切分別이 卽分別自心이니 心不見心이라 無相可得者는 是明諸法의 非有之義니라 如十卷經에 言身資生住持여 若如夢中生이라 應有二種心이로대 而心無二相이니라 如刀不自割이며 指亦不自指니 如心不自見하야 其事亦如是라하시니 解云若如夢中所見諸事는 如是

所見이 是實有者인댄 則有能見所見二相이어니와 而其夢中에 實無二法이라 三界諸心이 皆如此夢이니 離心之外에 無可分別일새 故로 言一切分別이 卽分別自心이요 而就自心하야 不能自見이 如刀指等일새 故로 言心不見心이요 旣無他可見이며 亦不能自見인댄 所見이 無故로 能見도 不成이니 能所二相이 皆無所得일새 故로 言無相可得也니라 此中釋難하야 會通新古는 如別記中廣分別也니라

別記 如彼偈에 云非他非因緣이며 分別分別事라 五法及二心이 寂靜無如是라하시니라 問이라 如集量論에 說호대 諸心心法이 皆證自體일새 是名現量이니 若不爾者인댄 如不曾見을 不應憶念이라하며 此中經에 說云호대 不自見이라하시니 如是相違어늘 云何會通고 答이라 此有異意하야 欲不相違니라 何者오 此經論意는 欲明離見分外에 無別相分이니 相分은 現無所見이며

亦不可說이요 卽此見分이 反見見分이니 非二用故며 外向起故라 故以刀指로 爲同法喩니라 集量論意는 雖其見分이 不能自見이나 而有自證分用이能證見分之體니 以用有異故며 向內起故라 故以燈燄으로 爲同法喩니 由是義故로 不相違背니라 又復此經論中엔 爲顯實相일새 故就非有義하야 說無自見이요 集量論主는 爲立假名일새 故依非無義하야 說有自證이니라 然이나 假名이 不動實相이요 實相이 不壞假名이라 不壞不動이어니 有何相違리오 如此中엔 說離見無相일새 故로 見不見相이어니와 而餘處엔 說相分이 非見分일새 故로 見能見相分이라 如是相違어니 何不致怪아 當知如前하야 亦不相壞니라 又說爲顯假有일새 故說有相有見이요 爲顯假無일새 故說無相無見이니 假有는 不當於有故로 不動於無요 假無는 不當於無故로 不壞於有니라 不壞於有故로 宛然而有요 不動

於無故로 宛然而無라 如是甚深因緣道理는 蕭焉靡據하며 蕩然無礙어니 豈容違諍於其間哉아

△當知以下는 次明非有而不無義니 初言當知世間으로 乃至無體可得이라 唯心虛妄者는 是明非有니라 次言以心生則法生以下는 顯其非無니 依無明力하야 不覺心動으로 乃至能現一切境等이라 故로 言心生則種種法이 生也요 若無明心이 滅이면 境界隨滅하야 諸分別識이 皆得滅盡이라 故로 言心滅則種種法이 滅이니 非約刹那하야 以明生滅也니라 廣釋意는 竟하다.

△次는 意轉을 釋함이라 그 中에 三이 있으니 一은 意轉을 略明함이요 二는 轉相을 廣顯함이요 三은 依心의 義를 結成함이니라. 初中엔 곧 五種의 識相을 밝힘이니 不覺而起란 것은 所依의 心體가 無明의 熏을 由하여 擧體가 起動함이니 곧 이 業識이니라. 能見이라 말한 것은 곧 저 心體가 能見을 轉成함이니 이는 轉識이 되느니라. 能現이라 말한 것은 곧 저 心體가 다시 能現을 이룸이니 곧 이 現識이니라. 能取境界란 것은 現識의 所現한 境界를 能取함이니 이는 智識이 되느니라. 起念相續이란 것은 所取의 境에 모든 麁念을 일으킴이니 이는 相續識이니라. 이 五義가 次第로 轉成함을 依支하

여 能히 諸境을 對해서 意識을 낼 새 故로 이 五를 說하여 써 意라 함이니라.(別記에 이르되 이 中 第五는 오히려 이 意識이로되 生後의 義를 잡아서 通히 意中攝에 入함이니라.) 此意以下는 第二 廣明이라 그 中에 二가 있으니 總標요 別釋이니라. 別釋中에 無明力이라 말한 것은 所依의 因緣을 擧함이요 不覺心動이란 것은 그 業義를 釋함이니 起動의 義가 이 業義인 연고니라. 轉識中에 依於動心하여 能見相故라 말한 것은 前 業識의 動을 依支하여 能見의 相을 轉成함이니라. 그러나 轉識이 李가 있으니 만일 無明의 所動으로 能見을 轉成함에 就할진대 이는 本識에 있거니와 만일 境界의 所動으로 能見을 轉成함일진대 이는 七識을 말함이니 이 中의 轉相은 初義를 잡음이니라.

(別記에 이르되 또 어느 곳에는 모든 것이 이 能見이라 說하여 通히 轉識이라 名하니 곧 八識에 通함이니라.)

現識中에 能現 一切境界라 말한 것은 前轉識의 見을 依支하여 다시 能現의 用을 일으킴이니라. 저 上文에 이르되 써 能見을 依支한 故로 境界가 妄現한다 하시니 마땅히 알라. 現識이 轉識을 依支함이요 能見의 用이 곧 能現함이 아니라 이런 故로 前에 말하되 能見하며 能現이라 하시니라. 다음은 譬喩요 後는 合이니 合中에 五塵이라 말한 것은 아직 麁顯을 들어서 써 色像에 合함이거니와 實論하면 一切境을 通現한 연고니라. 써 一切時에 任運而起하여 常在前故라 한 것은 第六·七識이 有時에 斷滅함과 같지 않은 연고니 이 文으로써 證明할 새 마땅히 알라. 이 三이 모두 本識의 안에 있는 別用이니라.

別記 三에 現相이란 것은 오히려 이 위의 三相中 境界相이로되 다만 이 中엔 轉識을 여의고 別境相이 없음을 밝힘이 될 새 故로 能

現을 들어서 所現의 境을 밝힘이니라. 猶如明鏡이 現色相이라 말한 것은 저 四卷經에 이르되 大慧야 略說함에 三種識이 있고 廣說함에 八相이 있으니 何等이 三이 되는고? 眞識과 現識과 分別事識을 말함이니 譬喩컨대 明鏡이 모든 色像을 가짐과 같아서 現識處에 나타남도 또한 다시 이와 같다 하시니라. 또 이 文中에 現義를 說해 이르되 써 一切時에 뜻을 좇아 일어나 늘 앞에 있는 연고라 하시니 마땅히 알라. 現識이 決定코 第八에 있도다. 그 業識 等이 이와 더불어 本을 지어서 그 相이 더욱 微細하거늘 어떻게 強作히 가져서 七識中에 둠이 可하랴. 五塵을 따라서 對至卽現이라 말한 것은 所起의 相을 따라서 다 見을 여의지 않고 오직 能見鏡中에 나타낼 새 故로 對至卽現이라 말함이니 實에 就해 말하건대 또한 法塵까지 나타냄이로되 아직 麁顯을 잡아서 干略히 擧한 것이니라. 問이라 이 識의 境界는 寬狹이 어떠한고? 이 論中엔 다만 五塵만 說했거니와 楞伽經에 이르되 阿黎耶識이 現境의 自身資生과 器世間 等을 分別하여 一時에 아는 것이요 이 前後가 아니라 하며 瑜伽論에 說하되 阿黎耶識이 二種의 所緣境을 由해 轉하느니 一은 內執受를 了別함을 由한 것은 能히 徧計所執인 自性妄執習氣와 모든 色根 根所依處를 了別함을 말함이니 이는 有色界와 無色에 있음에 오직 習氣執受了別만 있는 것이요 二는 外無分別의 器相을 了別함을 由한 것은 能히 內執受를 因緣한 阿黎耶識을 依支하는 故로 一切時에 間斷이 없는 器世間相을 了別함을 말함이니 譬喩컨대 燈燄이 生時에 內로 膏炷를 執하고 外로 光明을 發함과 같아서 이와 같은 阿黎耶識이 內執受境을 因緣하고 外器相을 因緣하여 生

起하는 道理도 應當 알라. 또한, 그러하다고 하며 中邊論에 이르되 是識의 所取인 四種境界는 塵·根·我와 識의 所攝을 말함이니 實로 體相이 없는지라 所取가 이미 없을진대 取能의 亂識도 또한 없다 하시니 만일 中邊論과 楞伽經을 依支할진대 習氣 等이 이 識의 境이 아니거니와 만일 瑜伽論을 依支 할진대 聲塵과 七種識 等이 그의 所緣이 아니요, 이 論의 說을 依支할진대 現根과 識 等이 또한 이 識의 所現境界가 아니니라. 이처럼 相違하거늘 어떻게 和會하랴. 答이라 이는 서로 어긋남이 아니니라. 어찌 쓴 연고뇨? 오직 이와 같은 法만 因緣한다고 말하지 않는 연고며 餘法이 境界가 아니라 말하지 않은 연고니라. 問이라 비록 서로 어긋남이 없으나 不同함이 있으니 不同의 意를 可히 얻어들을 수 있느냐? 答이라 不同의 意는 各各 道理가 있으니 저 中邊論엔 現起의 諸法이 모두 이 本識의 所現이라 識을 여읜 外에 다시 別法이 없음을 밝히고자 할 새 이런 故로 오직 現行하는 諸法만을 說한 것이요 習氣種子는 그 相이 나타나지 아니하여 識과 더불어 다름이 없을 새 이런 故로 說하지 않거니와 瑜伽論 等엔 諸相이 見을 여의고 스스로 相續하는 者가 없음을 나타내기 爲한지라 故로 心과 心法을 없앤 以外에 諸餘의 相續하는 法이 이 識의 了別할 바가 된다 說함이니 諸心의 法이 塵을 여의고 成立하지 못함은 그 義가 스스로 나타날새 故로 別說하지 않음이니라. 諸餘 論의 顯沒한 意는 이를 準則해 可히 알지니 可히 一隅만 偏執하여 써 通法의 說을 誹謗하지 말지니라.

△第四 智識이란 것은 이 第七識上 六相內 初의 智相이니 義가 前

說과 같으니라. 愛와 非愛의 果를 染淨法이라 名하니 저 法을 分別하여 我와 我所를 計度할 새 故로 染淨法을 分別한다 말함이니라. 第五 相續識이란 것은 곧 이 意識上 六相中 이름이 相續相이니 以念相應不斷故란 것은 法執이 相應하여 永遠히 相續함을 얻으니 이는 自體不斷을 잡아서 써 相續의 義를 解釋함이니라. 住持 以下는 그 功能을 잡아서 相續의 義를 解釋함이니 이 識이 愛取煩惱를 能起할 새 故로 能히 過去無明의 發한바 諸行을 引持하여 하여금 來果를 堪任하는 有를 이루는지라 故로 말하되 住持로 乃至 不失故라 하시니라. 또다시 潤生煩惱를 能起하여 能히 業果로 하여금 이어져 생겨나 끊어지지 않게 할 새 故로 말하되 成就無差違故라 하시니라. 이처럼 三世因果의 流轉不絕함이 功이 意識에 있을 새 이 義를 쓴 故로 相續識이라 名함이니라. 다음에 已經事를 생각하고 未來事를 慮한다 말한 것은 이 識用의 麁顯分別이 智識의 微細分別과 不同함을 나타냄이니 이를 알라. 이 識은 오직 意識에 있는지라 위에 說한 相續心과 不同하니라. 是故 以下는 第三에 依心의 義를 結明함이라 그 中에 二가 있으니 先은 略이요 後는 廣이니라. 初에 是故라 말한 것은 前의 說한바 五種識 等이 心을 依支해 이룬지라 이 義를 쓴 故로 三界의 諸法이 唯心으로 지은 바니 저 十地經에 말씀하되 佛子야 三界가 다만 一心으로 지었다 함이 이를 말함이니라. 此義云何 以下는 廣釋이라 그 中에 二가 있으니 先은 諸法이 없지 않되 이 있음이 아님을 밝힘이요 後는 諸法이 있지 않되 都無가 아님을 나타냄이니라. 初中에 말하되 以一切法이 皆從心起하여 妄念而生이라 말한 것은 이 諸法이 顯現함이 없지 않음을 밝힘이요 一

切分別이 卽分別自心이니 心不見心이라 無相可得이란 것은 이 諸法의 非有의 義를 밝힘이니라. 저 十卷經에 말씀하되 身資生의 住持함이여 마치 夢中生과 같은지라 應當 二種心이 있되 心은 二相이 없느니라. 刀가 스스로 割하지 못하며 指도 또한 스스로 指하지 못함과 같으니 心이 스스로 보지 못함과 같아서 그 일도 또한 이와 같다 하시니 解釋해 이르되 夢中에 보는바 모든 일과 같다 함은 이와 같은 所見이 이 實有일진대 能見과 所見의 二相이 있으려니와 夢中에 實로 二法이 없는지라 三界諸心이 모두 夢과 같은 것이니 心을 여읜 외에 可히 分別할 것이 없을 새 故로 一切分別이 곧 自心을 分別함이라 말한 것이요 自心에 就하여 能히 스스로 보지 못함이 刀·指 等과 같을 새 故로 心不見心이라 말한 것이요 이미 他를 可히 볼 것이 없으며 또한 能히 스스로 보는 것도 없을진대 所見이 없는 故로 能見도 成立하지 못하는 것이니 能所의 二相이 모두 얻을바가 없을 새 故로 無相可得이라 말한 것이니라. 이 中에 解釋이 어려워 新古를 會通함은 別記中에 널리 分別함과 같으니라.

別記 저 偈에 이르되 他도 아니요, 因緣도 아니며 分別과 分別事라 五法과 二心이 寂靜해 이와 같음이 없다 하시니라. 問이라 저 集量論에 說하되 모든 心과 心法이 모두 自體를 證明할 새 이 現量이라 名함이니 만일 그렇지 않을진대 일찍이 보지 못한 것을 應當 憶念하지 못함과 같다 하며 此中經에 說해 이르되 스스로 보지 못한다고 하시니 이처럼 相違하거늘 어떻게 會通할고? 答이라 이는 異意가 있어서 相違하지 않고자 함이니라. 무슨 까닭인고? 이 經論의 뜻은 見分을 여읜 外에 別 相分이 없음을 밝히고자 함이니

相分은 現在 볼 바가 없으며 또한 可히 說하지도 못하는 것이요 곧 이 見分이 도리어 見分을 보느니 二用이 아닌 연고며 外로 向해 일어나는 연고라 고로 刀·指로써 同法의 譬喩를 하였느니라. 集量論의 意는 비록 그 見分이 能히 스스로 보지 못하나 自證分의 用이 見分의 體를 能證함이 있으니 써 用이 다름이 있는 연고며 內를 向해 일어나는 연고라 故로 燈燄으로써 同法의 譬喩를 한 것이니 이 義를 由한 故로 서로 違背하지 않느니라. 또 다시 이 經論中엔 實相을 나타내기 爲할 새 故로 非有의 義에 就하여 自見이 없다 說한 것이요 集量論主는 假名을 세우기 爲할 새 故로 非無의 義를 依支하여 自證이 있다 說함이니라. 그러나 假名이 實相에 動하지 않고 實相이 假名을 破壞하지 않은지라 破壞하지도 않고 動하지도 않거니 무슨 相違가 있으리오. 이 中엔 見을 여의고 相이 없음을 說할 새 故로 見이 相을 보지 못하거니와 餘處엔 相分이 見分이 아님을 說할 새 故로 見이 能히 相分을 보는지라 이처럼 相違하거니 어찌 致怪하지 않으랴. 마땅히 알라. 前과 같아서 또한 서로 破壞하지 않느니라. 또 說하되 假有<因緣 和合에 依하여 現實로 나타나 있는 世界.>를 나타내기 爲할 새 故로 有相有見이라 說함이요 假無를 나타내기 爲할 새 故로 無相無見이라 說함이니 假有는 有에 당하지 않은 故로 無에 動하지 않고 假無는 無에 當하지 않은 故로 有를 破壞하지 않느니라. 有를 破壞하지 않는 故로 宛然히 있고 無에 動하지 않는 故로 宛然히 없는지라 이처럼 甚深한 因緣道理는 蕭焉해 依據가 없으며 蕩然해 걸림이 없거니 어찌 違諍을 그 사이에 容納하랴.

△當知 以下는 다음에 非有而不無의 義를 밝힘이니 初에 當知世間으로 乃至 無體可得이라 唯心虛妄이라 말한 것은 이 非有를 밝힘이니라. 다음에 以心生則法生이라 말한 以下는 그 非無를 나타냄이니 無明力을 依支하여 不覺心動으로 乃至 能現 一切境界 等이라 故로 心生則 種種法이 生이라 말한 것이요 만일 無明心이 滅하면 境界가 따라 滅하여 모든 分別識이 모두 滅盡함을 얻는지라 故로 心滅則 種種法이 滅이라 말한 것이니 刹那를 잡아서 써 生滅을 밝힘이 아니니라. 廣釋한 意는 마쳤다.

○復次言意識者는 卽此相續識이 依諸凡夫의 取着轉深하야 計我我所하야 種種妄執으로 隨事攀緣하야 分別六塵일새 名爲意識이며 亦名分離識이며 又復說名分別事識이니 此識이 依見愛煩惱의 增長義故니라

○復次 意識이라 말한 것은 곧 이 相續識이 모든 凡夫의 取着이 轉深함을 依支하여 我와 我所를 計度해서 갖가지 妄執으로 事를 따라 攀緣하여 六塵을 分別할 새 意識이 된다고 이름하며 또한 分離識이라 이름하여 또 다시 分別事識이라 說해 이름하느니 이 識이 見愛煩惱의 增長하는 義를 依支한 연고니라.

△次釋意識이라 意識은 卽是先相續識이니 但就法執分別相應生後義門하야 則說爲意요 約其能起見愛煩惱從前生門하야 說名意識이라 故로 言意識者는

卽此相續으로 乃至分別六塵을 名爲意識이라하시니라 此論은 就其一意識義일새 故不別出眼等五識이니 故說意識이 分別六塵이니라 亦名分離識者는 依於六根하야 別取六塵이요 非如末那가 不依別根일새 故名分離니라 又能分別去來內外의 種種事相일새 故復說名分別事識이니라 依見愛煩惱의 增長義故者는 是釋分別事識之義니 以依見修煩惱의 所增長故로 能分別種種事也니라 上六相內에 受想行蘊相은 從入此意識中攝이니라 上來에 廣明生滅이 依因緣義는 竟하다

△次는 意識을 解釋함이라 意識은 곧 이 先의 相續識이니 다만 法執分別로 相應하는 生後義의 門에 就하여 곧 意가 된다고 說한 것이요 그 能起愛見煩惱하는 從前의 生門을 잡아서 意識이라 說해 이름한지라 故로 말하되 意識이란 것은 곧 이 相續으로 乃至 分別六塵을 意識이 된다 名함이라 하시니라. 이 論은 一意識의 義에 就할새 故로 眼 等 五識을 別出하지 않음이니 故로 意識이 六塵을 分別한다 說함이니라. 또한 分離識이라 名한 것은 六根을 依支하여 六塵을 別取함이요 末那가 別根을 依支하지 않음과 같지 않을 새 故로 分離라 名함이니라. 또 能히 去·來와 內·外의 種種事相을 分別할 새 故로 다시 分別事識이라 說해 이름함이니라. 依見愛煩惱의 增長義故란 것은 이 分別事識의 義를 解釋함이니 써 見修煩惱의 增

長한 바를 依支한 故로 能히 種種의 事를 分別함이니라. 위의 六相 內에 受想行蘊의 相은 이 意識中에 좇아 入해 攝함이니라. 上來에 生滅이 因緣의 義를 依支함을 廣明함은 마쳤다.48)

48) 此는 前識에 卽하여 써 意識을 밝힘이다. 말한바 意識이란 것은 곧 前識이 모든 凡夫의 取着計執을 依支하여 隨事攀緣해서 六塵을 分別할 새 故로 意識이라 名함을 말한 것이니 곧 意의 識이다. 取着轉深 等이라 말한 것은 前엔 法空을 不了하여 分別을 妄生함이거니와 이엔 오직 法空을 不了할 뿐 아니라 다시 內에 我를 計하고 外에 我所를 計하며 或은 卽蘊과 離蘊에 種種妄執함을 말함이니 이를 알라. 前엔 오직 法執이요 이엔 다시 執我다. 故로 取着轉深이라 云한 것이니 六麁中에 곧 執取와 計名字相이다. 分離識이라 말한 것은 前엔 一意로 六麁를 分別함에 就함이니 能分別을 잡아서 意識이 된다 名함이거니와 이엔 六根이 別別取境함을 依支함이니 所分別을 잡을 새 故로 分離識이라 名함을 말한 것이다. 又復說名 分別事識이란 것은 前二는 많이 現境을 因緣함에 就하여 말함이거니와 이는 能히 三世와 內外의 갖가지 事相을 通緣할 새 故로 分別事識이라 名함을 말한 것이다. 이 識下는 惑을 依支해 事識을 結成함이니 대개 써 이 識이 見·思惑의 熏習增長함을 依支한 故로 事識이라 名한 것이다. 故로 下文에 이르되 所起의 見愛熏習으로 써 能히 分別事識의 義를 成就하는 연고라 하였다. 곧 알라. 五意가 다 根本無明의 熏習을 依支해 生할 새 故로 五意는 意識과 더불어 各別히 말한 것이다. 그러나 이 依惑結成은 뜻이 二가 있으니 一은 意識이 根本無明의 熏習으로 生함이 아님을 나타내기 爲함이요 二는 生起의 因緣이 이미 밝음에 還滅의 因緣을 發起하고자 할 새 故로 惑을 依支해 結한 것이다. ◯이 生起識은 麁細가 비록 다르나 同是一識이라 다시 別體가 없을 새 故로 곧 前의 第五識을 가리킨 것이다. 다만 前엔 細分法執分別相應依支義門에 就하여 곧 意가 된다 說함이거니와 이 中엔 能起見愛麁惑相應從前起門을 잡아서 意識이 된다 說名한 것이니 意의 識일 새 故로 意識이라 名함을 말한 것이다. ◯見은 見一切住地를 말함이니 곧 見道惑이다. 愛는 欲·色·有의 三愛를 말함이니 곧 修道惑이다. 이 見·修의 二惑으로써 本識을 熏하여 하여금 分別事識을 내게 할 새 故로 增長이라 云한 것이다. 上六麁中에 執取와 計名과 起業相은 아울러 相從해 意識中에 入하며 後六染中에 執相應染도 또한 이에 入해 攝하는 것이다.

懸吐譯解 大乘起信論疏記會本 卷四

△此下는 第二重顯所依因緣體相이라 於中에 有二하니 一者는 略明因緣甚深이요 二者는 廣顯因緣差別이니라

△此下는 第二에 所依의 因緣體相을 重顯함이라 그 中에 二가 있으니 一은 因緣의 甚深을 略明함이요 二는 因緣의 差別을 廣顯함이니라.

○依無明熏習所起識者는 非凡夫의 能知며 亦非二乘의 智慧所覺이니 謂依菩薩이 從初正信으로 發心觀察하야 若證法身이라도 得少分知며 乃至菩薩究竟地라도 不能盡知요 唯佛窮了니라 何以故오 是心이 從本已來로 自性清淨이로대 而有無明이라 爲無明의 所染하야 有其染心이니 雖有染心이나 而常恒不變이라 是故로 此義는 唯佛能知니

○無明의 熏習을 依支해 일어난바 識이란 것은 凡夫가 能히 알 것이 아니며 또한 二乘의 智慧로 깨달을 바도 아니니 菩薩이 初正信으로 좇아 發心觀察함을 依支하여 만일 法身을 證明할지라도 조금 앎을 얻으며 乃至 菩薩의 究竟地라도 能히 다 알지 못하고 오직 佛이라야 窮源해 마침을 말함이니라.49)

어찌 쓴 연고뇨? 이 마음이 根本을 좇아 이미 옴으로 自性이 淸淨하되 無明이 있는지라 無明의 所染이 되어서 그 染心이 있으니 비록 煩惱로 더럽혀진 마음이 있으나 늘 變하지 않는지라 이런 故로 이 義는 오직 佛이라야 能히 아나니50)

△初中에 有三하니 先標甚深이요 次釋이요 後結이니라

---

49) 此는 所覺을 들어 能覺의 不同을 밝혀서 還滅의 因緣을 略顯함이다. 還滅因緣이라 말한 것은 本覺의 內熏이 因이 되고 師敎의 外熏이 緣이 됨을 말함이니 因緣이 具足하여야 비로소 能히 發解造修하여 破惑入道한다. 文에 말하지 않은 것은 前의 二相은 四鏡中에 이미 略明한 연고다. 依無明下는 所覺을 들어 凡小의 非分을 밝힘이니 見思惑熏起의 識을 依支함은 凡小가 可히 써 알아서 깨달으니와 無明惑熏起의 識을 依支함은 이에 五意識이니 이는 三賢十聖이 觀察해 끊는 것이라 故로 能히 알아서 깨닫지 못함을 말한 것이다. 謂依下는 信相應地의 發心觀察을 밝힘이니 三賢菩薩이 初正信으로 좇아 眞의 本有를 알고 妄의 本空을 達할 새 이로 말미암아 唯識無塵의 觀을 發心修習하니 唯識을 觀察할 새 故로 이르되 從初正信으로 發心觀察이라 함을 말한 것이다. 若證下는 地上도 分知요 오직 佛이라야 窮了함을 밝힘이니 地上菩薩이 法身을 親證하여 無明惑을 破壞하고 相續識 等을 끊는지라 故로 分을 따라 앎을 얻으며 乃至 業識은 究竟地에도 또한 能히 다 알지 못하는지라 故로 오직 佛이라야 窮了함을 말한 것이다. 그러나 이에 다만 了知라 云하고 遠離라 말하지 않은 것은 知幻卽離함을 쓴 연고니 文에 비록 말하지 않았으나 義는 반드시 具足한 것이다. ◯根本無明을 依支하여 저 靜心을 일으켜 業 等 識을 이룸은 凡小는 非分이다. 二乘은 다만 四住를 깨닫고 無明을 不了한 故로 이 無明所起의 識은 그의 境界가 아니다. 하는 菩薩의 分知를 밝힘이다. 地上도 證明함이 窮盡하지 못한 故로 다만 住相을 깨닫고 生相을 깨닫지 못함이니 四相을 俱了하여야 窮源이 된다.

50) 難知의 所以를 불러 밝히며 곧 不變과 無明의 二義를 解釋함이다. 初一句는 前義를 불러서 일으킴이니 何所以故로 이 識을 오직 佛이라야 能히 안다고 함을 말한 것이다. 是心下는 難知의 義를 解釋함이니 心性이 本淨이로되 이를 不覺함을 由하여 곧 無明이 있으니 이미 無明이 더럽혀진 바가 되어서 그 더럽혀진 마음이 있음을 말한 것이니 곧 이른바 不染而染이라 可히 了知하기 어렵다는 것이다. 비록 染心이 있으나 이 淸淨 眞心은 늘 不變이니 곧 이른바 染而不染이라 또한 可히 了知하기 어렵다는 것이다. 是故下는 能知人을 結함이니 대개 써 不染而染하고 染而不染의 義가 甚深微細하여 難解難知라 故로 地盡에도 能히 다 알지 못하고 오직 佛이라야 能히 아는 것이다.

初中에 言無明熏習所起識者는 牒上所說依阿梨耶識하야 說有無明이 不覺而起等也니라 非餘能知요 唯佛窮了者는 標甚深也니라

別記 若此心體가 一向生滅인댄 直是染心이니 則非難了며 又若一向常住인댄 唯是淨心이니 亦非難知며 設使體實淨而相似染者라도 亦可易解며 如其識體動而空性靜者라도 有何難了리요마는 而今此心은 體淨而體染이며 心動而心靜이니 染淨이 無二요 動靜이 莫別이라 無二無別이로대 而亦非一이니 如是之絶일새 故難可知니라

△何以故下는 次釋深義라 從本已來로 自性淸淨이로대 而無明所染으로 有其染心者는 是明淨而恒染이요 雖有染心이나 而常恒不變者는 是明動而常靜이니 由是道理하야 甚深難測이니라 如夫人經에 言自性淸淨心을 難可了知요 彼心이 爲煩惱所染도 亦難可了

知라하며 楞伽經에 言以如來藏은 是清淨相이요 客塵煩惱는 垢染不淨이니 我依此義하야 爲勝鬘夫人과 及餘菩薩等하야 說如來藏과 阿梨耶識이 共七識生을 名轉滅相이니라 大慧야 如來藏과 阿梨耶識境界는 我今與汝와 及諸菩薩의 甚深智者로 能了分別此二種法이요 諸餘聲聞辟支佛과 及外道等의 執着名字者는 不能了知如是二法이라하시니라 是故此義는 唯佛能知者는 第三結甚深也니라

△初中에 三이 있으니 先은 甚深을 標함이요 다음은 解釋이요 後는 結이니라. 初中에 無明熏習所起識이라 말한 것은 위의 說한바 阿梨耶識을 依支하여 無明이 不覺에 일어남이 있다고 說한 等을 牒함이니라. 非餘能知요 唯佛窮了란 것은 甚深을 標함이니라.

別記 만일 이 心體가 一向에 生滅일진대 다만 이 染心이니 곧 了知하기 어려움이 아니며 또 만일 一向에 常住일진대 오직 이 淨心이니 또한 알기 어려움이 아니며 設使 體는 實로 淨하되 相이 染한 듯 한 것일지라도 또한 可히 알기 쉬우며 만일 그 識體는 動하되 空性은 靜한 것일지라도 무슨 알기 어려움이 있으리오마는 이제 이 心은 體가 淨하고 體가 染하며 心이 動하고 心이 靜함이니 染淨이 無二요 動靜이 莫別이라 無二無別이로되 또한 一도 아니니

이처럼 絶할 새 故로 可히 알기 여려움이니라.

△何以故下는 次에 深義를 解釋함이라 本來부터 이미 옴으로 自性이 淸淨하되 無明의 所染으로 그 染心이 있다는 것은 淨하되 늘 染함을 밝힘이요 비록 染心이 있으나 不變이란 것은 이 動하되 늘 靜함을 밝힘이니 이 道理를 由하여 甚深해 測量키 어려우니라. 저 夫人經에 말씀하되 自性淸淨心을 可히 了知하기 어렵고 彼心이 煩惱의 所染이 됨도 또한 可히 了知하기 어렵다 하며 楞伽經에 말씀하되 써 如來藏은 이 淸淨相이요 客塵煩惱는 垢染不淨이니 내가 이 義를 依支하여 勝鬘夫人과 餘外의 菩薩 等을 爲해서 如來藏과 阿梨耶識이 七識과 함께 生함을 轉滅相이라 名한다 說했느니라. 大慧야 如來藏과 阿梨耶識 境界는 내가 이제 너와 모든 菩薩의 甚深한 智者와 더불어 能히 이 二種法을 分別할 줄 알고 諸餘의 聲聞·辟支佛과 外道 等의 名字를 執着한 者는 能히 이처럼 二法을 了知하지 못한다 하시니라. 是故此義는 唯佛能知란 것은 第三에 甚深을 結함이니라.

△以下는 第二廣顯因緣差別이라 於中에 有六하니 一은 明心性因之體相이요 二는 顯無明緣之體相이요 三은 明染心諸緣差別이요 四는 顯無明治斷位地요 五는 釋相應不相應義요 六은 辨智礙煩惱礙義니라

△以下는 第二에 因緣差別을 널리 나타냄이라 그 中에 六이 있으니 一은 心性因의 體相을 밝힘이요 二는 無明緣의 體相을 나타냄이요

三은 染心의 諸緣差別을 밝힘이요 四는 無明의 治斷位地를 나타냄이요 五는 相應과 不相應의 義를 解釋함이요 六은 智碍와 煩惱碍의 義를 辨함이니라.

○所謂心性이 常無念故로 名爲不變이며

이른바 心性이 늘 無念인 故로 이름이 不變이 되며

△初中에 釋上雖有染心이나 而常不變之義니 雖擧體動이나 而本來寂靜일새 故言心性이 常無念也니라

初中에 上의 雖有染心이나 而常不變의 義를 解釋함이니 비록 擧體가 動하나 本來 寂靜할 새 故로 心性이 常無念이라 말한 것이니라.

(所謂下는 不變과 無明의 二義를 解釋함이니 不變이라 말한 것은 心性이 淸淨하여 늘 無念인 故로 이름이 不變이 됨을 말한 것이다.)

○以不達一法界故로 心不相應하야 忽然念起를 名爲無明이니라

一法界를 達하지 못함을 쓴 故로 心이 相應하지 않아서 忽然히 생각이 일어남을 이름해 無明이라 하느니라.

△第二中에 言心不相應者는 明此無明이 最極微細하야 未有能所王數差別일새 故로 言心不相應이요 唯此爲本에 無別染法이 能細於此하야 在其前者라 以是義故로 說忽然起니라 如本業經에 言四住地前

엔 更無法起일새 故名無始無明住地라하시니 是明其前에 無別爲始오 唯此爲本일새 故言無始니 猶是此論의 忽然義也니라 此約細麁相依之門하야 說爲無前이며 亦言忽然起요 非約時節하야 以說忽然起니 此無明相은 如二障章의 廣分別也니라 是는 釋上에 言自性淸淨이로대 而有無明의 所染하야 有其染心之句니라

別記 但除染心에 從麁至細하야 能令根本無明으로 隨有漸捨漸輟之義니 爲是義故로 無明治斷은 在後方說이니라

△第二中에 心不相應이라 말한 것은 이 無明이 가장 極히 微細하여 能·所와 王·數의 差別이 있지 않음을 밝힐 새 故로 心不相應이라 말한 것이요 오직 이것이 本이 됨에 別 染法이 能히 이것보다 微細하여 그 앞에 있는 것이 없는지라 이 義를 쓴 故로 忽然起라 說함이니라. 저 本業經에 말씀하되 四住地前엔 다시 法이 일어남이 없을 새 故로 無始無明住地라 名한다 하시니 이는 그 前에 別로 始가 됨이 없고 오직 이것이 本이 됨을 밝힐 새 故로 無始라 말함이니 이 論의 忽然의 義와 같은 것이니라. 이는 細麁相依의 門을 잡아서 說해 無前이라 하며 또한 忽然起라 말한 것이요 時節을 잡아서 써

忽然起라 말함이 아니니 이 無明의 相은 二障章의 널리 分別함과 같으니라. 이는 上에 自性이 淸淨하되 無明의 所染이 있어서 그 染心이 있다고 말한 文句를 解釋함이니라.

別記 다만 染心을 除外함에 麁로 좇아 細에 이르러 能히 根本無明으로 하여금 따라 漸捨漸輟케 하는 義가 있으니 이 義를 爲한 故로 無明의 治斷은 後에 있어 바야흐로 說함이니라.[51)]

○染心者는 **有六種**하니 **云何爲六**고 **一者**는 **執相應染**이니 **依二乘解脫**과 **及信相應地**하야 **遠離故**요 **二者**는 **不斷相應染**이니 **依信相應地**하야 **修學方便**하야 **漸漸能捨**하며 **得淨心地**하야 **究竟離故**요 **三者**는 **分別智相應染**이니 **依具戒地**하야 **漸離**하며 **乃至無相方便地**하야 **究竟離故**요 **四者**는 **現色不相應染**이니 **依色自在地**하야 **能離故**요 **五者**는 **能見心不相應染**이니 **依心自在地**하야 **能離故**요 **六者**는 **根本業不相應染**이니 **依菩薩盡地**하야 **得入如來地**하야 **能離故**니라

染心이란 것은 六種이 있으니 어떤 것이 六이 되는고? 一은 執相應

51) 無明이라 말한 것은 만일 法界를 達하면 眞心과 더불어 相應하여 心이 妄動하지 않을 새 無明이 아니거니와 一法界를 達하지 못함을 쓴 故로 곧 心과 더불어 相應하지 않아서 不覺에 念動할 새 無明이라 名함을 말한 것이다.

染이니 二乘의 解脫과 信相應地를 依支하여 遠離하는 연고요 二는 不斷相應染이니 信相應地를 依支하여 方便을 修學해서 漸漸 能히 버리며 淨心地를 얻어서 究竟에 여의는 연고요 三은 分別智相應染이니 具戒地를 依支하여 漸漸 여의며 이에 無相方便地에 이르러 究竟에 여의는 연고요 四는 現色不相應染이니 色自在地를 依支하여 能히 여의는 연고요 五는 能見心不相應染이니 心自在地를 依支하여 能히 여의는 연고요 六은 根本業不相應染이니 菩薩盡地를 依支하여 如來地에 得入해서 能히 여의는 연고니라.

△第三은 明染心의 諸緣差別이라 於中에 有二하니 總標요 別釋이니라 別釋之中에 兼顯治斷이니 此中六染은 卽上意識과 并五種意로대 但前明依因而起義故로 從細至麁하야 而說次第어니와 今欲兼顯治斷位故로 從麁至細하야 而說次第니라 第一執相應染者는 卽是意識이라 見愛煩惱의 所增長義니 麁分別執으로 而相應故니라 若二乘人인댄 至羅漢位하야사 見修煩惱가 究竟離故요 若論菩薩인댄 十解以上에 能遠離故니 此言信相應地者는 在十解位하야 信根成就하야 無有退失일새 名信相應이니라 如仁王經에 言伏忍聖胎

三十人은 十信十止十堅心이라하시니 當知此中에 十向을 名堅이요 十行을 名止요 十信解를 名信이니라 入此位時에 已得人空하야 見修煩惱가 不得現行일새 故名爲離니 當知此論上下所明은 約現起하야 以說治斷也니라

別記 不論種子일새 是故로 與餘經所說治斷位地로 亦有懸殊하니 不可致怪니라

△第二에 不斷相應染者는 五種意中之相續識이 法執相應하야 相續生起니 不斷은 卽是相續의 異名이니라 從十解位로 修唯識觀尋思方便하야 乃至初地에 證三無性하야 法執分別이 不得現行일새 故로 言得淨心地하야 究竟離故也라하시니라 第三에 分別智相應染者는 五種意中에 第四智識이니 七地以還에 二智起時엔 不得現行이라가 出觀緣事하야 任運心時엔 亦得現行일새 故로 言漸離니라 七地以上엔 長時入觀일새 故此末那가 永不現行이니 故로 言無相方便地에 究

竟離니라 此第七地는 於無相觀에 有加行有功用일새 故名無相方便地也니라

別記 此義는 如解深密經說이라 論其種子인댄 至金剛心하야사 方乃頓斷이니 如集論中之所廣說하니라 上來三染은 行相이 是麄니 具三等義일새 故名相應이니라

△第四에 現色不相應染者는 五種意中에 第三現識이니 如明鏡中現色像일새 故名現色不相應染이니라 色自在地는 是第八地니 此地가 己得淨土自在하야 穢土麄色이 不能得現일새 故說能離也니라 第五에 能見心不相應染者는 是五意內에 第二轉識이니 依於動心하야 成能見故니라 心自在地는 是第九地니 此地가 己得四無礙智하야 有礙能緣이 不得現起일새 故說能離也니라 第六에 根本業不相應染者는 是五意內에 第一業識이니 依無明力하야 不覺心動故니라 菩薩盡地者는 是第十地니 其無垢地가 屬此地故니라 就

實論之컨대 第十地中에도 亦有微細轉相現相이로대 但隨地相하야 說漸離耳니라 如下文에 言依於業識하야 乃至菩薩究竟地에 心所見者가 名爲報身이어니와 若離業識이면 則無見相이라하시니 當知業識未盡之時엔 能見能現도 亦未盡也니라

△第三은 染心의 諸緣差別을 밝힘이라 그 中에 二가 있으니 總標요 別釋이니라. 別釋한 中에 治斷을 아울러 밝힘이니 이 中의 六染은 곧 上의 意識과 아울러 五種意로되 다만 前엔 因을 依支해 일어난 義를 밝힌 故로 細로 좇아 麁에 이르러 次第를 說했거니와 今엔 治斷의 位를 아울러 나타내고자 한 故로 麁로 좇아 細에 이르러 次第를 說함이니라. 第一 執相應染이란 것은 곧 이 意識이라 見愛煩惱의 增長할 바 義니 麁分別執으로 相應하는 연고니라. 만일 二乘人일진대 羅漢位에 이르러야 見·修의 煩惱가 究竟에 여의는 연고요, 만일 菩薩을 論할진대 十解以上에 能히 遠離하는 연고니 이에 信相應地라 말한 것은 十解位에 있어서 信根이 成就하여 退失이 없을새 信相應이라 名함이니라. 저 仁王經에 말씀하되 伏忍聖胎의 三十人은 十信과 十止와 十堅心이라 하시니 마땅히 알라. 이 中에 十向을 堅이라 名하고 十行을 止라 名하고 十信解를 信이라 名함이니라. 이 位에 入할 때에 이미 人空을 얻어서 見·修의 煩惱가 現行함을 얻지 못할새 故로 離가 된다고 名함이니 마땅히 알라. 이 論上下의 밝힌 바는 現起를 잡아서 써 治斷을 說함이니라.

別記 種子를 論하지 않을 새 이런 故로 餘經의 說한바 治斷地位와 더불어 또한 懸殊함이 있으니 可히 致怪하지 말지니라.

△第二에 不斷相應染이란 것은 五種意 中의 相續識이 法執과 相應하여 相續해 生起함이니 不斷은 곧 相續의 다른 이름이니라. 十解位로 좇아 唯識觀의 尋思方便을 닦아서 乃至 初地에 三無性을 證明하여 法執分別이 現行함을 얻지 못할 새 故로 말하되 淨心地를 얻어서 究竟에 여의는 연고라 하시니라. 第三에 分別智相應染이란 것은 五種意 中에 第四 智識이니 七地以還에 二智가 일어날 땐 現行함을 얻지 못하다가 觀에서 벗어나 事를 因緣하여 任運心이 될 땐 또한 現行함을 얻을 새 故로 漸離라 말함이니라. 七地以上엔 長時로 觀에 入할 새 故로 이 末那가 永遠히 現行하지 못하니 故로 無相方便地에 究竟離라 말한 것이니라. 이 第七地는 無相觀에 加行이 있고 功用이 있을 새 故로 無相方便地라 名함이니라.

別記 此義는 解深密經의 說과 같은지라 그 種子를 論할진대 金剛心에 이르러야 바야흐로 이에 頓斷하느니 集論中의 廣說한 바와 같으니라. 上來에 三染은 行相이 麁함이니 三等의 義를 갖출 새 故로 相應이라 名함이니라.

△第四에 現色不相應染이란 것은 五種意 中에 第三 現識이니 明鏡中 에 色像을 나타냄과 같을 새 故로 現色不相應染이라 名함이니라. 色自在地는 이 第八地니 이 地가 이미 淨土의 自在를 얻어서 穢土의 麁色이 能히 나타남을 얻지 못할 새 故로 能離라 說함이니라. 第五에 能見心不相應染이란 것은 이 五意 內에 第二 轉識이니 動心을 依支하여 能見을 이루는 연고니라. 心自在地는 이 第九地니

이미 四無碍智를 얻어서 有碍의 能緣이 나타나 일어남을 얻지 못할 새 故로 能離라 說함이니라. 第六에 根本業不相應染이란 것은 이 五意 內에 第一業識이니 無明力을 依支하여 不覺心이 動하는 연고니라. 菩薩盡地란 것은 이 第十地니 無垢地가 이 地에 屬한 연고니라. 實에 就해 論하건대 第十地 中에도 또한 微細한 轉相과 現相이 있되 다만 地相을 따라서 漸離라 說함이니라. 저 下文에 말하되 業識을 依支하여 乃至 菩薩의 究竟地에 마음으로 보는 바가 이름이 報身이 되거니와 만일 業識을 여의면 見相이 없다 하시니 마땅히 알라. 業識이 未盡할 땐 能見과 能現도 또한 未盡함이니라.[52)]

---

52) 此는 依位離惑하는 染相을 詳示하여 還滅의 因緣을 널리 밝힘이다. 執相應染이라 말한 것은 妄境界를 依支하여 執計가 橫生함에 心境이 相應하여 淨性을 染汚할 새 執相應染이라 名함을 말한 것이다. 이는 곧 前의 意識이니 써 이 六染이 곧 前의 五意와 意識인 연고다. 依二乘下는 二乘解脫과 三賢位人이 大小는 비록 다르나 意識을 함께 여의고 見·思를 함께 끊을 새 故로 能히 執相應染을 遠離함을 말한 것이다. 信相應이라 말한 것은 十解以去엔 信根이 成熟하여 退失이 없을 새 信相應이라 名함을 말한 것이다. 不斷相應이라 말한 것은 法空을 不了함을 由하여 分別을 妄生함에 心·法이 相應하여 綿然無間할 새 不斷相應이라 名함을 말한 것이니 이는 곧 五意 中 相續識이다. 依信相應下는 十解以去엔 唯識의 無塵 等 方便을 修習해서 法의 唯識을 了하여 前境界가 없는 줄 알 새 故로 能히 法執分別을 漸捨하고 淨心地에 이르니 前 境相을 여의어 法執分別이 永遠히 現行하지 않을 새 故로 不斷相應染을 究竟遠離하게 됨을 말한 것이다. 分別智相應이라 말한 것은 染淨法中에 麁分別執은 비록 없으나 俱生細惑이 오히려 있어서 곧 境界에 오히려 微細한 分別이 있을 새 分別智相應이라 名함을 말한 것이니 이는 곧 五意 中의 智識이다. 依具戒下는 七地已還엔 法空觀이 間斷이 있어서 곧 出入觀이 다름이 있을 새 故로 境界에 微細分別이 있다. 그러나 地地에 分除할 새 故로 이르되 漸離라 함을 말한 것이다. 그러나 地地에 分除할 새 故로 이르되 漸離라 함을 말한 것이다. 대개 八地已去엔 出觀緣境의 다름이 없을 새 곧 七地에 이 惑을 다한다. 故로 이르되 無相方便地에 究竟離라 한 것이다. 具戒라 말한 것은 써 離垢地에 三聚戒를 갖출 새 故로 具戒라 云한 것이요 無相方便이란 것은 八地엔 無相이며 無方便功用이거니와 七地엔 無相觀이 加行方便이 있으며 功用이 있는 연고다. 故로 이르되 無相方便이라 한 것이다. 現色不相應이라 말한 것은 곧 이 現識이니 이 現識이 비록

○不了一法界義者는 從信相應地로 觀察學斷하야 入淨心地하야 隨分得離하며 乃至如來地하야 能究竟離故니라

○一法界의 義를 了達하지 못한 者는 信相應地로 좇아 觀察해 治斷함을 배워서 淨心地에 入하여 分을 따라 여윔을 얻으며 이에 如來地에 이르러 能히 究竟에 여의는 연고니라.

△第四는 明無明治斷이라 然이나 無明住地는 有二種義하니 若論作得住地門者인댄 初地以上에 能得漸

能히 境을 나타내나 그러나 分別을 일으키지 않으면 心과 더불어 境이 오히려 相應하지 못할 새 不相應이라 名함을 말한 것이다. 依色下는 八地菩薩이 現識을 여의고 남에 三種 世間이 隨心相作함을 얻어서 障碍가 없을 새 色自在라 名함을 말한 것이다. 故로 經에 이르되 能히 佛身으로써 衆生身을 지으며 또한 國土身 等을 짓는다고 하시니 이미 色自在地를 依支하여 現識을 能히 여읠 새 色不自在地者는 곧 現識이 未亡함을 反顯한 것이다. 能見心不相應이라 말한 것은 곧 轉識이니 이 能見이 現境하지 못하는 故로 有見無境을 不相應이라 名함을 말한 것이다. 依心下는 九地菩薩이 能見을 여의고 남에 잘 衆生心煩惱 等의 十種稠林을 알새 故로 이르되 心自在地라 함을 말한 것이니 이는 他心에 大自在를 얻는 것이다. 또 써 스스로 四十種 無碍智를 얻는 故로 法要를 善說하여 衆生을 廣化할 새 心自在라 云함이니 이는 自心에 大自在를 얻는 것이다. 이미 心自在地를 依支하여 轉識을 能離할 새 心不自在者는 곧 轉識이 未亡함을 反顯한 것이다. 根本業不相應이라 말한 것은 곧 無明業識이니 眞如를 不了함을 由하여 心이 妄動함을 根本業이라 名함이요 見相이 있지 않음을 不相應이라 名함을 말한 것이다. 依菩薩下는 盡地菩薩이 業識을 여읠 때 곧 佛地에 入할 새 故로 이르되 盡地에 得入如來地能離라 한 것이요 得佛 後에 始離함이 아님을 말한 것이다. 前에 唯佛窮了라 云한 것도 또한 菩薩盡地에 業識을 알 때 곧 佛地에 入할 새 故로 唯佛窮了라 云한 것이니 또한 得佛 後에 方了함이 아니니다. 下에 이르되 根本無明으로 至如來地究竟離라 한 것도 또한 이 義니 이를 알라. 十地滿心과 더불어 如來地가 義說은 二가 되나 體는 二가 없는 것이다.)

斷이어니와 若就生得住地門者인댄 唯佛菩提智라야 所能斷이니라 今此論中엔 不分生作하고 合說此二하야 通名無明일새 故로 言入淨心地하야 隨分得離하며 乃至如來地하야 能究竟離也라하시니라

△第四는 無明의 治斷을 밝힘이라 그러나 無明住地는 二種의 義가 있으니 만일 作得한 住地의 門을 論할진대 初地以上에 能히 漸斷함을 얻으려니와 만일 生得한 住地의 門에 就할진대 오직 佛菩提智라야 能斷할 바니라. 이제 이 論中엔 生·作을 나누지 않고 이 二를 合說하여 無明이라 通明할 새 故로 말하되 淨心地에 入하여 나눔을 따라 여읨을 얻으며 이에 如來地에 이르러 能히 究竟에 여윈다 하시니라.53)

○言相應義者는 謂心念法異호대 依染淨差別하야 而知相緣相이 同故요 不相應義者는 謂卽心不覺이라 常無別異하야 不同知相緣相故니라

---

53) 不了下는 位를 依支해 無明을 여의는 相을 밝힘이니 根本無明은 처음 地前으로 좇아 觀察해 治斷을 배워서 登地에 分離하며 如來地에 이르러 究竟에 여윔을 말한 것이다. 그렇다면 六染無明이 說은 비록 前後하나 治滅은 一時에 아울러 있음이다. 대개써 六染이 모두 無明으로써 根本이 됨이니 곧 無明差別의 相이다. 이런 故로 六染을 여윌 때 곧 無明을 여의고 無明을 여윌 때 곧 六染을 여윌 새 故로 前後가 없다. 다만 不覺과 더불어 動作이 二義가 不同할 새 故로 나누어 二를 말함이니 이로써 下文에 爲碍와 障智의 相이 또한 부동한 것이다.

○相應義라 말한 것은 心과 念法이 다르되 染淨의 差別을 依支하여 知相과 緣相이 같음을 말한 연고요 不相應義란 것은 卽心이 不覺이라 늘 別異함이 없어서 知相과 緣相이 不同함을 말한 연고니라.

△第五는 明相應不相應義라 六種染中에 前三染은 是相應이요 後三染과 及無明은 是不相應이니라 相應中에 言心念法이 異者는 心은 法之名也니 迦旃延論中에 名爲心及心所念法也니라 依染淨差別者는 分別染淨諸法의 見慢愛等差別也니라 知相이 同者는 能知相이 同이요 緣相이 同者는 所緣相이 同也니라 此中에 依三等義하야 以說相應이니 謂心念法이 異者는 是體等義니 謂諸煩惱數가 各有一體하야 皆無第二故요 知相이 同者는 是知等義요 緣相이 同者는 是緣等義니 彼前三染이 具此三義하야 俱時而有일새 故名相應이니라 問이라 瑜伽論에 說諸心心法이 同一所緣이라 不同一行相하야 一時俱有하야 一一而轉이라하야늘 今此中엔 說知相도 亦同이라하시니 如是相違어늘 云何和

會아 答이라 二義俱有일새 故不相應違니라 何者오 如我見은 是見性之行이요 其我愛者는 愛性之行이니 如是行別을 名不同一行이로대 而見愛等을 皆作我解라 依如是義하야 名知相同이니 是故二說이 不相違也니라 不相應中에 言卽心不覺이라 常無別異者는 是明無體等義니 離心無別數法差別故니라 旣無體等인댄 餘二何寄아 故無同知同緣之義니라 故로 言不同知相緣相이니 此中不者는 無之謂也니라 問이라 瑜伽論에 說阿梨耶識이 五數相應하야 緣二種境이 卽此論中에 現色不相應染이어늘 何故로 此中엔 說不相應고 答이라 此論之意는 約煩惱數差別轉義하야 說名相應이니라 現識之中엔 無煩惱數일새 依是義故로 名不相應이어니와 彼新論意는 約徧行數일새 故說相應이니 由是道理하야 亦不相違也니라

△第五는 相應과 不相應의 義를 밝힘이라 六種染中에 前三染은 이 相應이요 後三染과 無明은 이 不相應이니라. 相應中에 心·染法이

다름이라 말한 것은 心은 法의 名이니 迦旃延論 中에 心과 心의 所念法이 된다 名하였느니라. 依染淨差別이란 것은 染淨諸法의 見·慢·愛 等의 差別을 分別함이니라. 知相이 同이란 것은 能知의 相이 같음이요 緣相이 同이란 것은 所緣의 相이 같음이니라. 이 中에 三 等의 義를 依支하여 써 相應이라 說함이니 心·念法이 다름이라 말한 것은 이 體 等의 義니 모든 煩惱數가 各各 一體가 있어서 다 第二가 없음을 말한 연고요 知相이 同이란 것은 이 知等의 義요 緣相이 同이란 것은 이 緣 等의 義니 저 前三染이 이 三義를 갖추어 同時에 있을 새 故로 相應이라 名함이니라. 問이라 瑜伽論에 說하되 모든 心과 心法이 同一한 所緣이라 一行相과 같지 않아서 一時에 俱有하여 一一이 轉한다고 하였거늘 이제 이 中엔 說하되 知相도 또한 같다 하시니 이와같이 서로 어긋나지 않거늘 어떻게 和合하랴 무슨 까닭인고? 저 我見은 이 見性의 行이요 그 我愛란 것은 愛性의 行이니 이처럼 行이 다름을 不同一行이라 名함이로되 見·愛 等을 다 我解라 지은지라 이와 같은 義를 依支하여 知相同이라 名함이니 이런 故로 二說이 서로 어긋나지 않느니라. 不相應 中에 卽心不覺이라 常無別異라 말한 것은 이 體 等의 義가 없음을 밝힘이니 心을 여읨에 別다른 數法의 差別이 없는 연고니라. 이미 體 等이 없을진대 餘二가 어디 寄하랴. 故로 同知同緣의 義가 없느니라. 故로 知相·緣相이 不同이라 말함이니 이 中에 不字는 無를 말함이니라. 問이라 瑜伽論에 說하되 阿梨耶識이 五數가 相應하여 二種의 境을 因緣함이 곧 이 論中에 現色不相應染이거늘 무슨 까닭으로 이 中엔 不相應이라 說했는고? 答이라 이 論의 意는 煩惱數 差

別轉義를 잡아서 相應이라 說해 이름한 것이니라. 現識의 中엔 煩惱數가 없을 새 이 義를 依支한 故로 不相應이라 名했거니와 저 新論의 意는 偏行數를 잡을 새 故로 相應이라 說함이니 이 道理를 由하여 또한 서로 어긋나지 않느니라.54)

○又染心義者는 名爲煩惱礙니 能障眞如根本智故요 無明義者는 名爲智礙니 能障世間自然業智故니라 此義云何오 以依染心하야 能見하며 能現하며 妄取境界하야 違平等性故니 以一切法이 常靜하야 無有起相이로대 無明不覺하야 妄與法違일새 故不能得隨順世間一切境界種種知故니라

○또 染心의 義란 것은 이름이 煩惱礙가 되니 能히 眞如의 根本智를 障碍하는 연고요 無明의 義란 것은 이름이 智碍가 되니 能히 世間의 自然業智를 障碍하는 연고니라. 이 義가 무엇인고? 染心을 依支하여 能히 보며 能히 나타내며 境界를 妄取하여 平等性을 어기는 연고니

54) 此는 前의 相應과 不相應義를 牒釋함이다. 相應義라 말한 것은 能緣의 心과 더불어 所緣의 法이 心法은 各各 다르되 染淨差別法 中에 依支하여 能知와 所緣의 二相이 같음을 말한 것이니 이는 다름에 卽해 같은 故로 相應이라 云한 것이다. 말한바 同이란 것은 心이 染法을 因緣할 적에 곧 染解를 짓고 心이 淨法이 因緣할 적에 곧 淨解를 짓되 心法은 같은 故로 相應이라 名함을 말한 것이다. 不相應義라 말한 것은 眞心이 不覺念動할 때 비록 能히 境을 나타내나 오히려 境을 因緣해 分別하지 않음이니 곧 有境無心일 새 故로 常無別異라 云한 것이요 前의 知相緣相이 같음과 같지 않을 새 故로 不相應이라 名함을 말한 것이다.

一切法이 늘 靜하여 일어나는 相이 없되 無明으로 不覺하여 망령되이 法과 더불어 어길 새 故로 能히 世間 一切境界를 隨順하는 種種知를 얻지 못하는 연고니라.

△第六은 明二礙義라 顯了門中엔 名爲二障이요 隱密門內엔 名爲二礙니 此義는 具如二障章說하니라 今此文中엔 說隱密門이라 於中에 有二하니 初分二礙요 此義以下는 釋其所以니라 初中에 言染心義者는 是顯六種染心也요 根本智者는 是照寂慧니 違寂靜故로 名煩惱礙也니라 無明義者는 根本無明이요 世間業智者는 是後得智라 無明昏迷하야 無所分別일새 故違世間分別之智니 依如是義하야 名爲智礙니라 釋所以中엔 正顯是義니 以依染心하야 能見하며 能現하며 妄取境界者는 略擧轉識現識智識이요 違平等性者는 違根本智의 能所平等이니 是는 釋煩惱礙義也니라 以一切法이 常靜하야 無有起相者는 是擧無明의 所迷法性이요 無明不覺하야 妄與法違故者는 是顯無

明의 迷法性義요 故不能得으로 乃至種知者는 正明違於世間智義也니라

別記 然이나 二障之義는 略有二門하니 一은 二乘通障인 十使煩惱가 能使流轉하야 障涅槃果를 名煩惱障이요 菩薩別障인 法執等惑이 迷所知境하야 障菩提果를 名所知障이니 此門은 如餘經論所說하니라 二는 一切動念取相等心이 違如理智의 寂靜之性을 名煩惱礙요 根本無明이 昏迷不覺하야 違如量智의 覺察之用을 名爲智礙니라 今此論中엔 約後門義일새 故說六種染心을 名煩惱礙요 無明住地를 名爲智礙니라 然以相當인댄 無明은 應障理智요 染心은 障於量智어늘 何不爾者오 未必爾故니 未必之意는 如論自說하니라

△上來에 第二廣釋生滅因緣義는 竟하다

第六은 二碍의 義를 밝힘이라 顯了門中엔 二障이 된다 名하고 隱密門內엔 二碍가 된다 名함이니 이 義는 갖추어 二障章의 說과 같으니라. 이제 此文中엔 隱密門을 說한지라 그 中에 二가 있으니 初는

二碍를 分함이요 此義以下는 그 까닭을 解釋함이니라. 初中에 染心의 義라 말한 것은 이 六種染心을 나타냄이요 根本智란 것은 이 照寂의 慧니 寂靜을 違한 故로 煩惱碍라 名함이니라. 無明義란 것은 根本無明이요 世間業智란 것은 이 後得智라 無明이 昏迷하여 分別할 바가 없을 새 故로 世間分別의 智를 違함이니 이처럼 義를 依支하여 智碍가 된다 名함이니라. 所以를 解釋한 中엔 正히 是義를 나타냄이니 染心을 依支하여 能見하며 能現하며 妄取境界란 것은 轉識과 現識과 智識을 略擧함이요 違平等性이란 것은 根本智의 能所平等을 違함이니 이는 煩惱碍의 義를 解釋함이니라. 一切法이 常靜하여 일어나는 相이 없다는 것은 이 無明의 法性을 擧함이요 無明不覺하여 妄與法違故란 것은 이 無明의 迷한바 法性을 迷한 義를 나타냄이요 故不能得으로 乃至 種知란 것은 正히 世間智에 違한 義를 밝힘이니라.

別記 그러나 二障의 義는 大略 二門이 있으니 一은 二乘의 通障인 十使煩惱가 能히 하여금 流轉케 하여 涅槃果를 障碍함을 煩惱障이라 名함이요 菩薩의 別障인 法執 等 惑이 所知의 境을 迷하여 菩提果를 障碍함을 所知障이라 名함이니 此門은 餘外 經論의 說한 바와 같으니라. 이는 一切 動念取相 等 心이 如理智의 寂靜한 性을 어김을 煩惱碍라 名함이요 根本無明이 昏迷不覺하여 如量智의 覺察하는 用을 어김을 智碍가 된다 名함이니라. 이제 此論中엔 後門의 義를 잡을 새 故로 說하되 六種染心을 煩惱碍라 名하고 無明住地를 智碍가 된다 名함이니라. 그러나 相으로써 當할진대 無明은 應當 理智를 障碍하고 染心은 量智를 障碍하여야 할 것이거늘

어찌 그렇지 않은고? 반드시 그렇지 않은 연고니 未必의 義는 論에 스스로 說함과 같으니라.

上來에 第二 生滅因緣의 義를 廣釋함은 마쳤다.55)

△第三은 **廣上立義分中生滅之相**이라 **於中**에 **有二**하니 **先明生滅麁細之相**이요 **後顯麁細生滅之義**니라

△第三은 上의 立義分中에 生滅의 相을 廣함이라 그 中에 二가 있으니 先은 生滅麁細의 相을 밝힘이요 後는 麁細生滅의 義를 나타냄이니라.

○復次分別生滅相者는 **有二種**하니 **云何爲二**오 **一者**

55) 此는 染心과 無明의 爲碍와 障智의 相이 같지 않음을 보인 것이다. 又染心下는 六染이 爲碍하여 障理智의 義를 보임이니 六種染心은 能障이 되고 眞如本智는 곧 所障임을 말한 것이다. 대개 써 染心이 諠動하는 故로 本智를 障碍하고 染相이 差別인 故로 眞如를 障碍하니 이는 六染이 煩動하여 湛性을 惱亂할 새 故로 六染이 煩惱碍가 되어서 眞如根本智를 能障한다 名한 것이다. 無明下는 無明이 爲碍하여 障量智의 義를 보임이니 根本無明은 이 能障이 되고 世間業智는 곧 이 所障임을 말한 것이다. 대개 써 無明이 昏迷하여 量智를 能障하니 障智를 由한 故로 能히 世間境界를 隨順해 種種而知함을 얻지 못하는 것이다. 故로 無明을 指目해 智碍가 된다고 名하여 世間의 自然業智를 能障하는 것이다. 自然業智라 말한 것은 世間境界를 任運而知하여 擬心을 待하지 않을 새 自然業智라 名함을 말한 것이다. 此義下는 前義를 徵釋함이니 이 二碍障智의 義가 어떠함을 말한 것이다. 以依下는 煩惱가 障理智의 義를 解釋함이니 染心이 能見能現이라 말함은 곧 三不相應染이요 妄取境界는 곧 三相應染이다. 이 六染이 能所差別하여 眞如를 어기고 境界를 妄取하여 本智를 碍함을 말함이니 이는 染心이 妄取하여 平等性을 어길 새 故로 理智를 障하는 것이다. 以一切下는 無明이 障量智의 義를 解釋함이니 一切法이 常靜하여 無起 等이라 말한 것은 諸法이 恒靜하여 起滅이 없음을 말한 것이다. 故로 經에 이르되 諸法이 本來로 常自寂滅이라 하였다. 無明을 由한 故로 如法寂靜을 了達하지 못하고 곧 起滅을 妄見할 새 故로 法과 더불어 乖違하고 法을 어김을 쓴 故로 能히 世間 一切境界를 隨順하여 種種而知하지 못할 새 이런 故로 無明이 世間 自然業智를 能障하는 것이다.

는 麁니 與心相應故요 二者는 細니 與心不相應故니라 又麁中之麁는 凡夫境界요 細中之細와 及細中之麁는 菩薩境界요 麁中之細는 是佛境界니라

復次 生滅相을 分別 한다는 것은 二種이 있으니 어떤 것이 二가 되는고? 一은 麁니 心과 더불어 相應하는 연고요 二는 細니 心과 더불어 相應하지 않는 연고니라. 또 麁中의 麁는 凡夫의 境界요 麁中의 細와 細中의 麁는 菩薩의 境界요 細中의 細는 이 佛의 境界니라.

△初中에 亦二니 一者는 正明麁細요 二者는 對人分別이니라 初中에 亦二니 總標요 別解니라 別解中에 言一者는 麁니 與心相應故者는 六種染中에 前之三染은 是心相應이라 其相이 麁顯이니 經中에 說名爲相生滅也니라 二者는 細니 與心不相應故者는 後三染心은 是不相應이라 無心心法麁顯之相하야 其體가 微細하야 恒流不絶이니 經中에 說名相續生滅也니라 如十卷經에 云識有二種滅하니 何等이 爲二오 一者는 相滅이요 二는 相續滅이니 生住도 亦如是라하며 四卷經에 云諸識이 有二種生住滅하니 所謂流注生과 及相生이라 滅

亦如是라하시니 經中엔 直出二種名字하고 不別顯相일새 故今論主가 約於相應不相應義하야 以辨二種麁細相也니라 對人分別中에 麁中之麁者는 謂前三中에 初二가 是也요 麁中之細者는 卽此三中에 後一이 是也니라 以前中初二는 俱在意識이니 行相이 是麁故로 凡夫所知也요 前中後一은 是第七識이니行相이不麁일새 非凡所了也니라 後中初二는 能現하며 能見하야 能所差別일새 故로 菩薩所知요 最後一者는 能所未分일새 故로 唯佛能了也니라

△初中에 또한 二니 一은 正히 麁細를 밝힘이요 二는 人을 對해 分別함이니라. 初中에 또한 二니 總標요 別解니라. 別解中에 말하되 一은 麁니 心과 더불어 相應하는 연고라 한 것은 六種染中에 前의 三染은 이 心相應이라 그 相이 麁顯함이니 經中에 相生滅이 된다 說해 이름함이니라. 二는 細니 心과 더불어 不相應인 연고라 한 것은 後 三染心은 不相應이라 心과 心法의 麁顯하는 相이 없어서 그 體가 微細하여 恒流不絶함이니 經中에 相續不滅이라 說해 이름함이니라. 저 十卷經에 이르되 識은 二種의 滅이 있으니 어떤 것이 二가 되는고? 一은 相滅이요 二는 相續滅이니 生住도 또한 이와 같다

하며 四卷經에 이르되 諸識이 二種의 生住滅이 있으니 所謂 流注生과 相生이라 滅도 또한 이와 같다 하시니 經中엔 다만 二種의 名字만 내고 別로 相을 나타내지 않을 새 故로 이제 論主가 相應과 不相應의 義를 잡아서 써 二種의 麁細相을 辨함이니라. 對人分別中에 麁中의 麁란 것은 前 三中에 初二가 이것이요 麁中의 細란 것은 곧 이 三中에 後一이 이것임을 말함이니라. 前中의 初二는 모두 意識에 있으니 行相이 이 麁한 故로 凡夫가 알 바요 前中의 後一은 이 第七識이니 行相이 麁하지 않을 새 凡夫가 了知할 바가 아니니라. 後中의 初二는 能現하며 能見하여 能所가 差別일 새 故로 菩薩이 알 바요 最後의 一이라는 것은 能所가 未分일 새 故로 오직 佛만이 能了함이니라.56)

○此二種生滅이 **依於無明熏習而有**니 **所謂依因依緣**이라 **依因者**는 **不覺義故**요 **依緣者**는 **妄作境境義故**

---

56) 此는 生滅의 相을 밝혀서 써 立義分中의 是心生滅相을 解釋함이니 相이 生滅을 여의지 않음을 쓴 故로 生滅을 帶해 말한 것이다. 復次下는 前을 牒해 數를 標함이요 云何下는 二相을 徵釋함이다. 與心相應故라 말한 것은 麁相을 釋成함이니 三相應染은 써 外境에 分別執計하여 곧 外境이 心과 더불어 相應함이 있을 새 故로 麁가 된다고 名함을 말한 것이다. 與心不相應故라 말한 것은 細相을 釋成함이니 三不相應染은 비록 動心을 依支해 境을 나타내나 오히려 마음이 일어남을 分別하지 않아서 곧 境界가 心과 더불어 不相應일 새 故로 細가 된다고 名함을 말한 것이다. 이는 麁細를 잡아서 그 相을 略明함이다. 又麁中下는 다시 所覺의 麁細에 就하여 그 相을 詳明함이다. 대개 三相應染을 모두 麁가 된다고 名하는데 執相應染이 또 다시 麁가 될새 故로 麁中之麁라 云한 것이니 三賢位人이 이 染을 能覺할 새 故로 凡夫境界라 云한 것이다. 麁中之細下는 不斷과 智相應 二染은 이 麁中의 細요 能見과 能現의 二不相應染은 이 細中의 麁니 十地已還에 이 染을 能覺할 새 故로 菩薩境界라 云한 것이다. 根本業不相應染은 能所未分하여 行相이 極細할 새 故로 細中之細라 云함이요 오직 佛이 能了할 새 故로 是佛境界라 云함을 말한 것이다.

니라 若因滅則緣滅하나니 因滅故로 不相應心이 滅이요 緣滅故로 相應心이 滅이니라 問曰若心滅者인댄 云何相續이며 若相續者인댄 云何說究竟滅이니잇고 答曰所言滅者는 唯心相滅이요 非心體滅이니라 如風이 依水而有動相이니 若水滅者인댄 則風相이 斷絶하야 無所依支어니와 以水不滅일새 風相이 相續하나니 唯風滅故로 動相이 隨滅이나 非是水滅인듯하야 無明도 亦爾하야 依心體而動이니 若心體가 滅인댄 則衆生이 斷絶하야 無所依支어니와 以體不滅일새 心得相續하나니 唯癡滅故로 心相이 隨滅이나 非心智滅이니라

△이 二種의 生滅이 無明의 熏習을 依支해 있으니 所謂 依因依緣이라 依因이란 것은 不覺의 義인 연고요 依然이란 것은 境界를 妄作하는 義인 연고니라. 만일 因이 滅한다면 緣이 滅하니 因이 滅하는 故로 不相應心이 滅하고 緣이 滅하는 故로 相應心이 滅하느니라. 물어 이르되 만일 心이 滅할진대 어떻게 相續하며 만일 相續할진대 어떻게 究竟滅이라 說하나이까? 答해 이르시되 말한바 滅이란 것은 오직 心相이 滅함이요 心體가 滅함이 아니니라. 風이 水를 依支해 動相이 있으니 만일 水가 滅할진대 風相이 斷絶하여 依支할 바가 없거니와

써 水가 滅하지 않을 새 風相이 相續하니 오직 風이 滅하는 故로 動相이 따라 滅하나 이 水가 滅함이 아님과 같아서 無明도 또한 그러하여 心體를 依支해 動하니 만일 心體가 滅할진대 衆生이 斷絶하여 依支할 바가 없거니와 體가 滅하지 않을 새 心이 相續함을 얻으니 오직 痴가 滅하는 故로 心相이 따라 滅하나 心智가 滅함이 아니니라.

△第二는 明生滅義라 於中에 有二하니 先明生緣이요 後顯滅義니라 初中에 亦二니 先明通緣이요 後顯別因이니라 通而言之인댄 麁細二識이 皆依無明住地而起일새 故로 言二種生滅이 依於無明熏習而有어니와 別而言之인댄 依無明因故로 不相應心이 生이요 依境界연고로 相應心이 得起라 故로 言依因者는 不覺義故요 依緣者는 妄作境界義故라하시니라

(別記云 不覺義者는 根本無明也요 妄作境者는 現識所現境也니라)

若具義說인댄 各有二因하니 如四卷經에 云大慧야 不思議熏과 及不思議變은 是現識因이요 取種種塵과 及無始妄想熏은 是分別事識因이라하시니 解云不思議熏者는 謂無明이 能熏眞如니 不可熏處而

能熏故라 故名不可思議熏也요 不思議變者는 所謂眞如가 受無明熏이니 不可變異而變異故라 故名不思議變이니 此熏及變이 甚微且隱일새 故로 所起現識도 行相이 微細하야 於中에 亦有轉識業識하니라 擧麁兼細일새 故로 但名現識也니라 取種種塵者는 現識所取種種境界가 能動心海하야 起七識浪故요 無始妄想熏者는 卽彼現識을 名爲妄想이니 從本以來로 未曾離想일새 故名無始妄想이니라 如上文에 言以從本來로 未曾離念일새 故名無始無明이라하시니 此中妄想도 當知亦爾니라 如十卷經에 云阿梨耶識이 知名識相하는 所有體相이 如虛空中에 有毛輪住하야 不淨智의 所行境界니 由是道理일새 故是妄想이니라 彼種種塵과 及此妄想이 熏於自相心海하야 令起七識波浪하나니 妄想及塵이 麁而且顯일새 故其所起分別事識의 行相이 麁顯하야 成相應心也라하시니 欲明

現識이 因不思議熏故로 得生하고 依不思議變故로 得住하며 分別事識이 緣種種塵故로 得生하고 依妄想熏故로 得住어니 今此論中에 但取生연고로 細中에 唯說無明熏이요 麁中에 單擧境界緣也니라

別記 又四卷經에 大慧야 若覆彼眞識의 種種不實한 諸虛妄이 滅則一切根識이 滅이니 是名相滅이니라 相續滅者는 相續所因이 滅則相續이 滅이며 所從이 滅이요 及所緣이 滅則相續이 滅이니라 所以者가 何오 是其所依故니 依者는 謂無始妄想熏이요 緣者는 謂自心見等識境妄想이라하시니 此經은 就通相門일새 故作是說이어니와 論約別義일새 故如前說也니라 若汎論生因緣인댄 諸識이各有四種因緣하니 如十卷經에 云有四因緣하야 眼識生이니 何等이 爲四오 一者는 不覺自內身取境界故요 二者는 無始世來로 虛妄分別色境界하야 熏習執着戲論故요 三者는 識自性體如是

故요 四者는 樂見種種色相故라하며 四卷經에 云四因연고로 眼識이 轉이니 謂自心現攝受不覺과 無始虛僞過色習氣計着과 識性自性과 欲見種種色相을 是名四種因緣水流處에 藏識轉하야 識浪生이라하시니 言自心現攝受不覺者는 是明根本無明因이니 其色이 麁相이라 現識所現이요 不在識外니 自心所攝故라 言不覺者는 無明不覺色塵非外일새 故로 能生眼識하야 令取爲外니 是爲初因이니라 言無始虛僞로 乃至計着者는 是顯無始妄想의 熏習因이니 謂現識이 本來取着色塵은 由此習氣가 能生眼識하야 令取色塵也니라 言識性者는 是顯自類因이니 由前眼識의 自性分別이 由此熏習하야 後生眼識이 如前自性也니라 言欲見種種色相者는 是顯名言熏習因이니 謂前眼識이 能見色相이어든 意識이 緣此能見眼識이니 意言分別取着欲見也니라 如說眼識하야 其餘諸識

도 準之可知니라

△若因滅下는 次顯滅義라 於中에 有二하니 一者는 直明이요 問曰以下는 往復除疑니라 始中에 言若因滅則緣滅者는 隨於何位하야 得對治時에 無明因이 滅하면 境界隨滅也니라 因滅故로 不相應心이 滅者는 三種不相應心이 親依無明因生일새 故로 無明이 滅時에 亦隨滅也니라 緣滅故로 相應心이 滅者는 三種相應染心이 親依境界緣起일새 故로 境界滅時에 亦隨滅也니라 依是始終起盡道理하야 以明二種生滅之義요 非約刹那生滅義也니라 此下는 第二往復除疑니 先問이요 後答이니라 問中에 言若心滅者인댄 云何相續者는 對外道說하야 而作是問이니라 如十卷經에 云若阿黎耶識이 滅者인댄 不異外道의 斷見戲論이니 諸外道가 說호대 離諸境界하야 相續識滅이니 相續識이 滅已에 卽滅諸識이라하니라 大慧야 若相續識이 滅者인댄 無始

世來의 諸識이 應滅이라하시니 此意는 正明諸外道가 說호대 如生無想天하야 入無想定時에 離諸境界하야 相續識滅이니 根本이 滅故로 末亦隨滅也니라 如來가 破云若彼衆生이 入無想時에 衆生之本인 相續識이 滅者인댄 六七識等種子가 隨滅이라 不應從彼하야 還起諸識이어늘 而從彼出하야 還起諸識하나니 當知入無想時에 其相續識이 不滅이라하야 如是破也니라 今此論中엔 依此而問호대 若入無想定滅盡定時에 心體滅者인댄 云何還續가 故로 言若心滅者인댄 云何相續也리오하시니라 若入彼時에 心體不滅하야 還相續者인댄 此相續相이 何由永滅가 故로 言云何說究竟滅也리오하시니라 答中에 有三하니 謂法喩合이니라 初法中에 所言滅者는 如入無想等時에 說諸識이 滅者는 但滅麁識之相이요 非滅阿黎耶心體라 故로 言唯心相滅이라하시니라 又復上說因滅故로 不相應心이 滅者는 但說心中에

業相等이 滅이요 非謂自相心體가 滅也니라 喩中엔 別顯此二滅義니 如風이 依水而有動相者는 喩無明風이 依心而動也니라 若水滅者인댄 則風이 斷絶하야 無所依支어니와 以水不滅일새 風相이 相續者는 喩於入無想等之時에 心體不滅일새 故로 諸識이 相續也니 是는 答初問也니라 唯風滅故로 動相이 隨滅者는 到佛地時에 無明이 永滅故로 業相等動도 亦隨滅盡이나 而其自相心體는 不滅일새 故로 言非是水滅也니 是는 答後問하야 明究竟滅이니라 合中엔 次第合前二義니 非心智滅者는 神解之性을 名爲心智니 如上文에 云智性不壞는 是明自相不滅義也니라 餘文은 可知로다 問이라 此識自相이 爲當一向染緣所起아 爲當亦有不從緣義아 若是一向染緣所起인댄 染法이 盡時에 自相이 應滅이요 如其自相이 不從染연고로 不滅者인댄 則自然有니라 又若使自相이 亦滅하야 同斷見者인댄

是則自相이 不滅에 還同常見이니라 答이라 或有說者는 黎耶心體가 是異熟法이로대 但爲業惑之所辨生이라 是故로 業惑이 盡時에 本識이 都盡이니라 然於佛果에 亦有福慧二行所感인 大圓鏡智相應淨識이 而於二處에 心義是同이라 以是義說心至佛果耳라하며 惑有說者는 自相心體가 擧體爲彼無明所起하야 而是動靜令起요 非謂辨無令有라 是故로 此心之動이 因無明起를 名爲業相이니 此動之心이 本自爲心이며 亦爲自相이라 自相義門은 不由無明이니라 然이나 卽此無明所動之心도 亦有自類相生之義일새 故無自然之過요 而有不滅之義니 無明이 盡時에 動相이 隨滅이라 心隨始覺하야 還歸本源이라하며 惑有說者는 二師所說이 皆有道理하니 皆依聖典之所說故라 初師所說은 得瑜伽意요(別記云 依顯了門이라) 後師義者는 得起信意로대(別記云 依隱密門이라) 而亦不可如言取義니라 所以然者는

若如初說하니 而取義者인댄 卽是法我執이요 若如後說하야 而取義者인댄 是謂人我見이니라 又若執初義인댄 墮於斷見이요 執後義者는 卽墮常見이니 當知二義가 皆不可說이니라 雖不可說이나 而亦可說이니 以雖非然이나 而非不然故니라 廣釋生滅門內有二分中에 初正廣釋은 竟在於前하다

△第二는 生滅의 義를 밝힘이라 그 中에 二가 있으니 先은 生緣을 밝힘이요 後는 滅義를 나타냄이니라. 初中에 또한 二니 先은 通緣을 밝힘이요 後는 別因을 나타냄이니라. 通히 말할진대 麁細二識이 모두 無明住地를 依支해 일어날 새 故로 二種生滅이 無明熏習을 依支해 있다고 말했거니와 別로 말할진대 無明因을 依支한 故로 不相應心이 나고 境界緣을 依支한 故로 相應心을 얻어서 일어나는지라 故로 말하되 依因이란 것은 不覺의 義인 연고요 依緣이란 것은 境異를 妄作하는 연고라 하시니라.

(別記에 이르되 不覺義란 것은 根本無明이요 妄作境이란 것은 現識의 所現境이니라.)

만일 義를 갖추어 說할진대 各各 二因이 있으니 저 四卷經에 이르되 大慧야 不思議熏과 不思議變은 이 現識의 因이요 取種種塵과 無始妄想熏은 이 分別事識의 因이라 하시니 解釋해 이르되 不思議熏이란 것은 無明이 眞如를 能熏함을 말함이니 可히 熏하지 못할 곳에 能히 熏하는 연고라 故로 不可思議熏이라 名함이요 不思議變이

란 것은 所謂 眞如가 無明의 熏을 받음이니 可히 變異하지 못할 곳에 變異하는 연고라 故로 不思議變이라 名함이니 이 熏과 變이 甚히 微細하고 숨을 새 故로 所起의 現識도 行相이 微細하여 그 中에 또한 轉識과 業識이 있느니라. 그러나 麁를 擧함에 細를 兼할 새 故로 다만 現識이라 名함이니라. 取種種塵이란 것은 現識의 所取인 種種境界가 心海를 能動하여 七識의 波浪을 일으키는 연고요 無始妄想熏이란 것은 곧 저 現識을 이름해 妄想이라 함이니 根本을 좇아 以來로 일찍이 想을 여의지 못할 새 故로 無始妄想이라 名함이니라. 저 上文에 말하되 根本을 좇아 옴으로 일찍이 念을 여의지 못할 새 故로 無始無明이라 名한다 하시니 이 中에 妄想도 마땅히 알라 또한 그러하니라. 저 十卷經에 이르되 阿黎耶識이 名을 알고 相을 아는 所有의 體相이 虛空中에 毛輪이 住함이 있음과 같아서 不淨智의 所行境界니 이 道理를 由할 새 故로 이 妄想이니라. 저 種種塵과 이 妄想이 自相心海를 熏하여 하여금 七識의 波浪을 일으키게 하니 妄想과 塵이 麁하고 또 나타날 새 故로 그 所起인 分別事識의 行相이 麁顯하여 相應心을 이룬다고 하시니 現識이 不思議熏을 因한 故로 得生하고 不思議變을 依한 故로 得住하며 分別事識이 種種塵을 緣한 故로 得生하고 妄想熏을 依支한 故로 得住하여 밝히고자 함이거니와 이제 이 論中엔 다만 生緣을 取한 故로 細中에 오직 無明熏만 說하고 麁中에 홀으로 境界緣만 擧함이니라.

別記 또 四卷經에 大慧야 만일 다시 저 眞識의 種種不實한 모든 虛妄이 滅한즉 一切 根識이 滅하니 이것을 相滅이라 名하느니라. 相續滅이란 것은 相續의 所因이 滅한즉 相續이 滅하며 所從이 滅

하고 所緣이 滅한즉 相續이 멸하느니라. 까닭이 무엇인고? 이것이 그 所依인 연고니 依란 것은 無始의 妄想熏을 말함이요 緣이란 것은 自心 見等의 識境妄想을 말함이라 하시니 이 經은 通相門에 就할 새 故로 是說을 지었거니와 論은 別義를 잡을 새 故로 前說과 같으니라. 만일 生의 因緣을 汎論할진대 諸識이 各各 四種의 因緣이 있으니 저 十卷經에 이르되 四因緣이 있어서 眼識이 태어나니 어떤 것이 四가 되는고? 一은 不覺에 內身으로 부터 境界를 取하는 연고요 二는 無始世來로 虛妄히 色境界를 分別하여 戱論을 熏習執着하는 연고요 三은 識의 自性體가 이와 같은 연고요 四는 種種色相을 樂見하는 연고라 하며 四卷經에 이르되 四因緣인 故로 眼識이 轉하니 自心現攝受不覺과 無始虛僞過色習氣計着과 識性自性과 欲見種種色相을 이 四種因緣의 水流處에 藏識이 轉하여 識浪이 生함이라 名함을 말한 것이라 하시니 自心現攝受不覺이라 말한 것은 이 根本無明의 因을 밝힘이니 그 色이 麁相이라 現識의 所現이요 識外에 있지 않음이니 自心의 所攝인 연고라 不覺이라 말한 것은 無明으로 色塵이 外가 아님을 不覺할 새 故로 能히 眼識을 내어서 하여금 取해 外로 삼게 하니 이것이 初因이 되느니라. 無始虛僞로 乃至 計着이라 말한 것은 이 無始妄想의 熏習因을 나타냄이니 現識이 本來 色塵을 取着함은 이 習氣가 眼識을 能生함을 由하여 하여금 色塵을 取하게 함을 말함이니라. 識性이라 말한 것은 이 自類의 因을 나타냄이니 前 眼識의 自性分別이 이 熏習을 由하여 後에 眼識을 냄이 前의 自性과 같음을 由함이니라. 欲見種種色相이라 말한 것은 이 名言熏習의 因을 나타냄이니 前의 眼識

이 色相을 能見하거든 意識이 이 能見眼識을 因緣함을 말함이니 意에 分別取着해 보고자 함을 말함이니라. 眼識을 說함과 같아서 其餘의 諸識도 이를 準해 可히 알지니라.

若因滅下는 次에 滅義를 나타냄이라 그 中에 二가 있으니 一은 直明이요 問曰 以下는 往復으로 疑를 除外함이니라. 始中에 若因滅則緣滅이라 말한 것은 何位를 따라서 對治를 얻을 때 無明因이 滅하면 境界가 따라 滅함이니라. 因滅故로 不相應心이 滅이란 것은 三種 不相應心이 親히 無明因을 依支해 生할 새 故로 無明이 滅할 때 또한 따라 滅함이니라. 緣滅故로 相應心이 滅이란 것은 三種 相應染心이 親히 境界緣을 依支해 일어날 새 故로 境界가 滅할 때 또한 따라 滅함이니라. 이 始終의 起盡道理를 依支하여 써 二種 生滅의 義를 밝힘이요 刹那生滅의 義를 잡음이 아니니라.[57]

此下는 第二 往復으로 疑를 除外함이니 先問이요 後答이니라. 文中에 말하되 만일 心이 滅할진대 어떻게 相續하는고 한 것은 外道의 說을 對하여 是問을 지음이니라. 저 十卷經에 이르되 만일 阿

---

57) 此 二種下는 麁細生滅의 本을 標起함이다. 二種生滅이 依無明熏習有라 말한 것은 麁細의 相이 元來 根本無明의 熏習을 依支해 生 했다가 또한 無明을 依支해 滅하니 若生苦滅이 無明을 여의지 않을 새 故로 이르되 二種生滅이 無明을 依支해 있다 함을 말한 것이다. 所謂下는 麁細生滅의 義를 釋成함이다. 不覺義故라 말한 것은 因依를 釋成함이다. 곧 無明이 因이 되어서 三細를 生함이다. 妄作境界義故라 말한 것은 緣義를 釋成함이니 곧 境界가 緣이 되어서 六麁를 長함이다. 若因滅則緣滅이라 말한 것은 境界의 緣이 元來 無明因을 依支해 生하니 無明의 因이 만일 滅하면 境界의 緣도 또한 따라 滅함을 말한 것이다. 因滅故로 不相應心이 滅이란 것은 三不相應心이 親히 無明因을 依支해 生할 새 故로 無明이 滅할 때 이 三이 따라서 滅함을 말한 것이다. 緣滅故로 相應心이 滅이란 것은 三相應心이 親히 境界緣을 依支해 生할 새 故로 境界가 滅할 때 三도 또한 따라 滅함을 말한 것이니 곧 所謂 因緣으로 좇아 生하고 또한 因緣으로 좇아 滅함이다. 故로 二種生滅이 모두 無明을 依支해 있는 것이다.

黎耶識이 滅할진대 外道의 斷見戱論과 다르지 않음이니 모든 外道가 說하되 모든 境界를 여의어 相續識이 滅하니 相續識이 滅하고 난뒤에 곧 諸識을 滅한다 하니라. 大慧야 만일 相續識이 滅할진대 無始世來의 諸識이 應當 滅할 것이라 하시니 이 意는 正히 모든 外道가 說하되 만일 無想天에 나서 無想定에 入할 때에 모든 境界를 여의어 相續識이 滅하니 根本이 滅한 故로 末도 또한 따라서 滅한다 함을 밝힘이니라. 如來가 破壞해 이르시되 만일 저 衆生이 無想에 入할 때에 衆生의 本인 相續識이 滅할진대 六七識 等 種子가 따라서 滅하는지라 應當 彼로 좇아서 또한 諸識을 일으키지 않아야 할 것이거늘 彼로 좇아 出하여 또한 諸識을 일으키니 마땅히 알라 無想에 入할 때에 그 相續識이 멸하지 않는다고 하여 이처럼 破壞하시느라. 이제 이 論中엔 이를 依支해 묻되 만일 無想定·滅盡定에 入할 때에 心體가 滅할진대 어떻게 또한 相續하랴. 故로 말하되 만일 心體가 滅할진대 어떻게 相續하리오 하시니라. 만일 彼에 入할 때에 心體가 不滅하여 또한 相續할진대 이 相續相이 무슨 因由로 永滅하랴. 故로 말하되 어찌 究竟에 滅한다고 說하리오 하시니라. 答中에 三이 있으니 法·喩·合을 말함이니라. 初 法中에 말한바 滅이란 것은 만일 無想 等에 入할 때 諸識이 滅한다 說한 것은 다만 麁識의 相을 滅함이요 阿黎耶 心體를 滅함이 아니라 故로 말하되 오직 心相이 滅한다고 하시니라. 또다시 上에 因滅故로 不相應心이 滅이라 說한 것은 다만 心中에 業相 等이 滅함을 說한 것이요 自相心體가 滅함을 말한 것이 아니니라. 比喩中엔 이 二滅의 義를 別顯함이니 마치 風이 水를 依支해 動相이 있음과 같다는 것은 無明風이 心을 依支해 動함을 比喩함이니라. 만일 水가 滅할진대 風이 斷絶하여 依支할 바가 없거니와 水가 滅하지 않을새 風相이 相續한다는 것은 無想 等에 入할 때에 心體가 不滅할새 故로 諸識이 相續함을 比喩한 것이니 이는 初問을 答함이니라. 오직 風이 滅한 故로 動相이 따라서 滅이란 것은 佛地에 到達할 때에 無明이 永滅한 故로 業相 等 動도 또한 따라서 滅盡하나 그 自相心體는 不滅할 새 故로 이 水가 滅함이 아니라고 말한 것이니 이는 後問을 答하여 究竟滅을 밝힘이니라. 合中엔 次第로 前의 二義에 合함이니 心智滅이 아니란 것은 神解의 性을 이름해 心智라 함이니 저 上文에 이르되 智性이 不壞라 함은 이 自相不滅의 義를 밝힘이니라. 餘文은 可히 알지로다. 問이라 이 識의 自相이 마땅히 一向에 染緣으로 일어난 바가 되느냐 마땅히 또한 因緣을 좇지 않음이 있는 義가 되느냐? 만일 一向에 染緣의 所起일진대 染法이 다할 때 自相이 應當 滅할 것이요 만일 그 自相이 染緣을 좇지 않는 故로 不滅일진대 自然히 있는 것이니라. 또 만일 假使 自相이 또한 滅하여 斷見과 같을진대 곧 自相이 不滅함에 또한 常見과 같을 것이니라. 答이라 或 어떤 者의 說은 黎耶心體가 이 異熟法이로되 다만 業惑의 辨生한 바가 된지라 이런 故로 業惑이 다할 때 本識이 모두 다하니라. 그러나 佛果에 또한 福慧二行의 所感인 大圓鏡智의 相應淨識이 二處에 心義가 同一함이 있는지라 이 義로써 心이 佛果에 이름이라 說했다 하며 或 어떤 者의 說은 自相心體가 擧體가 저 無明의 所起가 되어서 이 靜을 動해 하여금 일어나게 하는 것이요 無를 辨해 하여금 있게 함을 말한 것이 아니라 이런

故로 이 心의 動이 無明으로 因해 일어남을 이름해 業相이라고 하니 이 動하는 마음이 本來 스스로 心이 되며 또한 自相이 되는지라 自相義의 門은 無明을 由하지 않음이니라. 그러나 곧 이 無明이 動할 바의 마음도 또한 自類相生의 義가 있을 새 故로 自然의 過가 없고 不滅의 義가 있으니 無明이 다할 때 動相이 따라 滅하는지라 心이 始覺을 따라서 또한 本源으로 돌아간다고 하며 或 어떤 者의 說은 二師의 說한 바가 다 道理가 있으니 모두 聖典의 所說을 依支한 연고라 初師의 所說은 瑜伽의 意를 얻은 것이요(別記에 이르되 顯了門을 依支함이다.) 後師의 義는 起信의 意를 얻은 것이로되(別記에 이르되 隱密門을 依支함이다.) 또한 可히 말과 같이 義를 取하지 말지니라. 그러한 바는 만일 初說과 같이하여 義를 取할진대 곧 이 法我執이요 만일 後說과 같이하여 義를 取할진대 이 人我見이라 말하느니라. 또 만일 初義를 잡을진대 斷見에 떨어질 것이요 後義를 잡는 者는 곧 常見에 떨어질 것이니 마땅히 알라. 二義가 다 不可說이니라. 비록 不可說이나 또한 可히 說하니 써 비록 그렇지 않으나 그렇지 않음도 아닌 연고니라.

生滅門을 廣釋한 內에 二分이 있는 中에 처음 正히 廣釋함은 앞에서 마쳤다.58)

58) 問答을 設하여 써 心相은 滅하되 心體는 不滅함을 밝힘이다. 물어 이르되 만일 相應不相應心이 滅할진대 곧 體가 없는 것이니 六染의 心이 어찌 相續하랴 함은 곧 相을 迷해 體를 삼은 물음이다. 만일 六染의 心이 相續不滅할진대 어찌 治道에 相應不相應心이 究竟滅이라 說했는고 함은 곧 相의 不滅을 疑心하는 물음이다. 答해 이르되 말한 바 相應不相應心이 滅이란 것은 오직 心相이 滅함이라 故로 無明動相이 究竟에 滅함이니 이는 次問을 答함이요 心體가 滅함이 아닌 故로 六染의 心이 相續不滅함은 이 初問을 答함이다. 곧 이른바 다만 그 病을 없앨지언정 法은 滅하지 않음이니 故로 五陰·六入 等이 모두 如來藏妙眞如性이 되는 것이다. 如風下는 比喩를 引해 써 밝힘이

△此下는 第二因言重明이라 何者오 如上文에 言此識이 有二種義하야 能攝一切法하며 生一切法이라하시니라 然其攝義는 前己廣說이어니와 能生之義가 猶未分明일새 是故此下에 廣顯是義니라 文中에 有五하니 一者는 擧數總標요 二者는 依數列名이요 三者는 總明熏習之義요 四者는 別顯熏習之相이요 第五는 明盡不盡義니라

△此下는 第二의 말로 因해 거듭 밝힘이라 무슨 까닭인고? 저 上文에 말하되 이 識이 二種의 義가 있어서 能히 一切法을 攝하며 一切法을 낸다 하시니라. 그러나 그 攝義는 前에 이미 廣說했거니와 能生의 義가 오히려 分明하지 못할 새 이런 故로 此下에 이 義를 널리 나타냄이니라. 文中에 五가 있으니 一은 數를 들어 總標함이요 二는 數를 依支해 列名함이요 三은 熏習의 義를 總明함이요 四는 熏習의 相을 別顯함이요 第五는 盡과 不盡의 義를 밝힘이니라.

니 風은 無明을 比喩함이요 水는 心體를 比喩함이요 動相은 六染을 比喩함이다. 대개 風이 水를 依支해 波相이 있으니 만일 水體가 滅할진대 風의 波相이 斷絶해 依支할 바가 없거니와 水가 不滅할 새 風의 波相이 相續하니 오직 風이 滅한 故로 波相이 따라서 滅하나 水가 滅함이 아님을 말한 것이다. 無明下는 法으로써 合顯함이니 無明은 風에 合함이요 心體는 水에 合함이요 衆生은 風相에 合함이니 곧 六染의 心이다. 대개 無明이 心을 依支해 染相이 있거든 만일 心體가 滅할진대 六染의 心이 斷絶하여 依支할 바가 없거니와 써 體가 不滅할 새 六染의 心이 相續하니 오직 痴가 滅한 故로 六染動相이 따라서 滅함이요 心智가 滅함이 아님을 말한 것이다.

○復次有四種法熏習義故로 染法淨法이 起不斷絶하나니 云何爲四오 一者는 淨法이니 名爲眞如요 二者는 一切染因이니 名爲無明이요 三者는 妄心이니 名爲業識이요 四者는 妄境界니 所謂六塵이니라

復次 四種法의 熏習하는 義가 있는 故로 染法과 淨法이 일어나 斷絶치 않으니 어떤 것이 四가 되는고? 一은 淨法이니 이름이 眞如가 됨이요 二는 一切染因이니 이름이 無明이 됨이요 三은 妄心이니 이름이 業識이 됨이요 四는 妄境界니 所謂 六塵이니라.

△擧數와 列名은 文相可知로다

△擧數와 列名은 文相을 可히 알지로다.59)

熏習義者는 如世間衣服이 實無於香이로대 若人이 以香而熏習故로 則有香氣인듯하야 此亦如是하야 眞如淨法이 實無於染이로대 但以無明而熏習故로 則有染相이며 無明染法이 實無淨業이로대 但以眞如而熏習故로

59) 前엔 染淨의 生滅을 밝힘이니 반드시 染淨이 相熏하여야 바야흐로 染淨의 生滅이 있다. 다만 染淨 相熏의 義는 前에 나타내 보이지 못할새 故로 이에 廣明한 것이니 곧 前의 生滅中 染淨相熏을 편 것이다. 淨法이라 말한 것은 眞如의 體가 本來 스스로 淸淨하여 一切相을 여읠 새 故로 이르되 淨法이라 함을 말한 것이다. 그러나 이는 本을 依據해 말할 새 다만 眞如라 云함이언정 實은 相用에 通함이요 곧 妄心도 또한 本을 依據해 말할 새 오직 業識이라 云함이언정 實은 五意와 意識에 通함이다.

則有淨用이니라

△熏習의 義란 것은 世間衣服이 實로 香이 없되 만일 사람이 香으로써 熏習하는 故로 곧 香氣가 있는 것과 같아서 이도 또한 이와 같아서 眞如淨法이 實로 染이 없되 다만 無明으로써 熏習하는 故로 곧 染相이 있으며 無明染法이 實로 淨業이 없되 다만 眞如로써 熏習하는 故로 곧 淨用이 있느니라.

△第三之中에 先喩요 後合이니 合中에 言眞如淨法者는 是本覺義요 無明染法者는 是不覺義라 良由一識이 含此二義하야 更互相熏하야 徧生染淨이니 此意는 正釋經本所說不思議熏과 不思議變義也니라 問이라 攝大乘에 說要具四義하야사 方得受熏이라 故로 言常法은 不能受熏이어늘 何故로 此中에 說熏眞如오 解云熏習之義가 有其二種하니 彼論은 且約可思議熏일새 故說常法은 不受熏也어니와 此論은 明其不可思議熏일새 故說無明이 熏眞如하고 眞如가 熏無明이니 顯意가 不同일새 故不相違니라 然이나 此文中에 生滅門內에 性淨本覺을 說名眞如일새 故有熏義요 非謂

眞如門中眞如니 **以其眞如門中**엔 **不說能生義**니라

第三의 中엔 先喩요 後合이니 合中에 眞如淨法이라 말한 것은 이 本覺의 義요 無明染法이란 것은 이 不覺의 義니라. 眞實로 一識이 二義를 包含하여 서로서로 相熏하여 染淨을 徧生함을 由함이니 이 意는 正히 經本의 說한바 不思議熏과 不思議變이라는 義를 解釋함이니라. 問이라 攝大乘에 說하되 종요로이 四義를 갖추어야 바야흐로 受熏함을 얻는지라 故로 常法은 能히 受熏하지 못한다고 말했거늘 무슨 까닭으로 이 中엔 眞如를 熏한다고 말했는고? 解釋해 이르되 熏習의 義가 二種이 있으니 彼論은 아직 可思議의 熏을 잡을 새 故로 常法은 不受熏이라 說했거니와 이 論은 그 不可思議의 熏을 밝힐 새 故로 無明이 眞如를 熏하고 眞如가 無明을 熏한다고 說함이니 顯意가 不同할 새 故로 相違하지 않느니라. 그러나 이 文中엔 生滅門內에 性淨本覺을 眞如라 說名할 새 故로 熏義가 있는 것이요 眞如門中의 眞如를 말함이 아니니 써 그 眞如門中엔 能生의 義를 說하지 않음이니라.60)

△以下는 **第四別明**이라 **於中**에 **有二**하니 **先染**이요 **後淨**이니라

△以下는 第四 別明이라 그 中에 二가 있으니 先染이요 後淨이니라.

---

60) 熏習下는 比喩를 引해 써 밝힘이요 此亦下는 法으로써 合顯함이다. 대개 衣는 本來 香이 없되 香熏을 쓴 故로 衣에 香氣가 있으니 眞은 元來 相이 없되 無明이 熏한 故로 眞이 染相을 나타내고 妄은 淨用이 없되 眞如가 熏한 故로 妄이 淨用을 일으킨다. 이는 無明이 眞을 熏하여 能히 麁細의 一切染相을 내고 眞이 無明을 熏하여 能히 妄心으로 하여금 生死苦를 싫어하고 涅槃을 樂求하여 一切淨用을 내게 하는 것이다.

○云何熏習하야 起染法不斷고 所謂以依眞如法故로 有於無明이어든 以有無明染法因故로 卽熏習眞如하나니 以熏習故로 則有妄心이요 以有妄心이 卽熏習無明하야 不了眞如法故로 不覺念起하야 現妄境界요 以有妄境界染法연고로 卽熏習妄心하야 令其念着하야 造種種業하야 受於一切身心等苦하나니라 此妄境界熏習義가 卽有二種하니 云何爲二오 一者는 增長念熏習이요 二者는 增長取熏習이니라 妄心熏習義가 有二種하니 云何爲二오 一者는 業識根本熏習이니 能受阿羅漢과 辟支佛과 一切菩薩의 生滅苦故요 二者는 增長分別事識熏習이니 能受凡夫의 業繫苦故니라 無明熏習義가 有二種하니 云何爲二오 一者는 根本熏習이니 以能成就業識義故요 二者는 所起見愛熏習이니 以能成就分別事識義故니라

○어찌 熏習하여 染法을 일으켜 斷絶치 않는고? 所謂 써 眞如法을 依支한 故로 無明이 있거든 써 無明染法의 因이 있는 故로 곧 眞如

를 熏習하니 熏習함을 쓴 故로 곧 妄心이 있고 妄心이 있어 곧 無明을 熏習하여 眞如法을 確實히 理解하지 못함을 쓴 故로 不覺에 생각이 일어나 妄境界를 나타내고 妄境界染法의 因緣이 있음을 쓴 故로 곧 妄心을 熏習하여 그에게 念着하여 種種의 業을 지어서 一切 身心等 苦를 받게 하느니라.61)

이 妄境界熏習의 義가 곧 二種이 있으니 어떤 것이 二가 되는고? 一은 增長念熏習이요 二는 增長取熏習이니라. 妄心熏習의 義가 二種이 있으니 어떤 것이 二가 되는고? 一은 業識根本熏習이니 能히 阿羅漢과 辟支佛과 一切菩薩의 生滅苦를 받은 연고요 二는 增長分別事識薰習이니 凡夫의 業繫苦를 받는 연고니라. 無明熏習의 義가 二種이 있으니 어떤 것이 二가 되는고? 一은 根本熏習이니 써 能히 業識의 義를 成就하는 연고요 二는 所起의 見愛熏習이니 써 能히 分別事識의 義를 成就하는 연고니라.62)

---

61) 此는 妄習이 展轉資熏하여 染法을 生起해 不斷함을 總明한 것이다. 云何下는 妄習이 染法을 熏起해 不斷하는 義를 徵釋함이다. 대개 無明이 無體라 일어남에 반드시 眞을 依支할 새 故로 이르되 眞如法을 依支하여 無明이 있다고 한 것이니 이는 곧 眞如法이 一임을 了達하지 못하여 無明이 있는 것이다. 眞을 依支해 染法의 因이 있는 故로 또한 곧 眞을 熏하고 써 眞을 熏하는 故로 곧 妄心이 있으니 이는 無明이 眞如를 資熏함을 由하여 곧 不覺에 動念해서 業識을 일으킴이다. 以有妄心下는 妄心이 無明을 資熏함을 由하여 곧 不了를 重增할 새 故로 不覺에 動念해서 能見을 轉成하여 妄境界를 나타냄을 말한 것이다. 以有境界下는 妄境이 妄心을 資熏하여 境界의 無實을 不了함을 由한 故로 業識에 事識을 轉生하여 分別取着해서 造業受報함을 말한 것이다. 故로 經에 이르되 藏識海가 常住하거든 境界風의 所動으로 種種의 諸識浪이 騰躍해 다시 태어난다 하시니 이는 妄習이 展轉히 資熏하는 故로 하여금 一切染法을 生起하여 斷絶함이 없게 하는 것이다.

62) 此는 妄習이 資熏하여 染法을 生起하는 差別을 別明함이다. 此妄境界下는 妄境이 妄心을 熏하여 念·取를 增長함을 밝힘이다. 대개 妄境이 妄心을 資熏함을 由하여 熏習을 쓴 故로 境界의 無實을 了하지 못하고 곧 妄心中에 모든 事識을 일으켜 分別取着

△染中에 亦二니 先問이요 後答이니라 答中에 有二하니 略明이요 廣顯이니라 略中에 言依眞如法하야 有無明者는 是顯能熏所熏之體也요 以有無明하야 熏習眞如者는 根本無明의 熏習義也요 以熏習故로 有妄心者는 依無明熏하야 有業識心也요 以是妄心이 還熏無明하야 增其不了일새 故成轉識과 及現識等이라 故로 言不覺起念하야 現妄境界요(別記云 不覺念起는 是轉相也요 現妄境界는 是現相也니라.)以是境界가 還熏現識일새 故로 言熏習

할 새 故로 이르되 增長念取熏習이라 한 것이니 念은 곧 智相과 相續相이요 取는 곧 執取와 計名字相이다. 妄心熏習下는 妄心이 無明을 熏하여 二死苦를 받음을 밝힘이다. 一者下는 業識이 根本無明을 資熏함을 由하여 眞如의 無念無相을 不了하고 곧 微細의 念과 所執法相이 不亡할 새 고로 三乘의 사람으로 하여금 黎耶의 變易行苦를 받게 함을 말한 것이다. 그러나 三乘을 依據함에 合當히 五意의 資熏에 通할 것이거늘 今엔 오직 根本을 依據할 새 다만 業識이라 云한 것이다. 二者下는 增長分別事識이 見愛無明을 資熏함을 由하여 境界의 無實을 了知하지 못하고 곧 分別執取가 不亡하여 起惑造業할 새 故로 凡夫로 하여금 業繫의 分段麁苦를 받게 함을 말한 것이다. 增長分別事識이라 말한 것은 이 事識이 見愛煩惱를 依支해 增長함을 말한 연고다. 無明熏習下는 無明이 眞如를 熏하여 五意와 意識을 이룸을 밝힘이다. 一者下는 根本無明이 眞如法이 一인 줄 不了함을 由하여 眞如를 熏動해서 不覺에 起念하여 業 等 五識을 이룸을 말한 것이니 다만 今엔 初를 들어 後를 略할 새 故로 業識이라 云한 것이다. 二者下는 見愛無明이 境界의 無實을 了知하지 못하고 眞如를 熏起하여 分別取着함을 由할 새 故로 事識의 義를 이룸을 말한 것이다. 그러나 이 三重은 곧 總을 依支한 中에 從後向前하여 써 別明한 것이다. 所起見愛라 말한 것은 見愛無明이 根本을 由해 所起임을 말한 연고다.

妄心也요 令其念着者는 起第七識也요 造種種業者는 起意識也요 受一切苦者는 依業受果也니라 次廣說中에 廣前三義니 從後而說하야 先明境界라 增長念者는 以境界力으로 增長事識中法執分別念也요 增長取者는 增長四取煩惱障也니라 妄心熏習中에 業識根本熏習者는 以此業識이 能熏無明하야 迷於無相하야 能起轉相現相相續이니 彼三乘人이 出三界時에 雖離事識의 分段麁苦나 猶受變易의 梨耶行苦일새 故로 言受三乘의 生滅苦也라 通而論之인댄 無始來有로대 但爲簡麁細二種熏習일새 故約己離麁苦時說也요 增長分別事識熏習者는 在於凡位하야 說分段苦也니라 無明熏習中에 根本熏習者는 根本不覺也요 所起見愛熏習者는 無明所起인 意識見愛니 卽是枝末不覺義也니라

別記 言增長分別事識熏習者는 所謂意識見愛煩

惱之所增長故로 能受三界繫業之果하나니 故로 言凡夫의 業繫苦也니라 無明熏中에 言根本熏習者는 謂根本無明이 熏習眞如하야 令其動念을 是名業識이라 故로 言成就業識義也니라 言所起見愛熏習者는 根本無明의 所起見愛는 熏其意識하야 起麁分別일새 故로 言成就分別事識義也니라

染中에 또한 二니 先問이요 後答이니라. 答中에 二가 있으니 略明이요 廣顯이니라. 略中에 眞如法을 依支하여 無明이 있다고 말한 것은 이 能熏과 所熏의 體를 나타냄이요 無明이 있어서 眞如를 熏習한다는 것은 根本無明의 熏習하는 義요 熏習함을 쓴 故로 妄心이 있다는 것은 無明의 熏을 依支하여 業識心이 있음이요 이 妄心이 또한 無明을 熏하여 그 不了를 더할 새 故로 轉識과 現識 等을 이룸이라 故로 不覺起念하여 現妄境界라 말한 것이요(別記에 이르되 不覺念起는 이 轉相이요 現妄境界는 이 現相이니라.)써 이 境界가 또한 現識을 熏할 새 故로 熏習妄心이라 말한 것이요 令其念着이란 것은 第七識을 일으킴이요 造種種業이란 것은 意識을 일으킴이요 受一切苦란 것은 業을 依支해 果를 받음이니라. 次 廣說中엔 前의 三義를 廣함이니 後로 좇아 說하여 境界를 먼저 밝힘이라 增長念이란 것은 境界力으로써 事識中 法執分別念을 增長함이요 增長取란 것은 四取의 煩惱障을 增長함이니라. 妄心熏習中에 業識根本熏習이란 것은 이 業識

이 能히 無明을 熏하여 無相을 迷해서 能히 轉相·現相·相續을 일으킴이니 저 三乘人이 三界에 超出할 때에 비록 事識의 分段麁苦는 여의었으나 오히려 變易의 黎耶行苦를 받을 새 고로 三乘의 生滅苦를 받는다고 말한지라 通히 論할진대 無始來로 있는 것이로되 다만 麁細二種의 熏習을 簡別함이 될 새 故로 이미 麁苦를 여읜 때를 잡아 說함이요 增長分別事識熏習이란 것은 凡位에 있어서 分段苦를 說함이니라.無明熏習中에 根本熏習이란 것은 根本不覺이요 所起見愛熏習이란 것은 無明의 所起인 意識見愛나 곧 이 枝末不覺의 義니라

別記 增長分別事識薰習이라 말한 것은 所謂 意識見愛煩惱의 增長한 바인 故로 能히 三界 繫業의 果를 받으니 故로 凡夫의 業繫苦라 말함이니라. 無明熏中에 根本熏習이라 말한 것은 根本無明이 眞如를 熏習하여 그에게 動念케 함을 이 業識이라 名하는지라 故로 말하되 業識의 義를 成就함이라 말한 것이니라. 所起見愛熏習이라 말한 것은 根本無明의 所起見愛가 意識을 熏하여 麁分別을 일으킬 새 故로 分別事識의 義를 成就한다고 말한 것이니라.

○云何熏習하야 起淨法不斷고 所謂以有眞如法故로 能熏習無明하나니 以熏習因緣力故로 則令妄心으로 厭生死苦하야 樂求涅槃이요 以此妄心이 有厭求因연고로 卽熏習眞如하야 自信己性하야 知心妄動이라 無前境界하야 修遠離法이요 以如實知無前境界故로 種

種方便으로 起隨順行하야 不取不念하며 乃至久遠熏習力故로 無明이 則滅이요 以無明이 滅故로 心無有起요 以無起故로 境界隨滅이요 以因緣이 俱滅故로 心相皆盡이니 名得涅槃하야 成自然業이니라

○어찌 熏習하여 淨法을 일으켜 斷絶하지 않는고? 所謂 眞如法이 있음을 쓴 故로 能히 無明을 熏習하니 熏習하는 因緣의 힘을 쓴 故로 곧 妄心으로 하여금 生死苦를 싫어하여 涅槃을 樂求하게 하고 이 妄心이 厭·求하는 因緣이 있음을 쓴 故로 곧 眞如를 熏習하여 스스로 自己의 性을 믿어서 心이 妄動하는지라 前境界가 없는 줄 알아서 遠離法을 닦고 如實히 前境界가 없는 줄 앎을 쓴 故로 갖가지 方便으로 隨順行을 일으켜서 取하지도 않고 생각하지도 않으며 乃至 아득히 멀고 오래된 熏習力인 故로 無明이 곧 滅하고 無明이 滅함을 쓴 故로 心이 일어남이 없고 일어남이 없음을 쓴 故로 境界가 따라 滅하고 因·緣이 俱滅함을 쓴 故로 心相이 모두 다 함이니 涅槃을 얻어서 自然業을 이룸이라 이름하느니라.

△次明淨熏이 於中에 有二하니 先問이요 後答이니라 答中에 亦二니 略明이요 廣顯이니라 略中에 先明眞如熏習이요 次明妄心熏習이니라 此中에 有五하니 初言以此妄心으로 乃至自信己性者는 是明十信位中信也

요 次言知心妄動이라 無前境界하야 修遠離法者는 是顯三賢位中修也요 以如實知無前境界故者는 是明初地見道唯識觀之成也요 種種以下는 乃至久遠熏習力故는 是顯十地修道位中에 修萬行也요 無明卽滅以下는 第五顯於果地에 證涅槃也니라

다음은 淨熏을 밝힘이라 그 中에 二가 있으니 先問이요 後答이니라. 答中에 또한 二니 略明이요 廣顯이니라. 略中에 先은 眞如薰習을 밝힘이요 다음은 妄心熏習을 밝힘이니라. 이 中에 五가 있으니 初에 이 妄心으로써 乃至 自信已性이라 말한 것은 이 十信位中의 信을 밝힘이요 다음에 心이 妄動하는지라 前境界가 없는 줄 알아서 遠離法을 닦는다고 말한 것은 이 三賢位中의 修를 나타냄이요 如實히 前境界가 없는 줄 아는 연고라 한 것은 이 初地에 見道한 唯識觀의 이룸을 밝힘이요 種種以下로 乃至 久遠熏習力故라 함은 이 十地 修道位中에 萬行을 닦음을 나타냄이요 無明卽滅以下는 第五 果地에 涅槃을 證明함을 나타냄이니라.63)

63) 此는 眞如가 展轉히 資熏하여 淨法을 生起해 끊어지지 않음을 總明한 것이다. 云何下는 眞如가 淨法을 熏起해 不斷하는 義를 徵釋함이니 衆生이 無始不覺이라가 一念回光하여 厭求心을 일으킴을 말한 것이다. 眞實로 眞如가 無明을 內熏함을 由한 故로 妄心으로 하여금 淨用을 일으켜 이루게 하는 것이니 이는 곧 本熏이다. 以此妄心下는 上을 牒해 써 新熏을 밝힘이니 곧 淨用을 厭求함을 依支하여 眞如를 資熏하는 것이다. 自信已性이라 말한 것은 眞이 本來 있는 줄 아는 十信의 信을 말함이다. 知心妄動 等이란 것은 自心이 本來 스스로 離念임을 了한지라 動하는 바가 있는 것은 妄有요 非實이니 故로 이르되 知心妄動이라 함을 말한 것이다. 또한 다시 前境界가 없는 줄 了

○妄心熏習義가 有二種하니 云何爲二오 一者는 分別事識熏習이니 依諸凡夫二乘人等이 厭生死苦하야 隨力所能하야 以漸趣向無上道故요 二者는 意熏習이니 謂諸菩薩이 發心勇猛하야 速趣涅槃故니라

妄心熏習의 義가 二種이 있으니 어떤 것이 二가 되는고? 一은 分別事識熏習이니 모든 凡夫와 二乘人 等이 生死苦를 싫어함을 依支하여 힘의 能한 바를 따라서 써 漸漸 無上道에 趣向하는 연고요 二는 意熏習이니 모든 菩薩이 發心勇猛하여 速히 涅槃에 趣向함을 말한 연고니라.

知함이니 보는 바가 있는 것은 妄見이요 非實이다 이는 곧 妄의 本空을 어김이니 十住의 解釋이다. 修遠離法이란 것은 依解修行을 말함이니 곧 三資糧의 닦는바 行이다. 대개 三賢位人은 前境이 모두 自性이 없는지라 妄見으로 좇아 있음이 마치 사람이 目翳로 毛月 等을 봄과 같은 줄 아니 이처럼 아는 故로 드디어 唯識觀을 닦아서 法이 唯識임을 觀察하여 前境을 遠離하는 것이다. 故로 頌에 이르되 唯識은 境界가 없는지라 塵妄의 見이 없으니, 마치 사람이 눈에 翳가 있음에 毛月 等을 보는 일과 같다 하시니 이는 前의 淨用을 厭求하고 眞如를 資熏하여 그 勢力을 더함을 由한 故로 眞如가 淨緣을 따라 거듭 信解를 發起해서 遠離法을 닦는 것이다. 以如實下는 上을 牒하여 써 眞修를 밝힘이니 地前에 遠離法을 닦음을 由한 故로 如實히 前境界가 없는 줄 알게 됨을 말한 것이니 이는 上을 牒함이다. 種種方便 等이라 말한 것은 곧 地上 所修의 行이니 法性의 慳貪 等이 없음을 아는 故로 檀波羅蜜 等을 隨順隨行 함을 말함이니 비록 種種方便으로써 諸度를 廣修하나 所取의 相과 能取의 念이 없을 새 故로 이르되 不取不念이라 한 것이다. 이처럼 닦아서 久遠劫에 이름에 無明이 곧 滅하고 無明이 滅함을 쓴 故로 虛妄한 心境과 더불어 六染이 모두 따라서 滅하며 妄染이 모두 滅함을 쓴 故로 涅槃을 얻어서 自然業을 이루었다 名하는 것이니 性에 稱合해 닦아서 能所相을 여의어 久遠熏習의 功力을 由한 연고다. 故로 無明과 六染이 모두 亡하고 涅槃體用이 廓爾히 現前하게 되는 것이다.

次廣說中에 先明妄熏이라 於中에 分別事識者는 通而言地인댄 七識을 皆名分別事識이어니와 就强而說인댄 但取意識이니 以分別用强하야 通緣諸事故니라 今此文中엔 就强而說이니 此識이 不知諸塵唯識일새 故執心外에 實有境界하나니 凡夫二乘은 雖有趣向이나 而猶計有生死可厭이며 涅槃可欣하야 不異分別事識之執일새 故名分別事識熏習이니라 意熏習者는 亦名業識熏習이니 通而言之인댄 五種之識을 皆名爲意니 義如上說이요 就本而言일새 但取業識이니 以最微細하야 作諸識本이라 故於此中에 業識을 名意니 如是業識은 見相이 未分이니라 然諸菩薩이 知心妄動이라 無別境界하고 解一切法이 唯是識量하야 捨前外執하고 順業識義일새 故名業識熏習이며 亦名爲意熏習이니 非謂無明所起業識으로 卽能發心하야 修諸行也니라

다음 廣說中에 先은 妄熏을 밝힘이라 그 中에 分別事識이란 것은 通히 말할진대 七識을 다 分別事識이라 名하거니와 强에 就해 說할

진대 다만 意識을 取하는 것이니 써 分別의 用이 强하여 모든 일에 通緣하는 연고니라. 이제 이 文中엔 强에 就해 說함이니 이 識이 모든 塵의 唯識임을 알지 못할 새 故로 心外에 實로 境界가 있는 줄 執하니 凡夫와 二乘은 비록 趣向함이 있으나 오히려 生死를 可히 싫어하며 涅槃을 可히 기뻐할 것이 있는 줄 計度하여 分別事識의 執과 다르지 않을 새 故로 分別事識熏習이라 名함이니라. 意熏習이란 것은 또한 業識熏習이라 名하니 通히 말할진대 五種의 識을 다 이름해 意라 하니 義가 上說과 같고 本에 就해 말할 새 다만 業識을 取함이니 가장 微細하여 모든 識의 本이 된 지라 故로 이 中에 業識을 意라 名함이니 이처럼 業識은 見相이 未分함이니라. 그러나 모든 菩薩이 心이 妄動함이라 別境界가 없는 줄 알고 一切法이 오직 이 識見과 度量인 줄 解釋하며 前의 外執을 버리고 業識의 義를 좇을 새 故로 業識熏習이라 名하며 또한 意熏習이 된다고 名함이니 無明의 所起인 業識으로 곧 能히 發心하여 모든 行을 닦음을 말함이 아니니라.64)

64) 此는 妄心熏習하는 進趣의 더디고 빠름을 別明한 것이다. 妄心下는 數를 들어 徵起함이요 一者下는 事識의 熏眞趣理하는 漸을 밝힘이니 凡夫와 二乘이 萬法唯心을 了達하지 못하여 곧 法執分別이 未亡할 새 分別事識을 依支해 熏眞하니 비록 事識으로써 熏眞하나 이미 唯心을 不達하여 곧 生死를 싫어함과 涅槃을 즐겨함이 있는 줄 보는 故로 大菩提에 向하여 疏하고 漸함을 말한 것이다. 二者下는 五意의 熏眞趣理하는 빠름을 밝힘이니 三賢과 十聖이 비록 唯心을 了達하여 能히 理와 같이 觀察하나 意를 여의지 못함을 由한 故로 妄意로써 熏眞하니 비록 妄意로써 熏眞하나 이미 唯心을 了達한지라 곧 忘緣內照하여 本性에 稱順할 새 故로 發心勇猛하고 發心勇猛함을 쓴 故로 大涅槃에 向하여 親하고 빠름을 말한 것이다. 그러나 五意라 云하지 않고 다만 意熏習이라 말한 것은 써 三賢位人이 初地에 나아가 이르러 相續識을 끊음에 오직 四意만 남고 乃至 十地엔 오직 一意만 남는지라 地地에 不同할 새 이런 故로 五意라 云하지 않고 다만 意熏習이라 말한 것이다. 問이라 前엔 妄으로써 熏眞하면 生死에 流轉하

○眞如熏習義가 有二種하니 云何爲二오 一者는 自體相熏習이요 二者는 用熏習이니라 自體相熏習者는 從無始世來로 具無漏法하며 備有不思議業하야 作境界之性하나니 依此二義가 恒常熏習하야 以有力故로 能令衆生으로 厭生死苦하고 樂求涅槃하야 自信己身에 有眞如法하야 發心修行하나니라 問曰若如是義者인댄 一切衆生이 悉有眞如하야 等皆熏習이어늘 云何有信無信하야 無量前後差別이니잇고 皆應一時에 自知有眞如法하야 勤修方便으로 等入涅槃이니이다 答曰眞如는 本一이로대 而有無量無邊無明이 從本己來로 自性이 差別하야 厚薄이 不同故로 過恒沙等上煩惱가 依無明起差別하며 我見愛染煩惱가 依無明起差別하나니 如是一切煩惱가 依於無明所起라 前後無量差別이니 唯如來아 能知故니라 又諸佛法이 有因有緣이라 因緣이 具足하야사 乃

거늘 어찌 이엔 依妄熏眞하면 速趣涅槃이라 말했느냐? 答이라 前엔 順流의 染用熏을 쓴 故로 生死에 流轉하거니와 이엔 返流의 淨用熏을 依支한 故로 涅槃을 速證하는 것이다.

得成辨하나니 如木中火性이 是火正因이나 若無人知하야 不假方便이면 能自燒木이 無有是處인듯하야 衆生도 亦爾하야 雖有正因熏習之力이나 若不遇諸佛菩薩善知識等하야 以之爲緣이면 能自斷煩惱코 入涅槃者가 則無是處며 若雖有外緣之力이나 而內淨法을 未有熏習力者면 亦不能究竟에 厭生死苦하야 樂求涅槃이어니와 若因緣이 具足者인댄 所謂自有熏習之力하고 又爲諸佛菩薩等의 慈悲願護故로 能起厭苦之心하야 信有涅槃하야 修習善根하며 以修善根成熟故로 則值諸佛菩薩의 示教利喜하야 乃能進趣하야 向涅槃道하나니라

眞如薰習의 義가 二種이 있으니 어떤 것이 二가 되는고? 一은 自體相熏習이요 二는 用熏習이니라. 自體相熏習이란 것은 無始의 世로 좇아 옴으로 無漏의 法을 갖추며 不思議의 業이 갖추어 있어서 境界의 性을 지으니 이 二義가 恒常 熏習하여 써 힘이 있음을 依支한 故로 能히 衆生으로 하여금 生死苦를 싫어하고 涅槃을 樂求하여 스스로 自己의 몸에 眞如法이 있는 줄 믿어 發心해 修行하게 하느니라.65)

65) 眞如의 體用熏習을 別明함이니 이는 自體相熏習을 먼저 밝힘이다. 眞如下는 數를 들어 徵列함이다. 自體相熏習이라 말한 것은 體는 能具法體를 말함이요 相은 곧 所具의 無漏德相과 所作境界의 相이니 다만 써 體相이 珠와 더불어 光과 같아서 서로 捨離하

물어 이르되 만일 이 義와 같을진대 一切衆生이 眞如가 있어서 平等히 다 熏習할 것이거늘 어찌 信이 있기도 하고 信이 없기도 하여 無量한 前後의 差別이니이까? 모두 應當 一時에 스스로 眞如法이 있는 줄 알아서 方便을 勤修하여 平等히 涅槃에 入하여야 할 것입이다. 答해 이르시되 眞如는 本來 一이로대 無量·無邊한 無明이 根本을 좇아 이미 옴으로 自性이 差別하여 厚薄이 不同함이 있는 故로 恒沙에 지나는 等 上(圭峰이 이르되 枝末이 이 根本의 上이다.)煩惱가 無明을 依支해 差別을 일으키며 我見愛染煩惱가 無明을 依해 差別을 起하나니 이와 같은 一切 煩惱가 無明을 依支해 일어난 바라 前後의 無量한 差別이니 오직 如來라야 能히 아는 연고니라.66)

지 않을 새 그 體가 無漏法을 갖춤이 된다고 名한 것이다. 대개 써 體가 無漏의 性功德을 갖춘 연고니 이는 眞如로써 體를 삼고 功德으로 相을 삼은 것이다. 備有不思議業이라 말한 것은 곧 眞如體가 內熏의 作用을 具備함이다. 業에 不思議라 말한 것은 곧 眞體는 無相이요 無明은 無性이라 無相은 能熏의 用이 없는 듯 하거니 無性이 어찌 受熏의 能이 있으랴 그러나 眞이 能히 妄을 熏하고 妄이 眞熏을 받음이 妨害받지 않은 것이니 이는 覺力의 冥熏이 微妙해 不可測일 새 故로 이르되 不思議業이라 함을 말한 것이니 곧 下所謂 不思議熏이란 것이다. 作境界之性이라 말한 것은 곧 眞如가 一切 境界의 性을 지을 새 故로 相이 性과 다르지 않음이니 써 相이 性과 다르지 않은 故로 能히 無明을 熏하는 것이다. 이는 眞如로써 體를 삼고 境界로 相을 삼음이니 이 體相이 恒常 無明을 熏함을 依支한 故로 衆生에게 厭求를 發起하여 信行을 내게 하는 것이다.

66) 問答을 設하여 眞熏의 平等과 信解修證의 平等을 밝힘이다. 問曰下는 眞如의 等熏을 잡아 써 別을 詰難함이니 만일 眞如가 等熏일진대 一切衆生이 모두 眞如가 있어서 平等히 다 熏習하는지라 곧 信解行證에 應當 有無·大小·邪正 等 無量한 不同이 있지 않을 것이거늘 어찌하여 有信과 無信 等의 無量한 不同인고? 또 無量不同이 모두 應當 一時에 스스로 眞如法이 있는 줄 알아서 勤修證入하여 또한 應當 前後의 差別이 있지 않을 것이거늘 어찌하여 또 前後의 差別이 있느냐고 함을 말한 것이다. 그러나 論中의 물은 바는 이 二義를 包含했거늘 다만 譯人의 文辭가 巧妙히 省略하여 前엔 信만 들어 行證을 省略하고 또 無量前後差別句로써 中間에 列하여 上下를 該通해서

또 모든 佛法이 因도 있고 緣도 있는지라 因緣이 具足하여야 이에 成辦함을 얻으니 水中의 火性이 이 火의 正因이나 만일 사람이 아는 者가 없어서 方便을 假借하지 않으면 能히 스스로 木을 태움이 옳은 곳이 없는 것과 같아서 衆生도 또한 그러하여 비록 正因으로 熏習하는 힘이 있으나 만일 諸佛菩薩·善知識 等을 만나서 써 緣이 되지 않으면 能히 스스로 煩惱를 끊고 涅槃에 드는 者가 곧 옳은 곳이 없으며, 만일 비록 外緣의 힘이 있으나 內淨法을 熏習하는 힘이 있지 않은 者라면 또한 能히 究竟에 生死苦를 싫어하여 涅槃을 樂求하지 못하려니와 만일 因緣이 具足한 者일진대 所謂 스스로 熏習하는 힘이 있고 또 諸佛·菩薩 等의 慈悲로 願護함이 되는 故로 能히 厭苦의 心을 일으켜서 涅槃이 있는 줄 믿어 善根을 修習하며 써 善根을 닦아 成熟하는 故로 곧 諸佛·菩薩의 開示·敎誨·大利益·法喜를 만나서 이에 能히 進趣하여 涅槃道에 向하느니라.67)

文義로 하여금 不暢케 한 것이다. 故로 註에 信解行證을 보태어 넉넉하게 하고 無量不同과 前後差別의 二義로써 上下에 分開하니 거의 文義의 壅隔한 弊가 없고 또한 四法의 闕略한 失도 없게 되었다. 答曰下는 惑染의 平等을 잡아서 써 別을 通함이니 眞如가 本來 一이로되 無始의 無明이 無量差別이 있어서 厚薄이 不同할 새 故로 信解行 等으로 하여금 또한 無量不同이 있어서 厚薄이 不同할 새 故로 信解行 等으로 하여금 또한 無量不同이 있어서 前後가 差別하게 된 것이니 이는 根이 날카롭고 惑이 薄한 者는 信解가 크고 證入이 빠르며 根이 무디고 惑이 厚한 者는 이에 反한다. 故로 能히 가지런하지 못함을 말한 것이다. 過恒河沙下는 惑染差別의 相을 밝힘이니 唯佛能知는 恒沙가 비록 많으나 煩惱가 오히려 그 上에 지날 새 故로 이르되 過恒河沙 等 上이라 함을 말한 것이니 이는 곧 塵沙惑이요 我見愛染煩惱는 곧 見思惑이다. 이와 같은 塵沙·見思의 一切 煩惱가 無明을 依支해 일어난 바라 前後의 無量差別이 있으니 이는 비록 聖智라도 알기 어려울 새 故로 唯佛能知인 것이다.

67) 此는 因緣의 互闕을 잡아서 써 前難을 通함이다. 又諸佛下는 佛法을 成辦하고자 할진대 모름지기 因緣을 갖출지니 因緣이 互闕하면 마침내 成辦하기 어려움을 말한 것이다. 木이 비록 火의 正因을 갖추었으나 鑽燧方便의 緣을 假하지 않으면 能히 木을

△眞如薰習中에 有三하니 一者는 擧數總標요 二者는 依數列名이요 三者는 辨相이니라 辨相中에 有二하니 一者는 別明이요 二者는 合釋이니라 初別明中에 先明自體熏習이라 於中에 有二하니 一者는 直明이요 二者는 遣疑니라 初中에 言具無漏法하며 備有不思議業者는 是在本覺不空門也요 作境界之性者는 是就如實空門境說也니 依此本有境智之力이 冥熏妄心하야 令起厭樂等也니라 問曰以下는 往復除疑니 問意는 可知로다 答中에 有二하니 初約煩惱厚薄하야 明其不等이요 後擧遇緣參差하야 顯其不等이니라 初中에 言過恒沙等上煩惱者는 迷諸法門하야 事中無知니 此是

태울 수 없음과 같아서 衆生도 비록 正因의 熏習이 있으나 만일 佛과 敎法의 緣을 만나지 못하면 또한 能히 斷惑入道하지 못하며 비록 假使 衆生이 外緣의 힘이 있을지라도 內淨法을 熏習하는 힘이 없는 者는 비록 發心함을 얻으나 또한 能히 究竟에 進修趣證하지 못한다. 故로 信解修證에 無量不同함이 있어서 前後差別하게 된 것이다. 만일 스스로 內因熏習의 힘이 있고 또 佛聖의 悲願冥護하는 緣이 있으면 自然히 厭苦의 心을 能起해서 脫苦法을 믿어 善根을 修習하며 써 善根을 닦아 成熟하는 故로 다시 諸佛의 開示와 敎誨와 大利益을 얻음과 心에 法喜를 냄을 만날 새 故로 能히 進趣하여 涅槃道에 向하는 것이다.

所知障의 所攝也요 我見愛染煩惱者는 此是煩惱障의 所攝也니 答意는 可知로다 又諸佛以下는 明緣參差라 有法喩合하니 文相可見也니라

△眞如熏習中에 三이 있으니 一은 數를 들어 總標함이요 二는 數를 依支해 列名함이요 三은 辨相이니라. 辨相中에 二가 있으니 一은 別明이요 二는 合釋이니라. 初別明中에 先은 自體熏習을 밝힘이라 그 中에 二가 있으니 一은 直明이요 二는 遣疑니라. 初中에 無漏法을 갖추며 不思議業을 갖추어 있다고 말한 것은 이 本覺不空門에 있는 것이요 境界의 性을 짓는다는 것은 이 如實空門境에 就해 說함이니 이 本來 있는 境智의 힘이 妄心을 冥熏함을 依支하여 하여금 厭樂 等을 일으키게 하느니라. 問曰以下는 往復으로 疑를 없앰이니 文意는 可히 알지로다. 答中에 二가 있으니 初는 煩惱의 厚薄을 잡아서 平等을 밝힘이요 後는 遇緣의 參差를 들어서 平等을 나타냄이니라. 初中에 過恒沙等上煩惱라 말한 것은 모든 法門을 迷하여 事中에 앎이 없는 것이니 이는 이 所知障의 所攝이요 我見愛染煩惱란 것은 이것이 이 煩惱障의 所攝이니 答意는 可히 알지로다. 又諸佛以下는 緣의 參差를 밝힘이라 法·喩·合이 있으니 文相은 可히 볼지니라.

○用熏習者는 卽是衆生의 外緣之力이라 如是外緣이 有無量義어니와 略說二種이니 云何爲二오 一者는 差

別緣이요 二者는 平等緣이니라 差別緣者는 此人이 依於諸佛菩薩等하야 從初發意하야 始求道時에 乃至得佛히 於中에 若見若念에 或爲眷屬父母諸親하며 或爲給使하며 或爲知友하며 或作怨家하며 或起四攝하며 乃至一切所作無量行緣으로 以起大悲熏習之力하야 能令衆生으로 增長善根하야 若見若聞에 得利益故니라 此緣이 有二種하니 云何爲二오 一者는 近緣이 速得度故요 二者는 遠緣이니 久遠得度故니라 是近遠二緣이 分別復有二種하니 云何爲二오 一者는 增長行緣이요 二者는 受道緣이니라 平等緣者는 一切諸佛菩薩이 皆願度脫一切衆生하야 自然熏習하야 恒常不捨하고 以同體智力故로 隨應見聞하야 而現作業하나니 所謂衆生이 依於三昧하야 乃得平等見諸佛故니라

○用熏習이란 것은 곧 이 衆生의 外緣의 힘이라 이와 같은 外緣이 無量한 義가 있거니와 略說하건대 二種이 어떤 것이 二가 되는고? 一은 差別緣이요 二는 平等緣이니라. 差別緣이란 것은 이 사람이 諸

佛·菩薩等을 依支하여 初發意하여 처음 求道할 때로 좇아 이에 得佛함에 이르기까지 그 中에 이렇듯 보거나 이렇듯 생각함에 或 眷屬·父母·諸親이 되며 或 給使가 되며 或 아는 벗이 되며 或 怨家가 되며 或 四攝을 일으키며 乃至 一切所作인 無量行緣으로 써 大悲熏習의 힘을 일으켜 能히 衆生으로 하여금 善根을 增長해서 이렇듯 보거나 이렇듯 들음에 利益을 얻게 하는 연고니라. 이 緣이 二種이 있으니 어떤 것이 二가 되는고? 一은 近緣이니 速히 度脫을 얻는 연고요 二는 遠緣이니 아득히 멀고 오래되어야 度脫을 얻는 연고니라. 이 近遠의 二緣이 分別함에 다시 二種이 있으니 어떤 것이 二가 되는고? 一은 增長行緣이요 二는 受道緣이니라.68)

68) 此는 用을 依支해 二緣을 總標함이니 先은 差別緣을 밝힘이다. 用熏習下는 用熏習의 義를 牒指함이요 如是下는 廣을 들어 略을 標함이요 云何下는 二相을 徵列함이요 差別下는 差別義를 밝힘이니 衆生의 外緣을 依支하여 發心求道함으로 이에 成佛함에 이르기까지 그 中間에 이렇듯 그 몸을 보거나 이렇듯 그 德을 생각함에 無量不同함이 있는 故로 差別緣이라 云함을 말한 것이다. 말한바 差別緣이란 것은 佛·菩薩이 모든 衆生의 入道할 緣이 各各 不同함을 觀察하고 所應化를 따라 몸을 나타내되 或尊或卑와 或順或逆과 或起四攝으로써 一切所作인 無量行緣에 이르기까지 갖추어 나타내지 않음이 없을 새 故로 이르되 差別이라 함을 말한 것이다. 그러나 差別中에 다 無作의 悲智로써 衆生을 熏習하지 않음이 없을 새 故로 衆生으로 하여금 善根을 增長하여 이렇듯 보거나 이렇듯 들음에 利益을 얻게 하는 것이다. 그러나 佛·菩薩은 本來 無心無爲다. 이로써 尊에 居하되 높지 않고 卑에 處하되 낮지 않으며 順이 되되 愛가 아니요 逆에 있되 冤이 아니다 故로 알라. 差別은 機에 있고 應에 있지 않은 것이다. 此緣下는 上엔 能化의 作用差別을 밝힘이요 이엔 能化의 久近差別을 밝힘이다. 대개 所化衆生의 善根이 成熟한 者는 速疾히 得度하니 이는 能化가 衆生과 더불어 近緣을 지음이요 未成熟한 者는 久遠에 得度하니 이는 能化가 衆生과 더불어 遠緣을 지음이다. 또 近遠中에 만일 未行者는 하여금 修行을 增長하게 하고 未受道者는 하여금 道果를 證明하게 한다. 그렇다면 久近等緣도 또한 機의 差別을 따르는 것이요 能化엔 또한 差別이 없는 것이다. ○見은 見其身形이요 念은 念其功德이다. 或爲眷屬等은 一은 慈愛以攝生이요 二는 居卑以利物이요 三은 同類以勸發이요 四는 怖之以入道요 五는 以四攝

平等緣이란 것은 一切諸佛·菩薩이 모두 一切衆生을 度脫하기 願해서 自然히 熏習하여 恒常 버리지 않아서 同體의 智力을 쓴 故로 應當 보고 들음을 따라서 作業을 나타내니 所謂 衆生이 三昧를 依支하여 이에 平等히 모든 佛을 봄을 얻는 연고니라.69)

△用熏習中에 文亦有三하니 所謂總標요 列名이요 辨相이니라 第二列名中에 差別緣者는 爲彼凡夫二乘이 分別事識熏習하야 而作緣也요 能作緣者는 十信以上으로 乃至諸佛이 皆得作緣也니라 平等緣者는 爲諸菩薩이 業識熏習하야 而作緣也요 能作緣者는 初地以上으로 乃至諸佛이 要依同體智力하야사 方作平等연고니라 第二辨相中엔 先明差別緣이라 於中에 有二하니 合明이요 開釋이니라 開釋中에 亦有二하니 先開近遠二緣이요 後開行解二緣이니라 增長行緣者는 能起

法攝之다.

69) 此는 平等緣을 牒釋함이다. 平等緣이라 말한 것은 諸佛·菩薩이 모두 一切衆生을 度脫하기 願하는 故로 同體의 悲智로써 恒常 熏習해 버리지 않으니 버리지 않음을 쓴 故로 모든 衆生의 自心中에 應當 見聞할 바를 따라서 作用을 나타냄을 말한 것이다. 所謂下는 正히 平等緣의 義를 解釋함이니 대개 前엔 所化衆生의 散心이 不同함을 쓴 故로 能化의 사람을 봄도 또한 作用이 各別하거니와 이엔 써 所化가 三昧를 依支한지라 곧 能化를 봄도 또한 差別이 없는 것이다. 故로 衆生의 自心中에 따라 平等히 佛을 보니 이를 알라 差別과 平等은 다 機에 있고 應에 있지 않은 것이다.

施戒等諸行故로 受道緣者는 起聞思修하야 而入道故니라 平等緣中에 有二하니 先明能作緣者요 所謂以下는 釋平等義니 依於三昧하야 平等見者는 十解以上諸菩薩等이 見佛報身의 無量相好가 皆無有邊하야 離分齊相일새 故言平等見諸佛也어니와 若在散心하야는 不能得見如是相好가 離分齊相일새 以是故로 言依於三昧也니라 上來에 別明體用熏習은 竟하다

用熏習中에 또한 三이 있으니 所謂 總標요 列名이요 辨相이니라. 第二列名中에 差別緣이란 것은 저 凡夫와 二乘이 分別事識으로 熏習하여 緣을 지음이 되는 것이요 能히 緣을 짓는 者는 十信以上으로 乃至 諸佛이 모두 緣을 짓게 되는 것이니라. 平等緣이란 것은 모든 菩薩이 業識으로 熏習하여 緣을 지음이 되는 것이요 能히 緣을 짓는 者는 初地以上으로 乃至 諸佛이 종요로이 同體의 智力을 依하여야 바야흐로 平等緣을 짓는 연고니라. 第三 辨相中엔 先은 差別緣을 밝힘이라 그中에 二가 있으니 合明이요 開釋이니라. 開釋中에 또한 二가 있으니 先은 近遠의 二緣을 開함이요 後는 行解의 二緣을 開함이니라. 增長行緣이란 것은 能히 施·戒等 諸行을 起하는 연고요 受都緣이란 것은 聞·思·修를 起하여 道에 入하는 연고니라. 平等緣中에 二가 있으니 先은 能作緣者를 밝힘이요 所謂以下는 平等의 義를 釋함이니라. 三昧를 依하여 平等히 본다는 것은 十

解以上의 모든 菩薩등이 佛報身의 無量한 相好가 다 邊際가 없어서 分齊相을 여읨을 볼새 故로 平等이 諸佛을 본다 말했거니와 만일 마음이 흩어짐에 있어서는 能히 이처럼 相好가 分齊相을 여읨을 得見하지 못할 새 이를 쓴 故로 三昧를 依支한다고 말함이니라. 上來에 體用의 熏習을 別明함은 마쳤다.

○此體用熏習이 分別復有二種하니 云何爲二오 一者는 未相應이니 謂凡夫二乘과 初發意菩薩等이 以意意識熏習하야 依信力故로 而能修行이나 未得無分別心하야 與體相應故며 未得自在業修行하야 與用相應故요 二者는 己相應이니 謂法身菩薩이 得無分別心하야 與諸佛智用相應일새 唯依法力하야 自然修行하야 熏習眞如하야 滅無明故니라

○이 體用의 熏習을 分別함에 다시 二種이 있으니 어떤 것이 二가 되는고? 一은 未相應이니 凡夫와 二乘과 初發意 菩薩 等이 意와 意識으로써 熏習하여 信力을 依支한 故로 能히 修行하나 無分別心을 얻어서 體와 더불어 相應하지 못하는 연고며 自在業修行을 얻어서 用과 더불어 相應하지 못함을 말한 연고요 二는 己相應이니 法身菩薩이 無分別心을 얻어서 모든 佛의 智用과 더불어 相應할 새 오직 法力을 依支하여 自然히 修行해서 眞如를 熏習하여 無明을 滅함을 말한 연고니라.

△第二는 合釋體用이라 於中에 總標요 別釋이니라 別釋中에 先明未相應中에 言意意識熏習者는 凡夫二乘을 名意識熏習이니 卽是分別事識熏習이요 初發意菩薩等者는 十解以上을 名意熏習이니 卽是業識熏習之義니 如前說也니라

別記 此中에 對彼法身菩薩이 證法身時에 離能見相일새 故說地前菩薩을 名意熏習이니 以依業識하야 有能見相故요 若依俗智로 見報佛義인댄 則金剛己還에 皆有見相일새 通名業識熏習이니 如下說也니라

未得無分別心하야 與體相應者는 未得與諸佛法身之體로 相應故요 未得自在業하야 與用相應故者는 未得與佛應化二身之用으로 相應故니라 己相應中에 法身菩薩者는 十地菩薩이요 得無分別心者는 與體相應故요 與諸佛智用相應者는 以有如量智故요 自然修行者는 八地以上에 無功用故로 因言重顯이

有五分中에 第四別明二種熏習은 竟在於前하다

△第二는 體用을 合釋함이라 그 中에 二가 있으니 總標요 別釋이니라 別釋中에 先은 未相應을 밝힌 中에 意와 意識의 熏習이라 말한 것은 凡夫와 二乘을 意識熏習이라 名함이니 곧 이 分別事識熏習이요 初發意 菩薩 等이란 것은 十解 以上을 意熏習이라 名함이니 곧 이 業識熏習의 義니 前의 說과 같으니라.

別記 이 中엔 저 法身菩薩이 法身을 證明할 때에 能見相을 여읨을 對할 새 故로 說하되 地前菩薩을 意熏習이라 名한다고 함이니 써 業識을 依支하여 能見相이 있는 연고요 만일 俗智로 報佛을 보는 義를 依支할진대 金剛已還에 다 見相이 있을 새 通히 業識熏習이라 名함이니 下의 說과 같으니라.

△無分別心을 얻어서 體와 더불어 相應하지 못한다는 것은 諸佛法身의 體와 더불어 相應함을 얻지 못하는 연고요 自在業을 얻어서 用과 더불어 相應하지 못하는 연고란 것은 佛應化 二身의 用과 더불어 相應함을 얻지 못하는 연고니라. 己相應中에 法身菩薩이란 것은 十地菩薩이요 得無分別心이란 것은 體와 더불어 相應한 연고요 與諸佛智用相應이란 것은 써 如量智가 있는 연고요 自然修行이란 것은 八地 以上에 功用이 없는 연고니라. 말을 因해 重顯함이 五分이 있는 中에 第四 二種熏習을 別로 밝힘은 앞에서 마쳤다.70)

---

70) 此는 二力을 依하여 體用의 相應과 未相應을 밝힘이요 初三句는 數를 들어 總徵함이요 一者下는 未相應을 밝힘이니 凡夫와 二乘과 三賢菩薩이 妄識으로써 熏眞하여 信力을 依支해 修行하는 故로 眞如의 體用과 더불어 未相應함을 말한 것이다. 대개 妄識分別은 信이 眞을 證明하지 못한 故로 無分別體와 더불어 相應함을 얻지 못하는 것이요 또 妄識은 지음이 있는 것이라 信이 無爲가 아니니 곧 無功用道로 自在修行함을

○復次染法은 從無始已來로 熏習不斷이라가 乃至得佛後에 則有斷이어니와 淨法熏習은 則無有斷하야 盡於未來하나니 此義云何오 以眞如法이 常熏習故로 妄心이 則滅하고 法身이 顯現하야 起用熏習일새 故無有斷이니라

○復次 染法은 無始로 좇아 이미 옴으로 熏習해 斷絶치 않다가 乃至得佛한 後에 곧 斷絶함이 있거니와 淨法熏習은 곧 斷絶함이 없어서 未來를 다하니 이 義가 무엇인고? 眞如法이 恒常 熏習함을 쓴 故로 妄心이 곧 滅하고 法身이 顯現하여 用을 일으켜 熏習할 새 故로 斷絶함이 없느니라.

△此下는 第五明二種熏의 盡不盡義라 欲明染熏은 違理而起일새 故有滅盡이어니와 淨法之熏은 順理而生하야 與理相應일새 故無滅盡이니 文相은 可知로다

顯示正義分內釋之中에 大有二分하니 第一釋法章

얻지 못할 새 故로 眞如의 智用과 더불어 相應하지 못하는 것이다. 二者下는 已相應을 밝힘이니 法身菩薩이 眞如의 體用과 더불어 相應함을 얻은 者는 써 오직 法力을 依支해 任運進修할 새 이런 故로 眞如의 體用과 더불어 相應함이 됨을 말한 것이다. 대개 眞智는 無別인 故로 法力이라 云함이요 眞行은 無爲인 故로 自然이라 云함이니 이 智行으로써 眞如를 熏習할 새 故로 無明惑을 滅하고 諸佛의 體用과 더불어 相應함을 얻는 것이다. 이는 初地로 七地에 이르기까지는 眞體와 더불어 相應하고 八地의 後엔 智用과 더불어 相應하는 것이다. 또 凡小와 地前은 識强智劣하고 法身大士는 智强識劣할 새 故로 相應과 未相應의 別이 있거니와 地前엔 唯識이요 地上엔 唯智임을 말함이 아니다.

門은 竟在於前하다

此下는 第五 二種熏의 盡과 不盡의 義를 밝힘이라 染熏은 理致를 違해 일어날 새 故로 滅盡함이 있거니와 淨法의 熏은 理致를 좇아 生하여 理致와 더불어 相應할 새 故로 滅盡함이 없음을 밝히고자 한 것이니 文相은 可히 알지로다.[71)]

顯示正義分內 正釋한 中에 크게 二分이 있으니 第一 釋法章門은 앞에서 마쳤다.

△此下는 第二釋義章門이라 上立義中에 立二種義니 所謂大義와 及與乘義라 今此文中엔 正釋大義하고 兼顯乘義니라 於中에 有二하니 一者는 總標體相二大요 二者는 別解用大之義니라

△此下는 第二 釋義章門이라 위의 立義中에 二種의 義를 세움이니 所謂 大義와 더불어 乘義라 이제 이 文中엔 正히 大義를 解釋하고

---

71) 此는 染淨의 斷·不斷의 義를 밝힘이다. 復次下는 染法의 無始有終을 밝힘이니 대개 無明染法은 無始로 熏眞하여 相續不斷이라가 信解行으로 좇아 乃至 得佛함에 곧 永斷하는 것이다. 得佛後에 則有斷이라 말한 것은 無明을 끊을 때에 곧 得佛하는 故로 一斷에 永斷할 새 故로 이르되 後則有斷이라 말한 것이요 得佛後에야 바야흐로 비로소 끊음을 말함이 아니다. 淨法下는 淨法의 無始無終을 밝힘이니 대개 淨法體用은 從無始來로 恒常 熏習하여 未來가 다하도록 또한 間斷이 없는 것이다. 此義下는 斷·不斷의 義를 徵起함이니 이 淨法은 끊음이 있고 淨法은 끊지 못하는 義의 云何를 말한 것이다. 以眞下는 解釋이니 眞如法이 恒常 熏習함을 쓴 故로 妄心이 곧 滅할 새 故로 無明은 得佛後에 이르러 곧 永斷하거니와 妄心이 이미 滅함에 體가 나타나고 用이 나타나 未來際가 다하도록 恒常 衆生을 熏할 새 故로 斷絶함이 없음을 말한 것이다.

兼해 乘義를 나타냄이니라. 그 中에 二가 있으니 一은 體·相의 二大를 總釋함이요 二는 用大의 義를 別解함이니라.

○復次眞如自體相者는 一切凡夫와 聲聞緣覺과 菩薩諸佛이 無有增減하야 非前際生이며 非後際滅이라 究竟常恒하야 從本已來로 性自滿足一切功德이니 所謂自體에 有大智慧光明義故며 偏照法界義故며 眞實識知義故며 自性淸淨心義故며 常樂我淨義故며 淸凉不變自在義故라 具足如是過於恒沙하는 不異不斷不異不思議佛法하야 乃至滿足하야 無有所少義故로 名爲如來藏이며 亦名如來法身이니라 問曰上說眞如는 其體平等하야 離一切相이어시늘 云何復說體有如是種種功德이니잇고 答曰雖實有此諸功德義나 以無差別之相하야 等同一味하야 唯一眞如니라 此義云何오 以無分別하야 離分別相일새 是故無二니라 復以何義로 得說差別고 以依業識하야 生滅相示니 此云何示오 以一切法이 本來唯心이라 實無於念이로대 而有妄心하야

不覺起念하야 見諸境界일새 故說無明이니 心性不起가 卽是大智慧光明義故며 若心起見이면 則有不見之相이니 心性離見이 則是徧照法界義故며 若心有動이면 非眞識知니 無有自性하야 非常非樂이며 非我非淨이라 熱惱衰變하야 則不自在하며 乃至具有過恒沙等妄染之義가 對此義故로 心性이 無動이면 則有過恒沙等諸淨功德相義示現이니라 若心有起하야 更見前法可念者인댄 則有所少어니와 如是淨法無量功德은 卽是一心이라 更無所念일새 是故滿足이니 名爲法身如來之藏이니라

○復次 眞如의 自體相이란 것은 一切 凡夫와 聲聞·緣覺과 菩薩·諸佛이 增減이 없어서 前際(한 刹那 以前의 過去)가 남도 아니며 後際가 滅함도 아니라 畢竟에 常恒하여 根本을 좇아 已來로 性이 스스로 一切 功德이 滿足한 것이니 所謂 自體에 大智慧光明의 義가 있는 연고며 法界를 徧照하는 義가 있는 연고며 眞實히 識知하는 義가 있는 연고며 自性淸淨心의 義가 있는 연고며 常·樂·我·淨의 義가 있는 연고며 淸凉不變自在한 義가 있는 연고라 이처럼 恒沙에 지나는 不離·不斷·不異·不思議의 佛法을 具足해서 乃至 滿足하여 모자라는

바가 없는 義인 故로 이름해 如來藏이라 하며 또한 如來法身이라 이름하느니라.72)

물어 이르되 上에 說하기를 眞如는 그 體가 平等하여 一切相을 여의었다 하시었거늘 어찌하여 또 體에 이처럼 種種功德이 있다 說하시나이까? 答해 이르시되 비록 實로 이 모든 功德의 義가 있으나 差別의 相이 없어서 平等해 一味와 같아서 오직 한 眞如니라. 이 義가 무엇인고? 分別이 없어서 分別相을 여읠 새 이런 故로 二가 없느니라.73)

---

72) 此는 眞如의 體相을 밝혀서 써 立義分中의 能示 摩訶衍 自體相을 解釋함이다. 대개 眞如의 體는 聖·凡이 平等하여 聖悟가 不增이요 凡迷가 不滅이라 前에 推함에 始作이 없는 故로 非前際生이요 後에 鞫함에 終이 없는 故로 非後際滅이다. 增減과 生滅이 없는 故로 畢竟 常恒이라 云함이니 이는 眞如의 體를 밝힘이다. 從本下는 眞如의 德相을 밝힘이니 眞如自體가 本來 無明妄見과 倒想惑染을 여읨을 말한 연고다. 故로 이르되 大智慧光明義 等이 있고다 한 것이다. 三際를 다하되 變改가 없고 衆苦에 있되 干涉치 않으며 聖凡에 處하되 拘碍가 없고 九相을 지나되 染汚가 아니라 故로 이르되 常樂我淨의 義가 있다 한 것이다. 또 惑의 熱惱가 없으며 業의 遷變이 없으며 報의 繫縛이 없는지라 故로 이르되 淸凉·不變·自在의 義가 있다 한 것이다. 위와 같이 所具한 稱性功德이 量이 恒沙에 지나서 써 悉擧하기 어려울 새 故로 이르되 具足如是 等이라 한 것이다. 恒沙의 德相이 眞體와 다르지 않은 故로 不離라 云한 것이요 無始相續하는 故로 不斷이라 云한 것이요 體·相이 無二인 故로 不異라 云한 것이요 一性에 卽하여 多相이며 全多相이 一性이라 可히 一多로써 定量해 思議하지 못할 새 故로 不思議라 云한 것이요 이 佛의 所證인 故로 佛法이라 云한 것이며 또 一切德相이 이 無上法인 故로 佛法이라 云한 것이다. 故로 前文에 이르되 無上法이 不空하여 法界와 더불어 相隨한다 하였다. 乃至下는 淨德滿足의 義를 依支해 結名하여 써 體相의 不離를 밝힘이니 一切功德이 이미 自性에 滿足하여 모자라는 바가 없다면 自體에 能히 無量한 性德을 含藏했으며 또한 能히 無量性德의 所依가 될 새 故로 如來藏이라 名하며 또한 如來法身이라 名함을 말한 것이다. 그러나 이 中엔 正히 自性의 本具한 無量功德을 밝힌 것이요 下는 業識生滅의 相을 依支하여 翻染成淨한 것이니 이에 修生에 就하여 써 德相의 差別을 밝힘이다.

73) 問答을 設하여 써 德相의 差別이 곧 無差別임을 밝힌 것이다. 問曰下는 上의 眞如門

다시 어찌 義로써 差別을 說하게 되었는고? 一切法이 本來 唯心이라 實로 생각이 없되 妄心이 있어서 不覺에 생각을 일으켜 모든 境界를 볼 새 故로 無明이라 說함이니 心性이 일어나지 않음이 곧 大智慧光明의 義인 연고며 만일 마음이 見을 일으키면 보지 못하는 相이 있으니 心性이 見을 여읨이 곧 法界를 徧照하는 義인 연고며 만일 마음이 動함이 있으면 眞實히 識知함이 아니니 自性이 없어서 常도 아니요 樂도 아니며 我도 아니요 淨도 아니라 熱惱衰變하여 곧 自在하지 못하며 乃至 恒沙에 지나는 等 妄染의 義가 갖추어 있음이니 이 義를 對한 故로 心性이 動함이 없으면 恒沙에 지나는 等 모든 淨功德相의 義를 나타내 보임이 있느니라. 만일 마음이 일어남이 있어서 다시 前法을 可히 생각함을 볼진대 모자라는 바가 있거니와 이처럼 淨法의 無量한 功德은 곧 이 一心이라 다시 생각할 바가 없을 새 이런 故로 滿足함이니 이름이 法身如來의 藏이 되느니라.[74)]

에 體絶相의 義를 가리켜 써 德相의 差別을 어렵게 함이요 答曰下는 德相의 差別이 곧 無差別임을 밝혀서 써 問難을 通함이다. 대개 眞如는 離相하되 具相에 不碍하고 德相은 有相하되 無相에 妨害받지 않음이니 無相을 쓴 연고다. 故로 等同一味하여 唯一眞如인 것이다. 此義下는 上義를 徵起함이니 此差가 곧 無差의 義인 云何를 말함이다. 以無下는 上義를 釋成함이니 대개 써 德相이 無相이라면 能所分別의 相을 여읜 것이다. 이런 故로 二가 없어 오직 하나뿐인 眞如인 것이다. 故로 前에 이르되 離念境界는 唯證相應이라 하였다.

74) 此는 生滅의 染相差別을 依支하여 써 眞如의 淨德差別을 밝힘이다. 初二句는 差別所起의 由를 徵問함이요 次二句는 差別所依의 本을 보임이다. 대개 眞如는 無相이로되 不覺으로써 念動하여 모든 染相을 나타내니 妄染을 對한 故로 心性이 不動이면 모든 淨功德의 相을 일으킨다. 이는 悟가 迷를 因해 있고 淨이 染을 待해 이루니 故로 差別德相을 밝힘에 業識生滅相을 依支해 보이는 것이다. 業識生滅相을 依支해 보임은 어떻게 보이느냐 함을 말한 것이니 以一切下는 解釋이다. 그러나 將次 動念染相을 依支하여 써 淨德을 밝히려 함에 無念無相을 먼저 밝혔다. 故로 이르되 諸法이 唯心이라 實로 생각이 없되 不覺으로써 생각을 일으켜 모든 境界를 볼새 故로 無明을 說한 것이

△初中에 言自體相者는 總牒體大相大之義也요 次言一切凡夫로 乃至諸佛이 無有增減하야 畢竟常住者는 是釋體大니 上立義中에 言一者는 體大니 謂一切法이 眞如平等하야 不增減故라하시니라 次言從本以來로 性自滿足以下는 釋相大義니 上言二者는 相大니 謂如來藏이 具足無漏性功德故라하시니라 文中에 有二하니 一者는 直明性功德相이요 二者는 往復하야 重顯所以니 問意는 可知로다 答中에 有二하니 總答이요 別顯이라 別顯之中엔 先明差別之無二義요 後顯無

니 이 義를 對한 故로 心性이 不起하여 妄見을 여의면 無明이 없는 故로 大智慧光明의 義가 있다. 動心으로써 起見함에 보지 못할 바가 있거니와 心性이 見을 여의면 보지 못할 바가 없을 새 故로 徧照法界의 義가 있다고 한 것이다. 若心有動下는 業識을 依支해 總示함이니 動心知法은 곧 이 妄想이라 故로 眞識知가 아니요 動하면 곧 染이 있는지라 故로 自性이 없으며 乃至 過恒沙 等 妄染의 相이 갖추어 있으니 이 相을 對한 故로 心性이 無動이면 過恒沙 等 모든 淨功德의 相을 나타내 보임이 있다. 이런 故로 一切 淨功德相이 모두 業識生滅染相을 依支해 나타내 보임을 말한 것이다. 若心有起下는 有念不足을 對하여 離念滿足의 義를 밝혀 結名함이니 만일 動心이 쉬지 아니하여 다시 心外에 法을 可히 생각할 것이 있는 줄 보면 곧 染相이 未盡이라 故로 淨德에 곧 모자라는 바가 있는 것이니 이는 心法을 未亡함에 淨德이 不足함을 밝힌 것이다. 이처럼 淨法의 無量功德이 곧 이 一心이라 다시 心外에 法을 可히 생각하여 求할 것이 있음을 보지 못해서 곧 染相이 淨盡한지라 이런 故로 滿足한 것이니 이는 能所兩亡에 淨德이 滿足함을 밝힌 것이다. 滿足함을 쓴 故로 곧 自體에 能히 無量功德을 含藏依支할 새 故로 法身如來의 藏이라 名함을 말한 것이다.

二之差別義니라 此中에 亦二니 略標요 廣釋이니라 略標中에 言以依業識하야 生滅相示者는 生滅相內에 有諸過患이로대 但擧其本일새 故名業識이니 對此諸患하야 說諸功德也니라 此云何示以下는 別對衆過하야 以顯德義니 文相은 可知로다

△初中에 自體相이라 말한 것은 體大와 相大의 義를 總牒함이요, 다음에 一切凡夫로 乃至 諸佛이 增減이 없어서 畢竟 常住라 말한 것은 이 體大를 解釋함이니 위의 立義中에 말하되 一은 體大니 一切法이 眞如平等하여 增減하지 않음을 말한 연고라 하시니라. 다음에 從本以來로 性自滿足이라 말한 以下는 相大의 義를 解釋함이니 上에 말하되 二는 相大니 如來藏이 無漏의 性功德이 具足함을 말한 연고라 하시니라. 文中에 二가 있으니 一은 바로 性功德相을 밝힘이요 二는 往復하여 所以를 重顯함이니 問意는 可히 알지로다. 答中에 二가 있으니 總答이요 別顯이라 別顯한 中엔 先은 差別의 無二의 義를 밝힘이요 後는 無二의 差別의 義를 나타냄이니라. 이 中에 또한 二니 略標요 廣釋이니라. 略標中에 以依業識하여 生滅相示라 말한 것은 生滅相內에 모든 지나간 근심이 있되 다만 그 本을 들 새 故로 業識이라 名함이니 이 모든 지나간 근심을 對하여 모든 功德을 說함이니라. 此云何示 以下는 別로 衆過를 對하여 써 德義를 나타냄이니 文相은 可히 알지로다.

大乘起信論 疏記會本 卷五

△以下는 第二別釋用大之義라 於中에 有二하니 總明이요 別釋이니라

△以下는 第二에 用大의 義를 別釋함이라 그 中에 二가 있으니 總明이요 別釋이니라.

◯復次眞如用者는 所謂諸佛如來가 本在因地하야 發大慈悲하사 修諸波羅密하야 攝化衆生하며 立大誓願하야 盡欲度脫等衆生界하사대 亦不限劫數코 盡於未來하나니 以取一切衆生을 如己身故며 而亦不取衆生相하나니 此以何義오 謂如實知一切衆生과 及與己身이 眞如平等하야 無別異故니라 以有如是大方便智하야 除滅無明하고 見本法身에 自然而有不思議業種種之用이 卽與眞如로 等하야 徧一切處호대 又亦無有用相可得이니 何以故오 謂諸佛如來는 唯是法身智相之身이라 第一義諦엔 無有世諦境界하야 離於施作이로대 但隨衆生의 見聞得益일새 故說爲用이니라

○復次 眞如用이란 것은 所謂 諸佛如來가 本來 因地에 있어서 大慈悲를 發하여 모든 波羅密을 닦아서 衆生을 攝化하며 大誓願을 세워서 다 度脫해 衆生界와 같이하고자 하시되 또한 劫數를 限定하지 않고 未來를 다하니 써 一切衆生을 取함을 自己의 몸과 같이 하는 연고며 또한 衆生相을 取하지도 않으니 이것이 어떤 義로써 함인고? 如實히 一切衆生과 더불어 自己 몸이 眞如平等하여 別異함이 없는 줄 앎을 말한 연고니라. 이와 같은 大方便智가 있어서 無明을 除滅하고 本法身에 自然히 不思議業의 갖가지 用이 곧 眞如와 더불어 平等하여 一切處에 두루함이 있음을 보되 또한 用相을 可히 얻을 것이 없으니 어찌 쓴 연고뇨? 諸佛如來는 오직 이 法身智相의 身이라 第一義諦엔 世諦의 境界가 없어서 施作을 여의었으되 다만 衆生의 見聞을 따라 利益을 얻을 새 故로 用이 된다고 說함을 말한 것이니라.

△初中에 亦二니 一者는 對果擧因이요 二는 牒因顯果니라 初擧因中에 亦有三句하니 先行이요 次願이요 後明方便이니라 初言諸佛이 本在因地로 乃至攝化衆生者는 擧本行也요 次言立大誓願으로 乃至盡於未來者는 擧本願也요 次言以取衆生으로 乃至眞如平等者는 是擧智悲의 大方便也니라 以有以下는 第二顯果라 於中에 亦三이니 初言以有如是大方便智者

는 牒前因也요 次言除滅無明하고 見本法身者는 自利果也요 自然以下는 正顯用相이니라 此中에 三句니 初言不思議業種種之用者는 明用甚深也요 次言則與眞如로 等하야 徧一切處者는 顯用廣大也요 又亦以下는 明用無相이로대 而隨緣用이니 如攝論에 言譬如摩尼天鼓가 無思成自事라함이 此之謂也니라 總明用은 竟하다

△初中에 또한 二니 一은 果를 對해 因을 擧함이요 二는 因을 牒해 果를 나타냄이니라. 初 擧因中에 또한 三句가 있으니 先은 行이요 다음은 願이요 後는 方便을 밝힘이니라. 初에 諸佛이 本在因地로 乃至 攝化衆生이라 말한 것은 本行을 擧함이요 다음에 立大誓願으로 乃至 盡於未來라 말한 것은 本願을 擧함이요 다음에 以取衆生으로 乃至 眞如平等이라 말한 것은 이 悲智의 大方便을 擧함이니라. 以有以下는 第二에 顯果라 그 中에 또한 三이니 初에 以有如是 大方便智라 말한 것은 前因을 牒함이요 다음에 除滅無明하고 見本法身이라 말한 것은 自利의 果요 自然 以下는 正히 用相을 나타냄이니라. 이 中에 三句니 初에 不思議業種種之用이라 말한 것은 用의 甚深을 밝힘이요 다음에 則與眞如로 等하여 徧一切處라 말한 것은 用의 廣大를 나타냄이요 又亦以下는 用이 無相이로되 緣用을 따름을 밝힘이니 저 攝論에 이르되 譬喩컨대 摩尼天鼓가 생각이 없되

自事를 이룸과 같다 함이 이를 말함이니라. 用을 總明함은 마쳤다.[75]

○此用이 有二種하니 云何爲二오 一者는 依分別事識하야 凡夫二乘의 心所見者가 名爲應身이니 以不知轉識現故로 見從外來하고 取色分齊하야 不能盡知故요 二者는 依於業識이니 謂諸菩薩이 從初發意로 乃至菩薩究竟地히 心所見者가 名爲報身이니 身有無量色하고 色有無量相하고 相有無量好하며 所住依果도 亦有無量種種莊嚴하야 隨所示現에 卽無有邊하야 不可窮

75) 此는 眞如의 用大를 밝혀서 써 立義分中에 能示摩訶衍用을 解釋함이다. 初一句는 牒章이요 所謂下는 大用의 因을 먼저 밝힘이니 곧 悲智願行 等이다. 以有如是下는 智로써 破惑하여 證體起用하되 用相이 없음을 밝힘이다. 何以故下는 無用의 所以를 徵釋하여 大用의 名을 結함이다. 대개 如來의 因地發心은 힘씀이 利生으로써 本이 된지라 故로 與樂拔苦하여 慈悲로써 베풀고 攝受敎化하여 大行으로써 행하고 長時度脫하여 大願으로써 굳게 하니 能히 이처럼 化度하되 오래도록 倦怠하지 않는 것은 써 一切衆生을 取함을 自己 몸과 같이 하는 연고다. 비록 그러나 또한 衆生을 度脫하는 相을 取하지 않으니 다음은 어떤 義로써 相을 取하지 않는고? 衆生과 더불어 自己 몸이 眞如平等하여 別異함이 없음을 아는 연고다. 이는 相에 相을 여읨이니 곧 大智로써 資함이다. 이미 이처럼 大方便智가 있음에 無明을 除滅하고 本法身에 自然히 不思議用이 眞如와 더불어 平等하여 一切處에 두루함이 있음을 보는 것이다. 그러나 用이 비록 體와 더불어 함께 두루하나 또한 用相을 可히 얻을 것이 없으니 어찌 쓴 연고뇨? 如來는 오직 이 法身智相의 몸이라 世諦의 施作을 여의었으나 다만 衆生의 見聞을 따라 利益을 얻게 함을 말한 연고다. 이는 卽用無用이니 故로 大用이 된다고 說함이다.

盡이라 離分齊相하야 隨其所應하야 常能住持하야 不毁不失이니 如是功德이 皆因諸波羅蜜等無漏行熏과 及不思議熏之所成就하야 具足無量樂相일새 故說爲報身이니라 又爲凡夫의 所見者는 是其麁色이니 隨於六道의 各見不同하야 種種異類라 非受樂相일새 故說爲應身이니라 復次初發意菩薩等의 所見者는 以深信眞如法故로 少分而見하야 知彼色相莊嚴等事가 無來無去하야 離於分齊요 唯依心現하야 不離眞如니라 然此菩薩이 猶自分別하야 以未入法身位故로 若得淨心하면 所見이 微妙하야 其用이 轉勝하며 乃至菩薩地盡에 見之究竟이어니와 若離業識하면 則無見相이니 以諸佛法身은 無有彼此色相迭相見故니라 問曰若諸佛法身이 離於色相者인댄 云何能現色相이니잇고 答曰卽此法身이 是色體故로 能現於色하나니 所謂從本已來로 色心이 不二니 以色性이 卽智故로 色體無形을 說名智身이며

以智性이 卽色故로 說名法身이 偏一切處니라 所現之色이 無有分齊하야 隨心能示十方世界의 無量菩薩과 無量報身과 無量莊嚴이 各各差別하야 皆無分齊호대 而不相妨하나니 此非心識의 分別能知니 以眞如自在用義故니라

○此用이 二種이 있으니 어떤 것이 二가 되는고? 一은 分別事識을 依하여 凡夫와 二乘의 마음으로 보는 바가 이름이 應身이 되니 轉識이 나타난 故로 見이 밖으로 좇아 옴을 알지 못하고 色分齊를 取하여 能히 다 알지 못함을 쓴 연고요, 二는 業識을 依함이니 모든 菩薩이 初發意로 좇아 이에 菩薩의 究竟地에 이르기까지 마음으로 보는 바가 이름이 報身이 되니 身에 無量한 色이 있고 色에 無量한 相이 있고 相에 無量한 好가 있으며 所住의 依果도 또한 無量한 種種莊嚴이 있어서 곳을 따라 나타나 보임에 곧 邊際가 없어서 可히 다하여 없어지지 못하는지라 分齊相을 여의어 그 應할 바를 따라서 恒常 能히 住持하여 毁損하지도 않고 잃어버리지도 않으니 이처럼 功德이 모두 모든 波羅密 等 無漏行熏과 不思議熏의 成就한 바를 因하여 無量한 樂相을 具足할 새 故로 說해 報身이라 함을 말한 것이니라.76)

76) 上엔 因을 밝혀 果를 나타내어 大用을 總彰함이요 이엔 果를 依해 因을 밝혀서 二用을 別明함이다. 初二句는 數를 들어 總徵함이요 一者下는 二相을 別明함이다. 如來의 無緣妙用은 明鏡을 高臺에 높이 거는 것과 같고 衆生의 所見 不同은 影像이 사람의 姸醜를 따르는 것과 같음을 말한 것이다. 이로써 凡小는 唯心을 了達하지 못하고 分別이 未亡하여 곧 事識을 依支해 佛을 볼새 故로 如來應化의 相을 보니 이름이 應

또 凡夫의 所見이 되는 것은 이 麁色이니 六道의 各見이 不同함을 따라서 갖가지 異類라 受樂의 相이 아닐 새 故로 說해 應身이라 하느니라. 復次 初發意 菩薩 等의 보는 바는 써 眞如法을 깊이 믿는 故로 少分으로 보아서 저 色相莊嚴 等 事가 無來無去하여 分齊를 여의고 오직 心을 依支해 나타내 眞如를 여의지 않는 줄 아느니라. 그러나 이 菩薩이 오히려 스스로 分別하여 써 法身位에 入하지 못한 故로 만일 淨心을 얻으면 所見이 微妙하여 그 用이 轉轉히 勝하며 乃至 菩薩地盡에 봄을 究竟하려니와 만일 業識을 여의면 見相이 없으니 써 諸佛法身은 彼此와 色相을 번갈아 서로 볼 것이 없는 연고니라.77)

身이 된다. 佛이 自己의 轉識으로 좇아 나타나는 故로 見이 밖으로 좇아 오는 것을 알지 못하고 곧 如來所現의 色이 分齊가 있는 줄 보며 色이 分齊가 있는 줄 보는 故로 能히 無分齊의 色을 盡知하지 못하거니와 菩薩은 唯心을 了達하여 情에 分別이 없을 새 곧 業識을 依支해 佛을 보니 이름이 報身이 된다. 이미 唯心을 了達함에 곧 相이 오직 心現임을 알새 故로 依正報體와 身色相好와 衆寶莊嚴이 一一이 廣多無量하며 一一이 稱性無量함을 보니 이는 곧 機를 따라 依正報相이 無邊無盡하여 分齊가 없음을 나타내 보이는 것이다. 오직 依正의 用相이 周徧할 뿐 아니라 機를 따라 應하는 바도 또한 恒常 能히 住持하여 不毁不失함이니 이는 機가 大小가 있고 識이 麁細가 있고 見이 優劣이 있을 새 故로 用이 報·應이 있게 된 것이니. 또한 天地의 無私가 萬物의 自私를 由함과 같은 것이다. 如是下는 報用의 因을 牒明해 結名함이니 如上功德報相이 모두 無漏因行과 本覺 不思議熏을 由하여 이룬 바라 써 無量한 樂相을 갖출 새 故로 說해 報라 함을 말한 것이다.

77) 此는 報應의 用이 不同함을 重明하여 또한 法身이 用相을 여윔을 나타낸 것이다. 又爲下는 應用의 不同을 밝힘이다. 대개 前엔 應用을 밝힘이 비록 凡小에 通하나 所見의 差別이 不分함을 由한 故로 이에 重明하여 써 凡聖을 分함이니 二乘所見의 相은 이에 應身보다 勝하고 凡夫는 類를 따라 各見할 새 이에 應身보다 劣함을 말한 것이다. 佛身은 비록 같으나 所見이 各別하여 그 受樂相이 아님을 쓴 故로 說해 應이라 한 것이다. 復次下는 報用의 不同함을 밝힘이다. 대개 前엔 報用을 밝힘이 비록 三賢과 十聖에 通하나 또한 所見의 差別이 不分한 故로 이에 重明하여 써 優劣을 分함이니 三賢

물어 이르되 만일 諸佛法身이 色相을 여의었을진대 어떻게 能히 色相을 나타내나이까? 答해 이르시되 곧 이 法身이 이 色體인 故로 能히 色을 나타내니 所謂 根本으로 좇아 已來로 色心이 不二니 써 色性이 곧 智인 故로 色體가 形이 없음을 智身이라 說해 이름하며 써 智性이 곧 色인 故로 法身이 一切處에 두루한다고 說해 이름하느니라.

所現의 色이 分齊가 없어서 心을 따라 能히 十方世界의 無量菩薩과 無量報身과 無量莊嚴이 各各 差別하여 다 分齊가 없되 서로 妨害하지 않음을 보이니 이는 心識의 分別로 能히 알것이 아니니 眞如自在한 用으로써 한 義인 연고니라.78)

菩薩은 비록 眞如法을 信解하는 故로 저 依正莊嚴의 相이 모두 오직 心現이라 無來無去하며 또한 分齊도 없는 줄 아나 그러나 오히려 法執分別을 여의지 못해서 法身에 未入한 故로 如來의 報用에 다만 能히 小分으로 보거니와 만일 法執分別을 여의어 淨心地를 얻으면 所見이 微妙하여 그 用이 轉勝하며 乃至 十地에 所見의 報用이 最極微妙하여 다시 超過할 者가 없는지라 故로 이르되 見之究竟이라 한 것이요 無見無相으로써 究竟을 삼음이 아님을 말한 것이다. 若離下는 法身의 離相을 밝힘이니 前엔 業識을 依支한 故로 用相을 봄이 優劣이 天殊하거니와 이엔 業識을 여의어 곧 見相이 없는 故로 唯一한 法身이라 다시 色相을 可히 서로 볼 것이 없음을 말한 것이다.)(問答을 說하여 써 離相이 現相에 不碍함을 밝힌 것이다. 問曰下는 相을 牒해 써 물음이니 法身이 이미 色相을 여의었다면 어떻게 能히 報化의 色相을 나타내는고 함을 말한 것이다. 答曰下는 體에 就해 써 答함이다. 대개 써 法身은 報化色相의 體라 機의 大小를 따라서 곧 無想處에 報化의 相을 볼새 故로 이르되 能現於色이라 한 것이다. 이에 機가 스스로 나타남이다. 所謂下는 色心의 不二를 잡아서 上義를 釋成함이니 色이 곧 智인 故로 相이 곧 無相임을 智身이라 說名함이요 智가 곧 色인 故로 無相이 곧 相임을 法身이 徧一切處라 說名함을 말한 것이다. 이는 智身이 無相이로되 隨機現相에 不碍하고 色身은 有相이로되 法身無相에 不妨함이니 곧 알라. 智身과 色身이 二로되 二가 아니니 不二를 쓴 故로 機의 所見에 따라서 能히 色相을 나타내는 것이다.

78) 此는 隨機示現하는 依正莊嚴의 徧融無碍에 就하여 써 眞如의 大用을 結함이다. 初二句는 隨機現相을 總明함이요 隨心下는 隨機現相을 別明함이다. 所現의 色이 無有分齊라 말한 것은 前 法身의 所現을 依支한 故로 分齊가 없음을 말한 것이다. 隨心能示 等이라 말한 것은 法身은 離相이로되 衆生心을 따라 報化의 相을 나타낼 새 故로 이르되 隨心能示라 함을 말함이니 곧 알라. 應은 本來 無心이로되 機를 따라 나타내 보이

第二는 別釋이라 於中에 有三하니 總標요 別解요 往復除疑니라 別解中에 亦有二하니 一者는 直顯別用이요 二者는 重牒分別이니라 初中에 亦二니 先明應身이요 後顯報身이니라 初中에 言依分別事識者는 凡夫二乘이 未知唯識하고 計有外塵이 卽是分別事識之義니라 今見佛身도 亦計心外하야 順意識義일새 故說依分別事識見이니 此人은 不知依自轉識하야 能現色相일새 故로 言不知轉識現故로 見從外來라하시니라 然其所見이 有分齊色이라 卽無有邊하야 離分齊相이어늘 彼人이 唯取有分齊義하고 未解分齊가 則無有邊일새 故로 言取色分齊하야 不能盡知故也라하시니라 報身中에 言依於業識者는 十解以上菩薩이 能解唯心의 無外塵義하고 順業識義하야 以見佛身일새 故로 言依於

는 것이다. 十方世界 等은 곧 隨機所現한 依正莊嚴의 相이 비록 各各差別하나 써 法性에 稱同한 故로 다 分齊가 가 없고 分齊가 없음을 쓴 故로 곧 이 依正莊嚴의 相이 各各 法界에 充徧하여 서로 妨害하지 않은 것이니 이는 一多가 互徧하고 小大가 相融함이다. 이는 이 眞如自在의 用이라 반드시 衆生이 心識分別로 알 것이 아닐 새 故로 前에 이르되 不思議業相이라 한 것이다.

業識見也라하시니라 然此菩薩이 知其分齊가 卽無分齊일새 故로 言隨所示現하야 卽無有邊이며 乃至不毁不失也라하시니라 此無障礙不思議事는 皆有六度深行之熏과 及與眞如不思議熏之所成就라 依是義故로 名爲報身이니 故로 言乃至具足無量樂相일새 故說爲報也라하시니라 然此二身은 經論이 異說이니 同性經엔 說穢土成佛을 名爲化身이요 淨土成道를 名爲報身이라하며 金鼓經엔 說三十二相과 八十種好等相을 名爲應身이요 隨六道相하야 所現之身을 名爲化身이라하며 依攝論說컨대 地前所見을 名變化身이요 地上所見을 名受用身이어니와 今此論中엔 凡夫二乘의 所見六道差別之相을 名爲應身이요 十解已上菩薩의 所見離分齊色을 名爲報身이니라 所以如是有不同者는 法門이 無量하야 非唯一途라 故로 隨所施設하야 皆有道理니라 故로 攝論中엔 爲說地前의 散心所見이

有分齊相일새 故屬化身이어니와 今此論中엔 明此菩薩의 三昧所見이 離分齊相일새 故屬報身이니 由是道理일새 故不相違也니라 又凡夫所見以下는 第二重牒分別이라 先明應身이니 文相은 可知로다 復次以下는 顯報身相이라 於中에 有二하니 先明地前所見이요 後顯地上所見이니라 初中에 言以深信眞如法故로 少分而見者는 如十解中엔 依人空門하야 見眞如理니 是는 相似解일새 故名少分也니라 若得淨心以下는 顯地上所見이니 若離業識하면 則無見相者는 要依業識하야사 乃有轉相과 及與現相일새 故離業識하면 卽無見相也니라 問曰以下는 往復除疑니 文相은 可見이로다 顯示正義之內에 大分有二하니 第一正釋所立法義는 竟在於前하다

△第二는 別釋이라 그 中에 三이 있으니 總標요 別解요 往復으로 疑를 除外함이니라. 別解中에 또한 二가 있으니 一은 別用을 바로 나타냄이요 二는 分別을 重牒함이니라. 初中에 또한 二니 先은 應

身을 밝힘이요 後는 報身을 나타냄이니라. 初中에 依分別事識이라 말한 것은 凡夫와 二乘이 唯識임을 알지 못하고 外塵이 있는 줄 計度함이 곧 이 分別事識의 義니라. 이제 佛身을 봄도 또한 心外인 줄 計度하여 意識의 義를 좇을 새 故로 分別事識을 依支해 본다고 說함이니 이 사람은 自己의 轉識을 依支하여 色相을 能히 나타내는 줄 알지 못할 새 故로 말하되 轉識이 나타난 故로 見이 밖으로 좇아 옴을 알지 못한다고 하시니라. 그러나 그 所見이 分齊의 色이 있으나 곧 邊際가 없어서 分別相을 여의었거늘 저 사람이 오직 分齊가 있는 義만 取하고 分齊가 곧 邊際가 없음을 알지 못할 새 故로 말하되 色分齊를 取하여 能히 다 알지 못하는 연고라 하시니라. 報身中에 依於業識이라 말한 것은 十解以上 菩薩이 能히 唯心의 外塵이 없는 義를 알고 業識의 義를 좇아 써 佛身을 볼새 故로 말하되 業識을 依支해 본다 하시니라. 그러나 이 菩薩이 그 分齊가 곧 無分齊임을 알새 故로 말하되 나타내 보이는 바를 따라서 곧 邊際가 없으며 乃至 不毁不失이라 하시니라. 이 無障碍 不思議事는 다 六度深行의 熏과 더불어 眞如不思議熏을 由하여 成就한 바라 이 義를 依支한 故로 이름이 應身이 되니 故로 말하되 乃至 無量한 樂相이 具足할 새 故로 報가 된다 說한 것이라 하시니라. 그러나 이 二身은 經과 論이 異說이니 同性經엔 說하되 穢土의 成佛을 化身이 된다 名하고 淨土의 成道를 報身이 된다 名한 것이니라 하며 金皷經엔 說하되 三十二相과 八十種好 等 相을 應身이 된다 名하고 六道의 相을 따라서 所現의 身을 化身이 된다 名한 것이라 하며 攝論의 說을 依據하건대 地前의 所見을 變化身이라 名하고 地上의 所見

을 受用身이라 名한다 했거니와 이제 이 論中엔 凡夫와 二乘의 보는바 六道差別의 相을 應身이 된다 名하고 十解以上 菩薩의 보는바 分齊여윈 色을 報身이 된다 名함이니라. 이처럼 不同함이 있는 바는 法門이 無量하여 오직 一途가 아니라 故로 施設한 바에 따라서 다 道理가 있느니라. 故로 攝論中엔 地前의 散心으로 보는 바가 分別相이 있다 說함이 될새 故로 化身에 屬했거니와 이제 이 論中엔 이 菩薩이 三昧로 보는 바가 分齊相을 여읨을 밝힐 새 故로 報身에 屬하니 이 道理를 由할 새 서로 어기지 않느니라. 又凡夫所見以下는 第二에 分別을 重牒함이라 先은 應身을 밝힘이니 文相은 可히 알지로다. 復次以下는 報身의 相을 나타냄이라 그 中에 二가 있으니 先은 地前의 所見을 밝힘이요 後는 地上의 所見을 나타냄이니라. 初中에 以深信眞如法故로 少分而見이라 말한 것은 저 十解中엔 人空門을 依支하여 眞如의 理를 보니 이는 相似解일 새 故로 少分이라 名함이니라. 若得淨心以下는 地上의 所見을 나타냄이니 만일 業識을 여의면 見相이 없다는 것은 종요로이 業識을 依支하여야 이에 轉相과 더불어 現相이 있을 새 故로 業識을 여의면 곧 見相이 없느니라. 問曰以下는 往復으로 疑를 除함이니 文相은 可히 볼 지로다. 正義를 나타내 보인 것은 내에 大分으로 二가 있으니 第一에 세운바 法을 正釋한 義는 앞에서 마쳤다.

○復次顯示從生滅門하야 卽入眞如門하리니 所謂推求五陰의 色之與心컨대 六塵境界가 畢竟無念이라 以心無形相하야 十方求之하야도 終不可得이니 如人이 迷

故로 謂東爲西나 方實不轉인듯하야 衆生도 亦爾하야 無明이 迷故로 謂心爲念이나 心實不動이니 若能觀察하야 知心無念하면 卽得隨順하야 入於眞如門故니라

復次 生滅門을 좇아서 眞如門에 入함을 나타내 보이리니 所謂 五陰의 色과 더불어 心을 推求하건대 六塵境界가 畢竟 無念이라 써 마음이 形相이 없어서 十方으로 求하여도 마침내 可히 얻지 못하니, 마치 사람이 迷惑한 故로 東을 일러 西라 하나 方向은 實로 굴러서 變하지 않음과 같아서 衆生도 또한 그러하여 無明이 迷惑한 故로 心을 일러 念이라 하나 心은 實로 動하지 않음이니 만일 能히 觀察하여 心이 無念인 줄 알면 곧 隨順함을 얻어서 眞如門에 入하는 연고니라.

△第二는 開示從筌入旨之門이라 於中에 有三하니 總標요 別釋이요 第三은 總結이니라 總標中에 推求五陰의 色之與心者는 色陰을 名色이요 餘四를 名心也니라 別釋之中에 先釋色觀이니 摧折諸色하야 乃至極微하야 永不可得이라 離心之外에 無可念相일새 故로 言六塵이 畢竟無念이요 非直心外에 無別色塵이라 於心求色하야도 亦不可得일새 故로 言心形相하야 十方求之하야도 終不可得也라하시니라 如人以下는 次觀心法이니 先喩요

後合이니라 合中에 言心實不動者는 推求動念에 已滅未生이요 中無所住요 無所住故로 卽無有起니 故知心性이 實不動也니라 若能以下는 第三總結이니 卽得隨順者는 是方便觀이요 入眞如門者는 是正觀也니라

△第二는 筌을 좇아 旨에 入하는 門을 열어서 보임이라 그 中에 三이 있으니 總標요 別釋이요 第三은 總結이니라. 總標中에 推求五陰의 色之與心이란 것은 色陰을 色이라 名하고 餘四를 心이라 名함이니라. 別釋한 中에 色觀을 먼저 解釋함이니 모든 色을 摧折하여 이에 極微에 이르러 永遠히 可히 얻지 못하는지라 心을 여읜 外에 可念의 相이 없을 새 故로 말하되 六塵이 畢竟에 無念이라 한 것이요 다만 心外에 별 色塵이 없을 뿐 아니라 心에서 色을 求하여도 마침내 可히 얻지 못할 새 故로 말하되 心이 形相이 없어서 十方으로 求하여도 마침내 可히 얻지 못한다고 하시니 如人以下는 다음에 觀心하는 法이니 先喩요 後合이니라. 合中에 心實不動이라고 말한 것은 動念을 推求함에 已滅이라 未生이요 中엔 住한 바가 없고 住한 바가 없는 故로 곧 일어남이 없으니 故로 알라 心性이 實로 動하지 않음이니라. 若能以下는 第三 總結이니 卽得隨順이란 것은 이 方便觀이요 入眞如門이란 것은 이 正觀이니라.[79]

79) 此는 하여금 生滅의 本을 觀察하여 써 眞如에 들게 함이다. 上에 이미 二門을 別明하였거늘 이에 다시 하여금 生滅을 觀察하여 써 眞如에 들게 한 것은 대개 만일 二門을 別明하지 않으면 物의 信解를 열 수 없고 만일 生滅을 觀察하지 않으면 眞如에 悟

△第二는 對治邪執이라 文亦有四하니 一者는 總標擧數요 二者는 依數列名이요 三者는 依名辨相이요 四者는 總顯究竟離執이니라

△第二는 邪執을 對治함이라 文에 또한 四가 있으니 一은 總標해 數를 擧함이요 二는 數를 依해 名을 列함이요 三은 名을 依해 相을 辨함이요 四는 究竟의 離執을 總顯함이니라.

入<道를 깨달아 實相의 世界로 들어감.> 할 수 없음을 말한 것이다. 前解와 後證이 法이 그러해 이와 같은 것이니 論主의 巧示가 여기에 妙한 것이다. 그러나 이 一文은 標・釋・結을 갖추었으니 復次下는 標요 所謂下는 解釋이요 若能下는 結이다. 釋文中에 法・喩・合이 있으니 所謂下는 法說이요 如人下는 喩明이요 衆生下는 合顯이다. 所謂 五陰 等을 推求하되 畢竟 無念이란 한 것은 하여금 生滅法中에 써 그 本을 推求하게 함이다. 대개 五陰의 色心境界는 곧 生滅法이요 念은 곧 生滅의 根本이다. 그러나 여기에 하여금 生滅의 根本을 推求하게 한 것은 이에 聖人의 拔本塞源하는 뜻이다. 무슨 까닭이냐? 一切諸法이 念을 由해 生함이니 만일 念이 生하지 않으면 諸法이 自泯함을 말한 것이다. 故로 前文에 이르되 만일 心念을 여의면 一切境界의 相이 없다 하시니 어찌 拔本塞源의 뜻이 아니랴? 以心下는 無念의 까닭을 解釋함이니 어찌 써 五陰 等을 推求하되 畢竟 無念이냐? 心이 形相이 없어서 十方으로 求하여도 마침내 可히 얻지 못할 새 故로 諸法에 推求하여도 畢竟 無念인 것이다. 如人下는 譬喩를 引해 合함이니 兩文이 비록 正히 無念을 나타냈으나 意는 推求를 包含한 것이다. 또 方을 迷惑한 者가 東을 일러 西라 하나 方은 轉하지 않은 故로 곧 東에서 西를 求하되 西를 可히 얻지 못함과 같으니 心을 迷惑한 者가 心을 일러 念이라 하나 心은 實로 不動일 새 故로 諸法에서 念을 求하여도 畢竟 無念임을 比喩한 것이다. 若能下는 觀察하지 못한 者는 眞과 더불어 어기고 離念하지 못한 者는 無念을 알지 못할 새 이로써 推求觀察하여야 곧 隨順을 얻음을 말한 것이다. 故로 前에 이르되 만일 어떤 衆生이 能히 無念을 觀察하는 者는 곧 佛智에 向함이 된다고 하였다. 念息塵亡에 이름에 淨心中에서 마침내 念想이 없을 새 이로써 心의 無念을 알면 眞如에 들어간다. 故로 前에 이르되 만일 念을 여의면 이름이 得入함이 된다고 하였다. 그렇다면 知心無念은 오직 離念者라야 바야흐로 아는 것이요 餘人의 알 바가 아닌 것이다.

○對治邪執者는 一切邪執이 皆依我見이니 若離於我하면 則無邪執이니라是我見이 有二種하니

邪執을 마주한다는 것은 一切邪執이 모두 我見을 依支함이니 만일 我를 여의면 곧 邪執이 없느니라. 이 我見이 二種이 있으니

△初는 總標擧數라

初는 總標해 數를 擧함이라.

○云何爲二오 一者는 人我見이요 二者는 法我見이니라

어떤 것이 二가 되는고? 一은 人我見이요 二는 法我執이니라.

△第二列名中에 言人我見者는 計有總相帝主之者를 名人我執이요 法我見者는 計一切法이 各有體性일새 故名法執이니 法執은 卽是二乘所起요 此中人執은 唯取佛法之內에 初學大乘人之所起也니라

△第二 列名中에 人我見이라 말한 것은 總相으로 帝主하는 者가 있는줄 計度하는 것은 人我執이라 名함이요 法我見이란 것은 一切法이 各各 體性이 있는 줄 計度할 새 故로 法執이라 名함이니 法執은 곧 二乘의 일으키는 바요 이 中에 人執은 오직 佛法을 取하는 內에 처음 大乘을 배우는 사람이 일으키는 바니라.[80]

---

80) 此는 我見을 依支하여 二執을 總標함이다. 初一句는 前의 標章을 牒함이요 一切下는 邪執의 根本을 밝힘이다. 대개 써 邪執은 邪見을 由함이요 邪見은 또 我를 由할 새 故로 이르되 一切邪執이 모두 我見을 依支함이라 한 것이다. 그러나 執見이 이미 我를

○人我見者는 依諸凡夫하야 說有五種하니 云何爲五오 一者는 聞脩多羅에 說如來法身이 畢竟寂寞하야 猶如虛空하고 以不知爲破着故로 卽謂虛空이 是如來性이라하나니 云何對治오 明虛空相이 是其妄法이라 體無不實이언마는 以對色故로 有是可見相하야 令心生滅하나니 以一切色法이 本來是心이라 實無外色이니 若無外色者는 則無虛空之相이니 所謂一切境界가 唯心妄起故로 有라 若心離於妄動이면 則一切境界가 滅이요 唯一眞心이 無所不徧이니 此謂如來廣大性智究竟之義가 非如虛空相故니라 二者는 聞脩多羅에 說世間諸法이 畢竟體空이며 乃至涅槃眞如之法도 亦畢竟空이라 從本已來로 自空하야 離一切相하고 以不知爲破着

依支해 있으니 만일 我를 여의면 邪執이 없는 것이다. 是我下는 二見을 總標함이다. 人我見이라 말한 것은 五蘊和合을 人이 된다 假名한 것이요 我란 것은 主宰의 義니 써 五蘊의 中에 實主宰가 없는 줄 了達하지 못하고 곧 蘊中에 實我가 있는 줄 잡아 다시 이를 依支해 邪見을 妄起할 새 人我見이라 名함을 말한 것이다. 이는 初學凡夫의 人我를 未亡한 者를 잡아 말함이요 所執에 就해 論한 것이 아니다. 法我見이라 말한 것은 法은 五蘊 等 法에 써 이것이 實主宰가 없는 줄 了達하지 못하고 곧 諸法을 執해 써 實有를 삼고 또 이를 依支해 法見을 일으킬 새 故로 法我見이라 名한 것이다.

故로 卽謂眞如涅槃之性이 唯是其空이니라 云何對治오 明眞如法身이 自體不空하야 具足無量性功德故니라 三者는 聞脩多羅에 說如來之藏이 無有增減하야 體備一切功德之法하고 以不解故로 卽謂如來之藏이 有色心法自相差別이라하나니 云何對治오 以唯依眞如義說故며 因生滅染義하야 示現說差別故니라 四者는 聞脩多羅에 說一切世間生死染法이 皆依如來藏而有라 一切諸法이 不離眞如하고 以不解故로 謂如來藏이 自體에 具有一切世間生死等法이라하나니 云何對治오 以如來藏이 從本己來로 唯有過恒沙等諸淨功德이 不離不斷하야 不異眞如義故며 以過恒沙等煩惱染法이 唯是妄有라 性自本無하야 從無始世來로 未曾與如來藏相應故니 若如來藏이 體有妄法인댄 而使證會하야 永息妄者가 則無有是處故니라 五者는 聞脩多羅에 說依如來藏故로 有生死하며 依如來藏故로 得

涅槃하고 以不解故로 謂衆生이 有始라하며 以見始故로 復謂如來所得涅槃이 有其終盡하야 還作衆生이라하나니 云何對治오 以如來藏이 無前際故로 無明之相도 亦無有始니 若說三界外에 更有衆生始起者인댄 卽是外道經說이며 又如來藏이 無有後際니 諸佛所得涅槃이 與之相應하야 則無後際故니라

○人我見이란 것은 모든 凡夫를 依支하여 說이 五種이 있으니 어떤 것이 五가 되는고? 一은 脩多羅에 說하되 如來의 法身이 畢竟 쓸쓸하고 고요하여 마치 虛空과 같다 함을 듣고 써 執着을 破하기 爲함인 줄 알지 못한 故로 곧 이르되 虛空이 이 如來의 性稟이라 하니 어떻게 對治하는고? 虛空相이 이 妄法이라 體가 없어 實이 아니건마는 써 色을 마주한 故로 이 可見의 相이 있어서 마음이 生滅하게 하니 써 一切 色法이 本來 이 心이라 實로 外色이 없으니 만일 外色이 없을진대 虛空의 相이 없는 것이니 所謂 一切境界가 오직 心이 妄起하는 故로 있는지라 만일 心이 妄動을 여의면 一体境界가 滅하고 오직 한 眞心이 두루 하지 않은 바가 없다 밝힘이니 이는 如來 廣大性智 究竟의 義가 虛空相과 같지 않음을 말한 연고니라.[81]

81) 此는 執空爲性의 見을 破함이다. 人我下는 數를 牒해 徵起함이요 一者下는 起執의 緣을 밝힘이다. 契經에 說하되 法身이 寂寞하여 虛空과 같다 한 것은 法身이 寂然無相함을 알지 못하고 佛身에 色이 이 實有인 줄 보는 者를 爲한 故로 云함이거늘 듣는 자가 譬喩가 이 破執의 說인 줄 了達하지 못하고 곧 虛空이 이 如來性인 줄 잡음을

二는 脩多羅에 說하되 世間諸法이 畢竟 體空이며 乃至 涅槃眞如의 法도 또한 畢竟 空이라 根本을 좇아 己來로 自體가 空하여 一切相을 여의었다 함을 듣고 써 執着을 破하기 爲함인 줄 알지 못하는 故로 곧 이르되 眞如涅槃의 性稟이 오직 이 空이라 하니 어떻게 對治하는고? 眞如法身이 自體가 空하지 않아서 無量한 性功德이 具足함을 밝힌 연고니라. 三은 脩多羅에 說하되 如來의 藏이 增減이 없어서 體가 一切功德의 法을 갖추었다 함을 듣고 써 알지 못하는 故로 곧 이르되 如來의 藏이 色·心·法의 自相差別이 있다 하니 어떻게 對治하는고? 오직 眞如의 義를 依支해 說한 연고며 生滅染의 義를 因하여 示現해 差別을 說한 연고니라.[82]

말한 것이다. 云何下는 空相의 虛妄을 밝힘이니 虛空의 相은 色을 因해 妄有라 本來 自體가 없으며 또한 眞實한 것도 아닐 새 故로 이르되 是其妄法이라 體無不實이라 함을 말한 것이다. 이는 곧 空相의 虛妄을 總明함이요 下는 곧 展轉히 虛妄을 釋成해서 邪執을 對破하여 如來性을 나타낸 것이다. 어찌 써 虛空이 이 妄이라 體가 없고 眞實하지 않으냐? 以對下는 解釋이다. 대개 써 虛空이 色을 마주해 있다면 이 妄이라 體가 없는 것이요 이 心緣相이라 故로 眞實이 아니다. 어찌 써 色을 마주해 있음에 體無不實이냐? 以一下는 解釋이다. 眞實로 써 色은 自性이 없는지라 本來 이 心이니 空이 이미 色을 마주해 있다면 色은 本來 있는 것이 아니거니 空을 어찌 可히 얻으랴. 故로 이르되 만일 色이 없다면 虛空의 相이 없다 한 것이니 이를 알라 色을 마주해 있는 것은 體無不實한 것이다. 어찌 써 色空을 俱不可得이냐? 所謂下는 解釋이다. 一切境界가 唯心妄動인 故로 있는지라 不動則無니 故로 不可得임을 말한 것이다. 妄境이 이미 없는 것이라면 唯一眞心이 두루 하지 않은 바가 없는 것이다. 이는 곧 如來廣大性智究竟의 義니 虛空無知의 相과 같은 것이다. 곧 執空爲性의 見이 破한 것이다.

82) 此는 性空相有의 見을 破한 것이다. 二者下는 起執의 緣을 밝힘이니 契經에 說하되 世·出世間의 一切諸法과 乃至 眞如涅槃이 本來 自空하여 一切相을 여의었다 한 것은 說한바 假名言相이 眞이 아님을 알지 못하고 執假爲實하는 者를 爲한 故로 云함이거늘 듣는 者가 이 破執의 말을 達하지 못하고 곧 眞如涅槃의 性이 오직 이 空이라 執함을 말한 것이다. 어떻게 對治하는고? 眞如涅槃 等 假名言相은 비록 空이나 眞如自體와 本具性德은 不空함을 말한 것이다. 어찌 可히 假相이 空함으로 眞實의 性까지 또한

四는 脩多羅에 說하되 一切世間 生死染法이 모두 如來藏을 依支해 있는지라 一切諸法이 眞如를 여의지 않는다 함을 듣고 써 알지 못하는 연고로 如來藏이 自體에 一切世間 生死 等 法을 갖추어 있다고 말하니 어떻게 對治하는고? 如來藏이 根本을 좇아 已來로 오직 恒沙에 지나는 等 모든 淨功德이 있어 여의지도 않고 끊지도 아니하여 眞如의 義와 다르지 않은 연고며 써 恒沙에 지나는 等 煩惱染法이 오직 이 妄有라 性이 스스로 本來 없어서 無始世로 좇아 옴으로 일찍이 如來藏과 더불어 相應하지 않은 연고니 만일 如來藏이 自體에 妄法이 있을진대 하여금 證理契會하여 永遠히 妄을 쉬게 하는 者가 곧 옳은 곳이 없는 연고니라.[83]

空했다고 말하랴. 곧 性이 이 空이라 執하는 計度이 떨어진 것이다. ○三者下는 起執의 緣을 밝힘이니 契經에 說하되 如來의 藏이 增減이 없어서 體가 一切功德의 法을 갖추었다 하였거늘 써 如來의 說한바 差別이 곧 無差別임을 알지 못하는 故로 곧 藏性의 中에 色心差別의 相을 갖추어 있다고 執함을 말한 것이다. 어떻게 對治하는고? 이의 說한바 一切功德의 法이 眞如·生滅의 二義를 依支해 說할 새 다 無差別임을 말한 것이다. 무슨 까닭인고? 만일 眞如義를 依支해 說한다면 一切法이 모두 眞如다. 故로 上文에 이르되 비록 實로 이 諸功德義가 있으나 差別의 相이 없어서 一味와 等同하여 唯一眞如라 한 것이다. 만일 生滅義를 因해 說한다면 業識差別相을 依支해 보이는 것이다. 그러나 비록 妄을 마주해 差別이 있다 說하나 그 德相은 無相일 새 故로 또한 差別이 없는 것이다. 이미 二義를 依支해 說할 새 모두 差別이 없거니 어찌 可히 藏性의 中에 色心差別의 相이 있다고 말하랴. 곧 色心差別이 있다고 執하는 情이 亡한 것이다.

83) 此는 性에 染이 있다고 執하는 見을 破한 것이다. 四者下는 起執의 緣을 밝힘이니 契經에 說하되 一切世間 生滅染法이 性을 依支해 있어서 眞如를 여의지 않는다 함을 듣고 써 如來의 說한바 진은 自性이 없는지라 隨緣成妄하고 妄도 自性이 없는지라 全體가 곧 眞임을 알지 못하는 故로 곧 藏性의 中에 世間生死 一切染法을 갖추어 있다고 執함을 말한 것이다. 어떻게 對治 하느냐? 如來藏 中엔 오직 恒沙功德이 있어 써 性을 順 하는 故로 眞如를 여의지 않거니와 恒沙煩惱와 生死染法은 無明을 依支해 일어나니 오직 이 妄有라 性이 스스로 本來 없음이니 써 性을 어긴 故로 無始로 좇아

五는 脩多羅에 說하되 如來藏을 依支한 故로 生死가 있으며 如來藏을 依支한 故로 涅槃을 얻는다 함을 듣고 써 알지 못하는 故로 衆生이 始가 있다고 말하며 써 始를 보는 故로 또 如來의 얻은바 涅槃이 終盡함이 있어서 도리어 衆生이 된다고 말하니 어떻게 對治하는고? 如來藏이 前際가 없는 故로 無明의 相도 또한 始가 없으니 만일 三界外에 다시 衆生이 始起함이 있다 說할진대 곧 이 外道經의 說이며 또 如來藏이 後際가 없으니 諸佛의 얻은바 涅槃이 더불어 相應하여 곧 後際가 없는 연고니라.84)

△第三은 辨相中에 先明人我見이라 於中에 有二하니 總標요 別釋이니라 別釋之中에 別顯五種이라 各有三句하니 初出起見之由요 次明執相이요 後顯對治니라

옴으로 일찍이 如來藏과 더불어 相應하지 못함을 말한 것이다. 어찌 性中에 一切 生死染法이 있으랴. 만일 藏性中에 妄法이 있을진대 妄이 自性이 있는 것이요 이미 自性이 있다면 하여금 證理契會하여 永遠히 妄을 쉬게 하는 者가 곧 옳은 없을 것이다. 이와 같다면 性에 染이 있다고 執하는 見이 謝落된 것이다.

84) 此는 始終生滅의 見을 破한 것이다. 五者下는 起執의 緣을 밝힘이니 契經에 說하되 生死와 涅槃이 모두 性을 依支해 있다 함을 듣고 써 如來의 說한바 性과 더불어 生死가 둘 다 모두 無始며 涅槃과 더불어 性이 둘 다 모두 無終임을 알지 못하는 故로 곧 衆生이 有始라 執하며 써 始를 보는 故로 또 如來涅槃이 다함이 있어서 도리어 衆生이 된다 執함을 말한 것이다. 이는 眞을 依支해 妄이 있다는 義를 들음을 由하여 문득 眞先妄後라 말할 새 故로 始終의 見을 일으키는 것이다. 어떻게 對治하는고? 生死가 이미 如來藏을 依支해 있거든 如來藏이 前際가 없다면 無明生死도 또한 始가 없는 것임을 말한 것이다. 三界外에 有衆生始起라 說한 것은 이에 外道 大有經의 說이니 어찌 如來正敎에 이 說이 있으랴? 또 涅槃도 또한 如來藏을 依支해 있거늘 如來藏이 後際가 없다면 如來涅槃도 또한 後際가 없는 것이다. 어찌 如來의 所得한 涅槃이 終盡함이 있어서 도리어 衆生이 되랴. 故로 前에 이르되 非前際生이라 한 것이니 이와 같다면 始終의 見이 쉬는 것이다.

初執中에 言卽謂虛空이 是如來性者는 計如來性이 同虛空相也니라 第二中에 言乃至涅槃眞如之法도 亦畢竟空者는 如大品經에 云乃至涅槃이라도 如幻如夢이며 若當有法이 勝涅槃者라도 我說亦復如幻如夢故라하시니라 第三中에 言因生滅染義示現者는 如上文에 言以依業識生滅相示라하야 乃至廣說故니라 第四中에 言不離不斷等者는 如不增不減疏中廣說也니라 第五中에 言若說三界外에 更有衆生始起者인댄 卽是外道經說者는 如仁王經之所說故니라 上來五執이 皆依法身如來藏等總相之主하야 而起執故로 通名人執也니라

△第三은 辨相中에 먼저 人我見을 밝힘이라 그 中에 二가 있으니 總標요 別釋이니라. 別釋한 中에 五種을 別顯함이라 各各 三句가 있으니 初는 起見의 由를 出함이요 다음은 執相을 밝힘이요 後는 對治를 나타냄이니라. 初執中에 卽謂虛空을 是如來性이라 말한 것은 如來性이 虛空相과 같은 줄 計度함이니라. 第二中에 乃至 涅槃眞如의 法도 또한 畢竟 空이라 말한 것은 저 大品經에 이르되 乃至

涅槃이라도 幻과 같고 꿈과 같으며 만일 어떤 法이 涅槃보다 殊勝함에 該當할지라도 나는 說하기를 또한 다시 幻과 같고 꿈과 같은 연고라 하겠다 하시니라. 第三中에 因生滅染義示現이라 말한 것은 저 上文에 이르되 써 業識生滅相을 依支해 보인다고 하여 乃至 廣說한 연고니라. 第四中에 不離不斷 等이라 말한 것은 不增不滅疏中의 廣說함과 같으니라. 第五中에 만일 三界外에 다시 衆生이 始起함이 있다 說할진대 곧 이 外道經의 說이라 말한 것은 仁王經의 說한 바와 같은 연고니라. 上來의 五執이 모두 法身如來藏 等 總相의 主를 依支하여 執을 일어나게 한 故로 通히 人執이라 名하느니라.

○法我見者는 依二乘의 鈍根故로 如來가 但爲說人無我하시니 以說不究竟일새 見有五陰生滅之法하고 怖畏生死하야 妄取涅槃하나니 云何對治오 以五陰法이 自性不生이라 則無有滅하야 本來涅槃故니라

○法我見이란 것은 二乘의 鈍根을 依支한 故로 如來가 다만 爲해 人無我만 說하시니 說이 究竟하지 못할 새 五陰生滅의 法이 있음을 보고 生死를 두려워하고 무서워하여 망령되이 涅槃을 取하니 어떻게 對治하는고? 五陰法이 自性이 生하지 않은지라 곧 滅함도 없어서 本來 涅槃인 연고니라.

△法我見中에도 亦有三句하니 初明起見之由요 見有以下는 次顯執相이요 云何以下는 顯其對治니 文

相은 可知로다

△法我見中에도 三句가 있으니 初는 起見의 由를 밝힘이요 見有以下는 다음에 執相을 나타냄이요 云何以下는 그 對治를 나타냄이니 文相을 可히 알지로다.[85)]

○復次究竟離妄執者는 當知染法淨法이 皆悉相待하야 無有自相可說이라 是故로 一切法이 從本已來로 非色非心이며 非智非識이며 非有非無라 畢竟不可說相이로대 而有言說者는 當知如來가 善巧方便으로 假以言說하사 引導衆生이시니 其旨趣者는 皆爲離念하야 歸於眞如니 以念一切法하면 令心生滅하야 不入實智故니라

○復次 究竟에 妄執을 여읜다는 것은 마땅히 알라 染法과 淨法이 모두 相待하여 自相을 可히 說할 것이 없는지라 이런 故로 一切法이 根本을 좇아 己來로 色도 아니요 心도 아니며 智도 아니요 識도 아니며 有도 아니요 無도 아니라 畢竟 可히 相을 說할 수 없되 言說이

85) 此는 二乘法執의 見을 破함이다. 法我見下는 起執의 緣을 밝힘이니 如來가 鈍根二乘을 依支하여서 다만 爲해 蘊中無我만 分別하여 하여금 人空을 證明하게 하고 法空을 밝히지 않아서 곧 說이 究竟하지 못할 새 고로 二乘人이 五陰生滅의 法이 實이 되는 줄 보는지라 이로써 生死를 怖畏하여 涅槃을 妄取함을 말한 것이다. 어떻게 對治하는고? 五陰諸法이 本來 스스로 不生이라 이제 또한 無滅이니 이와 같다면 衆生이 本來 常住하여 涅槃에 入함이요 諸法이 本來 常自寂滅한 것이니 어찌 시러금 厭有着空하여 生死를 怖畏하고 涅槃을 妄取하랴 함을 말한 것이다. 이는 二乘執法의 見이 여윔이다.

있는 것은 마땅히 알라 如來가 善巧方便으로 言說로 써 假借하여서 衆生을 引導함이시니 그 旨趣란 것은 다 念을 여의어 眞如에 돌아가게 함이니 써 一切法을 생각하면 心으로 하여금 生滅하게 하여 實智에 들지 못하는 연고니라.

△第四는 **究竟離執之義**라 **於中**에 **有二**하니 **先明諸法**의 **離言道理**요 **後顯假說言敎之意**니 **文相**은 **可見**이로다

△第四는 究竟에 執을 여의는 義라 그 中에 二가 있으니 先은 諸法의 離言道理를 밝힘이요 後는 假說言敎의 意를 나타냄이니 文相은 可히 볼 지로다.[86)]

---

86) 絶待離言과 假言引入의 旨를 밝힘이다. 究竟 離妄執이라 말한 것은 前엔 隨病設藥이라 空을 마주해 有를 說하며 有를 마주해 空을 說한 等이니 비록 能히 執着을 여의었으나 오히려 究竟하지 못하거니와 今엔 空有雙亡하고 藥病齊遣이라 絶待離言일 새 故로 究竟에 妄執을 여의게 됨을 말한 것이다. 當知下는 染이 自立하지 못하는지라 淨을 마주해 써 세움이니 곧 染이 自相을 可히 說할 것이 없는 것이요 淨이 自立하지 못하는지라 染을 待해 세움이니 곧 淨도 또한 自相을 可히 說할 것이 없다. 이 染淨이 모두 自相을 可히 說할 것이 없음을 쓴 故로 곧 一切法이 또한 다 相待로 세워 本來 色心·有無 等이 아닐 새 故로 畢竟 不可說임을 말한 것이다. 대개 諸法이 만일 染淨·色心 等 自相이 있다면 可히 써 言說하려니와 이미 다 自相이 없다면 言說을 베푼 바가 없음을 말한 것이다. 所謂 口로 말하고자 함에 辭가 喪하고 心이 將次 緣하려 함에 慮가 亡한다는 것이다. 故로 前文에 이르되 一切 諸法이 從本已來로 名字相을 여의고 言說相을 여의었다 하며 또 經에 이르되 諸法의 寂滅相은 可히 말로써 宣揚하지 못한다고 하였다. 或이 이르되 法이 이미 絶待離言하여 相을 可히 說할 것이 없다면 어찌 如來가 言敎를 廣演했느냐. 言說이 있는 것은 이에 如來가 方便으로 引導한 뜻이다. 故로 經에 이르되 方便力을 쓴 故로 五比丘를 爲해 說했다 하시니 곧 그 言說의 旨趣란 것은 사람으로 卽言亡言하여 卽念離念하여 써 眞如에 돌아가게 하고자 한 것이다. 어찌 써 離念하여 眞如에 돌아감을 얻느냐? 一切法을 생각하면 心으로 하여금 生滅하게 하여 實智에 不入할 새 故로 모름지기 생각을 여의어야 眞如에 돌아감을 얻는 것이다.

△第三은 發趣分中에 有二하니 一者는 總標大意요 二者는 別開分別이니라

△第三은 發趣分中에 二가 있으니 一은 大意를 總標함이요 二는 分別을 別開함이니라.

○分別發趣道相者는 謂一切諸佛所證之道에 一切菩薩發이 發心修行하야 趣向義故니라

○道에 發趣하는 相을 分別한다는 것은 一切諸佛의 證明하신 바 道에 一切菩薩이 發心修行하여 趣向하는 義임을 말한 연고니라.

△初中에 言一切諸佛所證之道者는 是擧所趣之道요 一切菩薩以下는 顯其能趣之行이니 欲明菩薩의 發心趣向佛所證道일새 故로 言分別發趣道相也니라

△初中에 一切諸佛 所證의 道라 말한 것은 이 所趣의 道를 擧함이요 一切菩薩 以下는 能趣의 行을 나타냄이니 菩薩의 佛陀 所證한 道에 發心趣向함을 밝히고자 할 새 故로 分別發趣道相이라 말한 것이니라.87)

87) 此는 發心三相을 總標함이니 信成就發心을 先明한 것이다. 分別發趣道相이라 말한 것은 道는 곧 諸佛의 所證한 菩提涅槃이요 發趣는 곧 菩薩이 發心하여 修行趣向함을 말한 것이다. 대개 前엔 비록 顯正治邪했으나 만일 發心趣向을 밝히지 않으면 有解無行함이 有目無足과 같을 것이니 어찌 前所에 이르랴. 故로 今에 發心修行하여 佛道에 趣向하는 相을 分別해서 그에게 解를 依支해 修行하여 如來地에 이르게 한 것이니 이는 곧 立義分中의 乘義를 밝힘이다.

△以下는 第二別開分別이라 於中에 有三하니 一者는 擧數開章이요 二者는 依數列名이요 三者는 依名辨相이니라

△以下는 第二에 分別을 別開함이라 그 中에 三이 있으니 一은 數를 들어 章을 여는 것이요 二는 數를 依支해 名을 列함이요 三은 名을 依支해 相을 辨함이니라.

○略說發心이 有三種하니 云何爲三고 一者는 信成就發心이요 二者는 解行發心이요 三者는 證發心이니라

略說하건대 發心이 三種이 있으니 어떤 것이 三이 되는고? 一은 信成就發心이요 二는 解行發心이요 三은 證發心이니라.

△初文은 可知라 第二中에 言信成就發心者는 位在十住며 兼取十信이니 十信位中에 修習信心하고 信心成就에 發決定心하야 卽入十住일새 故名信成就發心也니라 解行發心者는 在十廻向이며 兼取十行이니 十行位中에 能解法空하야 隨順法界하야 修六度行하고 六度行이 純熟에 發廻向心하야 入向位故로 言解行發心也니라 證發心者는 位在初地以上으로 乃至

十地니 依前二重相似發心하야 證得法身하야 發眞心也니라

△初文은 可히 알지라. 第二中에 信成就發心이라 말한 것은 位가 十住에 있으며 兼해 十信을 取함이니 十信位中에 信心을 修習하고 信心이 成就됨에 決定心을 發하여 곧 十住에 入할 새 故로 信成就發心이라 名함이니라. 解行發心이란 것은 十廻向에 있으며 兼해 十行을 取함이니 十行位中에 能히 法空을 알아서 法界를 隨順하여 六度行을 닦고 六度行이 純熟함에 廻向心을 發하여 向位에 入하는 故로 解行發心이라 말함이니라. 初發心이란 것은 位가 初地以上으로 乃至 十地에 있으니 前의 二重 相似發心을 依支하여 法身을 證得해서 眞心을 發함이니라.(略說下는 發心의 三相을 總標함이다.)

△第三은 辨相이라 文中에 有三하니 如前次第說三心故니라

△第三은 辨相이라 文中에 三이 있으니 前과 같이 次第로 三心을 說한 연고니라.

△初發心內에도 亦有其三하니 一은 明信成就之行이요 二는 顯行成發心之相이요 三은 歎發心의 所得功德이니라

△初發心 內에도 또한 三이 있으니 一은 信成就의 行을 밝힘이요 二는 行이 이루어 發心한 相을 나타냄이요 三은 發心의 所得功德을 歎함이니라.

○信成就發心者는 依何等人이 修何等行하야 得信成就하야 堪能發心고 所謂依不定聚衆生이 有熏習善根力故로 信業果報하야 能起十善하며 厭生死苦하야 欲求無上菩提하며 得値諸佛하야 親承供養하고 修行信心호대 經一萬劫하야 信心成就故로 諸佛菩薩이 教令發心하며 或以大悲故로 能自發心하며 或因正法欲滅하야 以護法因緣으로 能自發心하나니 如是信心成就하야 得發心者는 入正定聚하야 畢竟不退니 名住如來種中하야 正因相應이어니와 若有衆生이 善根微少하야 久遠已來로 煩惱深厚하면 雖値於佛하야 亦得供養이나 然起人天種子하고 或起二乘種子하며 說有求大乘者라도 根則不定하야 若進若退하며 或有供養諸佛호대 未經一萬劫하고 於中遇緣하야 亦有發於心하나니 所謂見佛色相하고 而發其心하며 或因供養衆僧하야 而發其心하며 或因二乘之人의 教令發心하며 或學他發心이라 如

是等發心은 悉皆不定이니 遇惡因緣하면 或便退失하야 墮二乘地하나니라

○信成就發心이란 것은 何等人이 何等行을 닦음을 依支하여 信成就를 얻어서 참고 견디며 能히 發心하는고? 소위 不定聚衆生이 선근을 훈습하는 힘이 있음을 의지한 고로 業·果·報를 믿어 能히 十信을 일으키며 生死苦를 싫어하여 無上菩提를 求하고자 하며 諸佛을 얻어 만나서 親히 받들어 供養하고 信心을 修行하되 一萬劫을 지나서 信心이 成就된 故로 諸佛·菩薩이 가르쳐 하여금 發心하게 하며 或은 大悲를 쓴 故로 能히 스스로 發心하며 或은 正法이 滅하고자 함을 因하여 護法의 因緣으로써 能히 스스로 發心하니 이처럼 信心을 成就하여 發心함을 얻은 者는 正定聚에 入하여 畢竟 退轉하지 않으니 이름이 如來種中에 住하여 正因으로 相應함이거니와88)

---

88) 信成就下는 能修의 人과 所修의 行과 信成發心을 牒問함이요 所謂下는 上義를 答釋하여 發心의 因緣을 밝힘이다. 信位의 不定聚人이 內外熏習과 前世善根의 힘이 있음을 依支한 故로 善惡苦樂의 影響이 無差別함을 믿을 새 이로 말미암아 十善을 發起하여 生死苦를 싫어하여 無上覺을 求하며 兼해 佛을 만나 親承供養을 얻으니 이처럼 信心을 修行하여 一萬劫을 지남에 信心이 成就되니 上은 다 發心의 因이다. 信心成就함을 쓴 故로 諸佛·菩薩이 가르쳐 하여금 發心하게 하니 이는 佛敎의 緣을 依支하여 써 發心함이다. 或은 衆生의 苦를 보고 大悲로써 救濟하고자 하는 故로 스스로 發心하니 이는 衆生의 苦緣을 依支하여 發心함이다. 或은 正法이 將滅함으로 因하여 四法을 保護해 世上에 久住하게 하고자 하는 故로 能히 스스로 發心하니 이는 正法滅緣을 依支해 發心함이니 이는 다 發心의 緣임을 말한 것이다. 그러나 三緣中에 一緣에 當함을 따라 곧 發心함을 얻을 새 故로 或이라 云한 것이다. 護法이라 말한 것은 所謂 大法鼓를 치고 大法行을 닦고 大菩提를 求하여 四法으로 하여금 常住하게 함을 이름해 護法이라 하는 것이다. 如是下는 上의 發心을 牒하여 不退를 結成함이니 萬劫을 지남에 信心成就하여 發心함을 얻는 者는 이 毛心不定을 由하여 써 正定聚에 入함을 말한 것이다. 이미 正定聚中에 入함에 成佛의 正因을 갖추어 不退位에 住할 새 故로 이르되 畢

만일 어떤 衆生이 善根이 微少하여 久遠한 已來로 煩惱가 深厚하면 비록 佛을 만나서 또한 供養함을 얻으나 그러나 人天의 種子를 일으키고 或은 二乘의 種子를 일으키며 設使 大乘을 求하는 者가 있을지라도 根器가 곧 定하지 못해서 나아가는 듯하며 退하는 듯하며 或은 諸佛께 供養함이 있되 一萬劫을 지나지 않고 그 中에 因緣을 만나서 또한 發心함이 있으니 所謂 佛의 色相을 보고 그 마음을 發하며 或은 衆僧께 供養함으로 因하여 그 마음을 발하며 혹은 이승의 人의 가르침으로 因하여 하여금 發心하게 하며 或은 他人에게 배워 發心함이라 이와 같은 等 發心은 모두 定하지 못함이니 惡因緣을 만나면 或 문득 退失하여 二乘地에 떨어지느니라.[89]

△初中에 亦二니 先問이요 後答이니라 問中에 言依何等人者는 是問能修之人이요 修何等行者는 問其所修之行이요 得信成就하야 堪能發心者는 對發心果하

竟 不退를 如來種中에 住하여 正因相應이라 名한다고 한 것이다.

89) 上엔 勝機의 因緣이 俱勝함을 依支하여 發心이 不退요 이엔 劣機의 因緣이 皆劣하여 發心이 不定함을 밝힘이다. 若有下는 發心의 因劣을 밝힘이니 善根微妙라 말함은 이는 이 德薄이요 煩惱深厚는 곧 이 垢重이다. 이와 같은 사람은 비록 佛을 만나서 또한 供養함을 얻으나 或은 人天果報를 求하고 或은 息妄趣空을 圖하며 設使 大乘을 求하는 者가 있을지라도 德薄垢重함을 쓴 故로 若進若退하여 心이 決定하지 못하며 或은 諸佛께 供養함이 있되 一萬劫을 지나지 않고 그 中에 緣을 만나서 또한 發心함이 있으니 何緣을 依支해 發하는고? 所謂下는 發心의 緣劣을 밝힘이다. 或은 色으로써 見佛하며 或은 住相供僧하며 或은 劣敎를 따르며 或은 佛迹을 배움이니 이와 같은 等 發心은 써 唯識을 達하지 못하여 스스로 深心이 없는 故로 모두 不定이니 어찌 써 不定인고? 惡因緣을 만남에 或 문득 初心을 退失하여 二乘地에 떨어질 새 故로 모두 不定임을 말한 것이니 惡緣은 多種이라 써 定述하기 어렵다.)

야 問其行成也니라 答中에 有二하니 一者는 正答所問이요 二者는 擧劣顯勝이니라 正答之內에 對前三問이니 初言依不定聚衆生者는 是答初問하야 顯能修人이니라 分別三聚인댄 乃有多門이어니와 今此文中엔 直明菩薩의 十解以上에 決定不退를 名正定聚요 未入十信에 不信因果를 名邪定聚요 此二中間에 趣道之人이 發心欲求無上菩提하대 而心未決하야 或進或退를 是謂十信이니 名不定聚라 今依此人하야 明所修行也니라 有熏習以下는 次答第二問하야 明不定人의 所修之行이니 言有熏習善根力者는 依如來藏內熏習力하며 復依前世修善根力일새 故今得修信心等行也니라 言信業果報하야 能起十善者는 起福分善也요 厭生死苦하야 求無上道者는 發道分心也요 得值諸佛하야 修行信心者는 正明所修道分善根이니 所謂修行十種信心은 其相이 具如一道章說也니라 逕一

萬劫以下는 答第三問하야 明其信心成就之相이라 於中에 有二하니 一者는 擧時하야 以明信成就發心之緣이요 二者는 約聚하야 顯其發心所住之位니라 初中에 言至一萬劫하야 信心成就者는 謂於十信에 逕十千劫하야信心成就하야 卽入十住니라 如本業經에 云是信想菩薩이 於十千劫에 行十戒法일새 當入十住心하야 入初住位라하시니 解云此中所入初住位者는 謂十住初發心住位니 此位에 方得不退信心이라 是故로 亦名信入十心이요 非謂十解以前十信이니라 何以得知而其然者오 如仁王經에 云習種姓이 有十心하니 己超二乘의 一切善地어니와 此習忍已前에 行十善菩薩은 有退有進함이 猶如輕毛가 隨風東西하야 雖以十千劫으로 行十正道나 發菩提心하야사 乃當入習忍位라하시니 以是文證일새 故得知也니라 經에 言十千은 卽此一萬也니라 言佛菩薩이 教令發心等者는

發心之緣이 乃有衆多로대 今略出其三種勝緣也니라 如是以下는 顯其發心所住之位니 言信心成就로 乃至入正定聚者는 卽入十解初發心住니 以之故로 言畢竟不退也요 卽時에 正在習種性位일새 故로 言名住如來種中也요 其所修行이 隨順佛性일새 是故로 亦言正因相應이니라 上來에 正答전三問은 竟하다 若有以下는 擧劣顯勝이라 十信位內엔 有勝有劣하니 勝者는 如前進入十住요 劣者는 如此退墮二乘地니라 如攝大乘論에 云諸菩薩이 在十信位中에 修大乘이 未堅固하야 多厭怖生死하며 慈悲衆生心이 猶劣簿하야 喜欲捨大乘本願하고 修小乘道일새 故로 言欲修行小乘이라하시니 大意如是하니 文相은 可知라 上來는 明信成之行이니라

△初中에 또한 二니 先問이요 後答이니라. 門中에 依何等人이라 말한 것은 이 能修의 人을 물음이요 修何等行이란 것은 所修의 行을 물음이요 得信成就하여 堪能發心이라 한 것은 發心의 果를 對하여

그 行成을 물음이니라. 答中에 二가 있으니 一은 正히 물은 바를 答함이요 二는 劣을 들어 勝을 나타냄이니라. 正答한 內에 前의 三問을 對함이니 初에 依不定聚衆生이라 말한 것은 이 初問을 答하여 能修의 사람을 나타냄이니라. 三聚를 分別할진대 이에 多問이 있거니와 이제 이 文中엔 다만 菩薩의 十解以上에 決定不退를 正定聚라 名하고 十信에 들지 못함에 因果를 不信함을 邪定聚라 名하고 此二의 中間에 趣道하는 사람이 發心해 無上菩提를 求하고자 하되 마음을 決定하지 못해서 或進或退함을 이 十信이라 말함이니 不定聚라 名함을 밝힘이라 이제 이 사람을 依支하여 所修의 行을 밝힘이니라. 有熏習以下는 다음에 第二問을 答하여 不定人의 닦을 바 行을 밝힘이니 有熏習善根力이라고 말한 것은 如來藏內의 熏習力을 依支하며 또 前世의 修善根力을 依支할 새 故로 이제 修信心 等 行을 얻음이니라. 業果報를 믿어 能起十善이라 말한 것은 福分의 善을 일으킴이요 生死苦를 싫어하여 無上道를 求한다는 것은 道分의 心을 발함이요 得値諸佛하여 修行信心이란 것은 正히 所修의 道分善根을 밝힘이니 所謂 十種信心을 修行한다고 함은 그 相이 갖추어 一道章의 說과 같으니라. 經一萬劫以下는 第三問을 答하여 信心成就의 相을 밝힘이라 그 中에 二가 있으니 一은 時를 들어서 써 信成發心의 緣을 밝힘이요 二는 聚를 잡아서 發心所住의 位를 나타냄이니라. 初中에 至一萬劫하여 信心成就라 말한 것은 十信에 十千劫을 지나서 信心을 成就하여 곧 十住에 入함을 말함이니라. 저 本業經에 이르되 이 信想菩薩이 十千劫에 十戒法을 行할 새 마땅히 十住心에 들어서 初住位에 入한다 하시니 풀이해 이르되 이 中의 所

入한 初住位란 것은 十住初發心住位를 말함이니 이 位에 바야흐로 不退信心을 얻는지라 이런 故로 또한 信入十心이라고 名하는 것이요 十解以前의 十信을 말함이 아니니라. 어찌 써 그러함을 알게 되는고? 저 仁王經에 이르되 習種性이 十心이 있으니 이미 二乘의 一切善地에 超越했거니와 이 習忍已前에 十善을 行하는 菩薩은 물러남도 있고 나아감도 있음이 마치 가벼운 털이 바람을 따라 東西함과 같아서 비록 十千劫으로써 十正道를 行하나 菩提心을 發하여야 이에 마땅히 習忍位에 들어간다고 하시니 이 文으로써 證明할 새 故로 알게 된 것이니라. 經에 十千이라 말함은 곧 一萬이니라. 佛·菩薩이 教令發心 等이라 말한 것은 發心의 緣이 이에 衆多함이 있되 이제 그 三種의 勝緣만을 略出함이니라. 如是以下는 發心所住의 位를 나타냄이니 信心成就로 乃至 入正定聚라 말한 것은 곧 十解의 初發心住에 入함이니 이를 쓴 故로 畢竟 不退라 말함이요 卽時에 正히 習種性位에 있을 새 故로 名住如來種中이라 말함이요 그 所修의 行이 佛性을 隨順할 새 이런 故로 또한 正因相應이라 말함이니라. 上來에 前三問을 正答함은 마쳤다. 若有以下는 劣을 들어 勝을 나타냄이라 十信位內엔 勝함도 있고 劣함도 있으니 勝한 것은 前의 十住에 進入함과 같고 劣한 것은 이의 二乘地에 떨어져 물러남과 같으니라. 저 攝大乘論에 이르되 諸菩薩이 十信位中에 있음에 大乘을 닦음이 堅固하지 못해서 많이 生死를 싫어하고 두려워하며 衆生을 慈悲하는 마음이 오히려 劣薄해서 大乘의 本願을 버리고 大乘道를 닦고자 하기 좋아할 새 故로 말하되 小乘을 修行하고자 한다고 하시니 大意가 이와 같으니 文相은 可히 알지라. 上來는 信成

의 行을 밝힘이니라.

○復次信成就發心者는 發何等心고 略說有三種하니 云何爲三고 一者는 直心이니 正念眞如法故요 二者는 深心이니 樂集一切諸善行故요 三者는 大悲心이니 欲拔一切衆生苦故니라 問曰上說法界一相이라 佛體無二어시늘 何故로 不唯念眞如하고 復假求學諸善之行이니잇고 答曰譬如大摩尼寶가 體性이 明淨이나 而有鑛穢之垢하니 若人이 雖念寶性이나 不以方便으로 種種磨治하면 終無得淨인듯하야 如是衆生의 眞如之法도 體性이 空淨이나 而有無量煩惱染垢하니 若人이 隨念眞如나 不以方便으로 種種熏修하면 亦無得淨이며 以垢無量하야 偏一切法故로 修一切善行하야 以爲對治니 若人이 修行一切善法하면 自然歸順眞如法故니라 略說方便으로 有四種하니 云何爲四오 一者는 行根本方便이니 謂觀一切法이 自性無生이라 離於妄見하야 不住生死하며

觀一切法이 因緣和合이라 業果不失이니 起於大悲하야 修諸福德하야 攝化衆生하고 不住涅槃하야 以隨順法性의 無住故요 二者는 能止方便이니 謂慚愧悔過하야 能止一切惡法하야 不令增長하야 以隨順法性의 離諸過故요 三者는 發起善根增長方便이니 謂勤供養禮拜三寶하고 讚歎隨喜하고 勸請諸佛하야 以愛敬三寶淳厚心故로 信得增長하야 乃能志求無上之道하며 又因佛法僧力所護故로 能消業障하고 善根不退하야 以隨順法性의 離癡障故요 四者는 大願平等方便이니 所謂發願하야 盡於未來토록 化度一切衆生하야 使無有餘하야 皆令究竟無餘涅槃하야 以隨順法性이 無斷絶故니 法性이 廣大하야 徧一切衆生이 平等無二라 不念彼此하야 究竟寂滅故니라

○復次 信成就發心이란 것은 何等心을 發하는고? 略說하건대 三種이 있으니 어떤 것이 三이 되는고? 一은 直心이니 正히 眞如法을 생각하는 연고요 二는 深心이니 一切 모든 善行을 修集하기 좋아하는 연

고요 三은 大悲心이니 一切衆生의 苦를 뽑아내고자 하는 연고니라.[90] 물어 이르되 上에 法界 一相이라 佛體가 無二라 說하셨거늘 무슨 까닭으로 오직 眞如만 생각하지 않고 다시 諸善의 行을 求하여 배움을 假藉하나이까? 답해 이르시되 譬喩컨대 大摩尼寶가 體性이 明淨하나 鑛穢의 垢가 있으니 만일 사람이 비록 寶性을 생각하나 方便으로써 갖가지로 磨治하지 않으면 마침내 깨끗함을 얻을 수 없는 것과 같아서 이와같은 衆生의 眞如의 法도 體性이 空淨하나 無量한 煩惱의 染垢가 있으니 만일 사람이 비록 眞如를 생각하나 方便으로써 갖가지 熏修하지 않으면 또한 깨끗함을 얻을 수 없으며 垢가 無量하여 一切法에 두루함을 쓴 故로 一切 善行을 닦아서 써 對治하니 만일 사람이 一切 善法을 修行하면 自然히 眞如法에 歸順하는 연고니라.[91]

---

90) 上엔 能發의 因緣을 밝힘이요 이엔 所發의 心을 牒問함이요 略說下는 所發의 心을 答釋함이다. 直心이라 말한 것은 不偏을 말한 것이다. 밝힘이다. 復次下는 所發의 치우침을 말한 것이다. 眞如를 正念하여 空有·生死涅槃의 모든 對待相에 치우치지 않음을 말한 연고니 이는 곧 二行의 本이다. 만일 이 本을 達하면 修無所修하고 度無所度니 이것이 法界의 行과 無漏의 因이 된다. 故로 三心에 直心을 먼저 밝힌 것이다. 深心이라 말한 것은 希欲이 不廣하면 淺이요 深이 아니니니 써 一切 諸善行을 修習하기 좋아하는 故로 이름이 深心이 됨을 말한 것이다. 또 써 所修가 一一이 性에 稱合하여 能所相을 여읠 새 또한 深心이라 名함이니 이는 곧 自利行의 本이다. 大悲心이라 말한 것은 度心이 不普하면 이 小요 大가 아니니니 써 一切衆生의 苦를 救해서 뽑아내고자 하는 故로 이름이 大悲가 됨을 말한 것이다. 또 悲心으로써 化하되 化하는 바가 없어서 性에 稱合해 攀緣이 없을 새 또한 大悲라 名함이니 이는 곧 利他行의 本이다. 이를 알라. 信成就人이 如來種에 住하여 正定聚에 入할 새 故로 能히 이 三種心을 發하는 것이다. ○妙行이 비록 넓으나 三行으로 統收하니 이것이 곧 이 三聚戒인 연고며 三德과 三身이 모두 이를 由해 이루는 연고다. 또한 곧 이것이 저 三回向인 연고니 初向은 實際요 次向은 菩提요 後向은 衆生을 말함이다. 解釋해 이르되 回小向大와 廻因向果와 回自向他를 말한 것이니 모두 應當 相配해 풀이할지니라.

略說하건대 方便이 四種이 있으니 어떤 것이 四가 되는고? 一은 根本을 行하는 方便이니 一切法이 自性이 無生이라 妄見을 여읜 줄 觀察하여 生死에 住하지 않으며 一切法이 因緣으로 和合한지라 業果를 잃지 않는 줄 觀察해서 大悲를 일으켜 모든 福德을 닦아서 衆生을 거두어 보살펴 敎化하고 涅槃에 住하지 않아서 써 法性의 無住에 隨順함을 말한 연고요92)

二는 能止의 方便이니 慚愧하고 잘못을 뉘우쳐 能히 一切 惡法을 그쳐서 하여금 增長하지 않게 하여 써 法性의 諸過를 여읨에 隨順하는 연고요, 三은 善根을 發起해 增長하는 方便이니 부지런히 三寶께 供

91) 問答을 設하여 써 理致는 一이로되 惑이 다르니 모름지기 衆善을 닦아야 함을 밝힌 것이다. 물어 이르되 上에 體相이 이미 다 無異라 說했을진대 오직 直心으로써 眞如를 正念함이 足하거늘 어찌 廣修諸行을 假藉하랴. 이는 理致가 一이라면 어찌 衆善을 須求하랴 하는 물음이다. 答曰下는 惑이 다르니 모름지기 衆善을 닦아야 한다고 함을 밝힌 答이다. 先은 譬喩로써 밝힘이요 다음은 法으로써 나타냄이니 寶가 비록 깨끗하나 垢染이거늘 만일 寶만 생각하고 方便으로써 磨治하지 않으면 마침내 깨끗함을 얻을 수 없으니 써 性이 비록 깨끗하나 惑染이거늘 오직 性만 생각하고 方便으로써 熏修하지 않으면 또한 깨끗함을 얻을 수 없음에 比況함을 말한 것이다. 대개 써 垢가 一切에 두루 할 새 모름지기 衆善을 닦아 써 對治함이니 慳은 施로써 治하고 乱은 定으로써 治하는 等과 같다. 諸善을 能修하여 諸垢를 對破하면 自然히 眞如에 歸順함이니 寶가 垢穢를 여읨에 寶體가 得顯함과 같은 것이다.

92) 此는 直心을 依支하여 無住를 닦는 方便이다. 行根本方便이라 말한 것은 法이 無生이라 妄見을 여읨을 觀察하여 大智를 依支한 故로 煩惱를 能斷하고 三界에 超出하여 不住하니 이는 自利行이요 法이 緣으로 合한지라 業果不失함을 觀察하여 大悲를 依支한 故로 모든 福德을 닦아서 衆生을 攝化하고 涅槃에 住하지 않으니 이는 利他行이다. 正히 空을 觀察할 때에 萬行이 沸騰하고 正히 有에 涉할 때에 一道가 清淨함이니 이는 悲智雙運하고 二利齊修하여 늘 生死에 居하되 늘 涅槃에 處하는지라 하나도 住하는 바가 없을 새 故로 無住라 名함이요 二行의 根本이 될 새 故로 이르되 行根本方便이라 함을 말한 것이다. 以隨下는 性이 本來 無住거늘 法性을 隨順하여 無住行을 닦음을 由한 故로 이르되 써 法性의 無住를 隨順한다고 말한 것이다.

養禮拜하고 贊歎隨喜하고 諸佛께 勸請하여 三寶를 愛敬하는 淳厚心을 쓴 故로 信이 增長함을 얻어서 이에 能히 無上의 道를 志求하며 또 佛法僧力의 護念하는 바를 因한 故로 能히 業障을 녹이고 善根이 不退하여 써 法性의 痴障을 여읨에 隨順함을 말한 연고요,93)

四는 大願平等方便이니 所謂 發願하여 未來가 다하도록 一切衆生을 化度해서 하여금 남음이 없게 하여 다 하여금 無餘涅槃을 究竟하게 해서 써 法性이 斷絶함이 없음을 隨順하는 연고니 法性이 廣大하여 一切衆生에 두루해서 平等해 二가 없는지라 彼此를 생각하지 아니하여 究竟에 寂滅한 연고니라.94)

---

93) 此는 深心을 依支하여 止作을 닦는 方便이다. 能止方便이라 말한 것은 未作의 惡을 慚愧로 能止하고 已作의 惡을 悔過로 不增할 새 故로 이르되 慚愧 悔過하여 一切 惡法을 能止해서 하여금 增長하지 않게 함을 말한 것이다. 以隨下는 性本離過인 故로 法性을 隨順해서 方便을 修行하여 諸過를 遠離함을 말한 것이다. 三者下는 未作의 善을 그로 하여금 發起하게 하고 已作의 善을 하여금 增長하게 할 새 故로 이르되 發起善根增長力便이라 함을 말한 것이다. 何等善根인고? 부지런히 三寶께 供養禮拜하는 等을 말함이다. 愛敬하는 淳厚心을 쓴 故로 믿음이 增長함을 얻으니 故로 能히 無上의 道를 志求하여 오직 增信 志道할 뿐아니라 또 三寶의 力護를 因하여 業障을 녹이고 善根이 不退함을 얻는 것이다. 以隨下는 性本離障인 故로 法性을 隨順해서 方便을 修行하여 痴障을 遠離함을 말한 것이니 곧 이 禮拜로 我慢障을 여의고 贊歎으로 謗毁障을 여의고 隨喜로 嫉妬障을 여의는 等이다. ○勤斷은 二惡止持門이니 攝律儀戒는 止惡이 爲持요 作惡이 爲犯이다. 勤修는 二善作持門이니 攝善法戒는 作善이 爲持요 止善이 爲犯이다. 愛敬은 四句니 一은 愛而非敬은 如母於子 等이요 二는 敬而非愛는 如僕於主 等이요 三은 亦敬亦愛는 如修行人於三寶 等이요 四는 非敬非愛는 如冤家 等인 것이다.

94) 此는 悲心을 依支하여 大願方便을 닦음이다. 大願平等方便이라 말한 것은 發願이 未來가 다하도록 一切衆生을 化度하여 하여금 남음이 없게 함을 말한 것이니 이는 곧 大願方便이며 또한 곧 오랜 時間동안 廣大心이다. 皆令究竟無餘涅槃은 곧 平等方便이며 또한 곧 第一心이다. 以隨下는 法性이 本來 斷絶함이 없는지라 法性을 隨順함을 쓴 故로 發願이 未來가 다하도록 衆生을 化度하여 斷絶하지 않음이니 이는 곧 長時心이요 法性이 廣大하여 一切에 두루한지라 法性을 隨順함을 쓴 故로 發願이 一切를 化度하여 하여금 남음이 없게 함이니 이는 곧 廣大心이요 法性이 平等無二하여 彼此가 없

△第二는 顯發心之相이라 於中에 有二하니 一者는 直明이요 二者는 往復除疑니라 初中에 言直心者는 是不曲義니 若念眞如하면 則心平等하야 更無別岐어니 何有廻曲이리오 故로 言正念眞如法故로 卽是二行之根本也니라 言深心者는 是窮原義니 若一善이 不備하면 無由歸原이라 歸原之成에 必具萬行일새 故로 言樂集一切諸善行故니 卽是自利行之本也니라 大悲心者는 是普濟義라 故로 言欲拔衆生苦故니 卽利他行之本也니라 發此三心에 無惡不離며 無善不修며 無一衆生도 所不度者니 是名無上菩提心也니라 問曰以下는 往復除疑니 門意는 可見이라 答中에 有二하니 直答이요 重顯이니라 初直答中엔 有喩有合이요 略說以下는 重顯이니 可知로다

△第二는 發心의 相을 나타냄이라 그 中에 二가 있으니 一은 直明

어서 究竟寂滅한지라 法性을 隨順함을 쓴 故로 發願이 一切를 化度하여 다 하여금 無餘涅槃을 究竟하게 함이니 이는 곧 第一心이다. 法性이 이와 같음을 쓴 故로 發願度生의 心도 法性을 隨順하여 또한 이와 같음을 말한 것이다.

이요 二는 往復으로 疑를 除外함이니라. 初中에 直心이라 말한 것은 이 不曲의 義니 만일 眞如를 생각하면 곧 마음이 平等하여 다시 別다른 갈림길이 없거니 어찌 廻曲함이 있으리오. 故로 正念眞如法故라 말함이니 곧 이 二行의 根本이니라. 深心이라 말한 것은 이 窮原의 義니 만일 一善이 不備하면 根原에 돌아갈 수 없는지라 根原에 돌아감이 成就됨에 반드시 萬行을 갖출 새 故로 樂集一切諸善行故라 말함이니 곧 이 自利行의 根本이니라. 大悲心이란 것은 이 普濟의 義라 故로 欲拔衆生苦故라 말함이니 곧 利他行의 根本이니라. 이 三心을 發함에 惡마다 여의지 않음이 없으며 善마다 닦지 않음이 없으며 한 衆生도 濟度하지 않을 바가 없는 것이니 이것을 無上菩提心이라 名하느니라. 問曰以下는 往復으로 疑를 除外함이니 門意는 可히 볼지라. 答中에 二가 있으니 直答이요 重顯이니라. 初 直答中엔 譬喩도 있으며 合도 있고 略說以下는 重顯이니 可히 알지로다.

○菩薩이 發是心故로 則得少分見於法身하며 以見法身故로 隨其願力하야 能現八種하야 利益衆生하나니 所謂從兜率天退하야 入胎하며 住胎하며 出胎하며 出家하며 成道하며 轉法輪하며 入於涅槃이라 然是菩薩을 未名法身은 以其過去無量世來로 有漏之業을 未能決斷하고 隨其所生하야 與微苦相應이어니와 亦非業繫니 以有大

願自在力故니라 如脩多羅中에 或說有退墮惡趣者는 非其實退라 但爲初學菩薩이 未入正位而懈怠者로 恐怖하야 令彼勇猛故니라 又是菩薩이 一發心後에 遠離怯弱하야 畢竟不畏墮二乘地하며 若聞無量無邊阿僧祇劫을 勤苦難行하야사 乃得涅槃이라도 亦不怯弱하나니 以信知一切法이 從本己來로 自涅槃故니라

○菩薩이 이 마음을 發한 고로 곧 小分 法身을 봄을 얻으며 써 法身을 본 故로 그 願力을 따라서 能히 八種을 나타내어 衆生을 利益하게 하니 所謂 兜率天으로 좇아 물러나서 入胎하며 住胎하며 出胎하며 出家하며 成道하며 轉法輪하며 涅槃에 入함이라 그러나 이 菩薩을 法身이라 이름하지 못함은 過去 無量世來로 有漏의 業을 能히 決斷하지 못하고 生하는 바에 따라서 微苦와 더불어 相應함으로 써 함이거니와 또한 業의 繫縛도 아니니 大願自在의 힘이 있음을 쓴 연고니라.95) 저 脩多羅中에 或 惡趣에 退墮함이 있다 說한 것은 實로 물

95) 菩薩示生의 脩短自在를 밝힘이다. 菩薩發是下는 上의 發願을 呈하고 下의 示生을 일으킴이니 菩薩이 法性을 隨順하여 大願을 發하고 남에 小分 法身을 봄을 얻는다는 것은 써 衆生과 더불어 自己가 眞如平等하여 別異가 없는 줄 아는 까닭임을 말한 것이다. 法身을 봄을 由한 故로 그 願力을 따라서 能히 天으로 좇아 入胎하는 等 八種의 相을 보여서 衆生을 利益하게 하는 것이다. 그러나 이는 初住菩薩인 故로 法身이라 名하지 못한다. 以其下는 未名法身의 까닭을 解釋함이니 대개 初住의 留惑潤生은 곧 그 곧 過去의 業을 일찍이 決斷하지 못하고 示生함에 따라서 오히려 變易의 微苦와 더불어 相應할 새 故로 法身이 아니다. 그러나 衆生의 業繫麁苦는 아니다. 以有下는 非業繫의 까닭을 解釋함이니 대개 菩薩이 願을 따라 示生함에 길고 짧음이 自在하여 衆生

러남이 아니라 다만 初學菩薩이 正位에 들지 못하고 懈怠한 자가 恐怖하여 저로 하여금 勇猛하게 하기 爲한 연고니라. 또 이 菩薩이 한 번 發心한 後에 怯弱을 遠離하여 畢竟 二乘地에 떨어짐을 두려워하지 않으며 만일 無量無邊한 阿僧祇劫을 勤苦히 어렵게 行하여야 이에 涅槃을 얻는다고 함을 듣더라도 또한 怯弱하지 않으니 一切法이 根本을 좇아 己來로 스스로 涅槃임을 믿어 아는 연고니라.96)

△第三은 顯其發心功德이라 於中에 有四하니 初는 顯勝德이요 次는 明微過요 三은 通權敎요 四는 歎實行이니라 初中에 二句니 則得少分見法身者는 是明自利功德이니 十解菩薩이 依人空門하야 見於法界는 是相似見일새 故로 言少分也니라 隨其願力以下는 顯利他德이니 能現八種하야 利益衆生者는 如華嚴經에 歎十住初發心住云호대 此發心菩薩이 得如來의 一身無量

이 業의 所繫가 되어 自在함을 얻지 못함과는 같지 않은 것이다. 이는 비록 法身菩薩이 아니나 또한 衆生의 業繫도 아니니다.

96) 先은 權說을 引用하고 다음은 實德을 나타냄이다. 대개 發心菩薩이 이미 初住에 入함에 畢竟 不退거늘 契經中에 或 入住에 退墮惡趣함이 있다고 說한 것은 다만 初心懈怠의 사람을 警進해서 저에게 무섭고 두려워하여 大勇猛을 發하게 함이다. 어찌 住位의 後에 實로 退墮하는 바가 있으랴. 또 發心菩薩이 이미 法身을 보아 法의 平等을 了知한즉 一切 障碍가 곧 究竟覺이며 乃至 菩薩 · 外道의 成就한바 法이 모두 이 菩提일 것이니 어찌 怯弱해 二乘의 地에 떨어질까 두려워하랴. 만일 佛道는 長遠한지라 오래 勤苦를 받아야 이에 涅槃을 얻는다고 함을 들을지라도 또한 怯弱하지 않으니 어찌 쓴 연고뇨? 一切가 本來 涅槃인 줄 믿고 앎을 쓴 故로 怯弱하지 않는 것이다.

身하야 悉於一切世間에 示現成佛故라하시니라 然是以下는顯其微過요 如脩多羅以下는 第三會通權敎니라 如本業經에 云七住以前은 爲退分이라 若不值善知識者는 若一劫으로 乃至十劫에 退菩提心이니 如淨目天子와 法才王子와 舍利弗等이 欲入第七住호대 其間에 值惡知識因연고로 退入凡夫不善惡中이라하야 乃至廣說하니라 今釋此意는 但是權語요 非實退也니라 又是菩薩以下는 第四歎其實行이니 永無怯弱은 卽成彼經이 是權이요 非實也니라

△第三은 發心功德을 나타냄이라 그 中에 四가 있으니 初는 勝德을 나타냄이요 다음은 微過를 밝힘이요 三은 權敎를 通함이요 四는 實行을 歎함이니라. 初中에 二句니 則得少分見法身이란 것은 이 自利의 功德을 밝힘이니 十解菩薩이 人空門을 依支하여 法界를 봄은 이 相似見일 새 故로 少分이라 말함이니라. 隨其願力以下는 利他의 德을 나타냄이니 能現八種하여 利益衆生이란 것은 저 華嚴經에 十住初 發心住를 歎해 이르되 이 發心菩薩이 如來의 一身·無量身을 얻어서 다 一切世間에 成佛을 나타내 보이는 연고라 하시니라. 然是 以下는 微過를 나타냄이요 如脩多羅 以下는 第三 權

教를 會通함이니라. 저 本業經에 이르되 七住 以前은 退分이 되는지라 만일 善知識을 만나지 못한 者는 이렇듯 一劫 乃至 十劫에 菩提心을 물러나게 하니 저 淨目天子와 法才王子와 舍利弗 等이 第七住에 들고자 하되 그사이에 惡知識因緣을 만난 故로 凡夫의 不善한 惡中에 들어간다고 하여 乃至 廣說하니라. 이제 이 意는 다만 이 權語요 實退가 아님을 解釋함이니라. 又是菩薩 以下는 第四 그 實行을 歎함이니 永無怯弱은 곧 저 經이 이 權이요 實이 아님을 이룸이니라.

○解行發心者는 當知轉勝이니 以是菩薩이 從初正信已來로 於第一阿僧祇劫이 將欲滿故로 於眞如法中에 深解現前하야 所修離相이니 以知法性이 體無慳貪故로 隨順修行檀波羅蜜하며 以知法性이 無染하야 離五欲過故로 隨順修行尸波羅蜜하며 以知法性이 無苦하야 離瞋惱故로 隨順修行羼提波羅蜜하며 以知法性이 無身心相하야 離懈怠故로 隨順修行毘黎耶波羅蜜하며 以知法性이 常定하야 體無亂故로 隨順修行禪波羅蜜하며 以知法性이 體明하야 離無明故로 隨順修行般若波羅蜜이니라

○解行發心이란 것은 마땅히 알라 轉轉히 특히 뛰어남이니 이 菩薩이 初正信으로 좇아 已來로 第一 阿僧祇劫이 將次 가득 하고자 함을 쓴 故로 眞如法中에 深解가 現前하여 닦는 바가 相을 여의니 써 法性이 體가 慳貪이 없음을 아는 故로 隨順해 檀波羅蜜을 修行하며 써 法性이 染汚가 없어서 五欲過를 여읨을 아는 故로 隨順해 尸波羅密을 修行하며 써 法性이 苦가 없어서 瞋惱를 여읨을 아는 故로 隨順해 羼提波羅蜜을 修行하며 써 法性이 身心相이 없어서 게으름을 여읨을 아는 故로 隨順해 毘黎耶波羅蜜을 修行하며 써 法性이 늘 定하여 體가 어지러움이 없음을 아는 故로 隨順해 禪波羅蜜을 修行하며 써 法性이 體가 밝아서 無明을 여읨을 아는 故로 隨順해 般若波羅蜜을 修行하느니라.

△第二는 解行發心中에 言第一阿僧祇가 將欲滿故로 於眞如法에 深解現前者는 十廻向位에 得平等空일새 故於眞如에 深解現前也니 地前一阿僧祇가 欲滿故也라 是擧解行의 所得發心이니라 次言以知法性이 無慳貪故로 隨順修行檀等行者는 十行位中에 得法空故로 能順法界하야 修六度行이니 是顯發心의 所依解行也니라

△第二는 解行發心中에 제일 阿僧祇가 將欲滿故로 於眞如法에 深解現前이라 말한 것은 十廻向位에 平等空을 얻을 새 故로 眞如에 深

解가 現前함이니 地前의 一阿僧祇가 滿하고자 하는 연고라 이는 解行의 所得한 發心을 擧함이니라. 다음에 以知法性이 無慳貪故로 隨順修行檀等行이라 말한 것은 十行位中에 法空을 얻은 故로 能히 法界를 隨順하여 六度行을 닦음이니 이는 發心의 所依인 解行(眞理를 깨닫고 行함)을 나타냄이니라.97)

△證發心中에 在文有二하니 一者는 通約諸地하야 明證發心이요 二者는 別就十地하야 顯成滿德이니라

△證發心中에 文에 있어 二가 있으니 一은 通히 諸地를 잡아서 證發心을 밝힘이요 二는 別로 十地에 就하여 成滿의 德을 나타냄이니라.

○證發心者는 從淨心地로 乃至菩薩究竟地히 證何境界오 所謂眞如니 以依轉識하야 說爲境界나 而此證者는 無有境界요 唯眞如智일새 名爲法身이니라 是菩薩

97) 此는 解行發心을 밝힘이다. 初二句는 名을 牒해 勝을 나타냄이니 前엔 信滿入住요 이엔 行滿入向을 말함이다. 故로 알라 轉勝한 것이다. 以是下는 解行轉勝의 所以를 解釋함이니 써 菩薩이 初正信으로 좇아 十廻向位에 이름에 位가 初地와 가까워서 곧 第一 無數劫이 將次 滿하고자 하는 연고니 이는 前 一萬劫보다 勝함이요 初住로 좇아 法性을 隨順하여 四種方便을 修習함을 由한 연고라 故로 眞如法中에 深解現前함을 얻으니 이는 前의 業果報를 믿는것보다 勝함이요 深解現前을 由하여 所修의 諸度가 一一이 相을 여읜지라 故로 이르되 所修離相이라 한 것이니 이는 前의 十善을 修行하는 것보다 勝함을 말한 것이다. 이 二句는 이 解行을 總明함이요, 以知下는 그 相을 別示함이니 知法性이 體無慳貪 等이란 것은 解釋이요 隨順修行檀波羅蜜 等이란 것은 行임을 말한 것이다. 대개 써 性은 모든 染을 여읜지라 性을 좇아 닦음에 能所相을 여읠새 故로 一一行이 모두 彼岸에 到達함이니 이름이 解行發心이 되는 것이다. 말한바 發心이란 것은 前엔 信滿入住하여 直 等 三心을 發함이요 이엔 十住를 由해 써 回向에 이르러 解行心을 發함이요 下엔 初地를 由해서 十地에 이르러 眞等 三心을 發함이다.

이 於一念頃에 能至十方無餘世界하야 供養諸佛하야 請轉法輪호대 唯爲開導利益衆生이요 不依文字며 或示超地하야 速成正覺하나니 以爲怯弱衆生故요 或說我於無量阿僧祇劫에 當成佛道라하나니 以爲懈慢衆生故라 能示如是無數方便하야 不可思議호대 而實菩薩은 種性根이 等하며 發心이 則等하며 所證이 亦等하야 無有超過之法이니 以一切菩薩이 皆經三阿僧祇劫故라 但隨衆生의 世界不同과 所見所聞의 根欲性異일새 故示所行도 亦有差別이니라 又是菩薩의 發心相者가 有三種心微細之相하니 云何爲三고 一者는 眞心이니 無分別故요 二者는 方便心이니 自然徧行하야 利益衆生故요 三者는 業識心이니 微細起滅故니라

○證發心이란 것은 淨心地로 좇아 이에 菩薩의 究竟地에 이르기까지 무슨 境界를 證明하는고? 所謂 眞如니 써 轉識을 依支하여 境界가 된다고 說하나 이 證明한 者는 境界가 없고 오직 眞如智일 새 이름이 法身이 되느니라.98)

---

98) 此는 證發心을 밝힘이니 證發心 下는 依位所證의 理致를 牒釋함이다. 或이 이르되

이 菩薩이 一念동안에 能히 十方 無餘世界에 이르러서 諸佛께 供養하여 法輪을 굴림을 請하되 오직 衆生을 開導利益하게 하기 爲한 것이요 文字를 依支하지 않으며 或은 地에 超하여 速히 正覺을 이룸을 보이니 써 怯弱衆生을 爲한 연고요 或은 내가 無量阿僧祇劫에 마땅히 佛道를 이룬다 說하니 懈慢衆生을 爲한 연고라 能히 이처럼 無數方便을 보여서 可히 思議하지 못하되 實로 菩薩은 種性根이 같으며 發心이 곧 같으며 所證도 또한 같아서 超過의 法이 없으니 써 一切 菩薩이 모두 三阿僧祇劫을 지낸 연고라 다만 衆生의 世界不同과 所見·所聞의 根欲性이 다름을 따를 새 故로 所行을 보임도 또한 差別이 있느니라.[99]

眞如는 無相이거늘 何義를 依支한 故로 境界가 된다고 說하느냐? 써 轉識을 依支하여 境界가 된다고 說하나 正證한 者는 오직 眞如智일 새 이름이 法身이 되니 境界가 없는 것이다. 依轉識 說爲境界라 말한 것은 正證할 때엔 오직 眞如智가 홀로 있어 能所分別의 相이 없거니와 만일 後得智라면 能見心으로써 所證을 反緣하니 이 能緣心이 있음을 쓴 故로 문득 眞如의 影像이 情에 當함이 있어서 所緣의 境界가 된다. 像은 비록 不實하나 또한 眞如와 같으니 다만 이 義를 依據하여 後得智 中에 轉識을 依해 境界라 名한다고 說함을 말한 것이다. 마치 사람이 물을 마심과 같아서 正히 마실 땐 能히 차갑고 따뜻함을 說하지 못하고 물을 마신 後에야 바야흐로 說하게 되니 說 할 때에 비록 水體를 얻지 못하나 그 所說의 水가 또한 마시는 바의 물과 같으니 곧 所謂 變相觀空은 오직 後得이란 것이다.

99) 法身菩薩權實의 德을 밝힘이다. 是菩薩下는 爲衆請法德을 밝힘이니 菩薩이 一念頃에 能히 帝網刹 中에 두루하여 充滿無餘해서 供佛請法하되 그 請法의 意는 오직 衆生을 開導利益하게 하기 爲함이요 美妙한 言辭를 聽受함을 求함이 아님을 말한 것이다. 或示下는 延促無碍의 德을 밝힘이니 菩薩이 或 延中에 促을 보임은 써 怯弱欲退衆生을 爲한 것이요 或 促中에 延을 보임은 써 懈滿不進衆生을 爲한 것임을 말함이다. 오직 다만 延促方便을 보일 뿐 아니라 權智가 廣大함을 쓴 故로 能히 이와 같은 無數方便을 보여서 不可思議한 것이다. 대대 써 隨機의 方便이 意趣가 알기 어려우니 써 思量分別로 能히 알 바가 아닐 새 故로 不可思議한 것이다. 그러나 權示가 비록 無數差別이 있으나 實은 因行所證과 더불어 時劫이 모두 同等하여 超過의 法이 없는 것이다.

또 이 菩薩의 發心相者가 三種心의 微細한 相이 있으니 어떤 것이 三이 되는고? 一은 眞心이니 分別이 없는 연고요 二는 方便心이니 自然히 徧行하여 衆生을 利益하게 하는 연고요 三은 業識心이니 微細히 起滅하는 연고니라.100)

△初中에 有四하니 一은 標位地요 二는 明證義요 是菩薩以下는 第三歎德이요 發心相以下는 第四顯相이니라 第二中에 言以依轉識하야 爲說境界者는 轉識之相이 是能見用이니 對此能見하야 說爲境界라 以此諸地의 所起證智는 要依轉識하야 而證眞如일새 故對所依하야 假說境界요 直就證智에 卽無能所일새 故言證者는 無境界也니라 第四中에 言眞心者는 謂無分別智요 方便心者는 是後得智요 業識心者는 二智所依

어찌 써 超過의 法이 없느냐? 一切菩薩이 모두 三阿僧祇劫을 지낸 연고다. 或이 이르되 一切菩薩이 이미 다 三無數劫을 지냈다면 무슨 까닭으로 所行이 또한 差別이 있느냐? 但隨下는 解釋이다. 이를 알라. 實을 依據하면 다름이 없거니와 權示로는 無量差別이 있는 것이다.

100) 先은 發心의 三相을 밝힘이요 다음은 究竟의 德用을 밝힘이다. 微細之相이라 말한 것은 이 三相이 下位의 能히 알것이 아닌 故로 微細라 云함을 말함이니 곧 所謂 難知의 微細인 것이다. 一者下는 眞無分別智가 能히 眞如를 證明함을 말함이니 곧 自利의 德이다. 二者下는 方便有分別智가 能히 觀根逗敎하여 稱機與益함을 말함이니 곧 利他의 德이다. 비록 能히 悲智雙運하고 二利齊修하나 이미 業識이 未亡하여 오히려 微細한 生滅이 있는 故로 이르되 業識心微細起滅이라 한 것이다.

阿梨耶識이니 **就實而言**컨대 **亦有轉識**과 **及與現識**이로대 **但今略擧根本細相**이니라 **然此業識**은 **非發心德**이요 **但爲欲顯二智起時**에 **有是微細起滅之累**가 **不同佛地純淨之德**일새 **所以**로 **合說爲發心相耳**니라

△初中에 四가 있으니 一은 位地를 標함이요 二는 證義를 밝힘이요 是菩薩 以下는 第三 歎德이요 發心相 以下는 第四 顯相이니라. 第二中에 以依轉識하여 說爲境界라 말한 것은 轉識의 相이 이 能見의 用이니 이 能見을 對하여 境界가 된다 說한지라 써 이 諸地의 所起인 證智는 종요로이 轉識을 依支하여 眞如를 證明할 새 故로 所依를 對하여 境界라 假說한 것이요 바로 證智에 就함에 곧 能所가 없을 새 故로 證者는 境界가 없다고 말한 것이니라. 第四中에 眞心이라 말한 것은 無分別智를 말함이요 方便心이란 것은 後得智요 業識心이란 것은 二智의 所依인 阿梨耶識이니 實에 就해 말하건대 또한 轉識과 더불어 現識이 있되 다만 이젠 根本細相을 略擧함이니라. 그러나 이 業識은 發心의 德이 아니요, 다만 二智가 일어날 때 微細하게 起滅하는 累가 佛地의 純淨한 德과 不同함을 나타내고자 하기 爲할 새 所以로 合說해 發心의 相으로 삼은 것이니라.

△以下는 **第二別顯成滿功德**이라 **於中**에 **有二**하니 **一者**는 **直顯勝德**이요 **二者**는 **往復除疑**니라

△以下는 第二에 成滿功德을 別顯함이요 그 中에 二가 있으니 一은

勝德을 直顯함이요 二는 往復으로 疑를 除外함이니라.

○又此菩薩이 功德成滿하야 於色究竟處에 示一切世間最高大身하나니 謂以一念相應慧로 無明頓盡을 名一切種智니 自然而有不思議業하야 能現十方하야 利益衆生이니라

○또 이 菩薩이 功德成滿하여 色究竟處에 一切世間의 最高大身을 보이니 一念相應慧로써 無明이 頓盡함을 一切種智라 名함이니 自然히 不思議業이 있어서 能히 十方에 示現하여 衆生에게 利益하게 함을 말함이니라.101)

△初中에 言功德成滿者는 謂第十地에 因行成滿也니라 色究竟處에 示高大身으로 乃至名一切種智等者는 若依十王의 果報別門인댄 十地菩薩이 第四禪王이니 在於色究竟天하야 成道라 則是報佛의 他受用身이니 如十地經攝報果中云에 九地菩薩이 作大

101) 又是下는 菩薩의 寄位斷惑과 證智起用을 밝힘이니 十地菩薩이 悲智功圓한 故로 色究竟處에 世間最高大身을 示現하고 究竟 始覺智로써 最後無明을 끊어 一切種智를 이룸을 말한 것이다. 種智가 圓滿함을 쓴 故로 自然히 不思議用을 일으켜 十方에 周徧해서 衆生을 利益하게 하니 대개 써 第十地菩薩의 寄位升進이 正히 이 天에 當한지라 故로 是中에 高大身을 나타내어 等正覺을 이루는 것이다.

梵王하야 主二千世界하고 十地菩薩이 作魔醯首羅天王하야 主三千世界라하며 楞伽經에 言譬如阿梨耶識이 頓分別自心現身器世界等인듯하야 報佛如來도 亦復如是하야 一時成就諸衆生界하야 置究竟天淨妙宮殿의 修行清淨之處라하며 又下頌에 言欲界及無色이여 佛不彼成佛이요 色界中上天과 離欲中得道라하시니라

△初中에 功德成滿이라 말한 것은 第十地에 因行成滿을 말함이니라. 色究竟處에 示高大身으로 乃至 名一切種智 等이란 것은 만일 十王의 果報別門을 依支할진대 十地菩薩이 第四禪王이니 色究竟天에 있어서 成道하는지라 곧 이 報佛의 他受用身이니 저 十地經 攝報果中에 이르되 究地菩薩이 大梵王이 되어서 三千世界에 主하고 十地菩薩이 摩醯首羅天王이 되어서 三千世界에 主한다 하며 楞伽經에 말하되 譬喩하건대 阿梨耶識이 自心·現身·器世界 等을 分別함과 같아서 報佛如來도 또한 다시 이와 같아서 一時에 모든 衆生界를 成就하여 究竟天 淨妙宮殿의 修行清淨한 곳에 둔다고 하며 또 下頌에 말하되 欲界와 無色이여 佛이 저에 成佛하지 않고 色界中上天과 離欲中에서 得道한다 하시니라.

別記 今釋此經意云若論實受用身之義인댄 偏於法

界하야 無處不在어늘 而言唯在彼天之身이 而成佛者는 爲菩薩所現色相化受用身은 非實報身이니 唯在彼天하야 爲顯此義일새 故言界也니라(別記는 止此라)

別記이제 이 經의 뜻을 解釋해 이르되 만일 實受用身의 義를 論할진대 法界에 두루하여 곳마다 있지 않음이 없거늘 오직 彼天에 있는 몸이 成佛한다고 말한 것은 菩薩이 所現色相인 化受用身은 實報의 몸이 아님이 되니 오직 彼天에 있어서 이 義를 나타내기 爲할 새 故로 界라 말함이니라.(別記는 此에 멈춤이다.)

△梵網經에 云爾時에 釋迦牟尼佛이 在第四禪摩醯首羅天王宮하사 與無量大梵天王과 不可說不可說菩薩衆으로 說蓮華藏世界盧舍那佛의 所說心地法門品하시고 是時에 釋迦가 身放慧光하사 從此天王宮으로 乃至蓮華臺藏世界하시니라 是時에 釋迦牟尼佛이 卽擎接此世界大衆하고 至蓮華臺藏世界百萬億紫金光明宮中하신대 盧舍那佛이 坐百萬蓮華赫赫光明座上이어시늘 時에 釋迦佛과 及諸人衆이 一時禮敬盧舍那佛하신대 爾時에 盧舍那佛이 卽大歡喜하

사 是諸佛子야 諦聽하야 善思修行이어다 我己百萬阿僧祇劫에 修行心地하야 以之爲因일새 初捨凡夫하고 成等正覺하야 爲盧舍那하야 住蓮華藏世界海하니 其臺周徧에 有千葉하야 一葉이 一世界라 爲千世界어든 我化作爲千釋迦하야 據千世界하고 復就千葉世界하야 復有百億四天下와 百億菩薩釋迦가 坐百億菩提樹下어든 如是千葉上佛은是吾化身이요 千百億釋迦는 是千釋迦의 化身이라 吾爲本源일새 名爲盧舍那라하며 偈에 言我今盧舍那는 方坐蓮華臺라하며 乃至廣說하시니 此等諸文은 準釋可知니라

△梵網經에 이르되 그때에 釋迦牟尼佛이 第四禪인 魔醯首羅天王宮에 계시어 無量한 大梵天王과 不可說不可說인 菩薩衆과 더불어 蓮華藏世界 盧舍那佛의 說하신바 心地法門品을 說하시고 是時에 釋迦가 몸소 慧光을 놓아서 이 天王宮으로 좇아 이에 蓮華臺藏世界에 이르시니라. 是時에 釋迦牟尼佛이 곧 이 世界의 大衆을 받들어 接하고 蓮華臺藏世界 百萬億 紫金光明宮中에 이르러시니 盧舍那佛이 百萬蓮華 赫赫光明 座上에 앉으셨거늘 時에 釋迦佛과 모든 人衆이 一時에 盧舍那佛께 禮敬하시니 그때 盧舍那佛이 곧 크게 歡喜하여

서 이 모든 佛子야 仔細히 들어서 잘 생각해 修行할지어다. 나는 이미 百萬阿僧祇劫에 心地를 修行하여 이로써 因을 삼을 새 처음 凡夫를 버리고 等正覺을 이루어 盧舍那가 되어서 蓮華藏世界海에 住하니 그 臺의 周徧에 千葉이 있어서 一葉이 一世界라 千世界가 되거든 내가 化作해 千釋迦가 되어서 千世界에 依據하고 또 千葉世界에 나아가서 다시 百億四天下와 百億菩薩釋迦가 있어 百億菩提樹下에 앉았거든 이와 같은 千葉上의 佛은 이 나의 化身이요 千百億釋迦는 이 千釋迦의 化身이라 내가 本源이 될 새 이름해 盧舍那라고 하며 偈에 이르되 나 이제 盧舍那는 바야흐로 蓮華臺에 앉았다 하여 乃至 廣說하시니 此等 모든 文은 準釋하면 可히 알지니라.

○問曰虛空이 無邊故로 世界無邊하고 世界無邊故로 衆生이無邊하고衆生이 無邊故로 心行差別도 亦復無邊이라 如是境界가 不可分齊하야 難知難解니 若無明이 斷인댄 無有心想이어늘 云何能了완대 名一切種智니잇고 答曰一切妄境가 本來一心이라 離於想念이언마는 以衆生이 妄見境界故로 心有分齊하며 以妄起想念하야 不稱法性故로 不能決了어니와 諸佛如來는 離於見想하야 無所不徧하시며 心眞實故로 卽是諸法之性이시니 自體顯照一切妄法하야 有大智用하야 無量方便으로 隨諸

衆生이 所應得解하야 皆能開示種種法義일새 是故得名一切種智니라 又問曰若諸佛이 有自然業하야 能現一切處하야 利益衆生者인댄 一切衆生이 若見其身이어나 若睹神變이어나 若聞其說에 無不得利어늘 云何世間에 多不能見이니잇고 答曰諸佛如來는 法身이 平等하야 徧一切處에 無有作意故로 而說自然이라 但依衆生心現하나니 衆生心者는 猶如於鏡이라 鏡若有垢하면 色像이 不現이니 如是衆生도 心若有垢하면 法身이 不現故니라

○물어 이르되 虛空이 無邊한 故로 世界가 無邊하고 世界가 無邊한 故로 衆生이 無邊하고 衆生이 無邊한 故로 心行의 差別도 또한 다시 無邊한지라 이처럼 境界가 可히 分齊 할 수 없어서 알기 어렵고 풀이하기 어려움이니 만일 無明을 끊을진대 心想이 없거늘 어떻게 能히 了知하관대 一切種智라 이름하나이까? 答해 이르시되 一切境界가 本來 一心이라 想念을 여의었건마는 衆生이 境界를 妄見함을 쓴 故로 마음에 分齊가 있으며 想念을 妄起하여 法性에 稱合하지 못함을 쓴 故로 能히 決了 하지 못하거니와 諸佛如來는 見想을 여의어서 周徧치 않은 바가 없으시며 心이 眞實한 故로 곧 이 諸法의 性이시니 自體가 一切 妄法을 顯照하여 大智의 用이 있어서 無量한 方便으로 모든 衆生이 應當 得解할 바를 따라서 다 能히 種種의 法義를 열어

서 보일 새 이런 故로 一切種智라 名을 얻느니라.102)

또 물어 이르되 만일 모든 佛이 自然한 業이 있어서 能히 一切處에 나타나서 衆生을 利益하게 할진대 一切衆生이 만일 그 몸을 보거나 만일 神變을 보거나 만일 그 說을 들을 제 利益을 얻지 않음이 없을 것이거늘 어찌 世間에 많이 能히 보지 못하나이까? 答해 이르시되 諸佛如來는 法身이 平等해서 一切處에 두루하여 作意가 없는 故로 自然이라 說한지라 다만 衆生心을 依支해 나타나니 衆生心이란 것은 거울과 같은지라 거울이 만일 때가 있으면 色像이 나타나지 않으니 이와 같은 衆生도 마음에 만일 때가 있으면 法身이 나타나지 않는 연고니라.103)

---

102) 問答을 設하여 써 離念에 種智라 名을 얻음을 나타낸 것이다. 問曰下는 虛空·世界·衆生·心行이 各各 無邊하여 分齊가 없어서 비록 心想이 있으나 오히려 知解하기 어려움을 말한 것이다. 만일 無明이 斷이라면 心想이 없거늘 어떻게 能히 了知하관대 一切種智랴 함은 곧 無念에 어찌 種智라 名하랴 하는 물음이다. 答曰下는 離念에 種智라 得名함을 밝힌 答이니 法이 本來 一心이라 想念을 여의었건마는 써 衆生의 動心이 쉬지 아니하여 境界를 妄見할 새 곧 마음에 分齊가 있으며 써 想念을 妄起하여 法性에 稱合하지 못할 새 故로 能히 決了하지 못하거니와 如來는 動心이 이미 쉬어 見相을 여읠 새 곧 心이 두루 하지 않음이 없으며 써 想念이 없어서 心의 眞實을 얻을 새 곧 法性에 稱合하며 性으로써 法을 비춤에 大智의 用이 있어서 自然히 一切 心行을 了知하고 無量方便으로써 모든 衆生이 應當 得解할 바를 따라서 法義를 열어서 보일 새 이런 故로 一切種智라 得名함을 말한 것이다.

103) 問答을 設하여 써 用이 오직 心으로 나타남을 밝힌 것이다. 問이라 만일 諸佛이 自然한 業用이 있어서 一切處에 充徧할진대 聞言睹相에 獲益하지 않음이 없을 것이거늘 어찌 世間에서 많이 보지 못하느냐? 答이라 如來의 法身妙用은 一切에 等徧하여 作意가 없을 새 故로 自然이라 說함이니 다만 衆生心을 依支해 나타나는 것이다. 衆生心下는 法喩를 잡아 나타냄이다. 鏡은 機心을 譬喩하고 像은 業用을 譬喩함이니 거울이 만일 때가 있으면 色像이 나타나지 않음으로 써 衆生이 心에 만일 때가 있으면 用이 곧 나타나지 않음에 比況함을 말한 것이다. 이는 衆生이 法身의 妙用을 보지 못함에 마땅히 心을 責望할지언정 佛을 責望하지 말라는 것이다. 그러나 上文엔 善根이 成熟해 信

△第二는 遣疑니 二番問答이 卽遣二疑니 初答中에 有二하니 先立道理요 次는 擧非요 後는 顯示니라 初中에 言一切境界가 本來一心이라 離於想念者는 是立道理니 謂一切境界가 雖非有邊이나 而非無邊이니 不出一心故라 以非無邊故로 可得盡了요 以非有邊故로 非思量境이니 以之故로 言離想念也니라 第二擧非中에 言以衆生이 妄見境界故로 心有分齊等者는 明有所見故로 有所不見也니라 第三顯是中에 言離於見想하야 無所不徧者는 明無所見故로 無所不見也니라 言心眞實故로 卽是諸法之性者는 佛心은 離想하야 體一心原이니 離妄想故로 名心眞實이요 體一心故로 爲諸法性이니 是則佛心이 爲諸妄法之體요 一切妄法이 皆是佛心之相이라 相現於自體하고 自體照其相이니라 如是了知하면 有何爲難이리오 故로 言自體

滿入住한 機를 爲하여 道에 發趣하는 相을 分別했거니와 自下는 善根이 微少해 修信未滿의 機를 爲하여 修行信心을 重說해서 그가 信滿入住하고 또한 發趣道相을 依支하여 써 正覺에 오르게 한 것이다.

顯照一切妄法이니 是謂無所見故로 無所不見之由也니라 次遣第二疑라 答中에 言鏡若有垢하면 色像이 不現이니 如是衆生도 心若有垢하면 法身이 不現者는 法身은 如本質이요 化身은 似影像이니 今據能現之本質일새 故로 言法身이 不現이니라 如攝大乘顯現甚深中에 言호대 由失故로 尊不現이 如月相於破器라하시니 釋曰諸佛이 於世間에 不顯現호대 而世間에 說諸佛身이 常住어늘 云何不顯現고 譬如於破器中에 水不得住니 水不住故로 於破器中에 實有月不得顯現인듯하야 如是諸衆生이 無奢摩他의 輭滑相續하고 但有過失相續일새 於彼에 實有諸佛이 亦不顯現이니 水譬奢摩他의 輭滑性故라 此二論文은 同說佛現과 及不現義니라 然其所喩가 少有不同하니 今此論中에 以鏡爲喩有垢不現者는 約機而說이니 見佛機熟을 說爲無垢요 有障未熟을 名爲無垢라 非謂煩惱現行을 便

名有垢不見이니 如善星比丘와 及調達等이 煩惱心中에 能見佛故니라 攝大乘中에 破器爲喩하야 明有奢摩他하야사 乃得見佛者는 是明過去에 修習念佛三昧相續하야사 乃於今世에 得見佛身이요 非謂今世에 要於定心이라야 乃能見佛이니 以散亂心으로 亦見佛故라 如彌勒所問經論中言하니라 又經에 說諸禪이 爲行處라 是故로 得禪者를 名爲善行諸行이어니와 此論中엔 不必須禪코 乃初發心이니 所以者가 何오 佛이 在世時에 無量衆生이 皆亦發心이라 不必有禪故니라

△第二는 遣疑니 二番問答이 곧 二疑를 보냄이니라. 初答中에 三이 있으니 先은 道理를 세움이요 다음은 非를 擧함이요 後는 是를 나타냄이니라. 初中에 一切境界가 本來 一心이라 離於想念이라 말한 것은 이 道理를 세움이니 一切境界가 비록 有邊이 아니나 無邊도 아님을 말함이니 一心에서 벗어나지 않는 연고라. 써 無邊이 아닌 故로 可히 다 了知하게 되고 有邊이 아닌 故로 思量境이 아니니 이를 쓴 故로 想念을 여의었다고 말한 것이니라. 第二 擧非中에 以衆生이 妄見境界故로 心有分齊 等이라 말한 것은 所見이 있는 故로 보지 못하는 바가 있음을 밝힘이니라. 第三 顯是中에 見想을 여의

어서 無所不徧이라 말한 것은 所見이 없는 故로 보지 못할 바가 없음을 밝힘이니라. 心眞實故로 卽是 諸法之性이라 말한 것은 佛心은 想을 여의어 體가 一心原이니 妄想을 여읜 故로 心眞實이라 名함이요 體가 一心인 故로 諸法이 性이 되니 이는 佛心이 모든 妄法의 體가 되고 一切妄法이 모두 이 佛心의 相이라 相이 自體에 나타나고 自體가 그 相을 비춤이니라. 이처럼 了知하면 무엇이 어려움이 될 것이 있으리오. 故로 自體가 一切妄法을 顯照한다 말함이니 이는 所見이 없는 故로 보지 못하는 바가 없는 因由를 말함이니라. 다음은 第二疑를 보냄이라 答中에 鏡若有垢하면 色像이 不現이니 如是衆生도 心若有垢하면 法身이 不現이라 말한 것은 法身은 本質과 같고 化身은 影像과 같으니 今엔 能現의 本質을 依據할 새 故로 法身이 不現이라 말함이니라. 저 攝大乘 顯現甚深中에 말하되 實을 由한 故로 尊이 나타나지 않음이 月相이 깨어진 그릇에 있는 것과 같다 하시니 解釋해 이르되 諸佛이 世間에 明白하게 나타나지 않되 世間에 諸佛身이 常住한다고 說하거늘 어찌하여 明白하게 나타나지 않는고? 譬喩컨대 破器中에 水가 머무름을 얻지 못하니 水가 머무르지 못하는 故로 깨어진 그릇 안에 實로 月이 明白하게 나타남을 얻지 못함이 있는 것과 같아서 이처럼 모든 衆生이 奢摩他의 輭滑相續이 없고 다만 過失相續만이 있을 새 저에 實로 諸佛이 또한 明白하게 나타나지 못함이 있으니 水는 奢摩他의 輭滑性에 譬喩한 연고라 이 二論文은 佛現과 不現의 義를 함께 說함이니라. 그러나 所喩가 조금 不同함이 있으니 이제 이 論中에 鏡으로써 有垢不現을 譬喩한 것은 機를 잡아 說함이니 見佛의 機熟을 說해 無垢라 하고

有障未熟을 이름해 有垢라 하는지라 煩惱現行을 문득 有垢不見이라 名함을 말한 것이 아니니 저 善星比丘와 調達 等이 煩惱心中에 能히 佛을 본 연고니라. 攝大乘中에 破器로 譬喩하여 奢摩他가 있어야 이에 見佛하게 됨을 밝힌 것은 過去에 念佛三昧를 修習해 相續하여야 이에 今世에 佛身을 보게 됨을 밝힌 것이요 今世에 定心을 要하여야 이에 能히 見佛함을 말함이 아니니 散乱心으로써 또한 佛을 보는 연고라 彌勒所問經論中의 말과 같으니라. 또 經에 說하되 諸禪이 行處가 되는지라 이런 故로 禪을 얻은 者를 諸行을 善行함이 된다 名했거니와 이 論中엔 반드시 禪을 須求하지 않고 이에 初發心함이니 所以가 무엇인고? 佛이 世上에 계실 때에 無量衆生이 모두 또한 發心한지라 반드시 禪에 있지 않은 연고니라.

大乘起信論 疏記會本 卷六

△第四는 修行信心分中에 有三하니 一者는 擧人하야 略標大意요 二者는 就法하야 廣辨行相이요 三者는 示其不退方便이니라

△第四는 信心을 修行하는 分中에 三이 있으니 一은 사람을 擧하여 大意를 略標함이요 二는 法에 就하여 行相을 廣辨함이요 三은 不退의 方便을 보임이니라.

○已說解釋分하니 次說修行信心分하리라 是中에 依未入正定聚衆生일새 故說修行信心이니라

○이미 解釋分을 說했으니 다음엔 修行信心分을 說하리라. 이 中에 正定聚에 入하지 못한 衆生을 依支할 새 故로 信心을 修行함을 說함이니라.104)

△初標大意라 上說發趣道相中에 言依不定聚衆生이어늘 今此中에 言未入正定이라하시니 當知亦是不定聚人이니라 然이나 不定聚內에 有劣有勝하니 勝者는

---

104) 此는 前의 劣機를 依支하여 써 信行을 밝힘이다. 初二句는 結前生後요 是中下는 起說의 緣을 밝힘이니 이 中엔 正히 修信未滿과 發心不定한 機를 爲해 四信과 五行을 說함을 말한 것이다. 故로 이르되 正定聚에 入하지 못한 衆生을 依支하여 信心 修行함을 說했다 한 것이다.

乘進이요 劣者는 可退라 爲彼勝人일새 故說發趣니 所謂信成就發心으로 乃至證發心等은 爲令勝人으로 次第進趣故也요 爲其劣者일새 故說修信이니 所謂四種信心과 五門行等은 爲彼劣人으로 信不退故也니라 若此劣人이 修信成就者는還依發趣分中의 三種發心進取일새 是故로 二分이 所爲가 有異나 而其所趣道理는 無別也니라

△初는 大意를 標함이라 上에 發趣道相을 說한 中에 不定聚衆生을 依支한다고 말했거늘 이제 이 中에 未入正定이라 말씀하시니 마땅히 알라 또한 이 不定聚人이니라. 그러나 不定聚內에 劣함도 있고 勝함도 있으니 勝한 者는 乘進하고 劣한 者는 可히 물러나는지라 저 勝人을 爲할 새 故로 發趣라 說함이니 所謂 信成就發心으로 乃至 證發心 等은 勝人으로 하여금 次第로 進趣하게 한 연고요 그 劣한 者를 爲할 새 故로 修信을 說함이니 所謂 四種信心과 五門行 等은 저 劣人으로 信이 不退케 한 연고니라. 만일 이 劣人이 信成就를 닦는 者는 또한 發趣分中의 三種發心을 依支해 進趣할 새 이런 故로 二分의 所爲가 다름이 있으나 그 所趣의 道理는 다름이 없느니라.

△以下는 第二廣釋이니 初發二問이요 後還兩答이니라

△以下는 第二 廣釋이니 初는 二問을 發함이요 後는 또한 兩答

함이니라.

○何等信心이며 云何修行고 略說信心이 有四種하니 云何爲四오 一者는 信根本이니 所謂樂念眞如法故요 二者는 信佛有無量功德이니 常念親近供養恭敬하야 發起善根하야 願求一切智故요 三者는 信法有大利益이니 常念修行諸波羅蜜故요 四者는 信僧能正修行하야 自利利他니 常樂親近諸菩薩衆하야 求學如實行故니라

○何等의 信心이며 어떻게 修行하는고? 略說하건대 信心이 四種이 있으니 어떤 것이 四가 되는고? 一은 根本을 믿음이니 所謂 眞如法을 樂念하는 연고요 二는 佛이 無量한 功德이 있는 줄 믿음이니 늘 親近하고 供養하고 恭敬함을 생각하여 善根을 發起해서 一切智를 願求하는 연고요 三은 法이 大利益이 있는 줄 믿음이니 늘 모든 波羅蜜을 修行함을 생각하는 연고요 四는 僧이 能히 바르게 修行하여 自利利他하는 줄 믿음이니 늘 즐거이 모든 菩薩衆을 親近하여 如實한 行을 배우기를 求하는 연고니라.105)

---

105) 何等下는 信의 行相을 물음이요 略說下는 四信을 먼저 밝힘이다. 信根本이라 말한 것은 眞如는 이 萬法의 根이며 二行의 本이니 만일 眞如를 信樂正念하면 空有·能所의 一切 모든 對待相에 住하지 않을 새 故로 四信에 먼저 하여금 根本을 믿게 함을 말한 것이다. 二는 하여금 佛이 無量功德이 있는 줄 믿어 마땅히 恒常 供養恭敬함을 樂念해서 一切智를 求하게 함이니 이는 報佛을 믿음이다. 三은 하여금 法이 大利益이

△答信中에 言信根本者는 眞如之法이 諸佛所歸며 衆行之原일새 故로 曰根本也니라 餘文은 可知로다

△信을 答한 中에 信根本이라 말한 것은 眞如의 法이 諸佛의 돌아갈 바며 衆行의 根原일 새 故로 根本이라 말함이니라. 餘文은 可히 알지라.

△答修行中에 在文有三하니 一은 擧數總標요 二는 依數開門이요 三은 依門別解니라

△修行을 答한 中에 文에 있어 三이 있으니 一은 數를 들어 總標함이요 二는 數를 依支해 開門함이요 三은 門을 依支해 別解함이다.

○修行이 有五門하야 能成此信이니

○修行이 五門이 있어서 能히 이 믿음을 이룸이니106)

△初中에 言能成此信者는 有信無行이면 卽信不熟이요不熟之信은 遇緣便退라 故修五行하야 以成四信也니라

있는 줄 믿어 늘 마땅히 諸度 修行함을 樂念케 함이는 이는 敎行二法을 믿음이다. 四는 하여금 僧이 二利를 能行하는 줄 믿어 應當 늘 親近해서 如實行을 求하게 함이니 이는 大菩薩僧을 믿음이다. 이를 알라 四信이 하여금 空信케 함이 아니라 故로 一一이 모두 이르되 樂念 · 求學 · 修行이라 한 것이다.

106) 修行五門하여 能成此信이라 말한 것은 믿고 行하지 않으면 空信이요 믿음만 있고 行이 없으면 믿음도 또한 堅固하지 못함이니 堅固하지 못한 믿음은 緣을 만나면 문득 물러날 새 故로 하여금 五行을 닦아서 써 四信을 이루게 한 것이다.

△初中에 能成此信이라 말한 것은 믿음만 있고 行이 없으면 곧 믿음이 成熟하지 못하고 成熟하지 못한 믿음은 緣을 만남에 문득 退轉하는지라 故로 五行을 닦아서 四信을 이루게 함이니라.

○云何爲五오 一者는 施門이요 二者는 戒門이요 三者는 忍門이요 四者는 進門이요 五者는 止觀門이니라

○어떤 것이 五가 되는고? 一은 施門이요 二는 戒門이요 三은 忍門이요 四는 進門이요 五는 止觀門이니라.

(云何下는 五門을 徵列함이다.)

△第二開門中에 言止觀門者는 六度之中에 定慧合修일새 故合此二하야 爲止觀門也니라

△第二 開門中에 止觀門이라 말한 것은 六度의 中에 定慧를 合修할새 故로 이 二를 합하여 止觀門을 삼은 것이다.

△第三은 別解라 作二分釋이니 前四는 略明이요 後一은 廣說이니라

△第三은 別解라 二分을 지어 解釋할지니 前四는 略明이요 後一은 廣說이니라.

○云何修行施門고 若見一切來求索者어든 所有財物을 隨力施與하야 以自捨慳貪하야 令彼歡喜하며 若見厄難恐怖危逼이어든 隨己堪任하야 施與無畏하며 若

有衆生이 來求法者는 隨己能解하야 方便爲說호대 不應貪求名利恭敬하고 唯念自利利他하야 廻向菩提故니라 云何修行戒門고 所謂不殺不盜不婬하며 不兩舌不惡口不妄言不綺語하며 遠離貪嫉欺詐諂曲瞋恚邪見이니 若出家者인댄 爲折伏煩惱故로 亦應遠離憒鬧하고 常處寂靜하야 修習少欲知足頭陀等行하며 乃至小罪라도 心生怖畏하야 慚愧改悔하야 不得輕於如來所制禁戒하고 當護譏嫌하야 不令衆生으로 妄起過罪故니라 云何修行忍門고 所謂應忍他人之惱하야 心不懷報하며 亦當忍於利衰毁譽稱譏苦樂等法故니라 云何修行進門고 所謂於諸善事에 心不懈退하야 立志堅强하야 遠離怯弱하고 當念過去久遠已來로 虛受一切身心大苦하야 無有利益일새 是故로 應勤修諸功德하야 自利利他하야 遠離衆苦니라 復次若人이 雖修行信心이나 以從先世來로 多有重罪惡業障故로 爲

邪魔諸鬼之所惱亂이어나 或爲世間事務의 種種牽纏이어나 或爲病苦의 所惱하나니 有如是等衆多障礙일새 是故로 應當勇猛精勤하야 晝夜六時에 禮拜諸佛하야 誠心懺悔하며 勸請隨喜하며 迴向菩提호대 常不休廢하야 得免諸障하야 善根增長故니라

○어떤 것이 施門을 修行함인고? 만일 一切가 와서 求索하는 者를 보거든 所有의 財物을 힘을 따라 施與하여 써 스스로 慳貪을 버려서 저로 하여금 歡喜하게 하며 만일 厄難·恐怖·危逼을 보거든 自己의 堪任함을 따라서 無畏를 施與하여 만일 衆生이 와서 法을 求하는 者가 있거든 自己의 能히 앎을 따라서 方便으로 爲해 說하되 應當 名利·恭敬을 貪求하지 말고 오직 自利利他를 생각하여 菩提에 迴向하는 연고니라. 어떤 것이 戒門을 修行함인고? 所謂 죽이지도 않고 도둑질하지 않고 淫蕩하지 않으며 兩舌하지 않고 惡口하지 않고 妄言하지 않고 綺語하지 않으며 貪嫉·欺詐·諂曲·瞋恚·邪見을 遠離함이니 만일 出家한 者일진대 煩惱를 折伏하기 爲한 故로 또한 應當 憒鬧를 遠離하고 늘 寂靜한 곳에 處하여 少欲·知足·頭陀 等 行을 배워 익히며 乃至 小罪라도 마음에 怖畏를 내어서 慚愧하고 改悔하여 시러곰 如來의 所制인 禁戒를 가벼이 여기지 말고 마땅히 譏嫌을 杜護하여 衆生으로 하여금 망령되이 過罪를 일으키지 않게 한 연고니라.[107]

107) 此는 施戒의 相을 徵釋함이다. 先은 施相을 徵釋함이니 施는 三種이 있다. 처음은

어떤 것이 忍門을 修行함인고? 所謂 應當 他人의 惱를 참아서 마음에 報復을 생각하지 않으며 또한 마땅히 利衰·毁譽·稱譏·苦樂 等法을 참는 연고니라. 어떤 것이 進門을 修行함인고? 所謂 모든 좋은 일에 마음이 懈退하지 않아서 立志가 堅强하여 怯弱을 遠離하고 마땅히 過去久遠한 己來로 헛되이 一切 心身의 大苦를 받아서 利益이 없을 새 이런 故로 應當 부지런히 모든 功德을 닦아서 自利利他하여 빨리 衆苦를 여윔을 생각함이니라. 復次 만일 사람이 비록 信心을 修行하나 先世로 좇아 옴으로 많이 重罪와 惡業의 障이 있음을 쓴 故로 邪魔諸鬼의 惱亂한 바가 되거나 或은 世間事務의 갖가지 牽纏함이 되거나 或은 病苦의 惱勞운 바가 되니 이처럼 等 衆多한 障碍가 있을 새 이런 故로 應當 勇猛히 精勤하여 晝夜六時에 諸佛께 禮拜하여 誠心으로 懺悔하며 勸請하고 隨喜하며 菩提에 廻向하되 늘 休廢하지 아니하여 모든 障을 免함을 얻어서 善根이 增長하는 연고니라.[108]

하여금 資生施를 닦게 함이요 若見下는 하여금 怖畏施를 行하게 함이요 若有下는 하여금 法施를 行하게 함이다. 云何下는 戒相을 徵釋함이니 不殺·不盜 等은 三業의 惡을 끊음이니 곧 하여금 攝律儀戒를 닦게 함이요 若出家下는 하여금 離憒處靜해서 少欲·知足·頭陀 等 行을 닦아 煩惱를 折伏하게 함이니 곧 하여금 攝善法戒를 닦게 함이요 乃至下는 護戒相을 밝힘이니 곧 하여금 攝衆生戒를 닦게 함을 말한 것이다. 대개 써 스스로 戒相을 保護하고 또한 衆生을 保護하여 하여금 譏嫌해서 過罪를 妄起하게 하지 않을 새 故로 攝衆生戒라 名한 것이다.

108) 此는 忍進의 相을 徵釋함이다. 先은 忍相을 徵釋함이니 初는 逆境을 참음이요 亦當下는 逆順을 通忍함이다. 말한바 利衰 等이란 것은 財物을 얻음을 利라 名하고 財物을 잃음을 衰라 名하며 談惡을 毁라 하고 談善을 譽라 하며 對面談善을 稱이라 하고 對面談惡을 譏라 하며 逼迫이 苦가 되고 適悅이 樂이 되니 이는 利譽稱樂에 이를 참으며 기뻐하지도 않고 衰毁譏苦에 이를 참으며 성내지 않음을 말한 것이다. 二四를 合說하여 써 八風을 이룸이니 風이라 말한 것은 衆生心海를 能擊하여 貪嗔煩惱浪을 일으키는 연고다. 이제 하여금 이를 참게 한즉 八風이 能히 움직이지 못하는 것이다. 云何下는 進相을 徵釋함이니 先은 하여금 모든 善을 進修하여 勇猛勿懈케 함이요 當念下

△初中에 亦二니 一者는 別明四種修行이요 復次若人以下는 第二示修行者의 除障方便이니라 此第二中에 亦有二句하니 先明所除障礙요 後示能除方法이니라 方法中에 言禮拜諸佛者는 此總明除諸障方便이니 如人이 負債에 依附於王하면 則於債主에 無如之何인듯하야 如是行人이 禮拜諸佛에 諸佛所護로 能脫諸障也니라 懺悔以下는 別除四障이니 四障은 是何오 一者는 諸惡業障이니 懺悔除滅이요 二者는 誹謗正法이니 勸請滅除요 三者는 嫉妬他勝이니 隨喜對治요 四者는 樂着三有니 迴向對治라 由是四障이 能令行者로 不發諸行하며 不趣菩提일새 故修如是四行對治니 是義는 具如瑜伽論說하니라 又此懺悔等四種法이 非直能除諸障이라 亦乃功德이 無量일새 故로 言

는 하여금 思惟策進하여 修善無疲케 함이다. 故로 無性頌에 이르되 그대가 이미 惡道에 多劫을 지나서 無利의 勤苦로도 오히려 能히 超越한지라 少行苦行은 菩提를 얻고 大利는 應當 退屈을 내지 않는다고 하시니 이것도 또한 策進한 意다. 復次下는 障重의 機를 對하여 禮懺方便을 밝혀서 써 進相을 解釋함이니 衆多障碍를 先擧하고 是故下는 하여금 勇猛精進하여 禮懺法을 닦아서 모든 障을 銷滅하고 善根을 增長하게 함이다.

免諸障하야 善根增長이니 是義廣說은 如金鼓經也니라

△初中에 또한 二니 一은 四種修行을 別明함이요 復次若人以下는 第二에 修行者의 除障方便을 보임이니라. 이 第二中엔 또한 二句가 있으니 先은 所除의 障碍를 밝힘이요 後는 能除의 方法을 보임이니라. 方法中에 禮拜諸佛이라 말한 것은 이 諸障을 없애는 方便을 總明함이니 마치 사람이 債務를 졌을 적에 王에게 依附하면 債主가 어찌할 수 없는 것과 같아서 이처럼 行人이 諸佛께 禮拜함에 諸佛의 護念하는 바로 能히 諸障을 벗어나느니라. 懺悔以下는 四障을 別除함이니 四障은 무엇인고? 一은 모든 惡業障이니 懺悔로 除滅함이요 二는 正法을 誹謗함이니 勸請으로 滅除함이요 三은 他人의 殊勝을 嫉妬함이니 隨喜로 對治함이요 四는 三有를 樂着함이니 廻向으로 對治함이라 이 四障이 能히 行者로 하여금 諸行을 發하지 못하며 菩提에 趣向하지 못하게 함을 由할 새 故로 이처럼 四行을 닦아 對治함이니 이 義는 갖추어 瑜伽論의 說과 같으니라. 또 이 懺悔 等 四種法이 다만 諸障을 能除할 뿐 아니라 또한 이에 功德이 無量할 새 故로 諸障을 免하여 善根이 增長한다고 말함이니 의 義의 廣說함은 金鼓經과 같으니라.

△止觀門中에 在文有二하니 一者는 略明이요 二者는 廣說이니라

△止觀門中에 文에 있어 二가 있으니 一은 略明이요 二는 廣說이니라.

○云何修行止觀門고 所言止者는 謂止一切境界相

이니 隨順奢摩他觀義故요 所言觀者는 謂分別因緣生滅相이니 隨順毘鉢舍那觀義故니라 云何隨順고 以此二義로 漸漸修習하야 不相捨離하야 雙現前故니라

○어떤 것이 止觀門을 修行함인고? 말한바 止란 것은 一切 境界相을 止함을 말함이니 奢摩他觀의 義를 隨順하는 연고요 말한바 觀이란 것은 因緣生滅相을 分別함을 말함이니 毘鉢舍那觀의 義를 隨順하는 연고니라. 어떻게 隨順하는고 이 二義로써 漸漸 修習하여 서로 捨離하지 않아서 雙으로 現前하는 연고니라.109)

△初略中에 言謂止一切境界相者는 先由分別하야

109) 此는 止觀의 相을 徵釋함이다. 그러나 止觀을 나누지 않고 合해 一門을 한 것은 意가 止觀으로 하여금 雙修하게 함이다. 말한바 止란 것은 諸法이 從緣而生이라 모두 自性이 없고 오직 이 一心인 줄 觀察함을 말함이다. 이처럼 觀察함에 自然히 法에 住함이 없는지라 久久不息하면 外境이 自亡하고 內心도 亦寂함이니 이는 心境이 俱空하고 聖凡이 齊泯이다. 故로 이르되 止一切境界相이라 한 것이니 이는 眞如門의 體絶相의 義를 依支하여 써 止를 닦음이다. 隨順奢摩他觀義故라 말한 것은 止義를 釋成함이니 곧 空觀을 隨順함이다. 대개 써 天台三止에 그 體眞止는 곧 이 空觀이다. 故로 下文에 이르되 隨順觀察이라 하며 또 이르되 智慧觀察이라 하시니 다 止義다. 말한바 觀이란 것은 비록 諸法의 自性無生을 觀하나 다시 곧 因緣이 和合하여 業果不失인 줄 觀함을 말한 것이다. 故로 諸善을 廣修하며 중생을 廣化하니 이와 같다면 染淨이 齊彰이요 心境이 具體的으로 나타냄이다. 故로 이르되 分別生滅因緣相이라 한 것이니 이는 生滅門의 隨緣起滅의 義를 依支하여 써 觀을 닦음이다. 隨順毘鉢舍那觀義故라 말한 것은 觀義를 釋成함이니 곧 假觀을 隨順함이다. 云何下는 方便을 徵釋하여 써 正觀을 나타냄이니 二門을 依支해 止觀을 修習함에 어찌 隨順이라 云하느냐? 대개 써 初修는 비록 止觀이 서로 捨離하지 않으나 淳熟하지 못하여 能히 雙現하지 못할 새 故로 隨順이라 名했거니와 久習淳熟하여 止觀이 雙現함에 곧 止觀이라 名함을 말한 것이다. 이를 알라 初習未成을 이름해 隨順方便이라 하고 成就雙現함이 正觀相應이 되는 것이다.

作諸外塵이라가 今以覺慧로 破外塵相이니 塵相이 旣止에 無所分別하야 故名爲止也니라 次言分別生滅相者는 依生滅門하야 觀察法相일새 故言分別이니 如瑜伽論菩薩地에 云此中菩薩이 卽於諸法에 無所分別이면 當知名止요 若於諸法의 勝義理趣와 及諸無量安立理趣와 世俗妙智엔 當知名觀이라하시니 是知依眞如門하야 止諸境相일새 故로 無所分別이니 卽成無分別智요 依生滅門하야 分別諸相하야 觀諸理趣니 卽成後得智也니라 隨順奢摩他觀義와 隨順毘鉢舍那觀義者는 彼云奢摩他어든 此翻云止며 毘鉢舍那는 此翻云觀이니 但今譯此論에 爲別方便과 及與正觀일새 故於正觀에 仍存彼語어니와 若具存此語者인댄 應云隨順止觀義며 及隨順觀觀義니 欲顯止觀雙運之時에 卽是正觀일새 故言止觀과 及與觀觀이요 在方便時에 止諸塵相하야 能順正觀止之일새 故

言隨順止觀이며 又能分別因緣相故로 能順正觀之觀일새 故言隨順觀觀이니라 云何隨順以下는 正釋此義니 漸漸修習者는 是明能隨順之方便이요 現在前者는 是顯所隨順之正觀也니라 此中엔 略明止觀之義니 隨相而論인댄 定名爲止요 慧名爲觀이어니와 就實而言인댄 定通止觀이며 慧亦如是하니라 如瑜伽論聲聞地에 云復次如是心一境性은 或是奢摩他品이며 或是毘鉢舍那品이어니와 若於九種心住中엔 心一境性을 名奢摩他品이요 若於四種慧行中엔 心一境性을 名毘鉢舍那品이니라 云何名爲九種心住오 謂有苾蒭가 令心內住하며 等住하며 安住하며 近住하며 調順하며 寂靜하며 最極寂靜하며 專住一趣하며 及與等持니 如是名爲九種心住니라 云何內住오 謂從外一切所緣境界를 攝錄其心하야 繫在於內하야 不外散亂일새 故名內住니라 云何等住오 謂卽最初所繫縛心은 其

性이 麁動하야 未能令其等徧住故로 次卽於此所緣境界에 以相續方便과 澄淨方便으로 挫令微細하야 徧攝令住일새 故名等住니라 云何安住오 謂若此心이 雖復如是內住等住나 然由失念하야 於外散亂이라 還復攝錄하야 安置內境일새 故名安住니라 云何近住오 謂彼先應如是如是親近念住니 由此念故로 數數作意하야內住其心하야 不令此心으로 遠住於外일새 故名近住니라 云何調順고 謂種種相이 令心散亂이니 所謂五塵三毒男女等相이라 故彼先應取彼諸相하야 爲過患想이니 由如是想의 增上力故로 於彼諸相에 折挫其心하야不令流散일새 故名調順이니라 云何寂靜고 謂有種種欲恚害等의 諸惡尋思와 貪欲蓋等의 諸隨煩惱가 令心擾動일새 故彼先應取彼諸法하야 爲過患想이니 由如是想의 增上力故로 於彼에 心不流散일새 故名寂靜이니라 云何名爲最極寂靜고 謂失念

故로 卽彼二種이 暫現行時에 隨所生起나 然不忍受하고 尋卽反吐일새 故名最極寂靜이니라 云何名爲專住一趣오 謂有加行有功用으로 無缺無間하야 三摩地가 相續而住일새 故名專住一趣니라 云何等持오 謂數修習과 數多修習으로 爲因연고로 得無加行無功用하야 任運轉道일새 故名等持니라 又如是得奢摩他者는 復卽由是四種作意하야사 方能修習毘鉢舍那일새 故此亦是毘鉢舍那品이니라 云何四種毘鉢舍那오 謂有苾芻가 依支內心의 奢摩他故로 於諸法中에 能正思擇하며 最極思擇하며 周偏尋思하며 周偏伺察이니 是名四種이니라 云何名爲能正思擇고 謂於淨行所緣境界와 或於善巧所緣境界와 或於淨惑所緣境界에 能正思擇하야 盡所有性이니라 云何名爲最極思擇고 謂卽於彼所緣境界에 最極思擇하야 如所有性이니라 云何名爲周偏尋思오 謂卽於彼所緣境界에

由慧俱行하야 有分別作意하야 取彼相狀하야 周徧尋思니라 云何名爲周徧伺察고 謂卽於彼所緣境界에 審諦推求하야 周徧伺察이니라 乃至廣說이니라 尋此文意컨대 乃說聲聞의 止觀法門이어니와 然以此法으로 趣大乘境하면 卽爲大乘의 止觀之行일새 故其九種心住와 四種慧行이 不異前說하니라 大乘境者는 次下文中에 當廣分別하리니 依文消息也니라 止觀之相은 略義如是하니라

△初略中에 謂止一切境界相이라 말한 것은 먼저 分別을 由하여 모든 外塵을 짓다가 이제 覺慧로써 外塵相을 破壞함이니 塵相이 이미 止함에 分別할 바가 없을 새 故로 이름해 止라 함을 말한 것이니라. 다음에 分別生滅相이라 말한 것은 生滅門을 依支하여 法相을 觀察할 새 故로 分別이라 말함이니 저 瑜伽論(瑜伽師地論) 菩薩地에 이르되 此中菩薩이 곧 諸法에 分別할 바가 없으면 마땅히 알라 止라 名하는 것이요 만일 諸法이 勝義理趣와 모든 無量安立理趣와 世俗妙智엔 마땅히 알라 觀이라 名한다 하시니 이를 알라 眞如門을 依支하여 모든 境相을 止할 새 故로 分別할 바가 없으니 곧 無分別智를 이룸이요 生滅門을 依支하여 諸相을 分別해서 모든 理趣를 觀察하니 곧 後得智를 이룸이니라. 隨順奢摩他觀義와 隨順毘鉢舍那觀

義란 것은 저에 奢摩他라 云했거든 此에 飜譯하면 止라 云하며 毘鉢舍那는 此方語로 飜譯하면 觀이라 云함이니 다만 이제 이 論을 飜譯하는 者가 方便과 더불어 正觀을 區別하기 爲할 새 故로 正觀에 因해 彼語를 둠이거니와 마일 此方語를 俱存할진대 應當 이르되 止觀의 義를 隨順하며 觀觀의 義를 隨順한다고 하여야 할 것이니 止觀이 雙運할 때엔 곧 이 正觀임을 나타내고자 할 새 故로 止觀과 더불어 觀觀이라 말한 것이요 方便에 있을 땐 모든 塵相을 止하여 能히 正觀의 止를 順從할 새 故로 止觀을 隨順한다 말하며 또 能히 因緣相을 分別하는 故로 能히 正觀의 觀을 順從할 새 故로 觀觀을 隨順한다고 말함이니라. 云何隨順以下는 正히 이 義를 解釋함이니 漸漸修習이란 것은 이 能隨順의 方便을 밝힘이요 現在前이란 것은 이 所隨順의 正觀을 나타냄이니라. 이 中엔 止觀의 義를 略明함이니 相을 따라 論할진대 定을 이름해 止라 하고 慧를 이름해 觀이라 하거니와 實에 就해 말할진대 定이 止觀에 通하며 慧도 또한 이와 같으니라. 저 瑜伽論 聲聞地에 이르되 거듭해서 이와 같은 心一境性은 或 奢摩他品이며 或 毘鉢舍那品이거니와 만일 九種 心住中엔 心一境性을 奢摩他品이라 名하고 만일 四種 慧行中엔 心一境性을 毘鉢舍那品이라 名하느니라. 어떤 것을 이름해 九種 心住라 하는고? 苾芻가 있어 心으로 하여금 內住하며 等住하며 安住하며 近住하며 調順하며 寂靜하며 最極寂靜하며 一趣에 專住하며 더불어 等을 지니게 하니 이와 같은 것을 이름해 九種 心住라 함을 말함이니라. 어떤 것이 內住인고? 밖으로 좇아 一切 所緣境界를 마음에 攝錄하여 內에 繫在해서 밖으로 散亂하지 않게 할 새 故로 內住라 名

함을 말함이니라. 어떤 것이 等住인고? 곧 最初의 繫縛한 바 마음은 그 性이 麁動하여 能히 그가 等徧히 住하게 하지 못하는 故로 다음에 곧 所緣境界에 相續方便과 澄淨方便으로써 꺾어 하여금 微細하게 하여 두루 攝해 하여금 住하게 할새 故로 等住라 名함을 말함이니라. 어떤 것이 安住인고? 만일 이 마음이 비록 다시 이처럼 內住·等住하나 그러나 失念을 由하여 밖으로 散亂하는지라 또한 다시 攝錄하여 內境에 安置할 새 故로 安住라 名함을 말함이니라. 어떤 것이 近住인고? 저가 먼저 應當 이처럼 親近히 住함을 생각하니 이 생각을 由한 故로 자주자주 作意해서 內로 그 마음을 住하여 이 마음이 멀리 밖에 住하지 않게 할 새 故로 近住라 名함을 말함이니라. 어떤 것이 調順인고? 갖가지 相이 마음을 散亂하게 하니 所謂 五塵·三毒·男女 等의 相이라 故로 저가 먼저 應當 저 諸相을 取하여 過患의 想으로 삼으니 이와 같은 想의 增上力을 由한 故로 저 諸相에 그 마음을 꺾어 하여금 散亂하지 않게 할새 故로 調順이라 名함을 말함이니라. 어떤 것이 寂靜인고? 갖가지 欲·恚·害 等의 諸惡尋思와 貪·欲·蓋 等의 모든 隨煩惱가 마음이 擾動하게 함이 있을 새 故로 저가 먼저 應當 저 諸法을 取하여 過患의 想으로 삼으니 이처럼 想의 增上力을 由한 故로 저의 마음이 어지럽게 흩어지지 않을 새 故로 寂靜이라 名함을 말함이니라. 어떤 것이 이름이 最極寂靜이 되는고? 생각을 잃은 故로 곧 저 二種이 暫時現行할 때 곳을 따라 生起하나 그러나 참고 받지 않고 이어 곧 反吐할 새 故로 最極寂靜이라 名함을 말함이니라. 어떤 것이 이름이 專住一趣가 되는고? 有加行·有功用으로 無缺無間하여 三摩地가 相

續해 住할 새 故로 專住一趣라 名함을 말함이니라. 어떤 것이 等持인고? 數修數習과 數多修習으로 因緣을 삼은 故로 無加行·無功用을 얻어서 뜻을 좇아 道를 轉할 새 故로 等持라 名함을 말함이니라. 또 이처럼 奢摩他를 얻은 者는 다시 곧 四種의 作意를 由하여야 바야흐로 能히 毘鉢舍那를 修習할 새 故로 이것도 또한 毘鉢舍那品이니라. 어떤 것이 四種의 毘鉢舍那인고? 苾芻가 있어 內心의 奢摩他를 依支한 故로 諸法中에 能히 바르게 思擇하며 最極히 思擇하며 周徧히 尋思하며 周徧히 伺察하니 이를 四種이라 名함을 말함이니라. 어떤 것을 이름해 能正思擇이라 하는고? 淨行의 所緣境界와 或 善巧의 所緣境界와 或 淨惑의 所緣境界를 能正思擇하여 所有의 性을 다함을 말함이니라. 어떤 것을 이름해 最極思擇이라 하는고? 곧 저 所緣境界에 最極思擇하여 所有의 性과 같음을 말함이니라. 어떤 것을 이름해 周徧尋思라 하는고? 곧 저 所緣境界에 慧로 俱行함을 由하여 分別의 作意가 있어서 저 相狀을 取하여 周徧尋思함을 말함이니라. 어떤 것을 이름해 周徧伺察이라 하는고? 곧 저 所緣境界에 審諦히 推求해서 周徧伺察한다 하여 乃至 廣說함을 말함이니라. 이 文意를 推尋컨대 이에 聲聞의 止觀法門을 說함이거니와 그러나 이 法으로써 大乘境에 趣向하면 곧 大乘의 止觀의 行이 될새 故로 그 九種 心住와 四種 慧行이 前說과 다르지 않으니라. 大乘境이란 것은 次下文中에 마땅히 널리 分別하리니 文을 依支해 消息할지니라. 止觀의 相은 略義가 이와 같으니라.

△以下는 第二廣辨이라 於中에 有二니 先明別修요

後顯雙運이라 別修之內엔 先止요 後觀이니라 先明止中에 卽有四段하니 一은 明修止方法이요 二는 顯修止勝能이요 三은 辨魔事요 四는 示利益이니라

△以下는 第二 廣辨이라 그 中에 二가 있으니 先은 別修를 밝힘이요 後는 雙運을 나타냄이라 別修의 內엔 先止요 後觀이니라. 先明止中에 곧 四段이 있으니 一은 修止의 方法을 밝힘이요 二는 修止의 勝能을 나타냄이요 三은 魔事를 辨함이요 四는 利益을 보임이니라.

○若修止者는 住於靜處하야 端坐正意호대 不依氣息하며 不依形色하며 不依於空하며 不依地水火風하며 乃至不依見聞覺知하고 一切諸想을 隨念皆除호대 亦遣除想이니 以一切法이 本來無相하여 念念不生이며 念念不滅이니라 亦不得隨心하야 外念境界後에 以心除心하고 心若馳散이어든 卽當攝來하야 住於正念이니 是正念者는 當知唯心이요 無外境界며 卽復此心도 亦無自相하야 念念不可得이니라 若從座起하야 去來進止에 有所施作이라도 於一切時에 常念方便하야 隨順觀察하야 久習淳熟하면 其心이 得住니 以心住故로 漸漸猛利하야 隨

順得入眞如三昧하야 深伏煩惱하고 信心增長하야 速成不退하리니 唯除疑惑不信誹謗重罪業障我慢懈怠如是等人의 所不能入이니라

○만일 止를 닦는 者는 靜處에 住하여 端正히 앉아 뜻을 바로잡되 氣息을 依支하지 않으며 形色을 依支하지 않으며 空을 依支하지 않으며 地水火風을 依支하지 않으며 乃至 見聞覺知도 依支하지 않고 一切諸相을 생각을 따라 다 없애되 또한 없애는 생각까지 보낼지니 써 一切法이 본래 相이 없어서 念念이 不生이며 念念이 不滅이니라 또한 시러검 마음을 따라서 밖으로 境界를 생각한 後에 마음으로써 마음을 없애려 하지 말고 마음이 馳散하거든 곧 마땅히 거두어 와서 正念에 住할지니 이 正念이란 것은 마땅히 알라 唯心이요 바깥 境界가 없으며 곧 다시 이 마음도 또한 自相이 없어서 念念에 可히 얻지 못하느니라.110)만일 坐處를 좇아 일어나 去來·進止에 施作하는 바

110)(此는 하여금 靜坐를 依支하여 써 止를 닦게 함이다. 初二句는 修止의 外緣을 밝힘이니 處緣이 이미 고요함에 다음에 마땅히 正身端坐하여 勿曲勿聳 하고 左右로 偏側하지 않은 然後에 齋心正意하여 하여금 外緣치 않게 할 새 故로 이르되 端坐正意라 한 것이다. 不依氣息 等이라 말한 것은 이 中엔 오직 眞如의 絶相義를 依支하여 體眞止를 닦을 새 故로 不依氣息形色 等이라 함을 말한 것이다. 一切諸相을 隨念皆除하되 除想亦遣은 무엇인고? 一切法이 本來 心緣生滅相을 여읨을 쓴 연고다. 亦不得下는 오직 氣息形色을 依支하지 않을 뿐 아니라 一切諸相도 또한 시러검 마음을 따라 밖으로 境界를 생각한 후에 마음으로써 마음을 없애려 하지 말고 마음이 만일 馳散하거든 곧 마땅히 正念에 攝歸함을 말한 것이다. 이는 念起卽攝하고 시러검 隨心外緣한 後에 攝하지 않음을 말한 것이다. 是正念下는 正히 體絶相義를 보여서 하여금 이를 依支해 止를 닦게 함이다. 마땅히 萬法이 唯心이라 心外에 無法이요 곧 다시 이 마음도 또한 自相을 可히 얻을 것이 없는 줄 了知함을 말함이니 이처럼 了知하여 依支해 進修하면

가 있더라도 一切時에 늘 方便을 생각해서 隨順觀察하여 久習해 淳熟하면 그 마음이 住함을 얻으니 마음이 住함을 쓴 故로 漸漸 猛利하여 隨順해 眞如三昧에 得入해서 깊이 煩惱를 調伏하고 信心이 增長하여 速히 不退를 이루리니 오직 疑惑과 不信과 誹謗과 重罪業障과 我慢과 懈怠 이와 같은 等 사람이 能히 들어가지 못할 바를 除外하느니라.111)

△初方法中에 先明能入人이요 後簡不能者라 初中에 言住靜處者는 是明緣具니 具而言之인댄 必具五緣이니라 一者는 閑居靜處니 謂住山林이니 若住聚落이면 必有喧動故요 二者는 持戒淸淨이니 謂離業障이니 若不淨者는 必須懺悔故요 三者는 衣食具足이요 四者는 得善知識이요 五者는 息諸緣務라 今略擧初일새 故言靜處니라 言端坐者는 是明調身이요 言正意者는 是顯調心이니라 云何調身고 委悉而言인댄 前安坐處

體眞止가 되는 것이다.

111) 此는 하여금 餘緣을 依支하여 써 止를 닦게 함이다. 若從下는 坐를 좇아 일어나 行住하는 사이에 二六時中에 施作하는 바가 있더라도 늘 應當 修止方便을 正念하여 唯心을 觀察해서 久習淳熟하면 能히 妄念으로 하여금 不流하게 할 새 故로 이르되 其心이 得住하고 마음이 住함을 쓴 故로 마음이 漸漸 猛利한지라 故로 隨順해 眞如三昧에 得入하여 깊이 煩惱를 調伏하고 믿음을 增해 不退한다 말한 것이다. 唯除下는 上엔 修止得入을 밝힘이요 이엔 障者不能을 밝힘이다.

에 每令安穩하야 久久無妨하고 次當正脚이니 若半跏坐인댄 以在脚으로 置右髀上하야 牽來近身하고 令佐左脚指로 與右髀齊하며 若欲全跏인댄 卽改上右脚하야 必置左髀上하고 次左脚을 置牛髀上이니라 次解寬衣帶호대 不坐時落하고 次當安手호대 以左手掌으로 置右手上하야 累手相對하야 頓置左脚上하고 牽來近身하야 當心而安이니라 次當正身호대 前當搖動其身과 并諸支絶을 義七八反하야 如自按摩法하야 勿令手足으로 差異하고 正身端直하야 令肩骨相對하야 勿曲勿聳이니라 次正頭頸호대 令鼻與臍相對하야 不偏不邪하며 不仰不卑하야 平面正住니 今總略說일새 故言端坐也니라 云何調心者오 末世行人이 正願者는 少하고 邪求者는 多니 謂求名利하야 現寂滅儀하며 虛度歲月하야 無由得定이라 離此邪求일새 故言正意니라 直欲定心이 與理相應하야 自度度他하야 至無上道니 如是를 名

爲正意也니라 不依以下는 正明修止次第하야 顯示九種住心이니라 初言不依氣息으로 乃至不依見聞覺知者는 是明第一內住之心이니라 言氣息者는 數息觀境이요 言形色者는 骨瑣等相이요 空地水等은 皆是事定의 所緣境界요 見聞覺知는 是擧散心의 所取六塵이니 於此諸塵에 推求破壞하야 知唯自心하고 不復託緣일새 故言不依니 不依外塵이 卽是內住也니라 次言一切諸想을 隨念皆除者는 是明第二等住之心이니 前雖別破氣息等相이나 而是初修라 其心이 麁動일새 故破此塵하야 轉念餘境하고 次卽於此一切諸相에 以相續方便과 澄淨方便으로 挫令微細하야 隨念皆除하야 皆除馳想이 卽是等住也니라 次言亦遣除想者는 是明第三安住之心이니 前雖皆除外馳之想이나 而猶內存能除之想이라 內想이 不滅에 外想이 還生일새 是故於內에 不得安住어니와 今復遣此能除之想일

새 由不存內하야 則能忘外니 忘外而靜이 卽是安住也니라 次言以一切法이 本來無相이라 念念不生이며 念念不滅者는 是明第四近住之心이니 由先修習念住力故로 明知內外一切諸法이 本來無有能想可想이라 推其念念이 不生不滅하야 數數作意하야 而不遠離니 不遠離住가 卽是近住也니라 次言亦不得隨心하야 外念境界者는 是明第五調順之心이니 諸外塵相에 念心散亂이라가 依前修習安住近住하야 深知外塵이 有諸過患하고 卽取彼相하야 爲過患想이라 由是想力하야 折挫其心하야 令不外散일새 故名調順也니라 次言後에 以心除心者는 是明第六寂靜之心이니 諸分別想이 令心發動이라가 依前調順하야 彌覺其患하고 卽取此相하야 爲過患想이라 由此想力하야 轉除動心이니 動心不起가 卽是寂靜也니라 次言心苦馳散으로 乃至念念不可得者는 是明第七最極寂靜之心이

라 於中에 有二하니 初言心苦馳散이어든 卽當攝來로 乃至唯心이라 無外境界者는 是明失念하야 暫馳散外塵이라가 而由念力하야 能不忍受也요 次言卽復此心도 亦無自相하야 念念不可得者는 是明失念하야 還存內心이라가 而由修力하야 尋卽反吐也니 能於內外에 不受反吐일새 是故로 名爲最極寂靜이니라 次言若從坐起去來로 乃至湻熟하야 其心得住者는 是明第八專住一趣니 謂有加行有功用心일새 故로 言常念方便하야 隨順觀察也요 無間無缺하야 定心相續일새 故로 言久習湻熟하야 其心得住니 卽是專住一趣相也니라 次言以心住故로 漸漸猛利하야 隨順得入眞如三昧者는 是明第九等持之心이니 由前湻熟修習力故로 得無加行無功用心하야 遠離沈浮하고 任運而住라 故名等持니라 等持之心이 住眞如相일새 故로 言得入眞如三昧요 深伏煩惱하고 信心增長하야 速

成不退者는 **略顯眞如三昧力用**이니 **由此進趣**하야 **得入種性**의 **不退位故**니라 **上來所說**은 **名能入者**요 **唯除以下**는 **簡不能者**니라 **修止方法**은 **竟在於前**하다

△初 方法中에 先은 能入人을 밝힘이요 後는 不能者를 簡別함이라 初中에 住靜處라 말한 것은 이 緣을 갖춤을 밝힘이니 具足히 말할진대 반드시 五緣을 갖추어야 하느니라. 一은 靜處에 閑居함이니 山林에 居住함을 말한 것이니 만일 聚落에 居住하면 반드시 시끌벅적함이 있는 연고요 이는 持戒가 淸淨함이니 業障을 여읨을 말한 것이니 만일 不淨한 者는 반드시 모름지기 懺悔하는 연고요 三은 衣食이 具足함이요 四는 善知識을 얻음이요 五는 緣務를 쉼이라 이젠 干略히 初만 擧할 새 故로 靜處라 말함이니라. 端坐라 말한 것은 이 調身을 밝힘이요 正意라 말한 것은 이 調心을 나타냄이니라. 어떤 것이 調身인고? 委悉히 말할진대 前의 安坐處에 매양 하여금 安穩하여 오래오래 하되 妨害하지 않게 하고 다음엔 마땅히 다리를 正頓할지니 만일 半跏坐할진대 오른발을 오른쪽 넓적다리 위에 두어서 牽來해 몸에 가깝게 하고 왼쪽 다리의 발가락으로 오른쪽 넓적다리와 더불어 가지런하게 하며 만일 全跏하고자 할진대 곧 위 오른발을 고쳐 반드시 왼쪽 넓적다리 위에 두고 다음엔 왼발을 오른쪽 넓적다리 위에 둘지니라. 다음엔 衣帶를 풀어 느슨하게 하되 앉을 때 떨어지지 않게 하고 다음엔 마땅히 손을 두되 왼손바닥을 오른손위에 두어서 累手로 相청하여 몰록 외다리 위에 두고 끌어와서 몸에 가깝게 하여 心에 當해 둘지니라 다음엔

마땅히 몸을 바로잡되 앞으로 마땅히 그 몸과 아울러 모든 支節을 搖動하기를 七八反에 依支하여 스스로 按摩하는 法과 같이해서 手足이 差異가 없게 하고 正身端直하여 肩骨로 하여금 相對해서 굽지도 말고 솟지도 말게 할지니라. 다음엔 頭頸을 바로잡되 코와 더불어 배꼽으로 相對하여 不偏不邪하며 不仰不卑하게 해서 平面으로 正住할지니 이젠 總히 要略해 말할 새 故로 端坐라 말한 것이니라. 어떤 것이 調心인고? 末世의 行人이 正願者가 적고 邪求者가 많으니 名利를 求하여 寂靜한 威儀를 나타내며 歲月을 虛度하여 定을 얻을 수 없음을 말함이라 이 邪求를 여읠 새 故로 正意라 말함이니라. 바로 定心이 理致와 더불어 相應해서 自度度他하여 無上道에 이르고자 함이니 이와 같은 것을 이름해 正意라 하느니라. 不依 以下는 正히 修止의 次第를 밝혀서 九種 住心를 나타내 보임이니 初에 不依氣息으로 乃至 不依見聞覺知라 말한 것은 이 第一 內住의 마음을 밝힘이니라. 氣息이라 말한 것은 數息觀의 境이요 形色이라 말한 것은 骨瑣 等의 相이요 空·地水 等은 다 이 事定의 所緣인 境界요 見聞覺知는 이 散心의 所取인 六塵을 擧함이니 이 諸塵에 推求破壞하여 오직 自心인 줄 알고 다시 緣에 託하지 않을 새 故로 不依라 말함이니 外塵을 依支하지 않음이 곧 이 內住니라. 다음엔 一切 諸想을 隨念皆除라 말한 것은 이 第二 等住의 心을 밝힘이니 前에 비록 氣息 等 相을 別破했으나 이 初修라 그 마음이 麁動할 새 고로 이 塵을 破壞하여 轉轉히 餘境을 생각하고 다음엔 곧 一切 諸相에 相續方便과 澄淨方便으로써 꺾어 하여금 微細하게 하여 생각을 따라 다 除外해서 모두 馳相을 除外

함이 곧 이 等住니라. 다음에 亦遣除想이라 말한 것은 第三 安住의 마음을 밝힘이니 前에 비록 다 外馳의 想을 除外했으나 오히려 內로 能除의 想이 있는지라 內想이 不滅함에 外想이 도리어 생겨날 새 이런 故로 內에 安住함을 얻지 못하거니와 이젠 또 이 能除의 想까지 보낼 새 內에 두지 않음을 由하여 곧 能히 外를 잊음이니 外를 잊어 靜함이 곧 이 安住니라. 다음에 以一切法이 本來 無相이라 念念不生이며 念念不滅이라 말한 것은 이 第四 近住의 心을 밝힘이니 먼저 念住를 修習한 힘을 由한 故로 內外 一切諸法이 本來 能想 可想할 것이 없는 줄 分明히 아는지라 念念이 不生不滅함을 推求하여 자주자주 作意해서 遠離하지 않으니 遠離하지 않고 住함이 곧 이 近住니라. 다음에 亦不得隨心하여 外念境界라 말한 것은 이 第五 調順의 마음을 밝힘이니 모든 外塵相에 마음이 散亂함을 생각하다가 前을 依支해 安住와 近住를 修習하여 깊이 外塵이 모든 過患이 있는 줄 알고 곧 저 相을 取하여 過患의 想을 삼는지라 이 想力을 由하여 그 마음을 꺾어서 하여금 밖으로 흩어지지 않게 할 새 故로 調順이라 名함이니라. 다음엔 後에 以心除心이라 말한 것은 이 第六 寂靜의 마음을 밝힘이니 모든 分別想이 마음으로 하여금 發動하게 하다가 前의 調順을 依支하여 더욱 그 過患을 깨닫고 곧 이 相을 取하여 過患의 想을 삼는지라 이 想力을 由하여 轉轉히 動心을 除外하니 動心이 일어나지 않음이 곧 寂靜이니라. 다음에 心若馳散으로 乃至 念念不可得이라 말한 것은 이 第七 最極寂靜의 마음을 밝힘이라 그 中에 二가 있으니 初에 心若馳散이거든 卽當攝來로 乃至 唯心이라 無外境界라 말한 것은

失念하여 暫時 外塵에 馳散하다가 念力을 由하여 能히 참고 받지 않음을 밝힘이요 다음에 卽復此心도 亦無自相하여 念念不可得이라 말한 것은 失念하여 또한 內心에 두다가 修力을 由하여 이어 곧 反吐함을 밝힘이니 能히 內外에 받지 않고 反吐할 새 이런 故로 이름해 最極寂靜이라 하느니라. 다음에 若從坐起 去來로 乃至 淳熟하여 其心得住라 말한 것은 이 第八 專住一趣를 밝힘이니 加行도 있고 功用도 있는 마음일 새 故로 常念方便하여 隨順觀察이라 말한 것이요 無間無缺하여 定心이 相續할 새 故로 久習淳熟하여 其心得住라 말한 것이니 곧 이 專住一趣相임을 말함이니라. 다음에 以心住故로 漸漸猛利하여 隨順得入眞如三昧라 말한 것은 이 第九 等持의 마음을 밝힘이니 前의 淳熟한 修習力을 由한 故로 加行도 없고 功用도 없는 마음을 얻어서 沈浮를 遠離하고 뜻을 좇아 住하는지라 故로 等持라 名함이니라. 等持의 마음이 眞如相에 住할 새 故로 眞如三昧에 얻어 들어간다고 말한 것이요 深伏煩惱하고 信心增長하여 速成不退란 것은 眞如三昧의 力用을 略顯함이니 이 進趣를 由하여 種性의 不退位에 得入하는 연고니라. 上來의 說한 바는 能入者를 名함이요 唯除以下는 不能者를 簡別함이니라. 修止의 方法은 앞에서 마쳤다.

○復次依是三昧요 則知法界一相이니 謂一切諸佛法身이 與衆生身으로 平等無二일새 卽名一行三昧라 當知眞如가 是三昧의 根本이니 若人이 修行하면 漸漸

能生無量三昧하나니라

○復次 이 三昧를 依支한 故로 곧 法界가 一相임을 아느니 一切 諸佛法身이 衆生身과 더불어 平等해 二가 없을 새 곧 一行 三昧라 名함을 말한 것이라 마땅히 알라 眞如가 이 三昧의 根本이니 만일 사람이 修行하면 漸漸 能히 無量한 三昧를 生하느니라.

△第二는 明修止勝能이니 是明依前眞如三昧하야 能生一行等諸三昧니라 所言一行三昧者는 如文殊般若經에 言云何名一行三昧오 佛言하사대 法界一相이라 繫緣法界를 是名一行三昧니 入一行三昧者는 盡知恒沙諸佛法界無差別相이니라 阿難의 所聞佛法은 得念總持辯才智慧하야 於聲聞中에 雖爲最勝이나 猶住量數라 卽有限礙어니와 若得一行三昧하면 諸經法門을 一一分別하야 皆悉了知하야 決定無礙하며 晝夜常說호대 智慧辯才가 終不斷絶이니 若此阿難의 多聞辯才인댄 百千等分으로도 不及其一이라하야 乃至廣說하시니 眞如三昧가能生此等의 無量三昧일새 故言眞如가 是三昧의 根本也니라 修止勝能은 竟在於前하다

△第二는 修止의 勝能을 밝힘이니 이는 前의 眞如三昧를 依支하여 能히 一行 等 모든 三昧를 냄을 밝힘이니라. 말한바 一行三昧란 것은 저 文殊般若經에 말씀하되 어떤 것을 一行三昧라 名하는고? 佛이 말씀하시되 法界가 一相이라 法界에 繫緣함을 이 一行三昧라 名하느니 一行三昧에 入한 者는 다 恒沙諸佛法界의 無差別相을 아느니라. 阿難이 들은바 佛法은 總持·辯才·智慧를 得念하여 聲聞中에 비록 最勝함이 되나 오히려 量數에 있는지라 곧 限碍가 있거니와 만일 一行三昧를 얻으면 모든 經의 法門을 낱낱이 分別하여 모두 了知해서 決定코 無碍하며 밤낮으로 늘 說하되 智慧와 辯才가 마침내 斷絶하지 않으니 만일 阿難의 多聞辯才에 比할진대 百千 等分으로도 一에 미치지 못한다고 하여 乃至 廣說하시니 眞如三昧가 能히 이것들이 無量三昧를 낼 새 故로 眞如가 이 三昧의 根本이라 말함이니라. 修止의 勝能은 앞에서 마쳤다.112)

△以下는 第三明起魔事라 於中에 有二하니 略明이요 廣釋이니라

△以下는 第三에 魔事를 일으킴을 밝힘이라 그 中에 二가 있으니 略明이요 廣釋이니라.

---

112) 先은 修止의 勝能을 나타내고 다음은 魔事를 略擧하여 써 對治의 相을 밝힘이다. 依三昧 則知法界一相이라 말한 것은 前의 止觀을 由하여 唯心을 살펴서 眞如三昧에 得入할 새 故로 能히 法界가 一相인 줄 앎을 말한 것이다. 一相을 앎이라 말한 것은 모든 佛法身이 衆生身과 더불어 平等하여 二가 없는 줄 앎을 말한 것이다. 平等하여 二가 없는 줄 앎을 由한 故로 곧 마음이 緣이 다르지 않으니 故로 곧 一行三昧라 名한 것이다. 故로 文殊般若經에 이르되 어떤 것을 一行三昧라 名하나이까? 佛이 말씀하시되 法界가 一相이니 法界에 繫緣함을 一行三昧라 名한다고 하였다. 當知下는 三昧의 能生을 나타냄이니 대개 써 眞如가 이 三昧의 根本인 故로 依支해 닦으면 漸漸 無量三昧를 能生하는 것이다.

○或有衆生이 無善根力이면 則爲諸魔外道鬼神之所惑亂하야 若於坐中에 現形恐怖어나 或現端正男女等相하나니 當念唯心하면 境界則滅하야 終不爲惱하리라

○혹 어떤 衆生이 善根力이 없으면 諸魔 · 外道 · 鬼神의 惑亂한 바가 되어서 만일 坐中에 形의 恐怖를 나타내거나 或은 端正한 男女 等相을 나타내니 마땅히 唯心인 줄 생각하면 境界가 곧 滅하여 마침내 괴로움이 되지 않으리라.

△略中에 亦二니 先明魔嬈요 後示對治니라 初中에 言諸魔者는 是天魔也요 鬼者는 堆惕鬼也요 神者는 精媚神也니 如是鬼神이 嬈亂佛法하야 令墮邪道일새 故名外道니라 如是諸魔와 乃至鬼神等이 皆能變作三種五塵하야 破人善心하나니 一者는 作可畏事니 文에 言坐中에 現形恐怖故요 二者는 作可愛事니 文에 言現端正男女故요 三은 非違非順事니 謂現平品五塵하야 動亂行人之心이니 文에 言等相故니라 當念以下는 次明對治니 若能思惟如前諸塵이 唯是自心의 分別所作이라 自心之外에 無別塵相하야 能作是念하면

境相이 卽滅이니 是明通遣諸魔鬼神之法이어니와 別門而言인댄 各有別法하니 謂治諸魔者는 當誦大乘의 諸治魔呪하야 咀念誦之니라 堆惕鬼者는 或如蟲蝎이 緣人頭面하야 攢刺瘤瘤하며 或復擊攊人兩掖下하며 或乍抱持於人하며 或言說音聲喧喧하며 及作諸獸之形하야 異相이 非一이라 來惱行者하나니 則應閉目하고 一心憶而作如是言호대 我今識汝하노니 汝是此閻浮提中에 食火臭香偸臘吉支라 邪見汝喜하야 汝破戒種이어니와 我今持戒하야 終不畏汝니라 若出家人인댄 應誦戒律이요 若在家人인대 應誦菩薩戒本이니 若誦三歸五戒等하면 鬼便卻行하야 匍匐而出也니라 精媚神者는 謂十二時狩니 能變化作種種形色호대 或作少男女相하며 或作老宿之形과 及可畏身等하야 非一衆多로 惱亂行者라 其欲惱人에 各當 其時來하나니 若其多於寅時來者는 必是虎兕等이요 多於卯時來者

는 必是兎獐等이며 乃至多於丑時來者는 必是牛類等이니라 行者는 恒用此時에 則知其狩精媚니 說其名字呵責하면 卽當謝滅하나니라 此等은 皆如禪經廣說하리니 上來는 略說魔事對治니라

△略中에 또한 二니 先은 魔嬈를 밝힘이요 後는 對治를 보임이니라. 初中에 諸魔라 말한 것은 이 天魔요 鬼란 것은 堆惕鬼요 神이란 것은 精媚神이니 이와 같은 鬼神이 佛法을 嬈亂하여 하여금 邪道에 떨어지게 할 새 故로 外道라 名함이니라. 이처럼 諸魔와 乃至鬼神 等이 모두 能히 三種의 五塵을 變作하여 사람의 善心을 破壞하느니 一은 可畏의 事를 지음이니 文에 말하되 坐中에 形의 恐怖를 나타낸다고 한 연고요 二는 可愛의 事를 지음이니 文에 말하되 或 端正한 男女를 나타낸다고 한 연고요 三은 어김도 아니며 順從도 아닌 일이니 平品의 五塵을 나타내어 行人의 마음을 動亂함을 말함이니 文에 等相이라고 말한 연고니라. 當念以下는 다음에 對治를 밝힘이니 만일 能히 前과 같은 諸塵이 오직 이 自心의 分別로 지은 바라 自心의 外엔 別다른 塵相이 없는 줄 思惟해서 能히 이 생각을 지으면 境相이 곧 滅하니 이는 諸魔와 鬼神을 通히 보내는 法을 밝힘이거니와 別門으로 말할진대 各各 別法이 있으니 諸魔를 다스리는 者는 마땅히 大乘의 모든 治魔呪를 외워서 咀呪하는 생각으로 외움을 말함이니라. 堆惕鬼란 것은 或 저 蟲蝎이 사람의 머리와 얼굴에 緣하여 攢刺瘤瘤케 하며 或은 또 사람의 兩 겨드랑이 아

래를 擊攊하며 或은 잠깐 사람을 抱持하며 或은 言說音聲이 喧喧케 하며 모든 짐승의 形을 지어서 異相이 一이 아니라 와서 行者를 惱亂하니 곧 應當 눈을 감고 一心으로 생각하면서 이와 같은 말을 짓되 내가 이제 너를 아느니 너는 이 閻浮提中에 食火臭香하는 偸臘吉支라 邪見을 네가 좋아하여 네가 戒種을 破하거니와 나는 이제 戒를 가져서 마침내 너를 두려워하지 않는다고 할지니라. 만일 出家人일진대 應當 戒律을 외울것이요 만일 在家人 일진대 應當 菩薩戒本을 외울지니 만일 三歸와 五戒 等을 외우면 鬼가 문득 郤行하여 匍匐해 出하느니라. 精媚神이란 것은 十二時의 狩를 말함이니 能히 變化해 種種의 形色을 짓되 或은 少男女의 相을 지으며 或은 老宿의 形과 可畏身 等을 지어서 一이 아닌 衆多로 行者를 惱亂케 하는지라 그 사람을 惱亂케 하고자 함에 各各 그 時에 當해 오니 만일 많이 寅時에 오는 者는 반드시 이 虎兕 等이요 많이 卯時에 오는 者는 반드시 이 토끼와 노루 等이며 乃至 많이 丑時에 오는 者는 반드시 이 牛類 等이니라. 行者가 늘 이 時를 써서 곧 狩의 精媚를 아느니 그 名字를 說해 꾸짖어 責望하면 곧 마땅히 謝滅하리라. 此等은 모두 禪經에 廣說함과 같으니라. 上來는 魔事의 對治를 略說함이니라.113)

---

113) 或有下는 定中의 所現한 魔事를 略擧함이니 대개 衆生의 善根이 深厚하면 定中에 自然히 諸魔 外道 等의 惱亂함이 되지 않거니와 善根力이 없음을 쓴 故로 곧 그의 惑亂한 바가 되는 것이다. 어떻게 惑亂하는고? 或은 可畏의 身을 나타내 恐怖하여 써 뜻을 잃게 하며 或은 可愛의 色을 나타내 迷惑하여 써 染을 내게 하는 等이다. 當念下는 對治의 相을 밝힘이니 一切 諸境도 오히려 오직 自心이거든 어찌 하물며 坐中의 所現한 모든 境이랴. 이런 故로 唯心인 줄 觀察하면 魔境이 따라서 滅하여 마침내 괴로움이 되지 않음을 말한 것이다. 대개 이는 唯心으로써 이에 通遣하는 法인 연고다.

○或現天像菩薩像하며 亦作如來像相好具足하야 或說陀羅尼하며 或說布施持戒忍辱精進禪定智慧하며 或說平等空無相無願하야 無怨無親하고 無因無果하야 畢竟空寂이 是眞涅槃하며 或令人으로 知宿命過去之事하고 亦知未來之事하야 得他心智하야 辯才無礙하야 能令衆生으로 貪着世間名利之事하며 又令使人으로 數瞋數喜하야 性無常準이라 或多慈愛하고 多睡多病하야 其心懈怠하며 或卒起精進이라가 後便休廢하야 生於不信하야 多疑多慮하며 或捨本勝行하고 更修雜業하야 若着世事하야 種種牽纏하며 亦能使人으로 得諸三昧하야 少分相似하나니 皆是外道의 所得이요 非眞三昧라 或復令人으로 若一日若二日若三日과 乃至七日을 住於定中하야 得自然香美飮食하야 身心이 適悅하야 不飢不渴하야 使人愛着하며 或亦令人으로 食無分齊하여야 乍多乍少하야 顔色變異케하나니 以是義故로 行者가 應當

智慧觀察하야 勿令此心으로 墮於邪網하고 當勤正念하야 不取不着하면 則能遠離是諸業障하리라 應知外道의 所有三昧는 皆不離見愛我慢之心이니 貪着世間名利恭敬故요 眞如三昧者는 不住見相하며 不住得相하며 乃至出定하야도 亦無懈慢하야 所有煩惱가 漸漸微薄이니 若諸凡夫가 不習此三昧法하면 得入如來種性이 無有是處니라 以修世間諸禪三昧하면 多起味着하야 依於我見하야 繫屬三界하야 與外道로 共하나니 若離善知識所護하면 則起外道見故니라

○或 天像과 菩薩像을 나타내며 또한 如來像의 相好 具足함을 지어서 或은 陀羅尼를 說하며 或은 布施·持戒·忍辱·精進·禪定·智慧를 說하며 或은 平等해 空하고 無相하고 無願하여 無怨·無親하고 無因·無果하여 畢竟 空寂함이 眞涅槃이라고 說하며 或은 사람이 宿命·過去의 일을 알고 또한 如來의 일도 알아서 他心智를 얻어서 말재주가 막힘이 없게 하여 能히 衆生이 世間名利의 일을 貪着하게 하며 또 사람이 자주 성내고 자주 기뻐하여 性稟이 떳떳한 準則이 없는지라 或은 慈愛가 많고 잠자는 일이 많고 病이 많아서 그 마음을 게으르게 하며 或은 갑자기 精進을 일으키다가 後에 문득 休廢하여

不信을 내어서 疑心이 많고 念慮가 많게 하며 或은 本勝行을 버리고 다시 雜業을 닦아서 이렇듯 世事에 執着하여 갖가지를 牽纏하게 하며 또한 能히 사람이 모든 三昧를 얻어서 조금 서로 비슷하게 하느니 모두 이 外道의 所得이요 眞三昧가 아니라 或은 다시 사람이 이렇듯 一日과 이렇듯 二日과 이렇듯 三日과 乃至 七日을 定中에 住하여 自然스러운 香美의 飮食을 얻어서 身心이 適悅하여 굶주리지도 않고 목마르지도 않게 해서 사람이 愛着하게 하며 或은 또한 사람이 飮食이 分齊가 없어서 잠깐 많았다가 잠깐 적게 하여 얼굴색이 달라져 變하게 하느니 이 義를 쓴 故로 行者가 늘 應當 智慧로 觀察하여 이 마음이 邪網에 떨어지지 않게 하고 마땅히 부지런히 正念하여 取하지도 않고 執着하지도 않으면 곧 能히 모든 業障을 遠離하리라.[114] 應當 알라 外道의 있는바 三昧는 다 見愛我慢의 마음을 여의지 못하느니 世間의 名利와 恭敬을 貪着하는 연고요 眞如三昧란 것은 見相에도 住하지 않고 得相에도 住하지 않으며 乃至 出定하여도 또한 懈慢함이 없어서 가지고 있는 煩惱가 漸漸 微薄함이니 만일 모든 凡夫가 이 三昧法을 익히지 않으면 如來種性에 得入함이 옳은 곳이 없느니라. 世間의 諸禪三昧를 닦으면 많이 味着을 일으켜 我見을 依支해

114) 此는 魔事를 廣擧하여 써 對治의 相을 밝힘이다. 魔事라 말한 것은 或 身相을 나타내어 써 說法하며 或은 하여금 三昧와 神通을 얻게 하며 或은 心性이 行事가 無常하게 하며 或은 하여금 世間名利를 貪着하게 하며 或은 하여금 定中에 飮食을 얻어서 身心이 愛着하게 하며 或은 飮食이 一定함이 없어서 色變이 不常하게 함을 말한 것이니 이처럼 衆多의 義를 쓴 故로 行者가 늘 應當 智慧로 觀察하는 것이다. 觀察이라 말한 것은 모든 境이 모두 自性이 없어서 妄想으로 좇아 있는지라 畢竟에 이 空인 줄 觀察함을 말한 것이니 이와 같은 觀을 쓴즉 魔가 있는 곳이 自滅할 새 故로 魔網에 떨어지지 않는 것이다. 또한 마땅히 正念으로 境이 唯心인 줄 了知하면 魔界와 佛界가 同一한 眞如라 自然히 不取不着할 새 故로 能히 衆多業障을 遠離하는 것이다.

서 三界에 繫屬하여 外道와 함께하니 만일 善知識의 護念하는 바를 여의면 곧 外道의 見을 일으키는 연고니라.115)

△第二는 廣釋이라 於中에 有三하니 一者는 廣顯魔事差別이요 以是義故以下는 第二明其對治요 應知外道以下는 第三簡別眞僞니라 初中에 卽明五雙十事니 一者는 現形說法이 爲雙이요 二者는 得通起辯이 爲雙이니 謂從或令人以下로 乃至名利之事也요 三者는 起惑作業이 爲雙이 謂又令使人以下로 乃至種種牽纏也요 四者는 入定得禪이 爲雙이니 謂從亦能使以下로 乃至使人愛着也요 五者는 食差顔變이 爲雙이니 文處可見也니라 問이라 如見菩薩像等境界는 或因宿世善根所發이니 云何簡別하야 判其邪正고 解

115) 此는 거짓을 對해 참을 나타내어 써 正定을 부지런히 닦음이다. 應知下는 邪定의 多染을 밝힘이요 眞如下는 正定의 離相을 밝힘이니 邪는 見을 여의지 못하나 眞은 見에 住하지 않으며 邪는 所愛가 있으나 眞은 所得이 없으며 邪는 我慢이 있으나 眞은 懈慢이 없으며 邪定은 貪着이 濃厚하나 正定은 煩惱가 漸薄함을 말한 것이다. 一一이 翻對하면 眞僞가 昭然하니 만일 사람이 이 眞如三昧를 익히지 않고 如來種性에 得入하는 者가 있지 않은 것이다. 무슨 까닭이냐? 世間의 諸禪三昧를 닦으면 我見을 依支하여 많이 味着을 일으켜서 三界에 繫屬하여 外道와 함께하니 만일 知識의 所護를 여의면 外道의 見을 일으킨다. 故로 반드시 眞如三昧를 닦아야 바야흐로 이에 如來種性에 得入하는 것이다.

云實有是事하니 不可不愼이니라 所以然者는 若見諸魔所爲之相하고 謂是善相이라하야 悅心取着하면 則因此邪僻하야 得病發狂이요 若得善根所發之境하고 謂是魔事라하야 心疑捨離하면 卽退失善利하야 終無進趣니 而其邪正을 實難取別이라 故以三法으로 驗之可知니라 何事 爲三고 一은 以定研磨요 二는 依本修治요 三은 智慧觀察이니라 如經에 言欲知眞金인댄 三法試之니 謂燒打磨라 行人도 亦爾하야 難可別識이니 若欲別之인댄 亦須三試니라 一則當與共事요 共事不知에 當與久共處요 共處不知에 智慧觀察이라하시니 今藉此意하야 以驗邪正이니라 謂如定中에 境相이 發時에 邪正을 難了者는 應當深入定心하야 於彼境中에 不取不捨하고 但平等定住니 若是善根之所發者인댄 定力이 逾深에 善根이 彌發이어니와 若魔所爲인댄 不久自壞니라 第二依本修治者는 且如本修不淨觀禪하야

今則依本修不淨觀이니 若如是修호대 境界增明者는 則非僞也요 若以本修治하야 漸漸壞滅者는 當知是邪也니라 第三智慧觀察者는 觀所發相하야 推驗根原호대 不見生處하고 深知空寂하야 甚不住着하면 邪當自滅이요 正當自現이 如燒眞金에 其光이 自若이요 是僞면 不爾니라 此中에 定譬於磨요 本猶於打요 智慧觀察은 類以火燒니 以此三驗에 邪正을 可知也니라

問이라 若魔가 能令我心得定인댄 定之邪正을 如何簡別고 解云此處微細하야 甚難可知니 且依先賢之說하야 略示邪正之岐하리라 依如前說九種心住門하야 次第修習하야 至第九時에 覺其支體가 運運而動하리니 當動之時하야 卽覺其身이 如雲如影하며 若有若無하야 或從上發하고 或從下發하고 或從腰發하야 微微徧身하야 動觸發時에 功德이 無量이어니와 略而說之인댄 有十種相하니 一은 靜定이요 二는 空虛요 三은 光淨이요

四는 喜悅이요 五는 猗樂이요 六은 善心生起요 七은 知見明了요 八은 無諸累縛이요 九는 其心調柔요 十은 境界現前이라 如是十法이 與動俱生이니 若具分別인댄 則難可盡이니라 此事旣過에 復有餘觸이 次第而發이니 言餘觸者는 略有八種하니 一은 動이요 二는 痒이요 三은 涼이요 四는 暖이요 五는 輕이요 六은 重이요 七은 澁이요 八은 滑이니라 然此八觸은 未必具起요 或有但發二三觸者며 發時에 亦無定次니라 然多初發動觸이니 此是依麁하야 顯正定相이니라 次辨邪相하리니 邪相은 略出十雙이니 一은 增減이요 二는 定亂이요 三은 空有요 四는 明闇이요 五는憂喜요 六은 苦樂이요 七은 善惡이요 八은 愚智요 九는 脫縛이요 十은 强柔니라 一에 增減者는 如動觸이 發時에 或身動手起하고 脚亦隨動하야 外人이 見其兀兀如睡하며 或如着鬼하야 身手足이 紛動은 此爲增相이요 若其動觸이 發時에 若上若下라가 未及徧身

하야사 卽便壞滅하야 因此都失境界之相하고 坐時에 蕭索하야 無法持身은 此爲滅相이니라 二에 定亂者는 動觸이 發時에 識心及身이 爲定所縛하야 不得自在하고 或復因此便入邪定하야 乃至七日은 此是定過요 若動觸이 發時에 心意亂擧하야 緣餘異境은 此爲亂過也니라 三에 共有者는 觸發之時에 都不見身하야 謂證空定은 是爲空過요 若觸發時에 覺身堅實이 猶如木石은 是爲有過也니라 四에 明闇者는 觸發之時에 見外種種光色과 乃至日月星辰은 是爲明過요 若觸發時에 身心이 闇昧하야 如入暗室은 是爲暗過也니라 五는 憂喜者는 觸發之時에 其心이 熱惱하야 憔悴不悅은 是爲憂失이요 若觸發時에 心大踊悅하야 不能自安은 是爲喜失也니라 六에 苦樂者는 觸發之時에 覺身支體가 處處痛惱는 是爲苦失이요 若觸發時에 知大快樂하야 貪着纏縛은 是爲樂失也니라 七에 善惡者

는 觸發之時에 念外散善하야 破壞三昧는 是爲善失이요 若觸發時에 無慚愧等의 諸惡心生은 是惡失也니라 八은 愚智者는 觸發之時에 心識이 迷惑하야 無所覺了는 是爲愚失이요 若觸發時에 知見이 明利하야 心生邪覺은 是爲智失也니라 九에 縛脫者는 或有五蓋와 及諸煩惱가 覆障心識은 是爲縛失이요 或謂證空得果라하야 生增上慢은 是爲脫失也니라 十에 强柔者는 若觸之時에 其身剛强이 猶如瓦石하야 難可廻轉은 是爲强失이요 若觸發時에 心志輭弱하야 易可敗壞함이 猶如輭渥이 不堪爲器는 是爲柔失也니라 此二十種邪定之法은 隨其所發하야 若不識別하고 心生愛着하면 因或失心狂亂하며 或哭或笑하며 或驚漫走하며 或時에 自欲投巖赴火하며 或時得病하며 或因致死하나니라 又復隨有如是發一邪法하야 若與九十五種外道鬼神法中에 一鬼神法으로 相應하야 而不覺者는 卽

念彼道하야 行於彼法일새 因此便入鬼神法門하야 鬼加其勢하며 或發諸邪定과 及諸辯才하야 知世吉凶하며 神通奇異로 現希有事하야 感動衆人일새 世人이 無知하야 但見異人하고 謂是賢聖이라하야 深心信伏이니라 然其內心은 專行鬼法이니 當知是人은 遠離聖道하야 身壞命終에 墮三惡趣하나니 如九十六外道經에 廣說하니라 行者가 若覺是等邪相이면 應以前法으로 驗而治之니라 然於其中에 亦有是非하니 何者오 若其邪定이 一向魔作者인댄 用法治之하야 魔去之後엔 則都無復毫釐禪法이어니와 若我得入正定之時에 魔入其中하야 現諸邪相者인댄 用法却之하야 魔邪가 旣滅에 則我定心明淨이 猶如雲除日顯이니라 若此等相이 雖似魔作이나 而用法治하야 猶不去者는 當知因自罪障所發이라 則應勤修大乘懺悔니 罪滅之後에 定當自顯이니라 此等障相은 甚微難別이니 欲求道者는 不

可不知니라 且止傍論하고 還釋本文하리라 上來엔 廣辨魔事差別이요 以是以下는 第二明治니라 言智慧觀察者는 依自隨分所有覺慧하야 觀諸魔事하야 察而治之니 若不觀察이면 卽墮邪道라 故로 言勿令墮於邪網이니 此是如前三種驗中에 正爲第三智慧觀察이니라 言當勤正念하야 不取不着者는 總顯三中에 前之二法이니 令於此中에 大乘止門은 唯修理定이요 更無別趣일새 故初定研에 并依本修요 更無別法이라 所以로 今說當依本修大乘止門하야 正念而住니라 不取不着者는 邪不干正하야 自然退沒이니 當知若心取着하면 則棄正而成邪어니와 若不取着하면 則因邪而顯正이니라 是知邪正之分이 要在着與不着이니 不着之者는 無障不離일새 故로 言遠離是諸業障也니라 應知外道以下는 第三簡其眞僞라 於中에 有二하니 初擧內外하야 以別邪正이라 先邪요 後正이니 文相은

可知로다 若諸以下는 次對理事하야 以簡眞僞라 於中에 初顯理定이 是眞이니 行者는 要修眞如三昧하야사 方入種性의 不退位中이라 除此코 更無能入之道일새 故로 言不習이면 無有是處라하시니라 然이나 種性之位는 有其二門하니 一은 十三住門에 初種性住니 種性者는 無始來有요 非修所得이니 義出瑜伽와 及地持論하니라 二는 六種性門에 初習種性이요 次性種性者는 位在三賢이니 因習所成이라 出本業經과 及仁王經이니 於中委室은 如一道義中廣說也니라 今此中에 言如來種性者는 說第二門의 習種性位也니라 以修世間以下는 次顯事定之僞니 謂不淨觀과 安那槃念等은 皆名世間諸三昧也니라 若人이 不依眞如三昧하고 直修此等事三昧者는 隨所入境하야 不離取着이니 取着法者는 必着於我라 故屬三界하야 與外道로 共也니 如智度論에 云諸法實相이요 其餘一切는 皆是

魔事가 此之謂也니라 上來에 第三明魔事는 竟하다

△第二는 廣釋이라 그 中에 三이 있으니 一은 魔事의 差別을 널리 나타냄이요 以是義故 以下는 第二에 그 對治를 밝힘이요 應知外道 以下는 第三에 眞僞를 簡別함이니라. 初中에 곧 五雙의 十事를 밝힘이니 一은 現形과 說法이 雙이 됨이요 二는 得通과 起辯이 雙이 됨이니 或令人 以下로 좇아 乃至 名利의 事를 말함이요 三은 起惑과 作業이 雙이 됨이니 又令使人 以下로 乃至 種種牽纒을 말함이요 四는 入定과 得禪이 雙이 됨이니 亦能使 以下로 좇아 乃至 使人愛着을 말함이요 五는 食差와 顔變이 雙이 됨이니 文處에 可히 볼지라. 問이라 저 菩薩像 等 境界를 봄은 或 宿世의 善根으로 因해 發한 바니 어떻게 簡別하여 그 邪正을 判斷하는고? 解答해 이르되 實로 이 일이 있으니 可히 삼가지 아니하지 못할지니라. 그러한 바는 만일 諸魔의 하는바 相을 보고 이 善相이라 일러서 기뻐하는 마음으로 取着하면 곧 이 邪僻으로 因하여 得病發狂할 것이요 만일 善根으로 發한바 境界를 얻고 이 魔事라 일러서 마음에 疑心해 捨離하면 곧 善利를 退失하여 마침내 進趣가 없을 것이니 邪와 正을 實로 取別하기 어려운지라 故로 三法으로써 試驗하면 可히 알지니라. 어떠한 일이 三이 되는고? 一은 定으로써 硏磨함이요 二는 本을 依支해 修治함이요 三은 智慧로 觀察함이니라. 저 經에 말씀하되 眞金을 알고자 할진대 三法으로 試驗할지니 燒와 打와 磨를 말함이라 行人도 또한 그러하여 可히 分別해 알기 어려움이니 만일 分別하고자 할진대 또한 모름지기 三으로 試驗할지니라. 一은 마땅히 함께 일을 함이요 일을 함께해 알지 못함에 마땅히 함께 오래 함이요 함

께 해 알지 못함에 智慧로 觀察한다고 하시니 이제 이 意를 假藉하여 써 邪正을 試驗할지니라. 저 定中에 境相이 發할 때 邪正을 了知하기 어려운 것은 應當 깊이 定心에 入하여 저 境中에 不取·不捨하고 다만 平等히 定에 住할지니 만일 이 善根의 所發일진대 定力이 더욱 깊음에 善根이 더욱 發하거니와 만일 魔가 하는 짓일진대 오래지 않아 自壞함을 말한 것이니라. 第二에 依本修治란 것은 또 本來 닦은 不淨觀禪과 같이 하여 이제 곧 本을 依支해 不淨觀을 닦음이니 만일 이처럼 닦되 境界가 더욱 밝은 者는 곧 거짓이 아니요, 만일 本으로써 修治하여 漸漸 壞滅하는 者는 마땅히 알라 이 邪니라. 第三에 智慧觀察이란 것은 所發의 相을 觀察하여 根原을 推驗하되 生處를 보지 못하고 깊이 空寂함을 알아서 마음이 主着하지 않으면 邪가 마땅히 스스로 滅하고 正이 마땅히 스스로 나타남이 眞金을 불태움에 그 빛이 自若함과 같을 것이요 거짓이라면 그렇지 않을 것이니라. 이 中에 定은 磨에 譬喩하고 本은 打와 같고 智慧觀察은 火燒로써 比類함이니 이 三으로써 試驗함에 邪正을 可히 알지니라. 問이라 만일 魔가 能히 我心으로 하여금 定을 얻게 할진대 定의 邪正을 어떻게 簡別하는고? 解答해 이르되 이 處가 微細하여 甚히 可히 알기 어려움이니 또 先賢의 說을 依支하여 干略히 邪正의 岐路를 보이리라. 前과 같이 說한 九種 心住門을 依支하여 次第로 修習해서 第九에 이를 때에 그 支體가 運運히 움직임을 깨달으리니 動할 때에 當하여 곧 그 몸이 구름과 같고 그림자 같으며 있는 듯도 하고 없는 듯도 하여 或은 위로 좇아 發하고 或은 아래로 좇아 發하고 或은 腰로 좇아 發해서 微微히 몸에 두루함을 깨달아 動觸이 發할 때에 功德이 無量하거니와 要略해 말할진대 十種의 相이 있으니 一은 靜定이요 二는 空虛요 三은 光淨이요 四는 喜悅이요 五는 猗樂이요 六은 善心이 生起함이요 七은 知見이 明了함이요 八은 모든 累縛이 없음이요 九는 그 마음이 調柔함이요 十은 境界가 앞에 나타나 있음이라 이처럼 十法이 動과 더불어 나타나니 만일 具足히 分別할진대 곧 可히 다하기 어려우니라. 이 事가 이미 지남에 다시 餘觸이 次第로 發함이 있으니 餘觸이라 말한 것은 大略 八種이 있으니 一은 動이요 二는 痒이요 三은 凉이요 四는 暖이요 五는 輕이요 六은 重이요 七은 澁이요 八은 滑이니라. 그러나 이 八觸은 반드시 具起하지 않고 或 다만 二 ·三觸만을 發하는 者가 있으며 發할 때에 또한 次例가 定해짐도 없느니라. 그러나 많이 처음엔 動觸을 發하니 이는 이 龜를 依支하여 正定의 相을 나타냄이니라. 다음엔 邪相을 分別하리니 邪相은 大略 十雙을 냄이니 一은 增減이요 二는 定亂이요 三은 空有요 四는 明暗이요 五는 憂喜요 六은 苦樂이요 七은 善惡이요 八은 愚智요 九는 脫縛이요 十은 强柔니라. 一에 增減이란 것은 저 動觸이 發할 때 或 身動 · 手起하고 脚도 또한 따라 움직여 外人이 꼼짝하지 않고 똑바로 앉아 자는 듯함을 보며 或 鬼가 붙은 것 같아서 身 · 手 · 足이 어지럽게 움직임은 이 增相이 되고 만일 動觸이 發할 때 위로하는 듯하고 아래로 하는듯하다가 몸에 두루 미치지 아니하여서 곧 문득 壞滅하여 이로 因해 모두 境界의 相을 잃고 앉을 때 蕭索하여 法으로 몸을 維持할 것이 없음은 이 滅相이 되느니라. 二에 定亂이란 것은 動觸이 발할 때 識心과 身이 定의 結縛한 바가 되어서 自在함을 얻지 못하고 或

다시 이로 因해 문득 邪定에 入하여 이에 七日에 이름은 이것이 定過요 만일 動觸이 發할 때 心意가 亂擧하여 餘外의 異境에 攀緣함은 亂過가 되느니라. 三에 空有란 것은 觸發할 때에 도무지 몸을 보지 못하여 空定을 證明했다고 말함은 이 空過가 되고 만일 觸發할 때에 몸이 堅實함이 마치 木石과 같은 줄 깨달음은 이 過가 있음이 되느니라. 四에 明暗이란 것은 觸發할 때에 外의 갖가지 光色 乃至 日月星辰을 봄은 이 明過가 되고 만일 觸發할 때에 身心이 暗昧하여 暗室에 入함과 같음은 이 暗過가 되느니라. 五에 憂喜란 것은 觸發할 때에 그 마음이 熱惱하여 憔悴해 기쁘지 않음은 이 憂失이 되고 만일 觸發할 때에 마음이 크게 踊悅하여 能히 스스로 便安하지 못함은 이 喜失이 되느니라. 六에 苦樂이란 것은 觸發할 때에 몸의 支體가 곳곳에 痛惱함을 깨달음은 苦失이 되고 만일 觸發할 때에 크게 快樂함을 알아서 貪着해 纏縛함은 이 樂失이 되느니라. 七에 善惡이란 것은 觸發할 때에 外의 散善을 생각하여 三昧를 破壞함은 이 善失이 되고 만일 觸發할 때에 無慚愧 等의 모든 惡心이 生함은 이 惡失이니라. 八에 愚智란 것은 觸發할 때에 心識이 迷惑하여 覺了할 바가 없음은 이 愚失이 되고 만일 觸發할 때에 知見이 明利하여 마음에 邪覺을 냄은 이 智失이 되느니라. 九에 縛脫이란 것은 或 五蓋와 모든 煩惱가 있어 心識을 覆障함은 이 縛失이 되고 或 空을 證明해 果를 얻었다고 일러서 增上慢을 냄은 離脫하거나 빠져서 없어짐이 되느니라. 十에 强柔란 것은 觸發할 때에 그 몸이 剛强함이 마치 瓦石과 같아서 可히 回轉하기 어려움은 이 强失이 되고 만일 觸發할 때에 마음과 뜻이 輭弱하여 可히 敗壞하기 쉬움이 마치 輭渥이 器가 됨을 堪當하지 못함과 같음은 이 柔失이 되느니라. 이 二十種 邪正의 法은 그 所發에 따라서 만일 分別해 알아보지 않고 마음에 愛着을 냄으로 因해 或 失心狂亂하여 或 울고 或 웃으며 或 놀래서 永遠히 달아나며 或時에 스스로 바위에 던지고 火에 赴하고자 하며 어쩌다가 病을 얻으며 或 因해 죽게 되느니라. 또다시 이처럼 一邪法을 發함이 있음을 따라서 만일 九十五種 外道鬼神法中에 一鬼神法과 더불어 相應하여 깨닫지 못하는 者는 곧 彼道를 생각하여 彼法을 行할 새 이로 因해 문득 鬼神法門을 들어서 鬼가 그 勢를 더하며 或 모든 邪定과 모든 辯才를 發하여 世間의 吉凶을 알며 神通의 奇異한 것으로 希有한 일을 나타내어 衆人을 感動할 새 世人이 無知하여 다만 다른 사람인 줄만 보고 이 賢聖이라고 일러서 深心으로 信伏하느니라. 그러나 그 內心은 鬼法만 오로지 行하니 마땅히 알라 이 사람은 聖道를 遠離하여 身이 壞하고 命이 終함에 三惡道에 떨어지니 九十六 外道經에 廣說함과 같으니라. 行者가 만일 是等의 邪相을 깨달으면 應當 前法으로써 試驗해 다스릴지니라. 그러나 그 中에 또한 옳고 그름이 있으니 무엇인고? 만일 그 邪定이 一向에 魔가 지은 것일진대 法을 써 다스려서 魔가 간 後엔 곧 도무지 다시 毫釐의 禪法도 없으려니와 만일 내가 正定에 得入했을 때에 魔가 그 中에 들어서 모든 邪相을 나타낸 것일진대 法을 써 물리쳐서 魔邪가 이미 滅함에 곧 나의 定心이 밝고 깨끗함이 마치 구름을 除去해 해가 나타남과 같으니라. 이와 같은 等相이 비록 魔가 지은 것과 같으나 法을 써 다스려서 오히려 除去되지 않는 것은 마땅히 알라 自己의 罪障으로 因해 發한 바라 곧 應

當 부지런히 大乘懺悔를 닦을지니 罪가 滅한 後에 定이 마땅히 스스로 나타나느니라. 此等의 障相은 甚히 微해 識別하기 어려움이니 道를 求하고자 하는 者는 可히 알지 아니하지 못할지니라. 아직 傍論을 그치고 또한 本文을 解釋하리라. 上來엔 魔事의 差別을 廣辨함이요 以是已下는 第二에 對治를 밝힘이니라. 智慧觀察이라 말한 것은 自己 隨分의 所有覺慧를 依支하여 모든 魔事를 觀察해서 살펴 다스릴지니 만일 觀察하지 않으면 곧 邪道에 떨어지는지라 故로 하여금 邪網에 떨어지지 않게 하라고 말한 것이니 이것은 前과 같은 三種驗中에 正히 第三 智慧觀察이 되느니라. 當勤正念하여 不取不着이라 말한 것은 總히 三中에 前의 二法을 나타냄이니 이제 이 中에 大乘止門은 오직 理定만 닦고 다시 別趣가 없을 새 故로 처음 定을 硏磨함에 아울러 本을 依支해 닦고 다시 別法이 없는지라 所以로 이제 마땅히 本을 依支해 大乘止觀을 닦아서 正念으로 住하라 說한 것이니라. 不取不着이란 것은 邪가 正에 干犯하지 못하여 自然히 退沒하는 것이니 마땅히 알라 마음으로 取着하면 곧 正을 버리고 邪를 이루려니와 만일 取着하지 않으면 곧 邪로 因해 正을 나타내느니라. 이를 알라 邪正의 分이 要가 着과 더불어 不着에 있으니 着하지 않는 者는 障마다 여의지 않음이 없을 새 故로 遠離是諸業障이라 말한 것이니라. 應知外道 以下는 第三에 그 眞僞를 簡別함이라 그 中에 二가 있으니 初는 內外를 들어서 써 邪正을 分別함이라 先은 邪요 後는 正이니 文相은 可히 알지로다. 若諸 以下는 次에 理事를 對하여 써 眞僞를 簡別함이라 그 中에 初는 理定이 이 眞임을 나타냄이니 行者가 종요로이 眞如三昧를 닦아야 바야흐로

種性의 不退位中에 드는지라 이를 除去하고 다시 能入할 道가 없을새 故로 말하되 익히지 않으면 옳은 곳이 없다고 하시니라. 그러나 種性의 位는 二門이 있으니 一은 十三住門에 初는 種性住니 種性이란 것은 無始來로 있는 것이요 닦아 얻은 바가 아니니 義가 瑜伽와 地持論에서 나오느니라. 二는 六種性門에 初는 習種性이요 次에 性種性이란 것은 位가 三賢에 있으니 익힘으로 因해 이룬 바라 本業經과 仁王經에서 나옴이니 그 中에 委悉은 一道義中에 廣說함과 같으니라. 이제 이 中에 如來種性이라 말한 것은 第二門의 習種性位를 說함이니라. 以修世間 以下는 次에 事定의 거짓을 나타냄이니 不淨觀과 安那槃念 等은 다 世間의 모든 三昧를 名함을 말한 것이니라. 만일 사람이 眞如三昧를 依支하지 않고 다만 이 等의 事三昧만 닦는 者는 所入의 境에 따라서 取着을 여의지 못하느니 法을 取着하는 者는 반드시 我를 執着하는지라 故로 三界에 屬하여 外道와 더불어 같이 하니 저 智度論에 이르되 諸法이 實相이요 其餘의 一切는 모두 이 魔事라 함이 이를 말함이니라. 上來에 第三 魔事를 밝힘은 마쳤다.

○復次精勤하야 專心修學此三昧者는 現世에 當得十種利益하리니 云何爲十고 一者는 常爲十方諸佛菩薩之所護念이요 二者는 不爲諸魔惡鬼의 所能恐怖요 三者는 不爲九十五種外道鬼神之所惑亂이요 四者는 遠離誹謗甚深之法하야 重罪業障이 漸漸微薄이요 五

者는 滅一切疑와 諸惡覺觀이요 六者는 於如來境界에 信得增長이요 七者는 遠離憂悔하야 於生死中에 勇猛不怯이요 八者는其心이 柔和하야 捨於憍慢하야不爲他人의 所惱요 九者는 雖未得定이나 於一切時와 一切境界處에 則能滅損煩惱하야 不樂世間이요 十者는 若得三昧하면 不爲外緣一切音聲之所驚動이니라

○復次 부지런히 힘써 專心으로 이 三昧를 修學하는 者는 現世에 마땅히 十種의 利益을 얻으리니 어떤 것이 十이 되는고? 一은 恒常 十方 諸佛·菩薩의 護念하는 바가 됨이요 二는 諸魔·惡鬼의 能히 恐怖할 바가 되지 않음이요 三은 九十五種 外道·鬼神의 惑亂할 바가 되지 않음이요 四는 甚深한 法을 誹謗함을 遠離하여 重罪와 業障이 漸漸 微薄함이요 五는 一切 疑와 모든 惡覺觀을 滅함이요 六은 如來의 境界에 믿음이 增長함을 얻음이요 七은 憂悔를 遠離하여 生死中에 勇猛해 怯畏하지 않음이요 八은 그 마음이 柔和하여 憍慢을 버려서 他人의 惱害하는 바가 되지 않음이요 九는 비록 定을 얻지 못하나 一切時와 一切 境界處에 곧 能히 煩惱를 滅損하여 世間을 즐기지 않음이요 十은 만일 三昧를 얻으면 外緣인 一切 音聲의 驚動하는 바가 되지 않음이니라.

△第四는 利益이니 後世利益은 不可具陳일새 古今略

示現在利益이니라 總標요 別顯이니 文相은 可知로다 別明止門은 竟在於前하다

△第四는 利益이니 後世의 利益은 可히 具陳하지 못할 새 故로 이제 現在의 利益을 略示함이니라. 總標요 別顯이니 文相은 可히 알지로다. 止門을 別明함은 앞에서 마쳤다.116)

○復次若人이 唯修於止하면 則心沈沒이어나 或起懈怠하야 不樂衆善하고 遠離大悲일새 是故로 修觀이니 修習觀者는 當觀一切世間有爲之法이 無得久停하야 須臾變壞하고 一切心行이 念念生滅이라 以是故로 苦하며 應觀過去所念諸法이 恍惚如夢하고 應觀現在所念諸法이 猶如電光하고 應觀未來所念諸法이 猶

116) 此는 修止所得의 利益을 밝힘이다. 三昧를 修學함에 佛·菩薩의 護念하는 바가 된다고 말한 것은 이 三昧가 諸佛菩薩의 修證한 根本일 새 故로 修學하는 者는 늘 佛·菩薩의 護念하는 바가 됨을 말한 것이다. 能히 法이 唯心인 줄 了하여 不取不着할 새 故로 諸魔外道 等의 惑亂하는 바가 되지 않으며 能히 深理에 契悟하여 相續心을 끊을 새 故로 深法을 誹謗하지 않고 罪業障이 微薄함을 얻으며 眞如를 깊이 믿어 마음이 分別을 여읨을 由할 새 故로 能히 모든 疑惑을 끊고 惡覺觀을 滅하고 믿음이 增長함을 얻으며 또 能히 法의 無生을 達하여 마음이 憂悔를 여읠 새 故로 生死中에 勇猛不怯하며 法의 平等을 了하여 마음이 憍慢을 여읠 새 故로 他人이 괴로워하는 바가 되지 않으며 모든 愛染을 여의어 世樂에 着하지 않을 새 故로 能히 煩惱를 滅損하여 世間을 즐겨하지 않으며 三昧에 深入하여 世緣을 좇지 않을 새 故로 外緣의 驚動하는 바가 되지 않는 것이다.

如於雲하야 忽爾而起하며 應觀世間一切有身이 悉皆不淨하야 種種穢汙라 無一可樂이니라 如是當念一切衆生이 從無始世來로 皆因無明의 所熏習故로 令心生滅하야 已受一切身心大苦하며 現在에 卽有無量逼迫하며 未來所苦도 亦無分齊하야 難捨難離호대 而不覺知니 衆生이 如是甚爲可愍이니라 作此思惟하고 卽應勇猛立大誓願호대 願令我心으로 離分別故로 徧於十方하야 修行一切諸善功德하며 盡其未來토록 以無量方便으로 救拔一切苦惱衆生하야 令得涅槃第一義樂이니라 以起如是願故로 於一切時一切處에 所有衆善을 隨己堪能하야 不捨修學하야 心無懈怠니 唯除坐時엔 專念於止요 若餘一切엔 悉當觀察應作不應作이니라

○復次 만일 사람이 오직 止만 닦으면 곧 마음이 沈沒하거나 或은 懈怠를 일으켜 衆善을 즐기지 않고 大悲를 遠離할 새 이런 故로 觀을 닦을지니 觀을 修習하는 者는 마땅히 一切 世間有爲의 法이 시러

검 오래 머무름이 없어서 須臾에 變壞하고 一切 心行이 念念에 生滅하는지라 이를 쓴 故로 苦인 줄 보며 應當 過去의 생각한바 諸法이 恍惚해 꿈과 같은 줄 보고 應當 現在의 생각하는바 모든 法이 마치 電光과 같은 줄 보고 應當 未來의 생각할 바 모든 法이 마치 구름과 같아서 忽然히 일어나는 줄 보며 應當 世間 一切 몸이 있음이 모두 깨끗하지 아니하여 갖가지 穢汙라 하나도 可히 즐거울 것이 없는 줄 볼지니라.117)

이처럼 마땅히 一切衆生이 無始世로 좇아 옴으로 모두 無明의 스며든 바를 因한 故로 마음이 生滅하게 하여 이미 一切 몸과 마음이 큰 苦痛을 받았으며 現在에 곧 無量한 逼迫이 있으며 未來의 苦痛스러운 바도 또한 分齊가 없어서 버리기 어렵고 여의기 어렵되 깨달아 알지 못하니 衆生이 이처럼 甚히 可히 憐愍함이 됨을 생각할지니라. 이 思惟를 짓고 곧 應當 勇猛히 大誓願을 세우되 願컨대 나의 마음이 分別을 여읜 故로 十方에 두루하여 一切 모든 善功德을 修行하며 未來가 다하도록 無量한 方便으로써 一切 苦惱衆生을 救拔하여 하여금 涅槃 第一義樂을 얻게 한다고 할지니라. 이처럼 願을 일으킴을 쓴 故로 一切時 一切處에 가지고 있는 바의 衆善을 自己가 堪能함에 따

117) 此는 偏修의 失을 들어서 四觀을 부지런히 닦음이다. 대개 止觀 二法은 반드시 모름지기 雙修할지니 만일 오직 止만 닦으면 마음이 沈沒하여 二利에 懈怠할까 두려워할 새 故로 修觀을 부지런히 하는 것이다. 修習下는 하여금 有爲의 無常을 보게 한지라 故로 이르되 有爲의 法은 시러검 오래 머무를 수 없어서 須臾에 變壞한다고 한 것이다. 一切下는 하여금 마음이 苦인 줄 보게 한지라 故로 이르되 念念生滅이라 이를 쓴 故로 苦라 한 것이다. 應觀下는 하여금 三世의 所念한 法이 如夢如電하고 또한 구름과 같아서 畢竟에 다 空한 줄 觀察하게 하며 하여금 有身이 모두 不淨하여 하나도 可히 즐거울 것이 없는 줄 觀하게 한 것이다. 이 觀을 짓고 남에 自然히 마음이 沈沒하지 않아서 衆善을 修行하고 利生을 發起하는 것이다

라서 버리지 않고 修學하여 마음에 懈怠함이 없을지니 오직 坐時엔 止를 專念하고 만일 나머지 一切엔 다 마땅히 應作과 不應作을 觀察할지니라.118)

△第二는 明觀이라 於中에 有三하니 初明修觀之意요 次顯修觀之法이요 其第三者는 總結勸修니라 第二之中에 顯四種觀이니 一은 法相觀이라 謂無常苦流轉不淨이니 文相은 可知요 如是當念以下는 第二明大悲觀이요 作是思惟以下는 第三明誓願觀이요 以起如是以下는 第四明精進觀이니 依此四門하야 略示修觀也니라 唯除坐時以下는 第三에 總結勸修니라 上來엔 第一別明止觀이니라

---

118) 此는 物苦를 생각하여 하여금 悲願을 發해서 써 衆善을 닦게 함을 부지런히 함이다. 如是下는 上을 牒해 하여금 物苦를 생각하게 함이니 이미 無常·苦·空·不淨을 觀하고 남에 또 마땅히 衆生이 無始無明의 熏習한 바가 되어서 마음으로 하여금 生滅하게 할 새 故로 모든 大苦를 思念한다. 그러나 衆生이 三世中에 비록 苦를 받음이 無量하여 邊際가 없으나 覺知하지 못하느니 眞實로 可히 憐愍함이 된다. 이런 故로 應當廣大願을 發하여 써 救拔함을 말한 것이다. 願令我心으로 離分別이라 말한 것은 하여금 直心을 發하게 함이니 곧 不顚倒心이다. 徧於下는 하여금 深心을 發하게 함이니 곧 廣大心이다. 盡未來下는 하여금 悲心을 發하게 함이니 곧 長時心이다. 令得下는 곧 第一心을 發함이다. 以起下는 上의 大願을 牒하여 進修를 結勸함이다. 故로 이르되 오직 坐時엔 止를 專念하고 나머지 行住時엔 다 마땅히 應作과 不應作을 觀察한다고 한 것이다.

△第二는 觀을 밝힘이라 그 中에 三이 있으니 初는 修觀의 意를 밝힘이요 次는 修觀의 法을 나타냄이요 그 第三은 勸修를 總結함이니라. 第二의 中에 四種의 觀을 나타냄이니 一은 法相觀이라 無常과 苦와 流轉과 不淨을 말함이니 文相은 可히 알 것이요 如是當念 以下는 第二 大悲觀을 밝힘이요 作是思惟 以下는 第三 誓願觀을 밝힘이요 以起如是 以下는 第四 精進觀을 밝힘이니 이 四門을 依하여 修觀을 略示함이니라. 唯除坐時 以下는 第三에 勸修를 總結함이니라. 上來엔 第一 止觀을 別明함이니라.

○若行若住와 若臥若起에 皆應止觀을 俱行이니 所謂雖念諸法의 自性不生이나 而復卽念因緣和合한 善惡之業의 苦樂等報가 不失不壞하며 雖念因緣善惡業報나 而亦卽念性不可得이니라 若修止者는 對治凡夫의 住着世間하고 能捨二乘의 怯弱之見하며 若修觀者는 對治二乘의 不起大悲하는 狹劣心過하고 遠離凡夫의 不修善根이니라 以此義故로 是止觀二門이 共相助成하야 不相捨離하나니 若止觀이 不具하면 則無能入菩提之道니라

○이렇듯 行하고 이렇듯 住함과 이렇듯 눕고 이렇듯 일어남에 다 應

當 止觀을 함께 行할지니 所謂 비록 諸法이 自性이 나지 않음을 생각하나 다시 곧 因緣으로 和合한 善惡의 業의 苦樂 等 報가 不失不壞함을 생각하며 비록 因緣의 善惡業報를 念하나 또한 곧 性의 不可得을 念함이니라. 만일 止를 닦은 者는 凡夫의 世間에 主着함을 對治하고 能히 二乘의 怯弱한 見을 버리며 만일 觀을 닦은 者는 二乘의 大悲를 不起하는 狹劣心의 過誤를 對治하고 凡夫의 善根을 닦지 않음을 遠離하느니라. 이 義를 쓴 故로 이 止觀의 二門이 함께 서로 助成하여 서로 捨離하지 않으니 만일 止觀을 갖추지 않으면 곧 能히 菩提의 道에 入할 수 없느니라.

△第二는 合修라 於中에 有三하니 一은 總標俱行이요 第二는 別明行相이요 三者는 總結이니라 第二之中에 顯示二義니 先明順理하야 俱行止觀이요 後顯對障하야 俱行止觀이니라 初中에 言雖念諸法自性不生者는 依非有門하야 以修止行也요 而復卽念業果不失者는 依非無門하야 以修觀行也라 此는 順不動實際코 建立諸法일새 故能不捨止行하고 而修觀行이니 良由法雖非有나 而不墮無故也니라 次言雖念善惡業報나 而卽念性不可得者는 此順不壞假名코 而說實

相일새 故能不廢觀行하고 而入止門이니 由其法雖不無나 而不常有故也니라 若修以下는 對障分別이라 若修止者는 離二種過니 一者는 正除凡夫의 主着之執이니 遣彼所着人法相故요 二者는 兼治二乘의 怯弱之見이니 見有五陰怖畏苦故니라 若修觀者도 亦離二過니 一者는 正除二乘의 狹劣之心이 普觀衆生하야 起大悲故요 二者는 兼治凡夫의 懈怠之意니 不觀無常하야 懈怠發趣故니라 以是義故以下는 第三總結俱行이니 一則順理無偏하야 必須俱行이요 二卽並對二障하야 必應雙遣이니 以是二義가 不相捨離일새 故言共相助成等也니라 止觀二行이 旣必相成인댄 如鳥兩翼이며 似車二輪이니 二輪이 不具하면 則無運載之能이요 一翼이 若闕이면 何有翔空之勢리오 故로 言止觀이 不具하면 則無能入菩提之道也라하시니라 修行信心分中에 有三하니 一者는 擧人하야 略標大意요 二

者는**就法**하야 **廣辨行相**이니 **此之二段**은 **竟在於前**하다

△第二는 修에 合함이라 그 中에 三이 있으니 一은 俱行을 總標함이요 第二는 行相을 別明함이요 三은 總結이니라. 第二의 中에 二義를 顯示함이니 先은 理를 順하여 止觀을 俱行함을 밝힘이요 後는 障을 對하여 止觀을 俱行함을 나타냄이니라. 初中에 雖念諸法自性不生이라 말한 것은 非有의 門을 依하여 써 止行을 닦음이요 而復卽念業果不失이란 것은 非無의 門을 依하여 써 觀行을 닦음이라 此는 實際에 動하지 않고 諸法을 建立함에 順할 새 故로 能히 止行을 버리지 않고 觀行을 닦음이니 眞實로 法은 비록 有가 아니나 無에 墮하지 않음을 由한 연고니라. 次에 雖念善惡業報나 而卽念性不可得이라 말한 것은 이 假名을 壞하지 않고 實相을 說함에 順할 새 故로 能히 觀行을 廢하지 않고 止門에 入하느니 그 法은 無가 아니나 常有가 아님을 由한 연고니라. 若修 以下는 障을 對해 分別함이라 만일 止를 닦는 者는 二種의 過를 여의니 一은 正히 凡夫의 主着한 執을 없앰이니 저의 所着한 人法相을 보내는 연고요 二는 兼해 二種의 怯弱한 見을 다스림이니 五陰의 怖畏苦가 있는 줄 보는 연고니라. 만일 觀을 닦는 者는 또한 二過를 여의니 一은 正히 二乘의 狹劣한 마음을 없앰이니 널리 衆生을 觀察하여 大悲를 일으키는 연고요 二는 兼해 凡夫의 懈怠한 뜻을 다스림이니 無常을 觀察하지 아니하여 懈怠히 發趣하는 연고니라. 以是義故 以下는 第三에 俱行을 總結함이니 一은 理의 無偏을 順하여 반드시 모름지기 俱行함이요 二는 곧 二障을 并對하여 반드시 應當 雙遣하여야 함이니 이 二義가 서로 捨離치 않음을 因할 새 故로 共相助成 等이라 말한

것이니라. 止觀의 二行이 이미 반드시 서로 이루었을진대 새의 兩 날개와 같으며 수레의 두 바퀴와 같으니 두 바퀴를 갖추지 않으면 곧 싣고 나르는 能이 없을 것이요 한쪽 날개가 闕하면 어찌 虛空에 나르는 勢가 있으리오? 故로 말하되 止觀을 갖추지 않으면 곧 能히 菩提의 道에 들어갈 수 없다 하시니라.

修行信心分中에 三이 있으니 一은 人을 들어서 大意를 略標함이요 二는 法에 就하여 行相을 廣辨함이니 此의 二段은 앞에서 마쳤다.119)

○復次衆生이 初學是法하야 欲求正信호대 其心이 怯

119) 此는 四儀를 依하여 止觀을 圓修함을 勸한 것이다. 若行下는 四儀를 依해 止觀行을 標함이요 所謂下는 止觀俱行의 相을 解釋함이니 止에 卽해 觀함을 쓴 故로 비록 諸法의 自性無生을 觀하나 다시 곧 因緣和合한 業果不失을 觀할 새 故로 諸善을 廣修하여 衆生을 攝化하니 無修로 修하는 것이요 觀에 卽해 止함을 쓴 故로 비록 緣合을 觀하여 衆善을 廣修하나 能所兩亡하고 二利齊泯함이 妨害받지 않아서 修하되 修할 바가 없는 것이니 이는 修를 잡아서 써 止觀을 밝힘이다. 若修下는 對治를 잡아서 써 止觀을 밝힘이니 대개 凡夫는 諸法의 無生을 不達함을 由하여 世間을 貪着하고 二乘은 無生을 不了함을 由하여 곧 生死를 怯畏할 새 故로 이제 卽觀의 止를 보이어 凡夫로 하여금 이를 닦아서 世間에 着하지 않게 하고 二乘으로 이를 닦아서 生死를 怯畏하지 않게 한다. 故로 이르되 凡夫의 主着世間을 對治하며 二乘의 怯弱한 見을 能捨한다 한 것이다. 若修觀者下는 또한 二過를 다스림이니 二乘의 狹劣한 마음을 다스려 하여금 널리 衆生을 觀해서 大悲를 일으키게 하고 또한 凡夫의 懈怠한 習을 다스려 하여금 無常 等을 觀해서 善行을 策修하게 한다. 故로 이르되 二乘의 不起大悲를 對治하고 凡夫의 不修善根을 遠離한다 함을 말한 것이다. 以是下는 上을 牒해 俱相을 結成함이니 이 止觀이 凡夫와 二乘의 모든 心過를 能治함을 쓴 故로 곧 알라 止觀이 共相助成하여 서로 捨離하지 않는 것이다. 대개 止로써 觀을 助하여 觀이 止를 여의지 않으면 生死에 住하지 않고 觀으로써 止를 助하여 止가 觀을 여의지 않으면 涅槃에 住하지 않는다. 이미 止觀이 俱行하여 生死와 涅槃에 住하지 않는다면 能히 無上菩提를 究竟하려니와 此에 反한즉 止觀이 不具할 새 故로 菩提의 道에 能入할 수 없는 것이다.

弱하야 以住於此娑婆世界에 自畏不能常值諸佛하야 親承供養하고 懼謂信心을 難可成就라하야 意欲退者는 當知如來가 有勝方便하사 攝護信心이시니 謂以專意念佛因緣으로 隨願得生他方佛土하야 常見於佛하야 永離惡道니라 如脩多羅에 說若人이 專念西方極樂世界阿彌陀佛하야 所修善根으로 廻向願求生彼世界하면 卽得往生하리니 常見佛故로 終無有退라하시니 若觀彼佛의 眞如法身하야 常勤修習하면 畢竟得生하야 住正定故니라

◯復次 衆生이 처음에 이 法을 배워서 正信을 求하고자 하되 그 마음이 怯弱하여 써 이 娑婆世界에 住함에 스스로 能히 恒常 諸佛을 만나서 親히 받들어 供養하지 못할까 두려워해 말하되 信心을 可히 成就하기 어렵다 하여 뜻이 退轉하고자 하는 者는 마땅히 알라 如來가 殊勝한 方便이 있어서 信心을 攝護함이시니 專意의 念佛한 因緣으로써 원을 따라 他方佛土에 得生하여 늘 佛을 親見해서 惡道를 永離함을 말한 것이니라. 저 脩多羅에 說하되 만일 사람이 西方極樂世界 阿彌陀佛을 專念하여 所修의 善根으로 回向해 저 世界에 나기를 願求하면 곧 往生함을 얻으리니 늘 佛을 親見하는 故로 마침내 退轉

이 없다 하시니 만일 彼佛의 眞如法身을 觀하여 恒常 부지런히 修習하면 畢竟에 往生함을 얻어서 正定에 住하는 연고니라.

△第三은 示修行者의 不退方便이라 於中에 有二하니 先明初學者의 畏退墮요 後示不退轉之方便이니라 此中에 有三하니 一者는 明佛有勝方便이요 二者는 別出脩多羅說이요 若觀以下는 第三에 釋經所說意趣니라 若觀法身하야 畢竟得生者는 欲明十解以上菩薩이 得少分見眞如法身일새 是故로 能得畢竟往生이니 如上信成就發心中에 言以得少分見法身故라하시니 此約相似見也어니와 又復初地已上菩薩이 證見彼佛의 眞如法身일새 以之故로 言畢竟得生이니 如楞伽經에 歎龍樹菩薩云호대 證得歡喜地하야 往生安樂國故라하시니 此中論意는 約上輩人하야 明畢竟生이요 非謂未見法身하야 不得往生也니라 住正定者는 通論有三하니 一者는 見道以上을 方名正定이니 約無漏道하야 爲正定故요 二者는 十解以上을 名爲正定 又

住不退位하야 爲正定故요 三者는 九品往生을 皆名正定이니 依勝緣力하야 得不退故니라 於中委悉은 如無量壽料簡中說하니라

△第三은 修行者의 不退方便을 보임이라 그 中에 二가 있으니 先은 初學者의 退墮할까 두려워함을 밝힘이요 後는 不退轉의 方便을 보임이니라. 此中에 三이 있으니 一은 佛이 勝方便이 있음을 밝힘이요 二는 脩多羅의 說을 別出함이요 若觀 以下는 第三에 經의 所說한 意趣를 釋함이니라. 若觀法身하여 畢竟得生이란 것은 十解以上菩薩이 少分 眞如法身을 봄을 얻을 새 이런 故로 能히 畢竟往生함을 얻음을 밝히고자 함이니 如上 信成就發心中에 말하되 少分 法身을 봄을 얻음으로써 한 연고라 하시는 此는 相似의 見을 잡음이거니와 또다시 初地已相 菩薩이 彼佛의 眞如法身을 證見할 새 이를 쓴 故로 畢竟得生이라 말함이니 저 楞伽經에 龍樹菩薩을 歎해 이르되 歡喜地를 證得하여 安樂國에 往生하는 연고라 하시니 此中 論意는 大輩人을 잡아서 畢竟生을 밝힘이요 法身을 보지 못하여 往生을 얻지 못하는 者를 말함이 아니니라. 住正定이란 것은 通論하건대 三이 있으니 一은 見道以上을 바야흐로 正定이라 名함이니 無漏道를 잡아서 正定을 삼는 연고요 이는 十解以上을 이름해 正定이라 함이니 不退位에 住하여 正定을 삼는 연고요 三은 九品의 往生을 다 正定이라 名함이니 勝緣力을 依하여 不退를 얻는 연고니라. 그 中에 委悉함은 無量壽 料簡中의 說과 같으니라.120)

120) 此는 怯退의 機를 爲하여 써 專念方便을 보임이다. 復次下는 怯退의 意를 밝힘이요

△第五는 勸修分中에 在文有六하니

△第五는 勸修分中에 文에 있어 六이 있으니

○己說修行信心分하니 次說勸修利益分하리니 如是摩訶衍諸佛秘藏을 我己總說하니

○이미 修行信心分을 說했으니 다음엔 勸修利益分을 說하리라. 이와 같은 摩訶衍의 諸佛秘藏을 내가 이미 總說했으니

第一은 總結前說이니라

제일은 전설을 총결함이니라121)

若有衆生이 欲於如來甚深境界에 得生正信하니 遠離誹謗하고 入大乘道인댄 當持此論하야 思量修習하면 究

當知下는 攝護方便을 標指함이요 如脩多羅下는 經을 引해 證成함이요 若觀下는 專念을 對해 勝을 나타냄이다. 初學是法 等이라 말한 것은 是法은 前의 五門法을 通指함이니 써 이 五門을 닦음에 四信을 能成할 새 故로 이르되 欲求正信이라 함을 말한 것이다. 其心怯弱 等이라 말한 것은 衆生이 生死中에 처음 覺悟를 일으킴에 惑業은 無始로 積集하고 善行은 바야흐로 將次 修學할 새 境强心弱하고 障重力微하니 修心에 있어 어찌 怯懼가 없으랴. 하물며 娑婆世間은 늘 佛을 만나지 못하니 이미 佛을 만나지 못할진대 法을 어찌 得聞하랴. 이와 같다면 若輪은 易就요 正信은 難成이라 故로 意가 退하고자 함을 말한 것이다. 如來가 是等輩를 爲하여 곧 專念方便으로써 攝護해서 그에게 專意로 念佛하여 願을 따라 他方佛土에 得生해서 惡道를 永離하게 한 것이다. 이미 佛土에 났다면 늘 佛을 만나게 될 새 故로 마침내 退轉이 없으니 此는 곧 十信의 不退인 것이다. 若觀下는 前엔 오직 專念이요 此는 理觀을 兼함이니 理觀은 前의 專念보다 勝할 새 故로 부지런히 닦으면 畢竟에 得生하여 正定에 住해서 十住의 不退에 入함을 말한 것이다. 正宗文은 마쳤다. 下는 이에 流通分이다.

121) 此 는 懈慢不進의 機를 爲하여 益을 들어 써 勸修함이다. 初二句는 結前生後요 如是下는 前說을 牒結함이다.

竟能至無上之道하리니 若人이 聞是法己하고 不生怯弱하면 當知此人은 定紹佛種하야 必爲諸佛之所授記니라

○만일 어떤 衆生이 如來의 甚深한 境界에 正信을 得生하여 誹謗을 遠離하고 大乘道에 들고자 할진대 마땅히 此論을 가져서 思量해 修習하면 究竟에 能히 無上의 道에 이르리니 만일 사람이 이 法을 들어 마치고 怯弱을 내지 않으면 마땅히 알라 이 사람은 決定코 佛種을 이어서 반드시 諸佛의 授記할 바가 될지니라.

△第二는 擧益勸修라 文中에 有二하니 先正勸修요 究竟以下는 示其勝利니라 此中에 二句니 初示所得果勝이요 後明能修人勝이니라

△第二는 益을 들어 修를 勸함이라 文中에 二가 있으니 先은 正히 勸修함이요 究竟以下는 勝利를 보임이니라. 此中에 二句니 初는 所得의 果勝을 보임이요 後는 能修의 人勝을 밝힘이니라.122)

○假使有人이 能化三千大千世界滿中衆生하야 令行十善이라도 不如有人이 於一食頃에 正思此法하야 過

122) 若有下는 三慧의 益을 總顯함이다. 대개 此論의 所明한 一心·二門·三大 等 旨는 이에 諸佛의 所證한 甚深境界다. 故로 正信으로 誹謗을 離하여 無上道를 究竟하고자 하는 者는 마땅히 此論을 가져 思量修習하는 것이다. 若人下는 聞慧의 益을 別顯함이니 論의 所明한 理는 이에 諸佛의 成道한 根本이라 곧 듣고 怯畏하지 않는 者는 마땅히 佛種을 이을 새 故로 諸佛의 授記할 바가 됨을 말한 것이다.

前功德하야 不可爲喩니라 復次若人이 受持此論하야 觀察修行호대 若一日一夜하면 所有功德이 無量無邊하야 不可得說이라 假令十方一切諸佛이 各於無量無邊阿僧祇劫에 歎其功德이라도 亦不能盡이니 何以故오 謂法性功德이 無有盡故로 此人功德도 亦復如是하야 無有邊際니라

○假使 어떤 사람이 能히 三千大千世界의 中에 가득한 衆生을 化度하여 하여금 十善을 行하게 할지라도 어떤 사람이 一食頃에 바로 이 法을 생각하는 것만 같지 못해서 前의 功德에 超過하여 可히 比喩하지 못하느니라. 復次 만일 사람이 此論을 受持하여 觀察해 修行하되 만일 一日一夜를 하면 所有의 功德이 無量하고 無邊하여 可히 얻어 說할 수 없는지라 假令 十方 一切諸佛이 各各 無量無邊한 阿僧祇劫에 그 功德을 讚歎하더라도 能히 다하지 못하느니 어찌 쓴 연고뇨? 法性의 功德이 다함이 없는 故로 此人의 功德도 또한 다시 이와 같아서 邊際가 없음을 말함이니라.

△第三은 信受福勝이라 文中에 有二하니 先明一食之頃의 正思福勝이요 後顯一日一夜修行의 功德無邊이니라

第三은 信受의 福이 勝함이라 文中에 二가 있으니 先은 一食할 동안의 正思하는 福이 勝함을 밝힘이요 後는 一日一夜 修行의 功德이 無邊을 顯함이니라.123)

○其有衆生이 於此論中에 毁謗不信하면 所獲罪報가 經無量劫토록 受大苦惱라 是故로 衆生이 但應仰信이요 不應誹謗이니 以深自害하며 亦害他人하야 斷絶一切三寶之種하리니 以一切如來가 皆依此法하야 得涅槃故며 一切菩薩이 因之修行하야 入佛智故니라

○그 어떤 衆生이 此論中에 毁謗해 믿지 않으면 所獲의 罪報가 無量劫을 지내도록 大苦惱를 받는지라 이런 故로 衆生이 다만 應當 仰信할 것이요 應當 誹謗하지 말지니 써 깊이 스스로 害하며 또한 他人도 害하여 一切 三寶의 種을 斷絶하리니 써 一切 如來가 다 此法을 依하여 涅槃을 얻은 연고며 一切 菩薩이 이를 因해 修行하여 佛智에 入하는 연고니라.

△第四는 毁謗罪重이라 文中에 有四니 先明毁謗罪重이요 是故以下는 第二試勸이요 以深以下는 第三에 釋罪重意요 一切如來以下는 第四에 轉釋斷三寶

123) 假使下는 化人의 功을 들어서 思慧의 益을 別顯함이니 化人行善은 이 有漏의 善이요 食頃思法은 이에 無漏의 因이니 이와같다면 思法의 德이 化人의 功에 超過함이 甚多한 故로 可히 比喩하지 못함을 말한 것이다. 復次下는 修慧의 益을 別顯함이니 此論을 依해 修하면 비록 一日一夜라도 써 性에 稱合한 故로 곧 功德의 邊量이 없는 것이니 어찌 가히 얻어 說하랴. 이로써 諸佛이 無量無數劫에 贊嘆하여도 또한 능히 다하지 못함을 말한 것이다. 何以故下는 歎不能盡의 所以를 釋함이니 대게 法性功德이 다함이 없는 고로 修行功德도 또한 邊際가 없는지라 고로 贊歎해 능히 다하지 못하는 것이다.

種之意니라

△第四는 毁謗의 罪가 重함이라 文中에 四가 있으니 先은 毁謗의 罪가 重함을 밝힘이요 是故以下는 第二에 試勸이요 以深 以下는 第三에 罪重의 意를 釋함이요 一切如來下는 第四에 三寶種을 斷하는 意를 轉釋함이니라.124)

○當知過去菩薩도 己依此法하야 得成淨信이며 現在菩薩도 今依此法하야 得成淨信이며 未來菩薩도 當依此法하야 得成淨信이니

○마땅히 알라 過去의 菩薩도 이미 此法을 依하여 淨信을 得成했으며 現在의 菩薩도 이제 此法을 依하여 淨信을 得成하며 未來의 菩薩도 마땅히 此法을 依하여 淨信을 得成할 것이니

第五는 人證이니라

第五는 引證함이니라.125)

○是故衆生이 應勤修學이니라

---

124) 此는 謗毁의 罪를 들어서 信을 結하고 修를 勸함이다. 其有下는 不信의 罪苦를 들어서 信을 勸하고 謗을 誡함이다. 以一切下는 斷絶三寶의 所以를 釋함이니 대개 此論의 所詮은 이에 三寶의 種性이요 衆生의 法身이라 諸佛이 此를 依해 涅槃을 얻고 菩薩이 이를 因해 佛智에 得入한다. 故로 謗毁不信하면 이는 三寶種性을 斷함이요 佛의 涅槃을 毁함이니 오직 自害할 뿐 아니라 또한 他人도 害하는 것이다. 故로 所獲의 罪報가 無量劫을 지내도록 大苦惱를 받는 것이다.

125) 當知下는 信을 結해 修를 勸함이니 三世菩薩이 이미 此法을 依하여 淨信을 得成할새 이런 故로 衆生도 또한 應當 此를 依해 修學함을 말한 것이다.

○이런 故로 衆生이 應當 부지런히 修學할지니라.

第六은 **結勸**이니라

第六은 結勸함이니라.

一部之論이 **有三分中**에 **正辨論宗**은 **竟在於前**하다

一部의 論이 三分이 있는 中에 正히 論宗을 辨함은 앞에서 마쳤다.

○諸佛甚深廣大義를 **我今隨分總持說**하니 **廻此功德如法性**하야 **普利一切衆生界**하야지이다

○諸佛의 甚深하고 廣大한 義를 내가 이제 分을 따라서 總持로 說했으니 이 功德을 돌이켜 法性과 같아서 널리 一切衆生界를 利益하게 하여지이다.

△末後一頌은 **第三總結**이니 **於中**에 **上半**은 **結前五分**이요 **下之二句**는 **廻向六道**니라

末後의 一頌은 第三 總結이니 그 中에 上半은 前의 五分을 結함이요 下의 二句는 六道에 廻向함이니라.

(此는 廻向을 總結함이다. 前二句는 所說을 總結함이니 이 略論이 이에 如來의 所說인 深廣한 義를 隨順하여 少言辭로써 總攝해 集할 새 故로 이르되 甚深大義를 隨順總說이라 함을 말한 것이다. 後二句는 造論의 功을 回하여 衆生에게 向함이니 대개 菩薩이 本來 衆生을 爲하여 除疑捨執하고 大乘信을 起하여 離苦得樂케 할 새 故로 斯論을 지은 것이다. 이로써 論이 成함에 곧 造論의 功이 法性에 稱同하여 널리 一切衆生에게 向해서 그 見者와 聞者로 하여금 各各 信解修行하여 眞如三昧에 證入해서 無餘涅槃에 究竟함을 願한 것이다.)

懸吐譯解 大乘起信論疏記會本卷六終

懸吐譯解 起信論

1997년 4월 1일 초판 발행
2025년 11월 20일 개정판 발행

저 자 | 탄허 대종사
발행처 | 도서출판 교림

등 록 | 2018년 2월 1일(제2018-000016호)
주 소 | 서울 종로구 인사동4길17(경운동) 건국빌딩 건국관 202호
전 화 | 02-733-3334

www.tanheo.com

ISBN 979-11-24097-15-1 93220

값100,000원